高等学校土木工程学科专业指导委员
高等学校土木工程本科指导性专业规范配

总主编 何若全

道路桥梁工程施工

（第3版）

DAOLU QIAOLIANG
GONGCHENG
SHIGONG

主　编　卜建清　严战友
主　审　方有亮
参　编　张永满　李玉学
　　　　赵　曼　张彦玲

重庆大学出版社

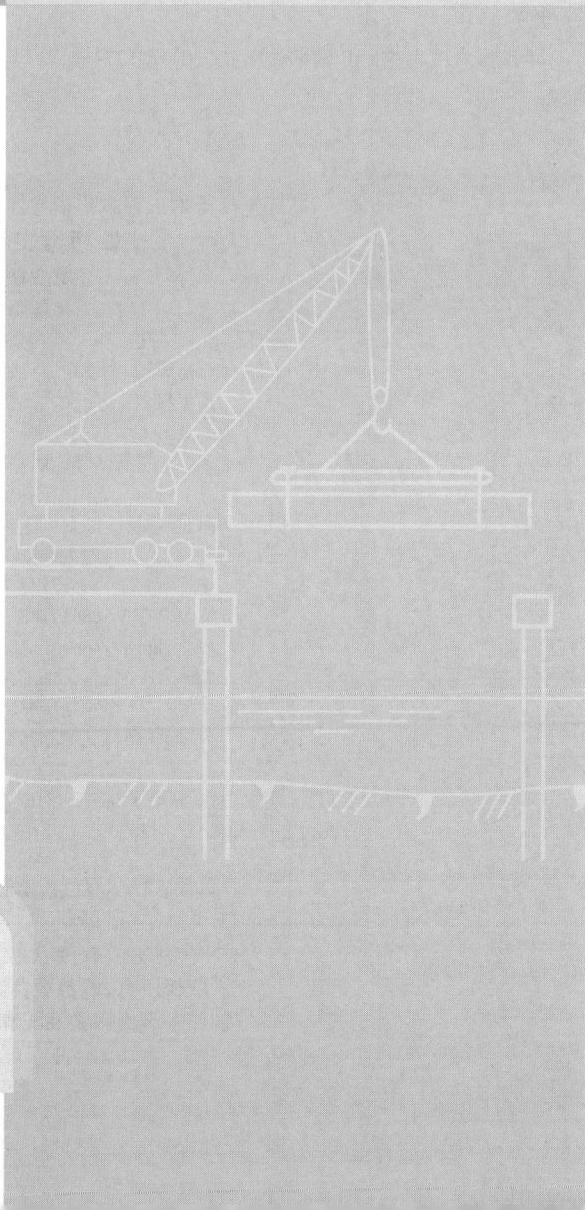

内 容 简 介

本书全面、系统地介绍了道路与桥梁工程施工技术。全书共 14 章,主要内容包括绪论、道路桥梁工程施工常用设备、路基工程施工、道路基层(底基层)施工、沥青路面施工、水泥混凝土路面施工、桥梁基础施工、桥梁墩台施工(含装配式墩台施工)、混凝土简支梁制造与架设、混凝土连续梁施工、拱桥施工、桥面及附属工程施工、道路桥梁工程施工组织与管理、道路桥梁工程施工环保与安全问题等。为了便于学生理解和掌握,每章后均附有思考题。

本书可以作为土木工程、道路桥梁与渡河工程、交通工程专业的专业教材或教学参考书,或其他专业的选修课教材,也可供从事道路工程和桥梁工程的技术人员参考。

图书在版编目(CIP)数据

道路桥梁工程施工/卜建清,严战友主编.--3 版.--重庆:重庆大学出版社,2020.10(2025.1 重印)
高等学校土木工程本科指导性专业规范配套系列教材
ISBN 978-7- 5624- 6769- 4

Ⅰ.①道… Ⅱ.①卜… ②严… Ⅲ.①道路施工—高等学校—教材 ②桥梁施工—高等学校—教材 Ⅳ.①U415 ②U445

中国版本图书馆 CIP 数据核字(2020)第 137334 号

高等学校土木工程本科指导性专业规范配套系列教材

道路桥梁工程施工

(第 3 版)

主 编 卜建清 严战友
主 审 方有亮

责任编辑:肖乾泉 版式设计:莫 西
责任校对:姜 凤 责任印制:赵 晟

*

重庆大学出版社出版发行
出版人:陈晓阳
社址:重庆市沙坪坝区大学城西路 21 号
邮编:401331
电话:(023) 88617190 88617185(中小学)
传真:(023) 88617186 88617166
网址:http://www.cqup.com.cn
邮箱:fxk@cqup.com.cn(营销中心)
全国新华书店经销
重庆华林天美印务有限公司印刷

*

开本:787mm×1092mm 1/16 印张:22 字数:564 千
2012 年 9 月第 1 版 2020 年 10 月第 3 版 2025 年 1 月第 9 次印刷
印数:22 501—24 500
ISBN 978-7-5624-6769-4 定价:49.00 元

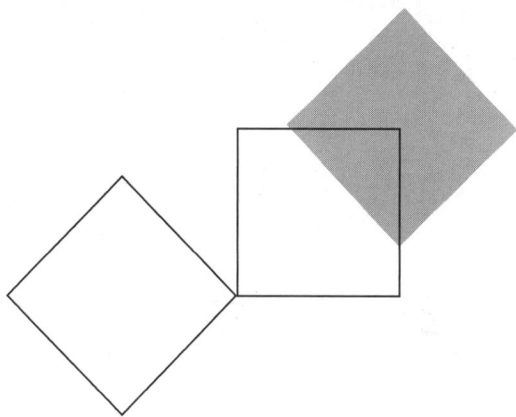

编委会名单

总 主 编：何若全
副总主编：杜彦良　　邹超英　　桂国庆　　刘汉龙

编　　委（按姓氏笔画为序）：

卜建清	王广俊	王连俊	王社良
王建廷	王雪松	王慧东	仇文革
文国治	龙天渝	代国忠	华建民
向中富	刘凡	刘建	刘东燕
刘尧军	刘俊卿	刘新荣	刘曙光
许金良	孙俊	苏小卒	李宇峙
李建林	汪仁和	宋宗宇	张川
张忠苗	范存新	易思蓉	罗强
周志祥	郑廷银	孟丽军	柳炳康
段树金	施惠生	姜玉松	姚刚
袁建新	高亮	黄林青	崔艳梅
梁波	梁兴文	董军	覃辉
樊江	魏庆朝		

总　序

　　进入 21 世纪的第二个十年,土木工程专业教育的背景发生了很大的变化。"国家中长期教育改革和发展规划纲要"正式启动,中国工程院和国家教育部倡导的"卓越工程师教育培养计划"开始实施,这些都为高等工程教育的改革指明了方向。截至 2010 年底,我国已有 300 多所大学开设土木工程专业,在校生达 30 多万人,这无疑是世界上该专业在校大学生最多的国家。如何培养面向产业、面向世界、面向未来的合格工程师,是土木工程界一直在思考的问题。

　　由住房和城乡建设部土建学科教学指导委员会下达的重点课题"高等学校土木工程本科指导性专业规范"的研制,是落实国家工程教育改革战略的一次尝试。"专业规范"为土木工程本科教育提供了一个重要的指导性文件。

　　由"高等学校土木工程本科指导性专业规范"研制项目负责人何若全教授担任总主编,重庆大学出版社出版的《高等学校土木工程本科指导性专业规范配套系列教材》力求体现"专业规范"的原则和主要精神,按照土木工程本科期间有关知识、能力、素质的要求设计了各教材的内容,同时对大学生增强工程意识、提高实践能力和培养创新精神做了许多有意义的尝试。这套教材的主要特色体现在以下方面:

　　(1)系列教材的内容覆盖了"专业规范"要求的所有核心知识点,并且教材之间尽量避免了知识的重复;

　　(2)系列教材更加贴近工程实际,满足培养应用型人才对知识和动手能力的要求,符合工程教育改革的方向;

　　(3)教材主编们大多具有较为丰富的工程实践能力,他们力图通过教材这个重要手段实现"基于问题、基于项目、基于案例"的研究型学习方式。

　　据悉,本系列教材编委会的部分成员参加了"专业规范"的研究工作,而大部分成员曾为"专业规范"的研制提供了丰富的背景资料。我相信,这套教材的出版将为"专业规范"的推广实施,为土木工程教育事业的健康发展起到积极的作用!

中国工程院院士　哈尔滨工业大学教授

沈世钊

前 言
（第 3 版）

　　为了更好地适应新形势下高等教育改革和发展的需要，更好地满足应用型人才培养的需求，针对当前土木工程专业的培养规格、培养模式和课程体系以及与之相应的知识储备、技能训练、素质拓展和创新意识训练的要求，我们编写了与最新出版并公布实施的《土木工程专业本科指导性规范》相配套的教材。

　　本书立足加快建设交通强国、推动交通运输行业高质量发展的形势，以培养应用型人才为目标，强调"导向、背景和主线"，即以行业需求为导向，以工程实际为背景，以工程技术为主线；注重学生工程素养的提升，着力培养学生的工程实践能力与素养。本书的主要特点如下：

　　（1）知识的先进性——由于近年来交通基础设施建设的快速推进和交通强国战略的实施，道路与桥梁施工的理念和技术水平日新月异，有关技术标准和规范已经重编或修订，本书以现行的最新标准和规范为依据，融入装配式与智能建造、绿色施工等新理念，力求反映当前道路与桥梁施工的新理论、新方法、新手段和新技术。

　　（2）内容的实用性——在内容的安排上，以夯实基础、突出能力、注重应用为原则，紧密结合当前道路与桥梁工程建设技术现状，将最新的施工工艺、施工机械、检测技术等吸纳进来，力争做到新颖、实用和系统。

　　（3）结构的合理性——结合道路与桥梁各种规范和专业知识的要求，将道路桥梁工程施工常用设备、道路桥梁工程施工组织与管理等内容分别整合成一章，其余分别成章，并增加了道路桥梁工程施工安全、绿色施工和环境保护等内容。

　　（4）使用的灵活性——根据不同院校教学计划的实际情况，实行教学内容的弹性化，依据不同学时要求进行教学内容的合理分配；本教材的主要教学对象是土工程、道路桥梁与渡河工程和交通工程等专业的普通高校本科生，同时兼顾专接本、自学考试和成人高考等学生的使用，也可供从事道路与桥梁工程的技术人员参考。

　　石家庄铁道大学卜建清、严战友负责制定编写大纲及统稿,河北大学的方有亮对书稿进行了详细审阅,并提出了许多宝贵的意见和建议。本书共14章,第1、2、7、8、13、14章由严战友和卜建清共同编写;第3、4、5、6章由石家庄铁道大学张永满编写;第9、10、11、12章由石家庄铁道大学李玉学、赵曼和张彦玲共同编写。石家庄铁道大学齐飞祥、许振楠和王路三位硕士研究生参与了本书的修订。

　　在编写本书过程中参考了相关的标准、规范、手册、教材和论著,在此对它们的作者和编者表示衷心的感谢。由于编者水平有限,难免有错误和不妥之处,敬请读者批评指正。反馈邮箱:bujq2004@163.com。

编　者

2020 年 8 月

目　录

1 绪　论

本章导读：

● **内容及要求**　主要介绍国内外桥梁施工技术的发展状况、桥梁施工技术在桥梁工程中的地位和作用、国内外道路施工技术的发展状况、道路施工技术的地位和作用及发展趋势等内容。通过本章学习，需要了解道路与桥梁施工技术在国内外的发展状况及道路与桥梁施工技术的地位及作用。

● **重点**　道路与桥梁施工技术的地位和作用。

1.1　概　述

　　道路交通以其自身独有的优势，在国家"大交通"体系中占有十分重要的地位。高等级公路建设的不断增加，使公路建设的基本特点越来越被人们所认识。当前公路建设的特点是工程量巨大、工程质量要求高、施工工艺复杂、建设周期要求短，而且随着招投标制在我国的实行，还要求施工企业注重施工的经济效益。以现代化生产方式修建公路是当今公路建设的发展方向，而机械化施工则是实现公路建设向现代化生产模式转变的重要措施，也是公路建设事业发展的必然趋势。

　　高等级公路一般由路基、路面、桥梁、隧道和交通工程设施等几大部分组成。道路工程主要是由路基工程和路面工程组成，路基是路面的基础，是用当地的土石填筑或在原地面开挖而成的道路主体结构，它承受着本身的自重和路面重力，以及由路面传递而来的行车荷载，是整个公路构造的重要组成部分。公路路基主要包括路基体、边坡、边沟及其他附属设施等几个部分。路面工程依面层类型不同，可以分为沥青路面、水泥混凝土路面和砂石路面等。路面是用各种筑路材料或混合料分层铺筑在公路路基上供汽车行驶的层状构造物，其作用是保证汽车在道路上能全天候、稳定、高速、舒适、安全和经济地运行。路面通常由路面体、路肩、路线石及中央分隔带等组成。其中路面在横向又可分为行车道、人行道及路缘带。路面按结构层次自上而下可分为面层、基层、垫层或联结层等。

桥梁工程一般可分为上部结构和下部结构。桥梁的上部结构包括桥面结构和桥跨结构,桥跨结构也称桥梁结构,是线路中断时跨越障碍的主要承载结构。当需要跨越的幅度或承受的荷载越大时,桥跨结构的构造就越复杂,施工也越困难。桥梁下部结构包括桥墩和桥台,它们是支承桥跨结构并将恒载、活载传至地基的结构物。通常将设置在桥跨两端的结构称为桥台,桥台除了支承桥跨结构外,还与路堤相衔接,以抵御路堤土压力,防止路堤填土的滑坡和坍塌。桥墩的作用是支承桥跨结构。墩台基础是将桥墩和桥台中全部荷载传至地基的底部奠基部分。为了保证墩、台安全,通常将基础埋入岩石中。由于基础是整个结构安全的关键,而且常常需要在水中施工,因此它是桥梁建设中比较困难的一个部分。

虽然桥梁所占路线总长度不大,但其工程造价一般占公路总造价的 20%~30%,在山区高等级公路中其比例更高,尤其在现代高速公路和城市高架桥中,常常是保证全线早日通车和正常使用的关键。在国防建筑中,桥梁是交通运输的命脉,在快速、机动的现代化战争中占有非常重要的地位。交通运输部在长远规划中,建成以高速公路和以一、二级汽车专用公路为主的快速通道。正在实施的西部大开发的首要任务是交通基础设施建设,西部地区地理、地形复杂,山高谷深,河流众多,必然要建造大量的桥梁。可以预见,以后是一个不断创造特大跨度桥梁历史的时代。现在桥梁的施工方法多种多样,随着工程技术及工程设备的不断进步,桥梁施工技术也得到了迅速的发展。

1.2 桥梁工程施工技术综述

1.2.1 国内外桥梁施工技术的发展

根据史料记载,在距今约三千年的周文王时代(期),我国就已在宽阔的渭河上架起大型浮桥。由于浮桥的架设具有简便快速的特点,因此它常被用于军事活动。汉唐以后,浮桥的运用日益普遍。现代桥梁中广为修建的多孔桩柱式桥梁,在我国春秋战国时期(公元前 332 年)就已在黄河流域和其他地区普遍采用,不同的只是古桥多以木桩为墩桩,上置木梁、石梁。近代的大跨径吊桥和斜拉桥也是由古代的藤、竹吊桥发展而来的,在各国有关桥梁的历史书上,大都承认我国是最早建造吊桥的国家。据记载,最晚在唐朝中期,我国就从用藤索、竹索建造吊桥发展到用铁链建造吊桥,而西方在 16 世纪才开始建造铁链吊桥,比我国晚近千年。至今尚保留下来的古代吊桥有四川泸定县的大渡河铁索桥(1706 年)以及灌县的安澜竹索桥(1803 年)等。泸定铁索桥(图 1.1)跨长约 100 m,宽约 2.8 m,由 13 条锚固于两岸的铁链组成。安澜桥是世界上最著名的竹索桥(图 1.2),全长 340 余米,分 8 孔,最大跨径约 61 m,全桥由用细竹蔑编成粗 5寸的 24 根竹索组成,其中桥面索和扶栏索各半,如图 1.3 所示。

在秦汉时期,我国已广泛修建石梁桥,世界上现在尚保存着的最长、工程最艰巨的石梁桥——万安桥(图 1.4),是我国于 1053—1059 年在福建泉州建造的,也称洛阳桥。此桥长达800 m,共 47 孔,位于"波涛汹涌,水深不可址"的海口江面上。此桥以磐石铺遍桥位江底,是近代筏形基础的开端,并且独具匠心地用养殖海生牡蛎的方法胶固桥基,使之成为整体,此亦是世界上绝无仅有的造桥方法。近千年前就能在这种艰难复杂的水文条件下建成如此的长桥,实为中外桥梁史上的一个奇迹。

图 1.1　铁索桥

图 1.2　竹索桥

图 1.3　安澜桥　　　　　　　　　　　　　　　图 1.4　万安桥

　　1240 年建造的福建漳州虎渡桥(图 1.5),是令人惊奇的一座梁式石桥,此桥总长约 335 m,某些石梁长达 23.7 m,沿宽度用三根石梁组成,每根宽 1.7 m、高 1.9 m,质量达 200 t,该桥一直保存至今。据记载,这些巨大石梁是利用潮水涨落浮运架设的。

图 1.5　漳州虎渡桥

　　赵州桥(图 1.6)坐落在河北省赵县洨河上,建于隋代(公元 581—618 年)大业年间(公元 605—618 年),由著名匠师李春设计和建造,距今已有约 1 400 年的历史,是当今世界上现存最早、保存最完善的古代敞肩石拱桥。1961 年被国务院列为第一批全国重点文物保护单位。赵州桥是以所在地命名的。赵州桥是一座空腹式的圆弧形石拱桥,净跨 37 m,宽 9 m,拱矢高度 7.23 m,在拱圈两肩各设有两个跨度不等的腹拱,这样既能减轻桥身自重,节省材料,又便于排洪、增加美观。赵州桥的设计构思和工艺的精巧,在我国古桥是首屈一指,据世界桥梁的考证,像这样的敞肩拱桥,欧洲到 19 世纪中期才出现,比我国晚了 1200 多年。赵州桥的雕刻艺术,包括栏板、望柱和锁口石等,其上狮象龙兽形态逼真,琢工精致秀丽,是文物宝库中的艺术珍品。我国石拱桥的建造技术在明朝时曾流传到日本等国,促进了与世界各国人民的文化交流并增进了友谊。除赵州桥外,我国还有其他著名的石拱桥,如北京永定河上的卢沟桥(图 1.7)、颐和园内的玉带桥和 17 孔桥、苏州的枫桥等。

图 1.6　赵州桥

图 1.7　卢沟桥

　　在我国古桥建筑中,尚值得一提的是广东潮安县横跨韩江的湘子桥(又名广济桥),如图 1.8 所示。此桥始建于公元 1169 年,全桥长 517.95 m,总共 20 个墩台 19 孔,上部结构有石拱、木梁、石梁等多种形式,还有用 18 条浮船组成的长达 97.30 m 的开合式浮桥。这座世界上最早的开启式桥,论石桥之长、石墩之大、桥型之多以及施工条件难、工程历时之久,都是古代建桥史上所罕见的。

图 1.8　湘子桥(又名广济桥)

　　1957 年,第一座长江大桥——武汉长江大桥的胜利建成,结束了我国万里长江无桥的状况。从此,"一桥飞架南北,天堑变通途"。该桥的正桥为三联 3×128 m 的连续钢桁架梁,下层为双线铁路,上层公路桥面宽18 m,两侧各设2.25 m人行道,包括引桥在内全桥总长1 670.4 m,如图1.9 所示。

1969 年我国又建成了举世瞩目的南京长江大桥,这是我国自行设计、制造、施工,并使用国产高强钢材的现代化大型桥梁。正桥除北岸第一孔为128 m简支钢桁梁外,其余为9孔3联,每联为3×160 m的连续钢桁梁,如图 1.10 所示。上层为公路桥面,下层为双线铁路。包括引桥在内,铁路桥部分全长6 772 m,公路桥部分为4 589 m。桥址处水深流急,河床地质极为复杂,桥墩基础的施工非常困难。南京长江大桥的建成,显示出我国的建桥事业已达到了世界先进水平,也是我国桥梁史上又一个重要标志。

图 1.9　武汉长江大桥

图 1.10　南京长江大桥

我国还创造和推广了不少新颖的拱桥结构,如 1964 年创建的双曲拱桥(图 1.11),它具有用料省、造价低、施工简便和外形美观等优点,很快在全国公路上得到应用和推广,对加快我国公路桥梁的建设进度起了很大作用。此外,全国各地还因地制宜地创建了其他一些各具特色的拱式桥型,其中推广较快的有江浙一带建的钢筋混凝土桁架拱桥和刚架拱桥,其特点是上部结构自重小,适合于软土地基上建造拱桥。山东的两铰平板拱,河南的双曲扁拱,山西与甘肃的扁壳拱,广东的悬砌拱,广西的薄壳石拱,湖南的圬工箱形拱和石砌肋板拱等,这些新桥型的结构与施工各具特色。

图 1.11　双曲拱桥

在拱桥的施工技术方面,除了有支架施工外,对于大跨拱桥,目前已广泛采用无支架施工、转体施工、刚性骨架施工法等。国道 318 线上的万县长江大桥,全长856.12 m,主跨为420 m的劲性骨架钢筋混凝土拱桥,跨度居目前世界同类型桥梁之冠。矢跨比 1/5,拱上结构为 14 孔 30 m预应力简支 T 梁,引桥为 13 孔30 m预应力简支 T 梁(南 5 孔,北 8 孔)。桥面连续,宽 24 m,设 2×7.5 m行车道和 2×3.0 m人行道。设计荷载为汽车-超 20 级,挂车-120 级,人群3.5 kN/m²。

　　钢筋混凝土与预应力混凝土的梁式桥,在我国也取得了很大发展。对于中小跨径的梁桥,已广泛采用装配式的钢筋混凝土及预应力混凝土板或 T 形梁桥的定型设计,不但经济适用,而且施工方便,能加快建桥速度。1976 年建成的洛阳黄河公路大桥,跨径为 50 m 的预应力混凝土梁桥,全长达3.4 km。除简支梁桥以外,近年来我国还修建了多座现代化的大跨径预应力混凝土 T 形刚架桥、连续梁桥和悬臂梁桥。已建成的黄石长江公路大桥,全桥总长约 2 580.08 m,其中主桥长 1 060 m,为(162.5+3×245+162.5)m 5 跨预应力混凝土连续刚构桥。采用钢围堰加大直径钻孔灌注桩基础,桥面净宽 19.5 m,其中分向行驶的 4 个机动车道宽 15 m,两侧各设2.25 m 宽的非机动车道。如图 1.12 所示为江阴长江大桥。

图 1.12　江阴长江大桥

　　在桥梁基础方面,除了广泛采用的明挖基础、桩基、沉井等之外,对于深水中的大桥建设,目前在大型管柱的施工技术方面已积累了丰富的经验。在深沉井施工方面,由于成功地采用了先进的触变泥浆套下沉技术,大幅度地减小了基础圬工数量,并使下沉速度加快 3~11 倍。此外,我国还广泛采用和推广了钻孔灌注桩基础,与国外的同类型基础相比,所要求的施工机械少,动力设备简易,操作方便迅速,易于掌握,且能钻入很深的土层。

　　纵观国外桥梁建设发展的历史,对于促进和发展现代桥梁有深远影响的,是继意大利文艺复兴后 18 世纪在英国、法国和其他西欧国家兴起的工业革命,推动了工业的发展,从而也促进了桥梁建筑技术方面空前的发展。1855 年起,法国建造了第一批应用水泥砂浆砌筑的石拱桥。法国谢儒察教授在拱架结构、拱圈砌筑方法以及减少圬工裂缝等方面的研究和改进,对现代石拱桥的发展起到了重要作用。大约在 1870 年,德国建造了第一批采用硅酸盐水泥作为胶结材料的混凝土拱桥。之后在 20 世纪初,法国建成的戴拉卡混凝土箱形拱桥跨度达139.80 m。目前最大跨度的石拱桥是 1046 年瑞典建成的绥依纳松特桥,跨度为155 m。

　　钢筋混凝土桥的崛起,要追溯到 1873 年法国的约瑟夫樊尼尔首创建成的一座拱式人行桥。由于有石拱桥的技术和建筑艺术为基础,加之钢筋混凝土突出的受压性能,因此钢筋混凝土拱桥的兴起,一开始就十分引人注目。从 19 世纪末到 20 世纪 50 年代,钢筋混凝土拱桥无论在跨越能力、结构体系和主拱圈的截面形式上均有很大的发展。由法国弗莱西奈教授设计于 1930年建成的三孔 186 m 拱桥和 1940 年瑞典建造的跨径 264 m 的桑独桥,均达到了很高的水平。后者作为此种拱桥的跨度纪录,一直保持到 1964 年澳大利亚悉尼港帕拉马塔河桥建成。鉴于修建钢筋混凝土拱桥时支架、模板的复杂性,加之耗费大量劳力,在此后 10 多年中,国外较少采用。直至1980年,在前南斯拉夫采用无支架悬臂施工方法建成了跨度达390 m的克尔克(KRK-Ⅱ)桥(图1.13),突破了305 m的世界纪录。

图 1.13 克尔克(KRK-Ⅱ)桥

可以看出,近年来的桥梁结构逐步向轻巧、纤细方面发展,但桥梁的载重、跨长却不断增长。为了适应社会生产力发展所提出的越来越高的要求,需要建造大量的承受更大荷载,跨越海湾、大江等跨径和总长更大的桥梁,这就推动了桥梁结构向高强、轻型、大跨度的方向发展。在结构理论上研究更符合实际状态的力学分析方法与新的设计理论,充分发挥结构潜在的承载力,充分利用建筑材料的强度,力求工程结构的安全度更为科学和可靠;在大跨度桥梁的设计中,越来越重视空气动力学、振动、稳定、疲劳、非线性等研究成果的应用,并广泛应用计算机辅助设计;在施工上,力求高度机械化、工厂化、自动化;在工程管理上,则力争高度科学化、自动化。

1.2.2 桥梁施工技术在桥梁工程中的地位和作用

高速公路在国外的发展已经有半个世纪的历史,我国的高速公路尽管起步较晚,但却创造了令人惊奇的发展速度,尤其是20世纪90年代开始进入了高速发展的黄金时代。但无论是在桥梁施工实践,还是桥梁施工技术研究方面都缺乏科学的指导,导致很多弊端和限制,尤其是在高等级、大跨度桥梁施工方面与国际先进技术有着较大的差距。随着公路中高等级、大跨度桥梁的数量与重要性与日俱增,先进桥梁施工技术方面的制约将越来越明显。所以,桥梁施工技术的地位与作用是非常重要的。

在今天,虽然在一般情况下桥梁结构理论分析和受力计算上都不存在问题,但桥梁设计者的设计意图能否真正得以实现往往还取决于施工技术,有些时候由于施工技术的限制而直接影响桥梁建设的发展。因此,高水平的桥梁设计必须要有高水平的桥梁施工技术来支持,桥梁建设事业的发展依赖于桥梁施工技术的发展。另一方面,桥梁施工技术的发展为实现桥梁设计意图提供了灵活多样的手段,为增大桥梁跨越能力、新型桥梁结构体系的开发、新型材料的应用、成桥状态受力与线形的改善、工程质量的提高、建设工期的缩短和工程造价的降低等提供了充分的条件和技术保障。所以,要提高桥梁建设水平,就必须提高其施工技术水平。

桥梁施工技术包含施工设计计算、施工方法、手段与工艺、施工控制等内容。施工控制是施工技术的重要组成部分,并始终贯穿于桥梁施工中。施工控制在施工技术中未被重视的原因是由于过去所建桥梁一般跨径不大、规模较小、影响因素少等,因为施工控制不力而产生的不良后果也就不明显,从而使人们忽视了它的重要性。

随着交通事业发展的需要,桥梁作为公路的咽喉工程,其建设任务更加艰巨。从过去十多年我国的交通设施建设中就可以看出桥梁建设的艰辛。事实上,任何桥梁施工,特别是大跨径桥梁的施工,都是一个系统工程。在该系统中,设计图只是目标,而在自开工到竣工整个为实现设计目标而必须经历的过程中,将受到许许多多确定和不确定因素(误差)的影响,包括设计计算、材料性能、施工精度、荷载、大气温度等诸多方面,在理想状态与实际状态之间存在着差异。施工中如何从各种受误差影响而失真的参数中找出相对真实之值,对施工状态进行实时识别(监测)、调整(纠偏)、预测,对设计目标的实现是至关重要的。在近年来的桥梁建设中,人们已普遍认识到施工控制在施工技术中的重要地位与作用。实际上,桥梁施工控制早在以前的施工过程中就已被人们采用,如在施工中为了保证桥梁建成时的线形符合设计要求,在有支架施工时总是要在支架上设置预拱度,在悬臂施工中总是要使施工节段的立模(或安装)标高高于设计标高一定数值,这实质上就是在对施工实施控制,这些处理的好坏常常被看作是施工技术水平高低的体现。桥梁施工控制不仅是桥梁施工技术的重要组成部分,而且也是实施难度相对较大的部分。对不同体系、不同施工方法、不同材料的桥梁,施工技术要求也不一样。

桥梁施工是确保桥梁宏观质量的关键,衡量一座桥梁的施工宏观质量标准就是其成桥状态的线形以及受力情况是否符合设计要求。桥梁的下部结构,只要基础埋置深度和尺寸以及墩台尺寸准确就能达到标准要求,且容易检查和控制。而对采用多工序、多阶段施工的桥梁上部结构,要求结构内力和标高的最终状态符合设计要求,就困难了。为了确保桥梁施工质量,对施工过程进行控制是必不可少的。目前我国计算机的应用已非常普遍,技术人员完全可以对多阶段、多程序的自架设体系施工进行模拟,可预先计算出各阶段内力和位移,称之为预计值。将施工中的实测值与预计值进行比较,若有误差可以进行调整,直到达到最满意的设计状态。也就是通过施工控制使各阶段内力和变形达到预计值,最终达到设计要求,确保建桥的施工质量。桥梁施工控制又是桥梁建设的安全保证。为了安全可靠地建好每座桥,施工控制将变得非常重要。因为每种体系桥梁所采用的施工方法均按预定的程序进行,施工中每一阶段的结构的内力和变形是可以预计的,同时可通过监测得到各施工阶段结构的实际内力和变形,从而完全可以跟踪掌握施工进程和发展情况。当发现施工过程中监测的实际值与计算的预计值相差过大时,就要进行检查和原因分析,而不能再继续进行施工,否则,将可能出现事故。由此可知,为避免突发事故的出现,按期、安全地建成一座桥梁,施工控制是有力的保证。换句话说,桥梁施工系统也就是桥梁建设的安全系统。

所以,桥梁的施工技术在桥梁建设期间以及成桥以后的使用都是非常重要的,如果施工技术不合格,即使桥梁建设成功,也为以后的事故埋下伏笔。将来的桥梁无论是结构还是跨度都是非常大的,而且桥梁的载重也在增大,要大力发展桥梁施工各个方面的技术,尤其是监控技术。

1.3　道路工程施工技术综述

道路通常是指为陆地交通运输服务,通行各种机动车、人畜力车、驮骑牲畜及行人的各种路的统称。道路按使用性质分为城市道路、公路、厂矿道路、农村道路、林区道路等。城市高速干道和高速公路则是交通出入受到控制的、高速行驶的汽车专用道路。

我国道路按服务范围及其在国家道路网中所处的地位和作用分为：国道（全国性公路），包括高速公路和主要干线；省道（区域性公路）；县、乡道（地方性公路）；城市道路，城市道路分为快速路、主干路、次干路和支路。前三种统称公路，按年平均昼夜汽车交通量及使用任务、性质，又可划分为 5 个技术等级。不同等级的道路用不同的技术指标体现。这些指标主要有计算车速、行车道数及宽度、路基宽度、最小平曲线半径、最大纵坡、视距、路面等级、桥涵设计荷载等。

特别说明，以后道路工程施工部分均按照公路的分级情况介绍，城市道路的技术标准请参照《城镇道路工程施工与质量验收规范》。

1.3.1 国内外道路施工技术的发展

我国在道路施工技术上有着悠久的历史，据史料考证，早在公元前 2000 年，我国已修建有可供行驶牛、马车的道路。西周时期道路建设已初具规模，在道路规划方面，《周礼》中有以下记载："匠人营国，国中九经九纬，经涂九轨，环涂七环，野涂五轨"；在道路管理方面，《周礼》中有以下记载："司空视途"，"列树以表道，立鄙食以守路"，"雨毕而除道，水涸而成梁"；在道路质量方面，《诗经》中有以下记载"周道如砥，其直如矢"。唐代是我国古代道路发展的鼎盛时期，初步建成了以城市为中心的四通八达的道路网。其间在道路结构、施工方法等方面作了许多创新。到清代，已对道路进行了分级，即"官马大路""大路""小路"3 个等级。其中仅"官马大路"已达 2 000 km 以上。

唐代国家强盛，疆土辽阔，道路发展至有骡道五万里，每三十里设一驿站，驿站规模宏大。宋代时发明记里鼓车，车恒指南，践行一里，木人轧击一锤。元朝驿站盛行，有驿站 1 496 个，还有水站、马站、轿站、牛站及狗站等。清代运输工具更加完备，车辆分客运车、货运车和客货运车，主要是马、驴和骆驼参与运输。清末出现人力车。1876 年欧洲出现世界首辆汽车，1902 年我国上海出现第一辆汽车，1913 年我国修筑了第一条汽车公路——湖南长沙—湘潭，全长45 km，揭开了我国现代交通运输的新篇章。抗战时期完成的滇缅公路沥青表处路面100 km，是我国最早修建的沥青路面，1949 年新中国成立时统计，通车里程为 7.8 万 km，机动车 7 万余辆。

新中国成立后，大力发展公路交通事业，国民经济恢复期至第一个五年计划期间（1949—1957 年），我国完成的重要公路干线有青藏、康藏、青新、川黔、昆洛等线，全国公路里程达30 万 km。1958—1965 年全国公路增长最快，总里程达 52 万 km。1975 年更发展至 78 万 km。与此同时，我国石油工业崛起，全国修建了 10 万 km 的渣油和沥青路面，加速了黑色路面的发展。1975—1985 年公路里程发展至 85 万 km，同时公路等级和质量也大有提高，一级公路达21 194 km。改革开放后，我国公路建设更是飞跃发展。至 1997 年全国公路里程达 120 万 km，其中沥青路面有 22 万 km，水泥混凝土路面达 6 万 km，其中广东省水泥混凝土路面达 18 万 km。我国经济的腾飞促进了高速公路的发展，1988 年是我国公路交通史上不平凡的一年，高速公路实现了零的突破，结束了中国内地没有高速公路的历史。专家们认为，这是中国公路迈入现代化的新起点。为适应高等级公路高标准和高质量的要求，进入 20 世纪 80 年代以后，我国公路施工技术也获得了前所未有的发展：制订或修订了公路工程技术规范，初步建立起一套符合我国国情的公路施工控制、检测及验收标准，机械化施工水平大大提高，各种先进的筑路机械广泛应用于公路工程施工。全国各地组建了一批设备先进、种类齐全的公路机械化施工队伍，公路施工基本实现由手工操作逐步向现代化机械作业方式的转变；到目前，全国公路施工部门已拥有一大批国产和进口的技术先进、种类齐全、成龙配套的筑路机械、试验仪器和检测设备,大型筑路机械已达 30 余万台,固定资产原值已达 50 多亿元;新技术、新工艺、新材料得到广泛应用,进而取得巨大的经济效益;施工的控制与检测手段日臻完善,保证了工程质量,加快了施工进度。1997 年,我国已建成的高速公路有沈阳—大连、北京—石家庄、北京—塘沽、南京—合肥、广州—深圳、汕头—深圳、包头—呼和浩特等线,总里程达 3 600 km。全国汽车拥有量达 1 500 万辆以上。

我国的国道规划是以北京为中心,连接各省市重要大、中城市、港站枢纽和工农业基地等,干线公路划为国道共 20 条计 116 000 km。国道网由放射线、南北线和东西线组成。首都放射线 12 条,全长 213 197 km,编号从 101~112;南北线共 28 条,全长 39 000 km,编号从 201~228;东西线共 30 条,全长 53 000 km,编号从 301~330。我国各省还有省道规划,如广东省编号 19。我国公路交通的中、远期规划是建成两纵两横贯穿中国的交通大动脉,即北京—珠海、图门江—三亚、上海—成都、连云港—霍尔果斯高速公路干线,到 2020 年建成五纵七横共 12 条干线共 3.5 万 km,将全国重点城市、工业中心、交通枢纽和对外口岸连接起来,形成与国民经济发展格局相适应、与其他运输方式相协调的快速的全国高速公路主干系统。我国公路交通建设虽然取得重大成就,但还不能适应国民经济发展的需要,与发达国家相比更显落后。另一方面,我国公路技术标准低,质量较差,二级以上公路只占 6%,砂石路面占 70%。我国公路的通行能力不足,国道有 40% 路段超负荷运行。许多公路混合交通严重,交通控制和管理不善,造成交通堵塞、车速缓慢和耗油率增大,有时造成严重的交通事故。由此可见,如何更快更好地建设完善的公路网,适应国家建设的迫切需要,是摆在公路建设人员面前的重要任务。

随着世界各国技术经济的进步,对公路建设也提出了更高要求,主要表现为:一是公路功能的要求越来越高,如通过能力、承载能力及行车的安全性和舒适性等;二是对公路整体线形、路宽、路况的要求越来越高,特别是山区公路及旅游区道路,其路线与周围环境的协调性成为重要的评定条件;三是对公路的环保要求越来越高,如对行车污染和噪声的限制等;四是对公路的施工速度、施工质量和管理水平要求越来越高,施工中将普遍采用自动化机械设备、快速施工作业,公路施工必将向着机械化、自动化、标准化和工厂化方向发展。

1.3.2 道路施工技术在道路工程中的地位和作用

随着社会的发展,交通运输在国民经济中的地位越来越重要,而道路运输则是运输中的主要形式之一,它具有机动、灵活、直达(在陆地上运输货物不需要周转,可直接将货物由起点送达目的地),方便用户和迅速快捷,运输过程所需设备少,运输手续简便,运输过程中可能发生的差错及损耗少等优点。载重量大、行车密度大、车速高是现在及以后公路交通的发展方向。因此,对道路路基与路面的密实度,路面的形状、平整度等质量要求也越来越高,而道路的高速发展及等级的提高是离不开施工技术的,主要表现在机械化施工和新技术的不断应用。

道路施工技术的地位与作用主要表现在两个方面:一是筑路机械制造业的不断进步;二是施工技术的不断发展。

筑路机械制造业正是在高速路发展的基础上迅速发展壮大起来的,筑路机械也称公路工程机械,也称为建筑与筑路机械,其中相当一部分为通用机械。包括铲土运输机械、挖掘装载机械、起重与运输机械、石料开采与加工机械、路基与路面压实机械、稳定土路面机械、黑色路面机械、水泥混凝土路面机械、桥隧工程机械等。筑路机械的优越性体现在以下几方面:效率高,人的劳动强度小,劳动力的需求量少,在作业条件恶劣的环境(高原、高寒、高温、沙漠、沼泽、有毒(害)气体)下尤其如此,工期短,工程质量高,工作时间可以较长等。新中国成立后筑路机械从无到有,从少数品种到多品种,从简单到复杂;动力由早期采用蒸汽机到后来发展为内燃机;传动由机械传动发展为机械传动、液压传动;操纵由机械操纵或钢索滑轮操纵发展到气压操纵、液压操纵、电磁操纵、复合操纵等;操作人员的劳动强度大为改善,机械的功率、尺寸、机重大幅度提高,机械的外观,驾驶室的密封、视野,驾驶员的舒适性、安全性得到较好的改善。其发展方向如下:

①两极发展。为满足大工程与小工程的需要,某些筑路机械逐步向大型化与小型化方向发展。

②一机多用。一台机械可以根据施工对象的不同而方便快捷地更换不同的工作装置,以便从事不同的作业而降低工程造价。

③广泛采用新技术,提高自动化程度。目前电子和激光技术在铲土运输机械上的应用还仅仅是开始阶段,但在这方面的研究和发展却很快。今后自动控制、无人驾驶和远距离遥控都将在某些特殊的筑路机械上得到应用,尤其是在危险、有害气体区域、高温场合及水下作业的机械,这类新技术的应用将会减轻驾驶员的劳动强度和改善工作环境,使有些特殊场合的工程得以顺利完成。

④提高可靠性和耐久性。筑路机械作业条件恶劣,超载、冲击和偏载等情况都经常发生,作业场地大多远离维修车间,零件的更换与维修比较困难。因此,要求零件和产品在使用中耐久、可靠,同时能提高生产率,保证驾驶员的安全。

⑤改善操纵性能及提高舒适性。安全、无公害驾驶室全封闭、视野好、二次减振;电子监控系统以显示功能变化、故障及部位;防倾翻保护机构,落物保护机构;各操纵机构则采用液压、液压助力、气动、电磁控制且操纵杆布置更加合理,使操纵更加轻便、顺手,更注重节能和排气净化等。

20 世纪 90 年代,有些欧美发达国家的高速公路网络已经建成,基本形成一个系统规划、科学设计、整体建设和综合管理的完整体系,他们加强了养护和营运管理,包括养护管理、交通管理和环境管理等,其目的是提高道路的使用功能、保证行车安全舒适和改善道路状况对环境及人文景观的影响。

发达国家高度重视高新技术开发,应用计算机技术、电子信息技术、自动控制技术和新材料技术来改造道路交通行业。他们普遍利用地理信息系统 GIS 建立公路数据库,通过计算机模拟建立多种分析评价模型,多次修订通行能力手册,为公路交通的规划设计提供分析手段和决策依据;全面利用 GPS 卫星定位、航测遥感技术取代人工勘测设计,将采集的数据通过数字地面模型与 CAD 技术衔接配套,进行道路交通的规划设计,并扩展到环境设计,顺便提供动态的景观评价。

随着改革开放和国民经济的蓬勃发展,我国的公路科技取得了巨大成就。到 20 世纪末,我国已系统开发了道路、桥梁和交通工程 CAD 技术和航测遥感技术。今后计算机在道路上的应用会更加广泛和深入,并将进一步集成全球卫星定位系统 GPS、三维测量技术、航测遥感技术和地质勘察技术,使公路测设走向现代化。在新建、改建、养护和营运管理方面应用大量信息数据,建立和开发大区域集成网的道路数据库,提供现代科学管理的依据。智能高速公路技术的引进将大大提高我国高等级道路运输、管理和安全监控的水平,并成为道路科技开发的热点。在新材料、新工艺的开发和推广应用方面,各种高性能混凝土、改性沥青和新型复合材料在路桥建设和养护工程上将不断开发并在实践中应用,它将显著节省工程造价,提高道路服务水平和延长路桥使用寿命。今后对大型货运卡车、专用工程建筑机械和养护设备将进一步国产化,并将研制开发系列优质高效的大型沥青混凝土和水泥混凝土自动联合摊铺机,250型转子中置式大功率稳定土拌和机,80型滚动式沥青再生搅拌机,多功能道路养护机,大型排污清疏机,具有快速拖吊功能和救援装置的公路清障车等。

道路环保技术今后将会得到更大的重视,道路环保持续发展战略的重点是防止建设过程中对自然环境景观的破坏,在公路建成后尽量减少车辆引发的噪声、废气和电磁污染,大力开发吸音降噪技术。在道路建设中强调边坡的稳定技术、废旧材料(如粉煤灰、皮轮胎、塑料和工业废渣等)的综合利用技术,加强社会环保意识,让道路建设更好地为造福人类服务。

可见,道路施工技术的不断提高,对道路的使用寿命及品质是非常重要的。随着道路施工技术的提高,道路的服务质量也将不断提高。

本章小结

本章主要介绍国内外桥梁施工技术的发展状况,列举了各种桥梁;桥梁施工技术在桥梁工程中的地位和作用,列举了桥梁施工发展方向;国内外道路施工技术的发展状况,列举了道路发展历史及道路规划;道路施工技术的地位和作用,列举了道路施工技术的发展对道路的重要性等。

思考题与习题

1.1 桥梁施工技术在桥梁工程中的地位和作用。
1.2 道路施工技术在道路工程中的地位和作用。
1.3 思考桥梁施工技术的发展趋势。
1.4 思考道路施工技术的发展趋势。

2 道路桥梁工程施工常用设备

本章导读：

● **内容及要求** 主要介绍桥梁施工的常用设备,包括常备式结构起重设备、混凝土施工设备和预应力张拉设备;道路工程常用的施工机械设备,包括半刚性基层材料拌和机械、沥青路面施工机械以及水泥混凝土路面施工机械等。通过本章学习,需要了解各种常用设备的特点、构造、适用条件等,重点需要掌握它们的使用方法及使用时的注意事项。

● **重点** 架桥机、缆索起重机、龙门起重机、万能杆、脚手架、贝雷梁、钢板桩及预应力张拉设备及其应用。

● **难点** 施工机械选型的原则与方法及计算。

2.1 概 述

近年来,随着我国高等级公路建设的蓬勃发展,机械制造业为工程施工提供了大批性能优良的施工机械新品种。同时,许多单位从国外引进了不少新型和大型土方工程机械、路面施工机械及桥梁施工机械,大大加快了道路建设的步伐。高等级道路路基路面施工的主要机械常包括铲土运输、挖掘、拌和、摊铺、压实等机械。桥梁施工常用设备有万能杆件、脚手架(支架)、贝雷梁、钢板桩、架桥机、起重千斤顶、缆索起重机、滑车组与卷扬机、浮箱与龙门架、混凝土搅拌机械等。作为道路工程技术人员要了解或掌握施工机械的使用性能,对正确地选择施工机械,科学地进行机械化施工组织与管理,保证施工质量,加快工程进度,有着十分重要的意义。

工程机械就其土建范围来说,是用来完成道路桥涵的建筑、隧道修建和道路养护工程等作业的一种技术设备,是施工过程中必不可少的物质基础,是实现基本建设机械化的重要生产工具。这类机械可以使用于铁路、水利、城建工程以及其他土建工程中。工程机械的大量使用,可以提高机械化施工程度、加快工程进度、保证工程质量、缩短工期和减轻工人劳动强度,从而节约了劳动力、提高了劳动生产率、降低了工程造价,对加速基本建设、发展国民经济起着十分重要的作用。工程机械由于服务对象、施工要求各异。因此,土木工程中使用的机械种类繁多,型号复杂,名称也不一致。

按我国机械制造业通常的分类,工程机械主要包括挖掘机械、铲土运输机械(推土机、铲运机、平地机等)、路面机械、压实机械、工程起重机械、校工机械、钢筋混凝土机械及风动工具 8 大类。为了保证建筑、道路和桥梁施工过程的机械化,根据工程种类,工程机械应包括:

①准备机械和设备;

②土方机械;

③石料开采和加工的机械与设备;

④路基路面和场地建筑、压实和摊铺机械;

⑤桥涵建筑机械和混凝土预制加工机械与设备;

⑥起重运输和装卸机械;

⑦道路场地修理和养护机械。

作为生产工具的施工机械,它的购价很高,因此使用费用很大(以土方工程为例,设备费占工程费的 30%~40%),倘若工作环境(地形、土壤、质量)复杂、工地施工条件(作业内容、路面场地情况)艰巨时,工程的机械设备费用将更高。为使施工机械在施工过程中发挥其最大的经济效益,顺利地完成工程任务,必须选择最适合施工条件的机种,这种选型工作在设计阶段应该考虑周详。在选定所需机种、数量、工程量等条件后,还须正确估算其成本,然后用优选法选出最优的机械配组,这才是施工机械选型和配组的目的。合理地选定机种,必须与施工条件、施工方法和技术经济效益联系起来,相互比较,才能选出理想的机种。一般性机械选定的考虑要点是:能适应工地的土质、地形;能满足工程质量要求;在保证质量的前提下,不影响和损坏附近建成的建筑物;能高效率地完成需要的工作;机械运转费少且施工单价低;容易进行运转、维修,可靠性又高;可以自动化和省力;安全而又不会污染环境;易于筹办、便于转移。特殊性机械的选定,应根据施工需要,必须引进特殊机械时,除了上述要点外,还要考虑以下几点:有无可代替的其他施工方法;引进特殊机械后是否具备经营管理的能力并能充分发挥特殊机械的效能;能否成为今后新施工方法的典型。

根据机械选型要点,选出与其相适应的机种和数量后,还需要研究施工技术、施工组织,合理地进行配组。配组的方法,首先在已选定的施工机械中,正确确定机组的主体机械,然后配备所需的辅助机械,使之配套,形成单项工程机械化。这样可以提高机械化施工水平,逐步向全工程实行流水作业法的综合机械化发展。为了使组合的每台机械都能在施工中发挥最大效率,机械选型配套应符合下列要求:在规定施工工期内,机械应完成的工作量;要充分利用主机的生产能力;主体机械与辅助机械以及运施工具之间各机械的工作能力要保持平衡,还要使机组得到合理的配合和使用。

2.2 桥梁施工常备式结构及应用

2.2.1 万能杆件

万能杆件是用以拼装各种形式的脚手架或临时性设施的多功能杆件。万能杆件调节段的调节弦杆用120×12等边角钢制作,长2 050 mm和2 650 mm,其上钻 ϕ28 mm的孔,孔间距为50 mm遍布全长,钉线55 mm,两肢背上的孔相互错开,以实现每增加或减少50 mm都能调节的目的。肢背直角刨成圆弧,以适合同标准杆件的连接。调节段使用的连接板为B8、B11、B12、B13、B26、B29、B14、B43。各相关连接板依据调节尺寸的不同,板上孔组中心线变化相应的角度,板上斜杆端孔至力交汇点的距离也随调节尺寸的变化而变化,以使杆件中心线与力作用线重合。调节斜杆所在中心线长度,等于斜杆两端孔之距与端孔至力交汇点之距2倍的和。各调节板与调节尺寸一一对应,同一规格的调节板可用于几个调节尺寸,同一根调节斜杆也可用于几个调节尺寸。调节段使用的连接板,弦杆连接孔中心线与立杆端孔中心线之距为110 mm,调节段所用立杆比标准立杆短20 mm。万能杆件拼成支架如图2.1所示。

图2.1 万能杆件拼成支架

钢制万能杆件又称拼装式钢脚手架,可以组拼成桁架、墩架、塔架或龙门架等形式,以作为桥梁墩台、索塔的施工脚手架,还可作为临时桥梁的墩台和桁架。万能杆件拆装容易,运输方便,利用效率高,可以大量节省辅助结构所需的木材,适用范围较广。用万能杆件组拼成桁架时其高度可以为2 m、4 m及2 m的倍数,当高度为2 m时,腹杆为三角形;当高度和宽度为4 m时,腹杆为菱形;高度超过6 m时,则可做成多斜杆的形式。桁架承载能力应根据荷载标限和跨度检算,可采用下列方法变更荷载能力:

①变更组成杆件的杆件数目;

②变更杆件的自由长度;

③变更桁架的高度;

④变更桁架的数目;

⑤变更杆件组拼的结构形式。

用万能杆件组拼成墩架、塔架（图 2.2）时，其柱与柱之距离可以和桁架完全一样按2 m的倍数。

图 2.2　万能杆件拼成塔架

2.2.2　脚手架（支架）

脚手架指施工现场为工人操作并解决垂直和水平运输而搭设的各种支架，是建筑界的通用术语，建筑工地上用在外墙、内部装修或层高较高无法直接施工的地方。脚手架主要用于施工人员上下干活或外围安全网维护及高空安装构件等。有些工程也用脚手架当模板使用，此外在广告业、市政、交通路桥、矿山等部门也被广泛使用。

脚手架制作材料通常有竹、木、钢管或合成材料等。我国在 1949 年前和 20 世纪 50 年代初期，施工脚手架都采用竹或木材搭设的方法。60 年代起推广扣件式钢管脚手架。80 年代起，我国在发展先进的、具有多功能的脚手架系列方面的成就显著，如门式脚手架系列、碗扣式钢管脚手架系列，年产已达到上万吨的规模，并已有一定数量的出口。长期以来，由于架设工具本身及其构造技术和使用安全管理工作处于较为落后的状态，致使事故的发生率较高。我国现在使用的用钢管材料制作的脚手架有扣件式钢管脚手架、碗扣式钢管脚手架、承插式钢管脚手架、门式脚手架，还有各式各样的脚手架、挂挑脚手架以及其他钢管材料脚手架。从其材料和构造情况着手，可将其大致划分如下：

1）按杆件的材料划分

①单一规格钢管的脚手架。它只使用一种规格的钢管，如扣件式钢管脚手架，只使用 $\phi48\times3.5$ 的电焊钢管。

②多种规格钢管组合的脚手架。它由两种以上的不同规格的钢管构成，如门式脚手架。

③以钢管为主的脚手架。即以钢管为主，并辅以其他型钢杆件所构成的脚手架，如设有槽钢顶托或底座的里脚手架，有连接钢板的挑脚手架等。碗扣式钢管脚手架当采用钢管横杆时，为单一钢管的脚手架；当采用型钢搭边横杆时，为以钢管为主的脚手架。

2）按横杆与立杆之间的传递垂直力的方式划分

①靠接触面摩擦作用传力。即靠节点处的接触面压紧后的摩擦反力来支承横杆荷载并将其传给立杆，如扣件的作用，通过上紧螺栓的正压力产生摩擦力。

②靠焊缝传力。大多数横杆与立杆的承插联结就是采用这种方式，门架也属于这种方式。

③直接承压传力。这种方式多见于横杆搁置在立杆顶端的里脚手架。

④靠销杆抗剪传力。即用销杆穿过横杆的立式联结板和立杆的孔洞实现联结、销杆双面受剪力作用。这种方法在横杆和立杆的联结中已不多见。

此外,在立杆与立杆的联结中,也有三种传力方式:

①承插对接的支承传力。即上下立杆对接,采用连接棒或承插管来确保对接的良好状态。

②销杆连接的销杆抗剪传力。

③螺扣连接的啮合传力。即内管的外螺纹与外(套)管的内螺纹啮合传力。其中后两种传力方式多用于调节高度要求的立杆连接中。

3)按联结部件的固着方式和装设位置划分

①定距连接:即联结焊件在杆件上的定距设置,杆件长度定型,联结点间距定型。

②不定距联结:即联结件为单设件,通过上紧螺栓可夹持在杆件的任何部位上。

4)按工人固定结点的作业方式划分

①插入打紧;

②拧紧螺栓。

不同类型的工程施工选用不同用途的脚手架和模板支架。目前,桥梁支撑架使用碗扣脚手架的居多,也有使用门式脚手架的。主体结构施工落地脚手架使用扣件脚手架的居多,脚手架立杆的纵距一般为1.2~1.8 m,横距一般为0.9~1.5 m。钢管扣件脚手架搭设中应注意地基平整坚实,设置底座和垫板,并有可靠的排水措施,防止积水浸泡地基。根据连墙杆设置情况及荷载大小,常用敞开式双排脚手架立杆横距一般为1.05~1.55 m,砌筑脚手架步距一般为1.20~1.35 m,装饰或砌筑、装饰两用的脚手架一般为1.80 m,立杆纵距1.2~2.0 m,其允许搭设高度为34~50 m。当为单排设置时,立杆横距1.2~1.4 m,立杆纵距1.5~2.0 m,允许搭设高度为24 m。纵向水平杆宜设置在立杆的内侧,其长度不宜小于3跨,纵向水平杆可采用对接扣件,也可采用搭接。如采用对接扣件方法,则对接扣件应交错布置;如采用搭接连接,搭接长度不应小于1 m,并应等间距设置3个旋转扣件固定。

5)门式钢管脚手架(图 2.3)

图2.3　门式钢管脚手架

(1)门式钢管脚手架的优点

①门式钢管脚手架几何尺寸标准化;

②结构合理,受力性能好,充分利用钢材强度,承载能力高;

③施工中装拆容易、架设效率高、省工省时、安全可靠、经济适用。

（2）门式钢管脚手架的缺点

①构架尺寸无任何灵活性，构架尺寸的任何改变都要换用另一种型号的门架及其配件；

②交叉支撑易在中铰点处折断；

③定型脚手板较重；

④价格较贵。

（3）门式钢管脚手架适应范围

①构造定型脚手架；

②作梁、钢构的支撑架（承受竖向荷载）；

③构造活动工作台。

6）碗扣式钢管脚手架

（1）碗扣式钢管脚手架的优点

碗扣式钢管脚手架如图2.4所示。

图2.4　碗扣式钢管脚手架

①多功能。能根据具体施工要求，组成不同组架尺寸、形状和承载能力的单、双排脚手架、支撑架，支撑柱，物料提升架，爬升脚手架，悬挑架等多种功能的施工装备。也可用于搭设施工棚、料棚、灯塔等构筑物。特别适合于搭设曲面脚手架和重载支撑架。

②高功效。常用杆件中最长为3 130 mm，重17.07 kg。整架拼拆速度比常规快3~5倍，拼拆快速省力，工人用一把铁锤即可完成全部作业，避免了螺栓操作带来的诸多不便。

③通用性强。主构件均采用普通的扣件式钢管脚手架之钢管，可用扣件同普通钢管连接，通用性强。

④承载力大。立杆连接是同轴心承插，横杆同立杆靠碗扣接头连接，接头具有可靠的抗弯、抗剪、抗扭力学性能。而且各杆件轴心线交于一点，节点在框架平面内。因此，结构稳固可靠，承载力大，整架承载力提高，比同等情况的扣件式钢管脚手架提高15%以上。

⑤安全可靠。接头设计时，考虑到上碗扣螺旋摩擦力和自重力作用，使接头具有可靠的自锁能力。作用于横杆上的荷载通过下碗扣传递给立杆，下碗扣具有很强的抗剪能力（最大为199 kN）。上碗扣即使没被压紧，横杆接头也不致脱出而造成事故。同时配备有安全网支架、间横杆、脚手板、挡脚板、架梯、挑梁、连墙撑等杆配件，使用安全可靠。

⑥易于加工。主构件用 $\phi 48 \times 3.5$、Q235 焊接钢管，制造工艺简单，成本适中，可直接对现有扣件式脚手架进行加工改造，不需要复杂的加工设备。

⑦不易丢失。该脚手架无零散易丢失扣件,把构件丢失降低到最小程度。

⑧维修少。该脚手架构件消除了螺栓连接,构件经碰耐磕,一般锈蚀不影响拼拆作业,不需特殊养护、维修。

⑨便于管理。构件系列标准化,构件外表涂以橘黄色,美观大方,构件堆放整齐,便于现场材料管理,满足文明施工要求。

⑩易于运输。该脚手架最长构件 3 130 mm,最重构件 40.53 kg,便于搬运和运输。

(2)碗扣式钢管脚手架的缺点

①横杆为几种尺寸的定型杆,立杆上碗扣节点按 0.6 m 间距设置,使构架尺寸受到限制;

②U 形连接销易丢;

③价格较贵。

(3)碗扣式钢管脚手架的适用范围

①构筑各种形式的脚手架、模板和其他支撑架;

②组装井字架;

③搭设坡道、工棚、看台及其他临时构筑物;

④构造强力组合支撑柱;

⑤构筑承受横向力作用的支撑架。

2.2.3　贝雷梁

贝雷梁是形成一定单元的钢架,可以拼接组装成很多构件、设备的结构,如图 2.5 所示。贝雷架长宽尺寸一般为 3 m×1.5 m,主要是用贝雷架组装成桁梁来支撑结构,贝雷架之间用螺栓固定,所以架设迅速、机动性强,战时多用于河道、断崖处架设简易桥梁,现多用于工程施工,如龙门吊、施工平台、工程便道桥梁等。

图 2.5　贝雷梁

贝雷梁现有进口与国产两种。国产贝雷梁桁节使用 16 锰钢,销子用锰钢,插销用弹簧钢制造,焊条用 T505 型,桥面板和护轮木用松木或杉木。材料的容许应力按基本应力提高 30%,个别钢质杆件超过上述规定时,不得超过其屈服点的 85%。进口贝雷梁的材料屈服点强度为351 MPa,其容许应力可按 0.7×351 MPa=245 MPa 考虑,销子允许应力可考虑与国产的销子一样。进口贝雷梁规定:

①桁架销子双剪状态允许剪力 550 kN;

②弦杆螺栓允许剪力 150 kN,允许拉力 80 kN;

③摆动滚子(摇滚)最大容许荷载 210 kN。

国产贝雷梁栓滚的最大容许荷载 250 kN,平滚每一滚子最大荷载 60 kN,其余可参考进口贝雷梁。

贝雷桥的最大特点是,各部件间用销子或螺栓连接,装拆方便,用简单的工具和人力就能迅速建成,适用于战时与水毁紧急抢修。但是体积小、容易丢失的零配件如销子、螺栓、插销等,应多备一些,以便丢失后予以补充,以免影响施工。

2.2.4 钢板桩

钢板桩是一种边缘带有联动装置,且这种联动装置可以自由组合以便形成一种连续紧密的挡土或者挡水墙的钢结构体,如图 2.6 所示。

图 2.6 钢板桩

1) 钢板桩的应用

钢板桩常应用于岩土工程中:围堰、河道分洪及控制、水处理系统围栏、防洪、围墙、防护堤、海岸护堤、隧道切口及隧道掩体、防波堤、堰墙、坡边固定、挡板墙。

2) 使用钢板桩围栏的优点

不需开挖,最大限度地减少废物处置的问题;如需要,使用后钢板桩可以拔除;不受地形及地下水深度的影响;不规则的开挖可以使用;可在船上使用,不需另安排场地。

3) 钢板桩围堰介绍

钢板桩围堰是最常用的一种板桩围堰。钢板桩是带有锁口的一种型钢,其截面有直板形、槽形及 Z 形等,有各种大小尺寸及联锁形式。常见的有拉尔森式、拉克万纳式等。其优点为:强度高,容易打入坚硬土层;可在深水中施工,必要时加斜支撑成为一个围笼,防水性能好;能按需要组成各种外形的围堰,并可多次重复使用。因此,它的用途广泛。

4) 钢板桩施工流程

①施工准备工作。桩在打入前应将桩尖处的凹槽口封闭,避免泥土挤入,锁口应涂以黄油或其他油脂。对于年久失修、锁口变形、锈蚀严重的钢板桩,应进行整修矫正,弯曲变形的桩可用油压千斤顶顶压或火烘等方法进行矫正。

②打桩流水段的划分。

③在打桩过程中,为保证钢板桩的垂直度,用两台经纬仪在两个方向加以控制。

④开始打设的一、二块钢板桩的位置和方向应确保精确,以便起到导向样板作用,故每打入1 m应测量一次,打至预定深度后立即用钢筋或钢板与围檩支架电焊作临时固定。

2.3 桥梁施工常用的起重设备

2.3.1 架桥机

架桥机就是将预制好的梁片放置到预制好的桥墩上去的设备。架桥机属于起重机范畴,因为其主要功能是将梁片提起,然后运送到位置后放下,但其与一般意义上的起重机有很大不同,其要求的条件苛刻,并且在梁片上走行,或者叫纵移。架桥机分为架设公路桥、常规铁路桥、客运专线铁路桥等几种。

架桥机是在公路、铁路轨道上行驶,用于整跨架设小跨梁的桥梁施工机械,如图2.7所示。因其架桥工效高,在中国铁路桥梁标准设计中,多考虑以它架设为设计原则。其机身庞大,超出铁路运输限界,需解体运送,到达工地后,再组装使用。

图2.7 架桥机

我国常备的架桥机有三种,多用来分片架设钢筋混凝土或预应力混凝土梁。

1)单梁式架桥机

单梁式架桥机的吊臂为一箱形梁,向前悬伸,在其前端有一能折叠的立柱(由左右两脚杆组成)。当所架梁片(或整梁)沿吊臂移动时,吊臂接近简支梁状态。架桥时,该机可在空载状态下自行驶入桥位,须先将梁片利用特制龙门吊机从平板车上转移到特制运梁车上,再将此运梁车和架桥机后端对位,用行驶在架桥机吊臂上的两台吊梁小车将梁片吊起,沿吊臂前行,到达桥位落梁。为适应曲线架桥,该机的吊臂能在水平面内作少量摆动。梁片就位方法与双悬臂式架桥机所用方法相同(移梁或拨道)。该机的优点是:取消平衡重,不再需要顶推,喂梁不需桥头岔线,机械化程度提高,安全性能有所改善,吊重130 t的胜利型架桥机即属此类。

2)双悬臂式架桥机

桥梁施工机械之一,该型苏联使用较早。其前后臂都用钢板梁,吊重有45 t和80 t两种,以后将双臂改为构架,吊重发展到130 t。这类架桥机不能自行,需用顶推。其前臂用来吊梁,后臂吊平衡重,前后臂都不能在水平面内摆动。架桥时,常须用特制80 t小平车将梁片运到架桥机前臂的吊钩之下(称为喂梁)才能起吊。架桥机将梁吊起后,轴重增大,而桥头的新建路堤比较松软,因此,对架桥机吊梁行车地段必须采取加固措施。

3) 双梁式架桥机

红旗型架桥机和燎原型架桥机属此类,吊重也是 130 t。其吊臂是由左右两条箱梁组成,两梁贯通机身并向前后端伸出。两端都有各由两腿杆组成的折叠立柱。红旗型两梁的中距为3.4 m,燎原型的则为 4.8 m。横跨两条箱梁有两台桁车,能沿吊臂纵向行驶。吊梁小车置于桁车上,能沿桁车横向行驶。待架的梁片(或整梁)可用平板车直接送到架桥机的后臂之下,用吊梁小车起吊后,凭桁车前移,再以吊梁小车横移,然后落梁就位。这类架桥机的前后端都可吊梁及落梁;改变架梁方向时,不需要调头;为适应曲线架梁,前后臂都可在水平面内摆动;分片架设时不必移梁或拨道,梁即可就位;喂梁也不需要桥头岔线或特制运梁车。

除上述常备架桥机外,施工单位有时根据需要制作各种临时性架桥机。如在九江桥南岸引桥施工中,曾制成一台可吊重 300 t 的专用架桥机,以整孔架设跨度 40 m 的无砟无枕预应力混凝土梁。有的施工单位还常用常备钢脚手杆件、拆装式梁或军用梁等组成简易架桥机,用以及时完成架桥任务。

2.3.2　起重千斤顶与缆索起重机

1) 起重千斤顶

千斤顶是一种起重高度小(小于 1 m)的最简单的起重设备,它有机械式和液压式两种。机械式千斤顶又有齿条式与螺旋式两种,由于起重量小、操作费力,一般只用于机械维修工作,在修桥过程中不适用。液压式千斤顶结构紧凑,工作平稳,有自锁作用,故使用广泛。其缺点是起重高度有限,起升速度慢。千斤顶是一种使用范围广泛的工具,主要用于厂矿、交通运输等部门作为车辆修理及其他起重、支撑等工作。其结构轻巧坚固、灵活可靠,一人即可携带和操作。

2) 缆索起重机

缆索起重机用于跨距很大,或跨越山谷、河流等障碍物的情况下吊运重物。其由两个支架和支架之间钢缆组成,起重小车在钢缆上移运,进行重物的水平和垂直运送。由于缆索起重机的工作范围很大,吊运工作受地形影响很小,故在山区和峡谷等处应用较广。因此,缆索起重机广泛应用于桥梁建设。

缆索起重机是利用张紧在主副塔架之间的承载索作为载重小车行驶轨道的起重机,适用于地形复杂、难以通行的施工场地,如低洼地带的土方工程,水坝、河流、山谷等地区的物料输送。在主塔和副塔之间张设一根承载索,作为载重小车的轨道,牵引机构牵引载重小车在承载索上来回行驶,运送物料。起升机构上下运动升降物料。主副塔架的行走机构,使主副塔架沿地面轨道同步行走。工作机构由主塔架上的司机室进行控制。为了避免起升索和牵引索相互干扰,每隔一定距离以骑夹予以承托。为了悬挂骑夹,在两塔架之间张设专门的节索,索上按顺序有大小不同的索节,骑夹上也相应有大小不同的节孔,小车上设有矛形鞍棒,当小车从主塔向副塔行驶时,小车左侧的骑夹依次地停留在各节点处,将起升索和牵引索承托起来,右侧的骑夹逐个地被收集在矛形鞍棒上。副塔架多采用带平衡重的摆式结构,使承载索保持一定的张力,牵引索和节索都以一定的配重使之张紧。

缆索起重机根据不同要求,分固定式、辐射式和行走式等。固定式的主副塔架都是固定的,作业范围只沿着承载索一条线。辐射式的主塔架固定不动,副塔架沿一圆弧轨道行走,其作业范围为一扇形空间。行走式的主副塔架都在地面轨道上行走,作业范围大。缆索起重机有完善的信号指示和安全装置,司机通过室内指示器进行远距离控制。指示器可指出重物在每一瞬间的垂直和水平的位置,甚至在有雾的天气情况下,也能保证起重机正常可靠地工作。

缆索起重机由塔式支架、承载装置、驱动装置、电气系统和安全保护装置等组成,如图 2.8 所示。塔式支架是缆索起重机的支承受力件;承载装置由承载钢丝绳、承码、钢丝绳的固定与调节装置,以及起重小车等组成;驱动装置包括吊钩升降机构、小车行走机构和塔架行走机构的驱动;缆索起重机采用多个独立直流电动机驱动。

图 2.8　缆索起重机

2.3.3　滑车组与卷扬机

1)滑车组

滑车组是由一定数量的定滑车和动滑车及绕过它们的绳索组成的。

滑车组根据跑头(滑车组的引出绳头)引出的方向不同,可分为以下三种:跑头自动滑车引出;跑头自定滑车引出;双联滑车组。跑头自动滑车引出:用力的方向与重物移动的方向一致;跑头自定滑车引出:用力的方向与重物移动的方向相反;双联滑车组:有两个跑头,可用两台卷扬机同时牵引。双联滑车组具有速度快一倍、受力较均衡、工作中滑车不会产生倾斜等优点。

滑车组中绳索有普通穿法和花穿法两种。普通穿法是将绳索自一侧滑轮开始,顺序地穿过中间的滑轮,最后从另一侧滑轮引出。这种穿法,滑车组在工作时,由于两侧钢丝绳的拉力相差较大,因此滑车在工作中不平稳,甚至会发生自锁现象(即重物不能靠自重下落)。花穿法的跑头从中间滑轮引出,两侧钢丝绳的拉力相差较小,故在用"三三"以上的滑车组时,宜用花穿法。

滑车组使用时的注意事项:

①使用前应查明它的允许荷载,检查滑车的各部分,看有无裂缝和损伤情况,滑轮转动是否灵活等。

②滑车组穿好后,要慢慢地加力,绳索收紧后应检查各部分是否良好,有无卡绳之处,若有不妥,应立即修正,不能勉强工作。

③滑车的吊钩(或吊环)中心应与起吊构件的重心在一条垂直线上,以免构件起吊后不平稳;滑车组上下滑车之间的最小距离一般为 700~1 200 mm。

④滑车使用前后都要刷洗干净,轮轴应加油润滑,以减少磨损和防止锈蚀。

2)卷扬机

卷扬机(又叫绞车)是由人力或机械动力驱动卷筒、卷绕绳索来完成牵引工作的装置(图2.9),可以垂直提升、水平或倾斜拽引重物。卷扬机分为手动卷扬机和电动卷扬机两种,现在以电动卷扬机为主。电动卷扬机由电动机、联轴节、制动器、齿轮箱和卷筒组成,共同安装在机架上。对于起升高度和装卸量大、工作频繁的情况,调速性能好,能令空钩快速下降。对安装就位或敏感的物料,能用较小速度。

图2.9 卷扬机

常见的卷扬机吨位有:0.3 t卷扬机、0.5 t卷扬机、1 t卷扬机、1.5 t卷扬机、2 t卷扬机、3 t卷扬机、5 t卷扬机、6 t卷扬机、8 t卷扬机、10 t卷扬机、15 t卷扬机、20 t卷扬机、25 t卷扬机、30 t卷扬机。其中大型液压双筒双制动卷扬机、变频带限位器绳槽卷扬机常见型号有:JK0.5—JK5单卷筒快速卷扬机,JK0.5—JK12.5 单卷筒慢速卷扬机,JKL1.6—JKL5 溜放型快速卷扬机,JML5、JML6、JML10 溜放型打桩用卷扬机,2JK2—2JML10 双卷筒卷扬机,JT800、JT700 型防爆提升卷扬机,JK0.3—JK15 电控卷扬机。

卷扬机使用时的注意事项:

①卷筒上的钢丝绳应排列整齐,如发现重叠和斜绕时,应停机重新排列。严禁在转动中用手、脚拉踩钢丝绳。钢丝绳不许完全放出,最少应保留三圈。

②钢丝绳不许打结、扭绕,在一个节距内断线超过10%时,应予更换。

③作业中,任何人不得跨越钢丝绳,物体(物件)提升后,操作人员不得离开卷扬机。休息时物件或吊笼应降至地面。

④作业中,司机、信号员要同吊起物保持良好的可见度,司机与信号员应密切配合,服从信号统一指挥。

⑤作业中如遇停电情况,应切断电源,将提升物降至地面。

⑥工作中要听从指挥人员的信号,信号不明或可能引起事故时应暂停操作,待弄清情况后方可继续作业。

⑦作业中突然停电,应立即拉开闸刀,将运送物放下。

⑧作业完毕应将料盘落地、关锁电箱。

⑨钢丝绳在使用过程中与机械的磨损、自然的腐蚀局部损害难免,应间隔时间段涂刷保护油。

⑩严禁超载使用,即超过最大承载吨数。

2.3.4　龙门起重机

龙门起重机是水平桥架设置在两条支腿上构成门架形状的一种桥架型起重机。这种起重机在地面轨道上运行,主要用在露天贮料场、船坞、电站、港口和铁路货站等地进行搬运和安装作业。

龙门起重机的起升机构、小车运行机构和桥架结构,与桥式起重机基本相同。由于跨度大,起重机运行机构大多采用分别驱动方式,以防止起重机产生歪斜运行而增加阻力,甚至发生事故。龙门起重机的起重小车在桥架上运行,有的起重小车就是一台臂架型起重机。桥架两侧的支腿一般都是刚性支腿;跨度超过30 m时,常是一侧为刚性支腿,而另一侧通过球铰和桥架连接的柔性支腿,使门架成为静定系统,这样可以避免在外载荷作用下由于侧向推力而引起附加应力,也可补偿桥架纵向的温度变形。龙门起重机的受风面积大,为防止在强风作用下滑行或翻倒,装有测风仪和与运行机构联锁的起重机夹轨器。桥架可以是两端无悬臂的,也可以是一端有悬臂或两端都有悬臂的,以扩大作业范围。半龙门起重机桥架一端有支腿,另一端无支腿,直接在高台架上运行。

1)龙门起重机类型

①普通龙门起重机:这种起重机用途最广泛,可以搬运各种成件物品和散状物料,起重量在100 t以下,跨度为4~35 m。用抓斗的普通门式起重机工作级别较高。

②水电站龙门起重机:主要用来吊运和启闭闸门,也可进行安装作业。起重量达80~500 t;跨度较小,为8~16 m;起升速度较低,为1~5 m/min。这种起重机虽然不是经常吊运,但一旦使用工作却十分繁重,因此要适当提高工作级别。

③造船龙门起重机:用于船台拼装船体,常备有两台起重小车,一台有两个主钩,在桥架上翼缘的轨道上运行;另一台有一个主钩和一个副钩,在桥架下翼缘的轨道上运行,以便翻转和吊装大型的船体分段。起重量一般为100~1 500 t;跨度达185 m;起升速度为2~15 m/mim,还有0.1~0.5 m/min 的微动速度。

④集装箱龙门起重机:用于集装箱码头。拖挂车将岸壁集装箱运载桥从船上卸下的集装箱运到堆场或后方后,由集装箱龙门起重机堆码起来或直接装车运走,可加快集装箱运载桥或其他起重机的周转。可堆放高3~4层、宽6排的集装箱的堆场,一般用轮胎式,也有用有轨式的。集装箱龙门起重机与集装箱跨车相比,它的跨度和门架两侧的高度都较大。为适应港口码头的运输需要,这种起重机的工作级别较高。起升速度为8~10 m/min;跨度根据需要跨越的集装箱排数来决定,最大为60 m 左右,相应于20 ft、30 ft、40 ft 长集装箱的起重量分别约为20 t、25 t和30 t。

2)龙门起重机安全注意事项

①起吊重物时,吊钩钢丝绳应保持垂直,不准斜拖被吊物体。

②所吊重物应找准重心,并捆扎牢固,有锐角的应用垫木垫好。

③在重物未吊离地面前,起重机不得做回转运动。

④提升或降下重物时,速度要均匀平稳,避免速度急剧变化,造成重物在空中摆动,发生危险。落下重物时,速度不宜过快,以免落地时摔坏重物。

⑤起重机在吊重情况下,尽量避免起落臂杆。必须在吊重情况下起落臂杆时,起重量不得超过规定重量的 50%。

⑥起重机在吊重情况下回转时,应密切注意周围是否有障碍物,若有障碍物应设法避开或清除。

⑦起重机臂杆下不得有人员停留,并尽量避免人员通过。

⑧两台起重机在同一轨道上作业,两机间距离应大于 3 m。

⑨两台起重机合吊一物体时,起重量不得超过两台总起重量的 75%,两台起重机走行、吊放动作要一致。

⑩起重、变幅钢丝绳需每周检查一次,并作好记录,具体要求按起重钢丝绳有关规定执行。

⑪空车走行或回转时,吊钩要离地面 2 m 以上。

⑫风力超过六级时,应立即停止工作,将臂杆转至顺风方向并适当落低,将吊钩挂牢。龙门吊须打好铁楔(止轨器),并将吊钩升至上限。同时关好门窗,切断电源,拉好缆风绳。平时工作完毕后也应照此办理。

⑬起重机平台上严禁堆放杂物件,以防在运行中掉下伤人,经常用的工具应放在操作室内的专用工具箱内。

⑭运行中,不准突然变速或开倒车,以免引起重物在空中摆动,也不准同时开动两项以上(包括副钩)的操作机构。

⑮开车时,操作人员的手不得离开控制器,运行中突然发生故障时,应采取措施将重物安全降落,然后切断电源,进行修理。严禁在运行中检修保养。

2.4 混凝土施工设备及其应用

2.4.1 混凝土搅拌机械

混凝土搅拌机是把水泥、砂石骨料和水混合并拌制成混凝土混合料的机械,其主要由拌筒、加料和卸料机构、供水系统、原动机、传动机构、机架和支承装置等组成,如图 2.10 所示。

图 2.10 混凝土搅拌机

混凝土搅拌机按工作性质分间歇式(分批式)和连续式;按搅拌原理分自落式和强制式;按安装方式分固定式和移动式;按出料方式分倾翻式和非倾翻式;按拌筒结构形式分梨式、鼓筒式、双锥式、圆盘立轴式和圆槽卧轴式等。

自落式混凝土搅拌机的拌筒内壁上有径向布置的搅拌叶片。工作时,拌筒绕其水平轴线回转,加入拌筒内的物料被叶片提升至一定高度后,借自重下落,这样周而复始地运动,达到均匀搅拌的效果。自落式混凝土搅拌机的结构简单,一般以搅拌塑性混凝土为主。

强制式混凝土搅拌机拌筒内的转轴臂架上装有搅拌叶片,加入拌筒内的物料在搅拌叶片的强力搅动下,形成交叉的物流。这种搅拌方式远比自落搅拌方式作用强烈,主要适于搅拌干硬性混凝土。

连续式混凝土搅拌机装有螺旋状搅拌叶片,各种材料分别按配合比经连续称量后送入搅拌机内,搅拌好的混凝土从卸料端连续向外卸出。这种搅拌机的搅拌时间短,生产率高,其发展引人注目。

随着混凝土材料和施工工艺的发展,又相继出现了许多新型结构的混凝土搅拌机,如蒸汽加热式搅拌机、超临界转速搅拌机、声波搅拌机、无搅拌叶片的摇摆盘式搅拌机和二次搅拌的混凝土搅拌机等。

2.4.2　混凝土搅拌站

混凝土搅拌站主要由搅拌主机、物料称量系统、物料输送系统、物料贮存系统和控制系统5大系统和其他附属设施组成。由于楼骨料计量与站骨料计量相比,减少了4个中间环节,并且是垂直下料计量,节约了计量时间,因此大大提高了生产效率,同型号的情况下,搅拌楼生产效率比搅拌站生产效率提高1/3。比如:HLS90楼的生产效率相当于HZS120站的生产效率,HLS120楼的生产效率相当于HZS180站的生产效率,HLS180楼的生产效率相当于HZS240站的生产效率。

连续式搅拌站工艺过程:开始生产后各原材料按其距搅拌机进口的距离顺序启动均匀配料过程,同步到达拌缸口;各料按比例均匀进入搅拌机进口;搅拌机回旋搅拌的同时将料向前推进,料从进口开始搅拌/推进到出口即变为成品。生产到预先设定方量后,各材料按距搅拌机进口的距离顺序停止。从启动生产到生产结束,配料、搅拌、推进、出料是连续进行的。

连续式搅拌站的特点:主机工作平稳,原材料在相对较长的时间段均匀进入搅拌机,无间歇式突发投料过程;成品进车平稳,混凝土在较长时间段均匀进车,无间歇式突发卸料过程;空间占用较少,减少了大成品斗及骨料中储斗,高度低、占地面积小;耐磨件磨损低,无冲击平稳搅拌;能耗低,装机功率小,同时搅拌量少,原材料少量均匀进入搅拌机而极易混合均匀;使用及维护费用低,结构环节少,皮带短,工作平稳。

连续强制式水泥混凝土搅拌站优势:产量大,效率高,连续平稳工作,连续式搅拌站的单机产量高;搅拌均匀,进入搅拌机的混合料为均匀料,混合料在搅拌机内的搅拌过程为拌和及水化过程,因而搅拌时间可缩短;不漏浆,磨损小,连续式搅拌机进料端为干料搅拌以及两轴端均加有反螺旋,因此不存在漏浆问题;搅拌机对耐磨材料的要求也不高,故障低,连续式搅拌站所有设备启停次数仅为间隙式搅拌站的1/7~1/3,因此设备寿命长、故障概率低。

间歇式搅拌站系统组成:搅拌系统为国外关键元件多维组装的双卧轴搅拌机。计量系统,骨料计量:标准型采用增量法计量,改进型采用电子秤减量法计量;粉料计量:搅拌机上方设水泥计量和粉煤灰计量斗,标准型搅拌站用交流接触器控制提升螺旋,无精配装置,改进型搅拌站用变频器实现配料粗、精配;水计量:采用三点悬挂式称量机构,配有粗、精配回路等装置,确保计量精度;外加剂计量:采用传感器载荷直接作用,配有粗、精配回路及计量箱、管路单独布置,保证计量精确。除尘系统,搅拌站设独立集中除尘器进行集中处理,除尘效果好,且避免了搅拌机腔内形成负压影响粉料计量精度。

2.4.3　混凝土输送泵和混凝土泵车

混凝土输送泵(图 2.11)又名混凝土泵,由泵体和输送管组成,是一种利用压力将混凝土沿管道连续输送的机械,主要应用于房建、桥梁及隧道施工。目前主要分为闸板阀混凝土输送泵和 S 阀混凝土输送泵,另一种就是将泵体装在汽车底盘上,再装备可伸缩或屈折的布料杆而组成的泵车。混凝土大型输送装备,用于高楼、高架桥、立交桥等大型混凝土工程的混凝土输送工作。

图 2.11　混凝土输送泵

混凝土输送泵性能特点:
①采用三泵系统,液压回路互不干扰;
②具有反泵功能,利于及时排除堵管故障,并可短时间地停机待料;
③采用先进的 S 管分配阀,可自动补偿磨损间隙,密封性能好;
④采用耐磨合金板和浮动切割环,使用寿命长;
⑤长行程的料缸,延长了料缸和活塞的使用寿命;
⑥优化设计的料斗,便于清洗,吸料性能更好;
⑦自动集中润滑系统,保证机器运行中得到有效润滑;
⑧具有远程遥控作用,操作更加安全方便。

混凝土泵车(图 2.12)是利用压力将混凝土沿管道连续输送的机械。它是在载重汽车底盘上进行改造而成的,在底盘上安装有运动和动力传动装置、泵送和搅拌装置、布料装置以及其他一些辅助装置。混凝土泵车的动力通过动力分动箱将发动机的动力传送给液压泵组或者后桥,液压泵推动活塞带动混凝土泵工作,然后利用泵车上的布料杆和输送管,将混凝土输送到一定的高度和距离。

图 2.12　混凝土泵车

2.4.4　混凝土振捣设备

混凝土振动器(图2.13)按其传递振动的方式分为:内部式振动器和外部式振动器。

图2.13　混凝土振动器

1)内部式振动器

内部式振动器又称为插入式振动器(振动棒),多用于振捣现浇基础、柱、梁、墙等结构构件和大体积基础的混凝土。采用插入式振动器捣实混凝土时,振动棒应垂直插入混凝土中,为使上下层混凝土接合成整体,振动棒应插入下层混凝土50 mm。振动器移动间距不宜大于作用半径的1.5倍,振动器距离模板不应大于振动器作用半径的1/2,振动器应避免碰撞钢筋、模板、芯管、吊环或预埋件。

2)外部式振动器

外部式振动器又称为平板式振动器、附着式振动器,是将振动器安装在预制构件模板底部或侧部,振捣时将振动器放在浇好的混凝土结构表面,振动力能够通过振动器的底板传给混凝土。使用时振动器底板与混凝土接触,振捣到混凝土不再下沉,表面返出水泥浆时即可,再移动到下一个位置。平板振动器、附着式振动器的移动间距应保证振动器的底板可以覆盖到已振实部分的边缘。

2.5　预应力张拉设备及其应用

2.5.1　预应力千斤顶

预应力千斤顶是用于张拉钢铰线等预应力筋的专用千斤顶。预应力千斤顶均为穿心式液压双作用千斤顶。预应力千斤顶需和高压油泵配合使用,张拉和回顶的动力均由高压油泵的高压油提供。预应力千斤顶结构紧凑,张拉时工作平稳,油压高,张拉力大,广泛应用于公路桥梁、铁路桥梁、水电坝体、高层建筑等预应力施工工程。

千斤顶使用时的注意事项:

①使用前应严格检查千斤顶的参数,切忌超压超载使用。张拉前检查油泵油量,并使千斤顶空行程运行几次以排空千斤顶及油管内的空气。

②前卡千斤顶主要用于初张拉和单根锚具张拉,普通穿心式千斤顶主要用于群锚整体张

拉。安装锚具及千斤顶时,对直线预应力筋,应使张拉力的作用线与孔道中心线在张拉过程中相互重合;对曲线预应力筋,应使张拉力的作用线与孔道末端中心点的切线相互重合。张拉时预应力筋从工作锚、限位板、千斤顶中间穿过。预应力筋的张拉顺序应符合设计要求。

2.5.2　锚具类型及应用

预应力混凝土中所用的永久性锚固装置是在后张法结构或构件中,为保持预应力筋的拉力并将其传递到混凝土内部的锚固工具,也称之为预应力锚具。锚具根据使用形式可分为两大类:

①张拉端锚具:安装在预应力筋端部且可以在预应力筋的张拉过程中始终对预应力筋保持锚固状态的锚固工具。张拉端锚具根据锚固形式的不同,还可分为:用于张拉预应力钢绞线的夹片式锚具(YJM),用于张拉高强钢丝的钢制锥形锚(GZM),用于镦头后张拉高强钢丝的墩头锚(DM),用于张拉精轧螺纹钢筋的螺母(YGM),用于张拉多股平行钢丝束的冷铸镦头锚(LZM)等多种类型。

②固定端锚具:安装在预应力筋端部,通常埋入混凝土中且不用于张拉的锚具,也被称为挤压锚或者P锚。

应用领域:公路桥梁、铁路桥梁、城市立交、城市轻轨、高层建筑、水利水电大坝、港口码头、岩体护坡锚固、基础加固、隧道矿顶锚顶、预应力网架、地铁、大型楼堂馆所、仓库厂房、塔式建筑、重物提升、滑膜间歇推进、桥隧顶推、大型容器及船舶、轨枕、更换桥梁支座、桥梁及建筑物加固、钢筋工程、防磁及防腐工程(纤维锚具)、碳纤维加固、先张梁施工、体外预应力工程、斜拉索、悬索等。

目前国内普遍采用的锚具规格有:M15-N锚具、M13-N锚具。施工安全注意事项:

①预应力筋的切割宜采用砂轮锯,不得采用电弧切割。

②钢绞线编束时,应逐根理顺,捆扎成束,不得紊乱。钢绞线固定端的挤压型锚具或压花型锚具,应事先与承压板和螺旋筋进行组装。

③施加预应力用的机具设备及仪表,应定期维护和标定。

④预应力筋张拉前,应提供混凝土强度试压报告。当混凝土的抗压强度满足设计要求,且不低于设计强度等级的75%后,方可施加预应力。

⑤预应力筋张拉前,应清理承压板面,并检查承压板后面的混凝土质量。如该处混凝土有空洞现象,应在张拉前用环氧砂浆修补。

⑥锚具安装时,锚板应对正,夹片应打紧,且片位要均匀,但打紧夹片时不得过重敲打,以免把夹片敲坏。

⑦大吨位预应力筋正式张拉前,应会同专业人员进行试张拉。确认张拉工艺合理,张拉伸长值正常,并无有害裂缝出现后,方可成批张拉。必要时测定实际的孔道摩擦损失。对曲线预应力束不得采用小型千斤顶单根张拉,以免造成不必要的预应力损失。在张拉时,操作人员必须站在安全地带,做好防护措施,注意操作人员严禁站在张拉时和张拉好的预应力筋前端。

⑧预应力筋在张拉时,应先从零加载至量测伸长值起点的初拉力,然后分级加载至所需的张拉力。

⑨预应力筋的张拉管理采取应力控制,伸长校核。实际伸长值与计算伸长值的允许偏差为

-5%~+10%。如超过该值,应暂停张拉;采取措施予以调整后,方可继续张拉;如伸长值偏小,可采取超张拉措施,但张拉力限值不得大于0.8 MPa值;在多波曲线预应力筋中,为了提高内支座处的张拉应力,减少张拉后锚具下口的张拉应力,可采取超张拉回松技术。

⑩孔道灌浆要求密实,水泥浆强度等级不应低于C30。

⑪用连接器连接的多跨连续预应力筋的孔道灌浆,应张拉完一跨再灌注一跨,不得在各跨全部张拉完毕后一次灌浆。

⑫预应力筋锚固后的外露长度不宜小于30 mm,锚具应用封端混凝土保护。当需长期外露时,应采取防止锈蚀的措施;当钢绞线有浮锈时,应将锚固夹持段及其外端的钢绞线浮锈和污物清除干净,以免在安装和张拉时浮锈、污物填满夹片赤槽而造成滑丝。

⑬工具夹片为三片式,工作夹片为二片,两者不可混用,工作锚不能当作工具锚,不能重复使用。

2.5.3 油泵车

油泵车是预应力张拉设备的重要组成部分,是实施张拉的动力源,它与张拉千斤顶配合构成液压系统回路,操作油泵车供给千斤顶高压油,并控制千斤顶动作,实现张拉预应力的目的。

油泵的类型:

①方向助力油泵,主要是提供方向机高压油;

②汽油泵,汽车发动时提供燃油系统充足的燃油压力;

③波箱油泵,提供自动波箱管道充足压力;

④机油泵,提供发动机润滑系统充足机油压力。

2.6 道路工程常用的施工机械设备

2.6.1 铲土运输机械

铲土运输机械由装卸机、推土机、平地机、铲运机及矿用载重自卸车5大类组成。

①推土机:机械履带推土机、液压履带推土机、液压轮胎式推土机。

②装载机:机械履带装载机、液压履带装载机、液压轮胎装载机、隧道型轮胎装载机。

③铲运机:自行轮胎式铲运机、自动履带式铲运机、链板轮胎式铲运机、双发动机轮胎式铲运机、拖式机械铲运机、拖式液压铲运机。

④平地机:自行机械式平地机、自行液压式平地机、拖式平地机。

⑤翻斗车:前置式重力卸料翻斗车、后置式重力卸料翻斗、车液压翻斗车、铰接式液压翻斗车。

⑥清除机:除根机、除荆机。

1)推土机

推土机是一种工程车辆,前方装有大型的金属推土刀,使用时放下推土刀,向前铲削并推送泥、沙及石块等,推土刀位置和角度可以调整。推土机能单独完成挖土、运土和卸土工作,具有操作灵活、转动方便、所需工作面小、行驶速度快等特点。其主要适用于一至三类土的浅挖短运,如场地清理或平整、开挖深度不大的基坑以及回填、推筑高度不大的路基等。推土机可分为履带式和轮胎式两种。履带式推土机附着牵引力大,接地比压小(0.04~0.13 MPa),爬坡能力强,但行驶速度低;轮胎式推土机行驶速度高,机动灵活,作业循环时间短,运输转移方便,但牵引力小,适用于需经常变换工地和野外工作的情况。

传动履带式推土机可分为通用型及专用型两种。通用型是按标准进行生产的机型,广泛用于土石方工程中。专用型用于特定的工况下,有采用三角形宽履带板以降低接地比压的湿地推土机和沼泽地推土机、水陆两用推土机、水下推土机、船舱推土机、无人驾驶推土机、高原型和高湿工况下作业的推土机等。

2) 平地机

平地机是土方工程中用于整形和平整作业的主要机械,利用刮刀平整地面的土方机械,刮刀装在机械前后轮轴之间,能升降、倾斜、回转和外伸。动作灵活准确,操纵方便,平整场地有较高的精度,适用于构筑路基和路面、修筑边坡、开挖边沟,也可搅拌路面混合料、扫除积雪、推送散粒物料以及进行土路和碎石路的养护工作。平地机之所以有广泛的辅助作业能力,是由于它的刮土板能在空间完成6°运动,它们可以单独进行,也可以组合进行。平地机在路基施工中,能为路基提供足够的强度和稳定性。它在路基施工中的主要方法有平地作业、刷坡作业、填筑路堤。平地机是一种高速、高效、高精度和多用途的土方工程机械,它可以完成公路重要场地、农田等大面积的地面平整和挖沟、刮坡、推土、排雪、疏松、压实、布料、拌和、助装和开荒等工作,是国防工程、矿山建设、道路修筑、水利建设和农田改良等施工中的重要设备。

3) 铲运机

铲运机是一种能综合完成挖土、运土、卸土、填筑、整平的机械。按行走机构的不同,可分为拖式铲运机和自行式铲运机。按铲运机的操作系统的不同,又可分为液压式和索式铲运机。铲运机操作灵活,不受地形限制,不需特设道路,生产效率高。

4) 翻斗车

翻斗车是一种特殊的料斗可倾翻的短途输送物料的车辆。车身上安装有一个"斗"状容器,可以翻转以方便卸货。适用于建筑、水利、筑路、矿山等作混凝土、砂石、土方、煤炭、矿石等各种散装物料的短途运输,动力强劲,通常有机械回斗功能。

翻斗车由料斗和行走底架组成。料斗装在轮胎行走底架前部,借助斗内物料的重力或液压缸推力倾翻卸料。卸料按方位不同,分前翻卸料、回转卸料、侧翻卸料、高支点卸料(卸料高度一定)和举升倾翻卸料(卸料高度可任意改变)等方式。为了适应工地道路不平,避免物料撒落,并做到卸料就位准确、迅速、操作省力,以及越野性能好和爬坡能力强,要求翻斗车行驶速度不能太快(一般最高车速在 20 km/h 以下)。驱动桥在前(料斗在其上方)、驾驶座在后的翻斗车适用于短途运输砂、石、灰浆、砖块、混凝土等材料。根据不同的施工作业要求,目前翻斗车正朝一机多用的方向发展,能快速换装起重、推土、装载等多种工作装置,使之具有多功能、高效率的特点。

2.6.2　挖掘机与装载机

1）挖掘机

挖掘机又称挖掘机械，是用铲斗挖掘高于或低于承机面的物料，并装入运输车辆或卸至堆料场的土方机械。挖掘的物料主要是土壤、煤、泥沙以及经过预松后的土壤和岩石。

常见的挖掘机结构包括动力装置、工作装置、回转机构、操纵机构、传动机构、行走机构和辅助设施等。从外观上看，挖掘机由工作装置、上部转台、行走机构三部分组成。根据其构造和用途可以区分为履带式、轮胎式、步履式、全液压、半液压、全回转、非全回转、通用型、专用型、铰接式、伸缩臂式等多种类型。工作装置是直接完成挖掘任务的装置，它由动臂、斗杆、铲斗三部分铰接而成，动臂起落、斗杆伸缩和铲斗转动都用往复式双作用液压缸控制。为了适应各种不同施工作业的需要，挖掘机可以配装多种工作装置，如挖掘、起重、装载、平整、夹钳、推土、冲击锤等多种作业机具。回转与行走装置是液压挖掘机的机体，转台上部设有动力装置和传动系统。发动机是挖掘机的动力源，大多采用柴油机，如果在方便的场地也可以改用电动机。传动机构通过液压泵将发动机的动力传递给液压马达、液压缸等执行元件，推动工作装置动作，从而完成各种作业。

常见的挖掘机，按驱动方式分为内燃机驱动挖掘机和电力驱动挖掘机两种。其中电动挖掘机主要应用在高原缺氧与地下矿井和其他一些易燃易爆的场所。按照行走方式的不同，挖掘机可分为履带式挖掘机和轮式挖掘机。按照传动方式的不同，挖掘机可分为液压挖掘机和机械挖掘机，机械挖掘机主要用在一些大型矿山上。按照用途来分，挖掘机又可以分为通用挖掘机、矿用挖掘机、船用挖掘机、特种挖掘机等不同的类别。按照铲斗来分，挖掘机又可以分为正铲挖掘机、反铲挖掘机、拉铲挖掘机和抓铲挖掘机。正铲挖掘机多用于挖掘地表以上的物料，反铲挖掘机多用于挖掘地表以下的物料。

2）装载机

装载机是一种广泛用于公路、铁路、建筑、水电、港口、矿山等建设工程的土石方施工机械，它主要用于铲装土壤、砂石、石灰、煤炭等散状物料，也可对矿石、硬土等做轻度铲挖作业。换装不同的辅助工作装置还可进行推土、起重和其他物料如木材的装卸作业。在道路，特别是在高等级公路施工中，装载机用于路基工程的填挖、沥青混合料和水泥混凝土料场的集料与装料等作业。此外，还可进行推运土壤、刮平地面和牵引其他机械等作业。由于装载机具有作业速度快、效率高、机动性好、操作轻便等优点，因此是工程建设中土石方施工的主要机种之一。

常用的单斗装载机，按发动机功率进行分类主要有以下几种：功率小于 74 kW 为小型装载机，功率在 74～147 kW 为中型装载机，功率在 147～515 kW 为大型装载机，功率大于 515 kW 为特大型装载机。

2.6.3　工程运输车辆

工程运输车辆主要指自卸汽车。自卸汽车是指通过液压或机械举升而自行卸载货物的车辆，又称翻斗车。其由汽车底盘、液压举升机构、货厢和取力装置等部件组成。

自卸车在土木工程中,经常与挖掘机、装载机、带式输送机等工程机械联合作业,构成装、运、卸生产线,进行土方、砂石、散料的装卸运输工作。自卸车的发动机、底盘及驾驶室的构造和一般载重汽车相同。自卸车的车厢分后向倾翻和侧向倾翻两种,通过操纵系统控制活塞杆运动,推动活塞杆使车厢倾翻,后向倾翻较普遍,少数双向倾翻。高压油经分配阀、油管进入举升液压缸,车厢前端有驾驶室安全防护板。发动机通过变速器、取力装置驱动液压泵,车厢液压倾翻机构由油箱、液压泵、分配阀、举升液压缸、控制阀和油管等组成。发动机通过变速器、取力装置驱动液压泵,高压油经分配阀、油管进入举升液压缸,推动活塞杆使车厢倾翻。

按照品牌分类:东风自卸车、解放自卸车、欧曼自卸车、重汽斯太尔自卸车、红岩自卸车。

按照外形分类:单桥自卸车、双桥自卸车、平头自卸车、尖头自卸车、前四后八自卸车、双桥半挂自卸车、三桥半挂自卸车。

按照品种分类:小霸王自卸车、多利卡自卸车、140自卸车、145自卸车、153自卸车、1208自卸车、小金刚自卸车、大金刚自卸车。

按举升液压缸与车厢的链接形式分类:直推式倾斜机构、连杆式倾斜机构。

按照用途分类:农用自卸车、矿山自卸车、垃圾自卸车、煤炭运输自卸车、工程机械自卸车、污泥自卸车。

根据驱动模式的不同还分为6×4、8×4自卸及半挂自卸车。

根据用途的不同还分为矿用自卸车,用于运输煤矿、沙石;环卫绿化自卸车,用于运输垃圾等。

根据车厢翻动的方向还有前举式和侧翻式自卸车,目前还有双向侧翻自卸车,主要应用于建筑工程。

2.6.4 压实机械

压实机械是利用机械力使土壤、碎石等填层密实的土方机械,广泛用于地基、道路、飞机场、堤坝等工程。压实机械按工作原理分为静力碾压式、冲击式、振动式和复合作用式等。

利用碾轮的重力作用,振动作用的振动式压路机使被压层产生永久变形而密实。碾压和冲击作用的冲击式压路碾等,其碾轮分为光碾、槽碾、羊足碾和轮胎碾等。光碾压路机压实的表面平整光滑,使用最广,适用于各种路面、垫层、飞机场道面和广场等工程的压实;槽碾、羊足碾单位压力较大,压实层厚,适用于路基、堤坝的压实;轮胎式压路机轮胎气压可调节,可增减压重,单位压力可变,压实过程有揉搓作用,使压实层均匀密实,适用于道路、广场等垫层的压实,且不损伤路面。

冲击式压实机械依靠机械的冲击力压实土壤,利用二冲程内燃机原理工作的火力夯,利用离心力原理工作的蛙夯和利用连杆机构及弹簧工作的快速冲击夯等。其特点是夯实厚度较大,适用于狭小面积及基坑的夯实。

振动式压实机械以机械激振力使材料颗粒在共振中重新排列而密实,如板式振动压实机。其特点是振动频率高,对黏结性低的松散土石,如砂土、碎石等压实效果较好。

复合作用压实机械有碾压和振动作用的振动压路机、碾压和冲击作用的冲击式压路碾等。

振动作用的振动式压路机,系在压路机上加装激振器而成,为目前发展迅速的机型,有取代静力碾压式压实机的趋势。

2.6.5 半刚性基层材料拌和机械

半刚性基层拌和机械主要有路拌法施工和厂拌法施工两种。路拌法施工主要有稳定土拌和机械(图2.14),厂拌法施工与水泥混凝土拌和方法基本上一样。

图 2.14 稳定土拌和机械

路拌法指的是采用人工或利用拖拉机(带铧犁)或稳定土拌和机在路上(路槽中)或沿线就地拌和混合料的施工方法。路拌法施工仅适用于二级及二级以下的公路,其中二级公路应采用稳定土拌和机制备混合料。对二级及二级以上公路,应采用专用稳定土拌和机进行拌和并设专人跟随拌和机,随时检查拌和深度并配合拌和机操作员调整拌和深度。拌和深度应达稳定层底并宜侵入下承层5~10 mm,以利上下层黏结。严禁在拌和层底部留有素土夹层。通常应拌和两遍以上,在最后一遍拌和之前,必要时可先用多铧犁紧贴底面翻拌一遍。直接铺在土基上的拌和层也应避免素土夹层。对于三、四级公路,在没有专用拌和机械的情况下,可用农用旋转耕作机与多铧犁或平地机相配合进行拌和,但应注意拌和效果,拌和时间不能过长。

拌和站(又称拌和站)是工业建设中用于土建搅拌施工等大型机械的统称,如图2.15所示。拌和站用于高等级公路、城市道路、广场、机场的基层稳定土施工。可连续拌和生产不同级配的二灰砾石、石灰稳定土、工业废渣土稳定土成品料。

图 2.15 半刚性材料拌和机械

拌和站细分为稳定土拌和站、水稳拌和站等类别。稳定土拌和站分为移动式和固定式。移动式的拌和站各料仓带轮胎可以牵引行走,转场方便灵活,生产能力较低。固定式稳定土拌和站,需要用混凝土打地基,再把设备固定其上,生产能力高。稳定土拌和站专门用来拌和稳定土稳料的,主要拌和石灰、水泥、粉煤灰等结合料与土、砂砾或其他集料。水稳拌和站专门用来拌和水稳料的,水稳料一般为水泥、粉煤灰、级配碎石、稳定土层料。

2.6.6　沥青路面施工机械

沥青路面施工机械主要有拌和楼和摊铺机械等。

1)拌和楼

拌和楼设备可生产沥青混合料、改性沥青混合料、彩色沥青混合料,完全满足修筑高速公路、等级公路、市政道路、机场、港口等需要。LQG 系列沥青搅拌设备主要由配料系统、干燥系统、燃烧系统、热料提升、振动筛、热料贮存仓、称量搅拌系统、沥青供给系统、粉料供给系统、除尘系统、成品料仓及控制系统等部分组成,包括级配机、振动筛、皮带给料机、粉料输送机、干燥拌和滚筒、煤粉燃烧器、除尘器、提升机、成品料仓、沥青供应系统、配电房、电气控制系统。

双滚筒 SLB 系列特点:间歇式烘干滚筒和搅拌滚筒整体设计,为客户降低投资成本;正转烘干,反转出料,中部引风,整机结构简单,易于操作;PLC 可编程集中控制,触摸屏操作,自动手动切换自如;移动式的底盘结构,令运输与安装快捷、方便;燃煤燃油两用型燃烧炉,可根据需要选择。

移动强制式系列特点:间歇式烘干滚筒和双卧轴搅拌缸整体设计,搅拌更彻底,成品料质量更好;计量准确,质量稳定;正转烘干,反转出料,整机结构简单,易于操作;PLC 可编程集中控制,触摸屏操作,自动手动切换自如;移动式的底盘结构,令运输与安装快捷、方便;燃煤燃油两用型燃烧炉,可根据需要选择。

2)摊铺机

摊铺机是一种主要用于高速公路上基层和面层各种材料摊铺作业的施工设备。

碎石摊铺机:碎石摊铺机是路面施工机械之一,能够将碎石均匀地摊铺在路基上的施工机械,主要由料斗、支承滚轮、滑橇、V 形刮板、加宽侧板和运行轮等组成。

沥青混凝土摊铺机:将沥青混合料均匀摊铺在道路基层上,并进行初步振实和整平的机械,分履带式和轮胎式两种。其由牵引、摊铺和振实、熨平两部分组成。前者包括机架、动力装置、行走装置、料斗、料门、刮板输送器、螺旋摊铺器和驾驶室等;后者包括牵引臂、振实机构和熨平装置(由熨平板、厚度调节器、拱度调节器和加热装置等组成)。

2.6.7　水泥混凝土路面施工机械

水泥混凝土面层铺筑的技术方法有小型机具铺筑、滑模机械铺筑、轨道摊铺机铺筑、三辊轴机组铺筑和碾压混凝土等方法。

小型机具铺筑法在低等级的公路上应用比较多,主要有模板、平板振动器等。

滑模式水泥混凝土摊铺机(简称滑模摊铺机)是 20 世纪 60 年代中叶,在轨道式摊铺机的基础上开发研制而成的一种路面施工专用设备。它集混凝土的布料、计量、振捣、滑模挤压成型和平搓、抹平于一体,能自动、高质量、一次性地将混凝土料成型在路基上。用于公路施工的高档摊铺机还具有传力杆打入功能,在摊铺过程中自动将横向传力杆、中央拉杆和侧向拉杆按要求打入混凝土铺层中。

由于滑模式水泥混凝土摊铺机具有自动化水平高、生产效率高、摊铺质量高等突出特点,发达国家以及我国在高等级公路、城市道路、机场跑道和停机坪、市政广场以及水渠渠面等铺层施工中均广泛采用。但滑模不仅包含普通的模板或专用模板等工具式模板,还包括动力滑升设备和配套施工工艺等综合技术,目前主要以液压千斤顶为滑升动力,在成组千斤顶的同步作用下,带动 1 m 多高的工具式模板或滑框沿着刚成型的混凝土表面或模板表面滑动,混凝土由模板的上口分层向套槽内浇灌,每层一般不超过 30 cm 厚,当模板内最下层的混凝土达到一定强度后,模板套槽依靠提升机具的作用,沿着已浇注的混凝土表面滑动或是滑框沿着模板外表面滑动,向上再滑动约 30 cm,这样如此连续循环作业,直到达到设计高度,完成整个施工。滑模施工技术作为一种现代(钢筋)混凝土结构工程高效率的快速机械施工方式,在土木建筑工程各行各业中都有广泛的应用。只要这些混凝土结构在某个方向是边界不变化的规则几何截面,便可采用滑模技术进行快速、高效率的施工制作或生产。在各种规则几何截面的混凝土结构上,滑模技术显示出无穷的威力。

滑模技术的最突出特点就是取消了固定模板,变固定死模板为滑移式活动钢模,从而不需要准备大量的固定模板架设技术,仅采用拉线、激光、声呐、超声波等作为结构高程、位置、方向的参照系,一次连续施工完成条带状结构或构件。

轨道摊铺机铺筑,施工模板应采用足够刚度的槽钢、轨模或钢制边侧模板,不应使用木模板、塑料模板等易变形模板。支模前在基层上应进行模板安装及摊铺位置的测量放样,核对路面标高、面板分板、胀缝和构造物位置。纵横曲线路段应采用短模板,每块横板中点应安装在曲线切点上。模板安装应稳固、平顺、无扭曲,应能承受摊铺、振实、整平设备的负载行进,冲击和振动时不发生位移。模板与混凝土拌合物接触表面应涂脱模剂。模板拆除应在混凝土抗压强度不小于 8.0 MPa 方可进行。

三辊轴式水泥混凝土振动摊铺滚平机是一种用于公路、桥面、机场跑道、室内外地面等铺筑工程的新型机械,主要由机架、驱动辊、振动辊、电气设备等组成。其结构特点如下:以电机为动力源,工作平稳可靠,对环境无污染,噪声小,故障率低;以三根前后排列的辊轴为工作装置,与平板式整平机相比,工作连续,生产出的水泥混凝土表面平整、光滑;前辊轴为振动轴,由于它产生强烈的高频振动,因此能使混凝土表面及深层都具有较高的密实度,振实效果好,可铺筑低坍落度混凝土;中间辊轴和后辊轴均为行走驱动辊,可使滚平机实现前后自行,甚至转移工地时可自行上、下平板拖回;左、右机架均由前、后两部分组成,可根据施工需要调节振动辊的高度。

2.7　施工机械选型的一般原则

2.7.1　选择机械的一般原则

道路建设采用机械化施工,目的是优质、高效、安全、低耗地完成工程建设任务,在提高劳动生产率的同时减轻施工人员的劳动强度,这是道路建设机械化施工应遵循的基本原则。因此,

在道路建设采用机械化施工时,选择施工机械应遵循以下原则:

①适应性。施工机械与公路建设项目的具体实际相适应,即施工机械要适应公路建设项目的施工条件和作业内容。例如,路基工程的施工范围广、施工条件变化大,选用的施工机械一方面应适应公路工程所在地的气候、地形、土质、场地大小、运输距离、施工断面形状与尺寸、工程质量要求等;另一方面施工机械的工作容量、生产效率等要与道路工程进度及工程量相符合,尽量避免因施工机械的作业能力不足而延误工期,或因作业能力过大而使施工机械利用率降低。在条件许可的情况下(购买新的施工机械或租赁施工机械或挖掘现有设备潜力),尽量选择最适合道路建设项目内容的施工机械。

②先进性。新型的道路工程施工机械具有高效低耗、性能优越稳定、工作安全可靠、施工质量优良等优点,产品单价虽然不同于一般,但其性价比仍较高,更能保质保量地完成道路工程施工任务。此外,采用先进的施工机械,由于其性能优点、安全可靠、故障费低,最终可取得较好的技术经济效益。

③经济性。道路工程施工机械经济性选择的基础是施工单价,它主要与施工机械的固定资产消耗及运行费用等因素有关。采用先进、大型的施工机械进行道路工程施工,虽然一次性投资较大,但可以分摊到较大的工程量当中,对道路建设项目的成本影响较小。因此在选择道路工程施工机械时,必须权衡工程量与机械费用的关系,同时要考虑施工机械的先进性和可靠性,这是影响道路工程机械化施工经济效益的重要因素。

④安全性。在选择合适的施工机械,保证道路建设项目工程质量和施工进度的同时,应充分考虑施工机械的安全可靠性,如行驶稳定、有翻车或落体保护装置、防尘隔音、危险施工项目可遥控操作等。此外,在保证施工人员、设备安全的同时,应注意保护自然环境及已有的建筑设施,不致因所采用的施工机械及其作业而受到破坏。

⑤通用性和专用性。根据道路建设项目的技术要求,选择合适的施工机械是保证工程质量和施工进度的重要条件之一。在此过程中,应充分考虑施工机械的通用性和专用性。通用施工机械可以一机多用,用一种机械代替一系列机械,简化工序,减少作业场地,扩大机械使用范围,提高机械利用率,方便管理和修理。专用施工机械生产率高、作业质量好,因此某些作业量较大或有特殊施工要求的道路建设项目,选择专用性强的施工机械较为合理。

2.7.2 机械组合的原则

作为生产工具的施工机械,机种、机型是很多的,各有各的性能和特点,它们的价格一般都比较贵。为了使施工机械在施工过程中,既能适应复杂的工作环境和施工条件,又能保质保量地完成施工任务,还能发挥其最大的经济效益,选择合适的机种、机型和最佳的组合方案是十分重要的。具体遵循以下几点:

①尽量减少机械的组合数,机械的组合数越多,作业效率越低,停工的概率就越大;

②整个作业线上使用组合机械作业时,应对组合的各种机械能力进行平衡;

③组织机械化施工时,要注意分成几个系列的机械组合,同时并列施工,这样可减少当组合中某一台机械发生故障时,造成全面停工的现象;

④在组合机械时,力求选用的机型统一,以便维修和管理。

2.7.3　选择机械的方法

机械化施工方案的拟定和机械的选择是从分析单项工程的施工过程开始的。机械化施工过程包括准备工作、基本工作和辅助工作。拟订施工方案和选择施工机械应研究完成基本工作的机械,然后根据主要机械的生产能力和性能参数,再选择与其配套的组合机械。选择机械的方法具体如下:

①机械应适合工作的性质,适合施工对象的特点、规模、场地大小和运输距离等施工条件,能充分发挥机械的效率。所选机械的生产能力应满足施工强度、施工质量、施工设计的要求。

②机械应在结构上先进、生产率要高、性能可靠、易于维修、驾驶安全、环保性好等,并具有很好的机动性。

③机械的购置和运转费用要少,能源消耗要低,生产率要高,单位产品费用要低。

④选择机械时,应在容易获得的一般通用机械与专用机械之间进行比较。

⑤选择和购置新的机械设备时,应考虑企业中陈旧设备的利用和报废问题。

⑥应优先考虑选用批量生产的国产机械,以利促进国内工程机械的发展,而且节省大量外汇。

⑦注意同类机械大型与小型的选择。

⑧选用能使操作人员舒适和安全工作的机械。

2.7.4　施工机械需要量的计算

施工机械需要数量是根据工程量、计划时段内的台班数、机械的利用率和生产来确定,并用下式计算:

$$N = \frac{Q}{W_1 P K_1} \tag{2.1}$$

式中　N——机械需要的台数;

　　　Q——计划时段内应完成的工程量;

　　　P——机械的台班生产率;

　　　K_1——机械的利用率;

　　　W_1——计划时段内的制度台班数。

机械的台班生产率 P 可根据现场实测确定或者根据机械在类似工程中使用的经验确定。

本章小结

本章主要介绍了桥梁施工常备式结构、桥梁施工常用的起重设备、混凝土施工设备、预应力张拉设备,以及道路工程常用的施工机械设备、半刚性基层材料拌和机械、沥青路面施工机械、水泥混凝土路面施工机械的分类、特点、使用方法与注意事项,以及选型的一般原则等内容。

思考题与习题

2.1 桥梁施工常备式有哪些种类？其使用方法有哪些？

2.2 桥梁施工常用的起重设备有哪些种类？其使用方法有哪些？

2.3 预应力张拉设备的种类及其应用方法。

2.4 道路工程常用的施工机械设备及使用注意事项。

2.5 施工机械选型的一般原则是什么？

3 路基工程施工

本章导读:

- **内容及要求** 主要介绍道路路基施工程序及路基基本施工方法;道路路基土的分类及特点;道路路基填筑材料要求以及路堤填筑方法、路堑开挖方法;常见的路基施工机械及其用途;高填、深挖以及填石路基等特殊路基施工方法;路基加固及防护措施;影响路基压实效果因素及压实标准、压实方法以及山区路基施工方法等内容。通过本章学习,要求学生了解道路工程路基施工的程序及施工的基本原则;掌握路基土的分类方法及路堤填筑方法、路堑开挖方法;熟悉路基土方施工机械;重点掌握路基的压实影响因素、压实标准、路基压实方法等内容;了解山区路基施工特点及相应的排水和防护措施。
- **重点** 道路路基施工基本方法;道路路基土的分类及特点;路基填筑和开挖方法;影响路基压实效果的因素及压实标准、压实方法等。
- **难点** 道路路基土的分类以及影响路基压实效果的因素、压实标准、压实方法等。

3.1 概　述

道路路基是按照路线位置和一定技术要求修筑的带状构造物,是路面的基础。路基的强度和稳定性是保证路面强度和稳定性的前提,而路基的施工质量是路基强度和稳定性的保证。因此,路基的施工质量直接影响到路面甚至整条道路的使用品质和使用寿命。由于篇幅有限,本章主要以道路路基为主介绍路基工程的施工。

3.1.1 道路路基施工的程序

道路路基施工的程序主要包括:

①施工前的准备工作。施工前的准备工作是保证路基施工顺利进行的基本前提。路基施工前的准备工作包括4个方面:组织准备,如设立施工所需的办公室、施工队等;物质准备,如材料准备、施工机械准备、生产生活用房等;技术准备,如实施合理的施工组织设计、恢复中线测

量、施工放样等;现场准备,如场地清理、临时道路等。

②修建小型构造物。小型构造物包括小桥、涵洞、挡土墙、盲沟等,这些构造物通常与路基施工同时进行,但为了减少与其他工程的施工干扰和避免路基填筑后重新开挖,一般要先于路基完工。

③路基土石方工程。路基土石方工程包括路堤填筑、路堑开挖、路基压实、整修边坡、修建排水设施及防护与加固工程等。

④路基工程的竣工检查与验收。其检查与验收的主要项目有路基及其附属工程的位置、高程、断面尺寸、压实度或砌筑质量以及其原始记录、设计图纸及其他资料等,所有检测项目均应满足相应规范要求。

3.1.2 道路路基施工的基本原则

道路路基施工的基本原则与要求如下:

①道路路基应具有足够的稳定性和耐久性,应能承受行车荷载的反复作用和自然因素的长期影响。

②路基工程应推行机械化施工,只有在条件极其困难的三、四级公路中才能采用人工施工,但路基的压实必须采用机械碾压。

③路基应按照设计要求进行施工,在确保工程质量的前提下,因地制宜,合理利用当地的材料和工业废料。

④路基施工应在符合工艺要求和质量标准的条件下,积极采用经过鉴定的新材料、新技术、新机具和新的检验方法。

⑤路基施工必须遵守国家有关土地管理法规,应节约土地,保护耕地和农田水利设施等。

⑥道路路基施工应保护生态环境,尽量少破坏原有的植被地貌。清除的杂物应妥善处理,不得倾弃于河流水域中。

⑦道路路基施工必须贯彻安全生产的方针,制定技术安全措施,加强安全教育,严格执行安全操作规程,确保施工安全。

⑧路基施工必须按批准的设计文件进行。如需要变更设计或改变原有施工方案或采用特殊施工方法时,应按施工管理程序,报请业主或监理工程师审批。

⑨路基开工前,应在全面理解设计要求和设计交底的基础上,进行现场调查和核对。

⑩在详尽的现场调查后,应根据设计要求、合同、现场情况等,编制实施性施工组织设计,并按管理规定报批。经批准的施工组织设计是纲领性文件。

⑪路基开工前必须建立健全质量、环保、安全管理体系和质量检测体系,并对各类施工人员进行岗位培训和技术、安全交底。

⑫临时工程应满足正常施工需要,并保证路基施工影响范围内原有道路、结构物及农田水利等设施的使用功能。

施工技术人员必须认真领会上述各原则要求的内涵,并贯彻于自己的工作之中。

3.1.3 道路路基施工的方法

路基施工的基本方法按其技术特点大致可分为以下几种:

①人工施工。本方法使用手工工具,效率低、进度慢、工程质量难以保证。只有在条件极其困难的三、四级公路,方可采用人工施工,但路基压实必须采用机械碾压。

②简易机械化施工。本方法主要以人力为主,配以机械或简易机械。与人工施工方法比较,能减轻劳动强度,加快施工进度,质量有所提高。

③机械化施工或综合机械化施工。本方法是使用配套机械,主机配以辅机,相互协调,共同形成主要工序的综合机械化作业组的方法,能极大地减轻劳动强度,显著加快施工进度,提高工程质量和劳动生产率,降低工程造价,保证施工安全。目前,我国大多数高等级公路的施工都是采用这种方法,并在不断提高和完善之中。

④爆破法施工。本方法主要用于石质路基开挖、冻土路基开挖、隧道工程施工,施工时应配以相应的钻岩机钻孔与相应的机械清理。此方法也可用于开石取料与加工等工作。

⑤水力机械化施工。本方法是使用水泵、水枪等水力机械,喷射强力水流,冲散土层并流运至指定地点沉积。视具体情况也可用于采取砂料或地基加固。对于砂砾填筑路堤或基坑回填主要起密实作用(即水夯法),但使用此法要求电力和水源充足,适用于挖掘比较松散的土质及地下钻孔等施工。

上述施工方法的选择,应根据工程性质、地质条件、施工期限、现有条件等因素经过论证而定,应因地制宜并综合考虑使用各种方法。

3.2　路基土方施工

3.2.1　路基土的分类与分级

1)路基土分类

土的工程分类方法有很多,目的及用途不同,分类方法也不同。我国道路路基土分类以土的颗粒组成特征、土的塑性指标(液限、塑限、塑性指数)、土中有机质存在情况为依据,将土分为巨粒土、粗粒土、细粒土和特殊土4类。

①巨粒土:指大于60 mm的颗粒质量大于总质量50%的土,主要包括漂石、卵石、漂石夹土、卵石夹土、漂石质土、卵石质土。

②粗粒土:分为砾类土和砂类土两种。砾类土是2~60 mm的颗粒质量多于总质量50%的土,砂类土是2~60 mm的质量少于50%的土。砾类土包括级配良好砾与级配不良砾、含细粒土砾、粉土质砾与黏土质砾。砂类土包括级配良好砂与级配不良砂、细粒土质砂、粉土质砂和黏土质砂。

③细粒土:指小于0.075 mm的颗粒质量多于总质量50%的土,包括粉质土、黏质土、有机质土等。

④特殊土:主要包括黄土、膨胀土、红黏土和盐渍土。

2)土石工程分级

对安排施工和确定工程造价来说,最有实用意义的是将土石按其开挖的难易程度进行分级。我国道路工程路基施工按难易程度将土壤、岩石分为6类,其中土壤分为松土、普通土和硬土三级;岩石分为软石、次坚石和坚石三级,具体见表3.1。

表 3.1　土石工程分级

土石等级	土石类型	土石名称
Ⅰ	松　土	砂类土、腐殖土、种植土、中密的黏性土及砂性土、松散的水分不大的黏土,含有 30 mm 以下树根或灌木根的泥炭土
Ⅱ	普通土	水分较大的黏土、密实的黏性土及砂性土、半干硬状态的黄土、含有 30 mm 以上的树根或灌木根的泥炭土、碎石类土(不包括块石土及漂石土)
Ⅲ	硬　土	硬黏土、密实的硬黄土,含有较多的块石土及漂石土,各种风化成土状的岩石
Ⅳ	软　石	各种松软岩石、盐、胶结不紧的砾、泥质页岩、泥岩岩质砂岩、煤、较坚实的泥灰岩、块石土及漂石土、软的节理多的石灰岩
Ⅴ	次坚石	硅质页岩、硅质砂岩、白云岩、石灰岩、坚实的泥灰岩、软玄武岩、片麻岩、正长岩、花岗岩
Ⅵ	坚　石	硬玄武岩、坚实的石灰岩、白云岩、大理岩、石英岩、闪长岩、粗粒花岗岩、正长岩

3.2.2　路堤基底处理方法

路堤基底是经过清理后的路堤原地面,是自然地面的一部分。为了保证路堤的强度和稳定性,应根据基底的土质、水文、坡度、植被和路基高度等因素进行适当的处理。

①二级及二级以上公路路堤和填方高度小于 1 m 的道路路堤,应将路基基底范围内的树根全部挖除,并将坑穴填平压实;填方高度大于 1 m 的二级以下公路路堤,可保留树根,但树根不能露出地面。取土坑范围内的树根应全部挖除。

②对于山坡路堤,当地面横坡不陡于 1:5,且基底土质密实稳定时,清除地表的草皮、腐殖土后,可将路堤修在天然地面上;当地面横坡陡于 1:5(地面横坡为 1:5~1:25)时,在清除草皮杂物后,应将原地面挖成台阶并夯实,台阶宽度不小于 2 m。

地面横坡陡于 1:1.25 地段的陡坡路堤,必须检算路堤整体沿基底及基底下软弱层滑动的稳定性,抗滑稳定系数不得小于表 3.2 规定值,否则应改善基底条件或设置支挡结构物等防滑措施。

表 3.2　高路堤与陡坡路堤稳定安全系数

分析内容	地基强度指标	分析工况	稳定安全系数	
			二级及二级以上道路	三、四级公路
路堤的堤身稳定性、路堤和地基的整体稳定性	采用直剪的固结快剪或三轴固结不排水剪指标	正常工况	1.45	1.35
		非正常工况Ⅰ	1.35	1.25
	采用快剪指标	正常工况	1.35	1.3
		非正常工况Ⅰ	1.25	1.15
路堤沿斜坡地基或软弱层滑动的稳定性	—	正常工况	1.3	1.25
		非正常工况Ⅰ	1.2	1.15

注:区域内唯一通道的三、四级公路重要路段,高路堤与陡坡路堤稳定安全系数可采用二级公路的标准。

对于原地面横坡较陡的高速公路和一级公路的半填半挖路基，应从填方坡脚起向上设置向内侧倾斜的台阶，台阶宽度不小于 2 m。

③二级及二级以上公路路堤基底的压实度应不小于90%；三、四级公路应不小于85%。路基填土高度小于路面和路床总厚度时，基底应超挖并分层回填压实，其处理深度不应小于重型汽车荷载作用的工作区深度，基底的压实度不小于路床的压实度标准。

④原地面坑、洞、穴等，应在清除沉积物后，用合格填料分层回填分层压实，压实度应符合相关规定。

⑤泉眼或露头地下水，应采取有效导排措施后方可填筑路堤。

⑥地基为耕地、松散土、水稻田、湖塘、软土、高液限土时，应根据实际情况采取排水、清淤、晾晒、换填、加筋、外掺无机结合料等措施进行处理。

⑦地下水位较高时，应设置稳定层、隔离层，或采用无机结合料（生石灰粉、水泥等固化材料）对填料进行改良，或选用水稳定性好的填料等。

⑧陡坡地段、土石混合地基、填挖界面、高填方地基等应按设计要求进行处理。

3.2.3　路基填料选择

一般的土和石都可以用作路堤填筑的填料。为保证路基的强度和稳定性，应选择强度高、稳定性好、易于开挖的土石作填料。如卵石、碎石、砾石、粗砂等透水性良好的填料，由于它们具有强度高、水稳定性好、填筑时受含水量影响较小等特点，经分层压实后较易达到规定的施工质量，此类材料应优先选用。用透水性不良或不透水的土（如黏土）作路堤填料时，必须在最佳含水量下分层填筑并充分压实。

含有草皮、生活垃圾、树根、腐殖质的土会影响路基施工质量，应禁止作为路基填料。泥炭、淤泥、冻土、强膨胀土、有机质土及易溶盐超过允许含量的土，不能直接填筑路基，确需使用时，必须采取技术措施进行处理，经检验满足设计要求后方可使用。液限大于50%及塑性指数大于26的细粒土，透水性很差，且干时坚硬难挖，具有较大的可塑性、黏结性和膨胀性，毛细现象也很显著，浸水后能长时间保持水分，承载力很小，不宜作为路堤填料。如缺乏好的填料时，可采取掺石灰、固化材料等技术措施，对这些黏性土进行砂化处理，以改善土质提高强度，经检验满足设计要求后方可使用。粉质土不宜直接填筑于路床，不得直接填筑于浸水部分的路堤及冰冻地区的路床。路基填料的强度和粒径应满足表3.3的规定。

表 3.3　路基填料最小强度和最大粒径的要求

填料应用部位（路床顶面以下深度）(m)		填料最小强度（CBR）(%)			填料最大粒径 (mm)
		高速、一级公路	二级公路	三、四级公路	
路堤	上路床(0~0.3)	8	6	5	100
	下路床(0.3~0.8)	5	4	3	100
	上路堤(0.8~1.5)	4	3	3	150
	下路堤(>1.5)	3	2	2	150

续表

填料应用部位(路床顶面以下深度)(m)		填料最小强度(CBR)(%)			填料最大粒径（mm）
		高速、一级公路	二级公路	三、四级公路	
零填及挖方路基	0~0.3	8	6	5	100
	0.3~0.8	5	4	3	100

注:①表列承载比是根据路基不同填筑部位压实标准的要求,按现行《公路土工试验规程》(JTG E40)试验方法规定浸水96 h确定的CBR。

②三、四级公路铺筑沥青混凝土和水泥混凝土时,应采用二级公路的规定。

③表中上、下路堤填料最大粒径150 mm的规定不适用于填石路堤和土石路堤。

3.2.4 路基填筑方法

填方路基施工工艺流程如图3.1所示。

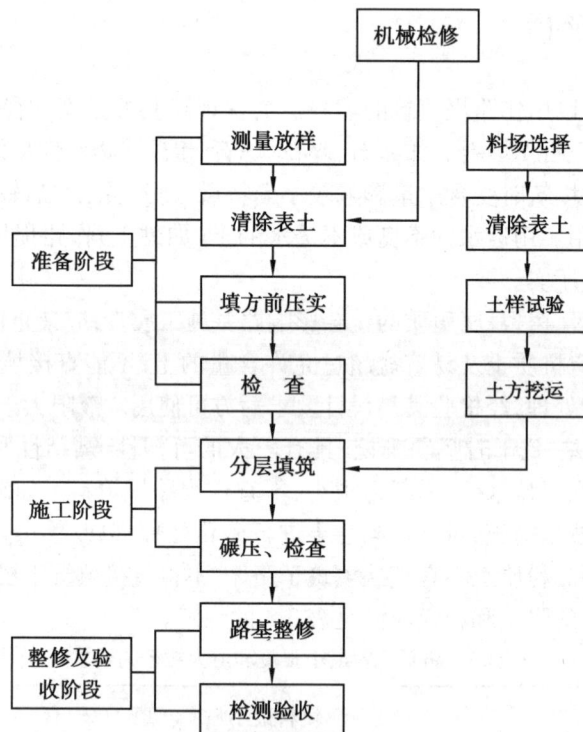

图3.1 路基填筑施工工艺流程

1) 填筑路基施工方法

土质路堤填筑按其施工顺序可分为分层填筑、竖向填筑和混合填筑三种方式。

分层填筑又分为水平分层填筑和纵坡分层填筑两种方法。水平分层填筑是按照横断面全宽分成水平层次,逐层向上填筑的方法。对原地面进行必要的处治后,从最低处分层填起,每填一层经过压实达到标准后,再填筑上一层,依次循环施工,直至达到设计高程。如图3.2所示。纵坡分层填筑是用推土机、铲运机等机械从挖方地带取土,就近填筑路堤,依纵坡方向分层填筑和压实。

竖向填筑是在深谷陡坡地段,难以自下而上分层填筑的路堤,可以从路堤的一端或两端按横断面全高逐步推进的填筑方法,如图 3.3 所示。

混合填筑在深谷陡坡地段,可采用下层竖向填筑,而在其上层水平分层填筑的混合填筑方法,如图 3.4 所示。

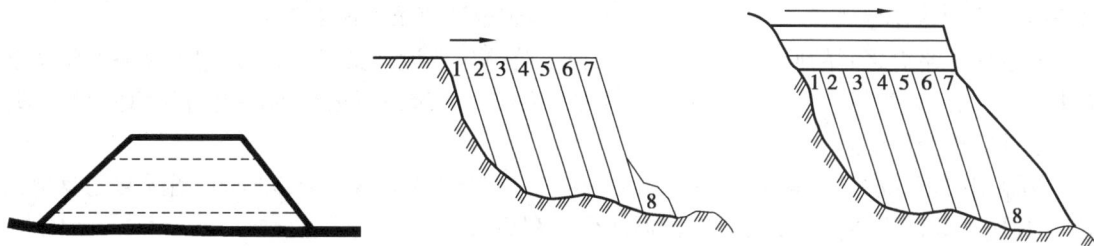

图 3.2　水平分层填筑　　　　图 3.3　竖向分层填筑　　　　图 3.4　混合填筑

2) 填筑路堤施工要点

①性质不同的填料,应水平分层,分段填筑,分层压实。同一水平层路基的全宽应采用同一种填料,不得混合填筑。每种填料的填筑层压实后的连续厚度不宜小于 500 mm。填筑路床顶最后一层时,压实后的厚度应不小于 100 mm。

②潮湿或冻融敏感性小的填料应填筑在路基上层。强度较小的填料应填筑在下层。在有地下水的路段或临水路基范围内,宜填筑透水性好的填料。

③在透水性不好的压实层上填筑透水性较好的填料前,应在其表面设 2% ~ 4% 的双向横坡,并采取相应的防水措施。不得在透水性较好的填料所填筑的路堤边坡上覆盖透水性不好的填料。

④每种填料的松铺厚度应通过试验确定。

⑤土质路基边缘部分的压实度很难达到规定要求,可采取适当增加碾压宽度等措施保证每一填筑层压实后的宽度不小于设计宽度。

⑥路堤填筑时,应从最低处起分层填筑,逐层压实;当原地面纵坡大于 12% 或横坡陡于 1:5 时,应按设计要求挖台阶,或设置向内的——坡度大于 4%、宽度大于 2 m 的台阶。每级台阶高度可取压实机具碾压一层压实厚度的整数倍,如小型夯实机具夯实一层的压实厚度为 150 mm,台阶高以 300 mm 为宜。

⑦填方分几个作业段施工时,接头部位如不能交替填筑,则先填路段,应按 1:1 坡度分层留台阶;如能交替填筑,则应分层相互交替搭接,搭接长度不小于 2 m。

3.2.5　桥涵等构造物处的填筑

桥台台背、涵洞两侧及涵洞顶、挡土墙墙背的填筑应在这些构造物基本完成后进行,由于作业场地狭窄,在保证不损坏构造物的同时,填筑压实比较困难,而且容易积水。如果填筑不良,完工后填土与构造物连接部分出现沉降差,就会发生跳车,影响行车的速度、舒适和安全,甚至影响构造物的稳定。因此,注意填料的选择和精心施工是非常重要的。

①填料。宜采用透水性材料、轻质材料、无机结合料等,非透水性材料不得直接用于回填。

②台背回填。桥台背后填土应与锥坡填土同时进行,台背回填部分的路床宜与路堤路床同

步填筑,一般应顺路线方向自台身背面起,顶面长度不小于台高加2 m,底面长度不小于2 m。拱桥(涵)台背填土长度应不小于台高的3~4倍。

③基坑回填。基坑回填必须在隐蔽工程验收合格后方可进行。基坑回填应分层填筑、分层压实,分层厚度宜为100~200 mm。二级及二级以上公路,采用小型夯实机具时,基坑回填的分层压(夯)实厚度不宜大于150 mm,并应压(夯)实到设计要求的压实度。

④台背与路堤之间的回填。二级及二级以上公路应按设计做好过渡段,过渡段路堤压实度不小于96%,并应按设计做好纵向和横向防排水系统。二级以下公路的路堤与回填的联结部,应按设计要求预留台阶。

⑤涵洞回填。洞身两侧应对称分层回填压实,填料粒径宜不小于150 mm。涵洞两侧及顶面填土时,应采取措施防止压实过程对涵洞产生不利后果。

3.2.6 路堑开挖方法

1)土质路堑施工工序

路堑施工是按设计要求进行挖掘,并将挖掘出来的土方运到路堤地段作填料或运往弃土地点的一种施工方法。具体施工工序流程如图3.5 所示。

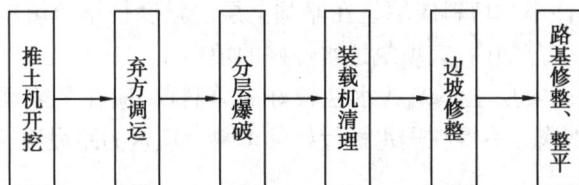

推土机开挖 → 弃方调运 → 分层爆破 → 装载机清理 → 边坡修整 → 路基修整、整平

图 3.5 土质路堑施工工序流程

2)土质路堑施工方法

路堑开挖方式应根据路堑的深度和纵向长度,以及地形、土质、土方调配情况和开挖机械设备条件等因素确定。路堑开挖方法主要包括横向挖掘法、纵向挖掘法和混合挖掘法。

①横向挖掘法:是从路堑的一端或两端按横断面全宽逐渐向前开挖的方法,主要包括适用于挖掘浅而短的单层和挖掘深而短的多层路堑开挖。

②纵向挖掘法:是沿路堑纵向将高度分成不大的层次依次开挖的方法,主要有分层纵挖法、通道纵挖法、分段纵挖法,主要适用于较长的路堑开挖。

③混合挖掘法:是先将路堑纵向挖通,然后沿横向坡面挖掘的一种方法,主要适用于纵向长度和挖深都很大的路堑开挖。

3)土质路堑施工要点

(1)土质路堑施工应符合的规定

①土质路堑开挖前应对沿线土质进行检测,对可作为路基填料的土方,应分类开挖分类使用,不能混杂,混杂的材料均匀性差,路基的压实质量难以保证。

②土质路堑边坡的稳定尤为重要。开挖时应自上而下进行,不得乱挖超挖,严禁掏底开挖。

③路堑开挖过程中,经常会遇到土质或土石比例的变化,为保证路堑边坡稳定,往往需要修改边坡坡度,对需要修改的应及时按规定报批,边坡上稳定的孤石应保留。

④路堑开挖应采取措施保证边坡稳定。开挖至边坡线前，应预留一定宽度，预留的宽度应保证刷坡过程中设计边坡线外的土层不受到扰动。

⑤开挖至零填、路堑路床部分后，应尽快进行路床施工；如不能及时进行，宜在设计路床顶标高以上预留至少300 mm厚的保护层。

⑥挖方路基顶面中心标高，应考虑因压实而产生的下沉量，其值通过试验确定。

（2）排水设施的开挖要求

①应采取临时排水措施，确保施工作业面不积水。

②边沟与截水沟应从下游向上游开挖。截水沟通过地面坑凹处时，应将凹处填平夯实。边沟及截水沟开挖后，应及时进行防渗处理，不得有渗漏、积水和冲刷边坡的现象。

③挖方过程中遇到地下水应采取排导措施，将水引入路基排水系统，不得随意堵塞泉眼。

④路床土含水量高或为含水层时，应采取设置渗沟、换填、改良土质、土工织物等处理措施。路床材料应具有良好的透水性能。

⑤土质路基开挖应根据地面坡度、开挖断面、纵向长度及出土方向等因素，结合土方调配，选用安全、经济的开挖方案。

3.3 路基压实

路基施工破坏了土体的天然状态，致使其结构松散，颗粒重新组合，土团之间留下许多孔隙，在荷载作用下，可能出现不均匀或过大的沉陷或坍落甚至失稳滑动，所以路基填土必须进行压实。对于松土层构成的路堑表面，为改善其工作条件也应予以压实。

路基土是由土粒、水分和空气组成的三相体系。土粒为骨架，颗粒之间的孔隙为水和气体所占据，三相具有各自的特性，并相互制约共存于一个统一体中。路基土受压时，土中的空气大部分被排出土外，土粒则不断聚拢，重新排列成密实的新结构。土粒在外力作用下不断聚拢并且受压时土的内摩阻力和黏结力不断增加，从而提高了土的强度和稳定性。同时，由于土粒不断靠拢，使水分进入土体的通道减少，阻力增加，降低了土的渗透性。因此，路基压实是路基施工的一个关键工序，有效地压实路基填土才能保证路基工程的施工质量。

3.3.1 影响压实效果的主要因素

影响路基压实效果的因素是多方面的，有内因也有外因，但与施工作业有关的主要因素有以下几点。

1）含水量

土的含水量对压实效果的影响比较显著。当土中含水量较小时，由于土颗粒间引力（可能还包括了毛细管压力）使土保持着比较疏松的状态或凝聚结构，土中孔隙大都互相连通，水少而气多，在一定的外部压实功能作用下，虽然土孔隙中气体易被排出，密度可以增大，但由于水膜润滑作用不明显并且外部压实功能不足以克服颗粒间引力，土颗粒相对移动并不容易。因此，压实效果比较差；随着土的含水量逐渐增大，水膜变厚，引力缩小，水膜又起着较好的润滑作用，外部压实功能比较容易使土粒移动，压实效果渐佳；随着土的含水量进一步增大，当孔隙中出现自由水时,压实功能不能使气体排出,压实功能的一部分被自由水所抵消,减小了有效压力,压实效果反而会降低。由图3.6击实曲线1可以看出,曲线有一峰值,此处的干密度最大,称为土的最大干密度,与之对应的含水量则称为土的最佳含水量。这两个指标对路基的设计与施工极其重要。

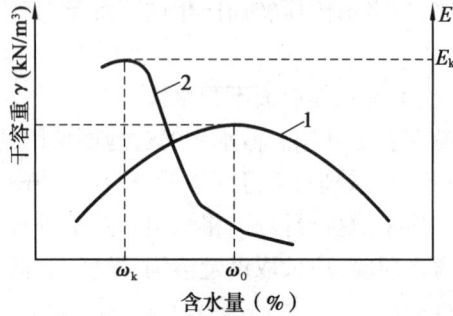

图3.6　路基击实曲线

路基土只有在最佳含水量的情况下才最容易被压实,并且在最佳含水量时经过充分压实的路基土的水稳定性最好。

2)土类

土质对压实效果的影响也很大。其一般规律是:在同一压实功能作用下,含粗粒越多的土,其最大干容重越大,而最佳含水量越小。因此施工时,应根据不同土壤类别确定其最大干容重和最佳含水量。

3)压实功能

压实功能是指压实工具的质量、碾压次数或锤落高度、作用时间等。它对压实效果的影响是除含水量以外的另一个重要因素。同一类土,其最佳含水量随压实功能的加大而减小,而最大干密度则随压实功能的加大而增大。在相同含水量条件下,压实功能越大,则土的密实度越大。当土偏干时,增加压实功能对提高干密度影响较大,偏湿时则收效甚微。故对偏湿的土企图用加大压实功能的办法来提高土的密实度是不经济的,若土的含水量过大,此时增大压实功能就会出现"弹簧"现象。另外,用增加压实功能的办法提高土基压实效果是有一定限度的,当压实功能加大到一定程度后,对最佳含水量的减小和最大干密度的提高就不明显了;如果超过一定限度,再采用增加压实功能的办法来提高土的密实度,不但经济上不合理,甚至压实功能过大还会破坏土体结构,效果适得其反。

4)压实的机具与方法

不同类型的压实机具,其质量大小、适应的土质类型和压力传布的深度都将有所差异。另外,碾压的速度不同,压实效果也会有一定的变化。

5)填土的铺筑厚度

在相同的压实条件下,土的密实度随深度增加而递减,当超出一定深度范围后,土的密实度将不再提高,而且有效压实深度的大小与土质、含水量、压实机具等因素有关。因此,路堤填土施工必须分层铺筑与碾压,并合理控制每层的铺筑厚度。

综上所述,在土基压实施工中,必须严格控制土的含水量在最佳含水量范围内,根据土质和压实机具的性能,合理确定分层摊铺碾压厚度、碾压次数以及碾压机具的行驶速度等,以获得最佳的压实效果。

3.3.2 路基压实标准

路基的压实程度通常用压实度来衡量,以此来检查和控制压实的质量。所谓路基压实度是指工地压实达到的干密度 γ_d 与室内标准击实试验所得的最大干密度 γ_0 的比值,用 K 表示。即

$$K = \frac{\gamma_d}{\gamma_0} \times 100\% \qquad \gamma_d = \frac{\gamma_s}{1+w} \tag{3.1}$$

式中　K ——压实度,是一个以 γ_0 为标准的相对值,即为填土压实的程度;

　　　γ_s ——工地实测土的湿密度;

　　　γ_d ——工地实测土的干密度;

　　　w ——工地实测土的含水量。

我国现行规范规定的压实标准见表 3.4。

表 3.4 土质路基压实度标准

填挖类型		路床顶面以下深度(m)	压实度(%)		
			高速公路、一级公路	二级公路	三、四级公路
路堤	上路床	0~0.30	≥96	≥95	≥94
	下路床	0.30~0.80	≥96	≥95	≥94
	上路堤	0.80~1.50	≥94	≥94	≥93
	下路堤	>1.50	≥93	≥92	≥90
零填及挖方路基		0~0.30	≥96	≥95	≥94
		0.30~0.80	≥96	≥95	—

注:①表列数值系按《公路土工试验规程》(JTG E40—2007)中重型击实试验法求得的最大干密度的压实度;

②三、四级公路铺筑水泥混凝土路面或沥青混凝土路面时,其压实度应采用二级公路的规定值;

③路堤采用特殊填料或处于特殊气候地区时,压实度标准根据试验路在保证路基强度要求的前提下可适当降低;

④特别干旱地区的压实度可降低2%~3%。

3.3.3 路基压实方法及检测方法

(1)路基压实方法

压实土层的密实度随深度递减,表面 5 cm 的密实度最高。填土分层的压实厚度和压实遍数与压实机械类型、土的种类和压实度要求有关,应通过铺试验路段来确定。相同质量的振动压路机要比光轮静碾压路机的压实有效深度大 1.5~2.5 倍。

压实前可自路中线向路两边做2%~4%的横坡,应严格控制松铺厚度及最佳含水量。碾压时,横向接头的轮迹应有一部分重叠,对振动压路机一般重叠 40~50 cm,对三轮压路机一般重

叠 1/2 后轮宽;前后相邻两区段宜纵向重叠 1~5 m。碾压时应做到无漏压、无死角和确保碾压均匀。

碾压应遵循先慢后快、先两边后中间、先低后高的原则,并控制压实速度、松铺厚度和最佳含水量,以保证路基压实质量。

路堤边缘两侧可多填宽度 30~50 cm,压实完成后再刷坡整平;也可用小型振动压路机从坡脚向上碾压,坡度不大于 1:1.75 时,可用履带式推土机从下向上压实。

(2)检测方法

压实度检测方法主要有:灌砂法、灌水(水袋)法、环刀法、核子密度仪法等。用灌砂法、灌水(水袋)法检测压实度时,取土样的底面位置应为每一压实层底部;用环刀法进行试验时,环刀中部应处于压实层厚的 1/2 深度;用核子密度仪试验时,应根据其类型,按说明书进行检测。路基在施工过程中,每一压实层均应检验压实度,检测频率为每 1 000 m² 至少检验 2 点,不足 1 000 m² 时检验 2 点,必要时可增加检验点。

3.3.4 压实质量控制

(1)压实质量控制方法

压实质量控制方法可以从不同角度进行分类,大致分为过程控制与结果控制、实时控制与事后控制、静态控制与动态控制、离散控制与连续控制、抽样控制与全面控制。目前,路基填筑质量控制主要采用抽样检验方式进行,即在碾压完成的路基上,在一定碾压面积或碾压长度范围内对若干个点进行压实效果检验,以此来判定该路基的的压实质量,这是一种典型的事后点式控制方式,属于结果控制。连续压实控制主要研究的是碾压过程中的全面控制方法,即点式控制方式,属于过程控制范畴。

(2)连续压实控制

连续压实控制是指在填筑体填筑碾压过程中,根据土体与振动压路机相互动态作用原理,通过连续量测振动压路机振动轮竖向振动响应信号,建立检测评定与反馈控制体系,实现对整个碾压面压实质量的实时动态检测与控制。连续压实控制是面式控制的主要方式,也是这一类方法的统称。这种方法利用振动压路机在碾压过程中的振动反应进行碾压控制,以边碾压、边量测、边控制的方式进行连续的压实质量控制,是填筑工程领域较新的一项压实质量控制技术。

将工程名称、设计高度、填料类型、碾压厚度输入连续压实控制系统,形成完整的信息链,获得路基连续压实质量报告,实现对路基每层碾压厚度的有效监控,防止路基出现超厚填筑、压实不合格的问题。针对局部范围内一些小的压实问题(如碾压不合格等),现场人员即可处理解决,真正实现实时动态监测与控制。

(3)连续压实控制技术的工程应用

连续压实控制技术重在应用。连续压实控制技术既有动力学检测的技术特征,又有施工过程监控的工程特征。因此,在实际使用时也要遵循这一原则。具体来讲,这项技术的操作流程或者说步骤,是按照动力学试验要求和路基填筑碾压的施工顺序编排的。对路基填筑体实施连续压实时,一般需要按照 4 个操作工艺流程(步骤)进行,即设备检查、相关校验、过程控制和质量检测,如图 3.7 所示。

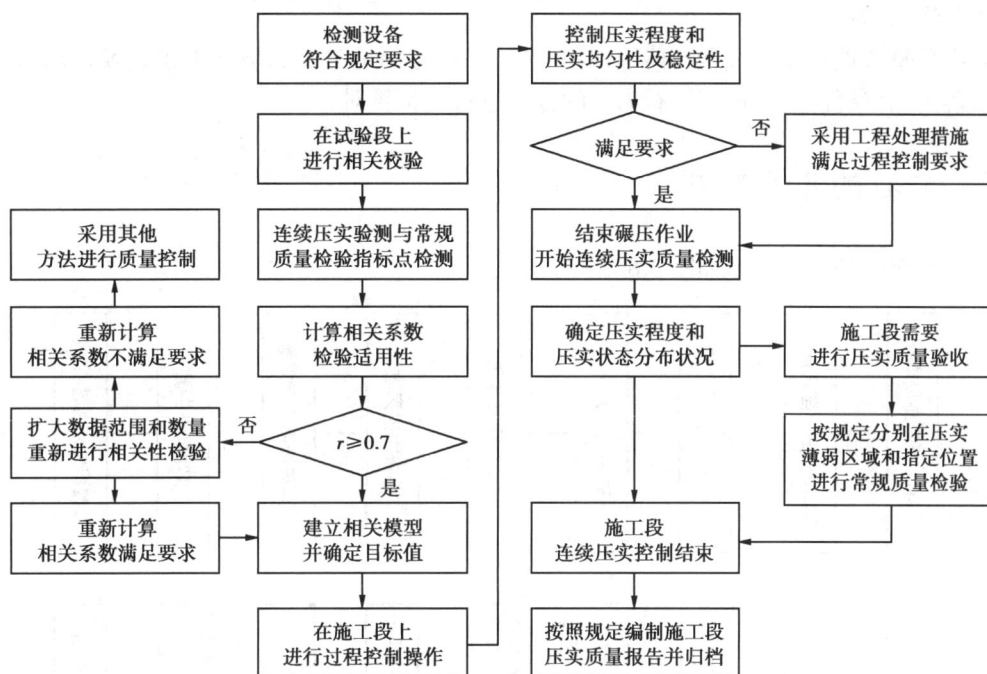

图 3.7　连续压实控制工艺流程

3.4　山区路基施工

3.4.1　深挖路堑的边坡坡度与形状

土质路堑边坡高度大于 20 m 时称为深挖路堑。深挖路堑边坡的合理坡度与形状是保证边坡稳定的关键,而这与地层情况有密切关系。

(1)细粒土地层

细粒土一般具有黏聚力和内摩阻角,边坡坡度可通过圆弧法验算确定。这种路堑宜在边坡上每隔 10 m 左右的高度上设置宽 1~2 m 的平台,形成阶梯式边坡,平台应尽量做在地层分界处。平台的纵向坡度宜与路线纵坡平行。平台应有 1%~2% 的向外排水横坡,或设置纵向排水沟,其纵坡不得小于 0.3%。

(2)砂类土地层

砂类土地层的路堑边坡坡度可用直线法验算确定。其边坡形状同细粒土地层,以阶梯式为好,但对于边坡上的松散夹层要进行防护。在坡脚处最好设置碎落台,以免堵塞边沟。

(3)砾石土和巨粒土地层

砾石土和巨粒土的路堑边坡坡度通常采用工程地质法确定,即参考当地自然山坡和人工边坡,以及地质构造、水文条件等因素,推断适宜的稳定边坡坡度。其边坡形状也宜采用阶梯式,平台最好设在地层分界处,边坡上的松散夹层应予防护。如果土层大部分比较松散,则宜将边坡的全部或下部的大部分予以防护。

（4）岩石地层

岩石路堑边坡坡度要根据岩体结构和岩性，并参考当地自然山坡和人工边坡，以及以往经验论证确定，有条件时，也可用岩石力学的方法进行分析核对。

3.4.2　岩石的开挖方法

石方路堑开挖施工流程如图 3.8 所示。

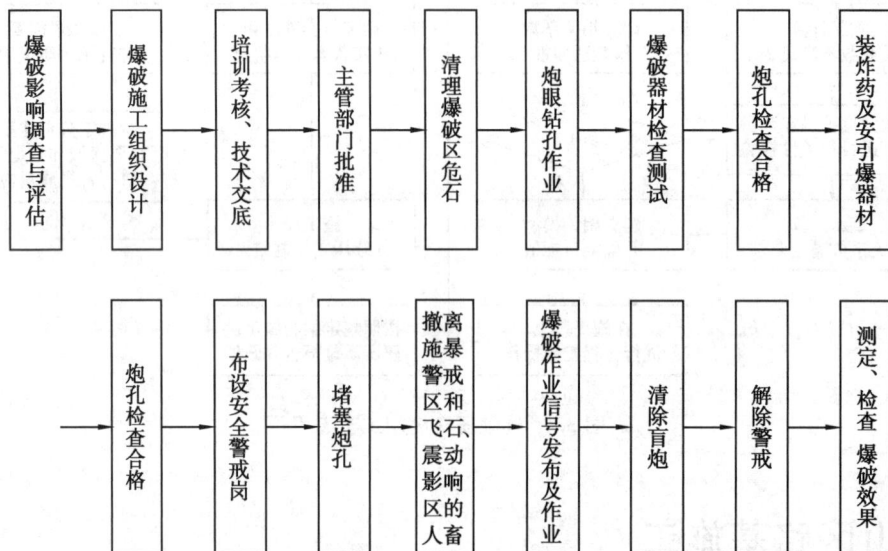

图 3.8　石方路堑施工流程

岩石开挖应根据岩石的类别、风化程度、岩层产状、岩体断裂构造、施工环境等因素确定开挖方案。深挖岩石路基施工时应采取逐级开挖逐级防护的方法。如需要爆破作业，则必须按相关规定进行。

石方路堑开挖严禁采用峒室爆破，接近边坡部分宜采用光面爆破或预裂爆破。爆破法开挖石方路堑，应先查明空中线缆、地下管线位置，开挖边界线外可能受爆破影响的建筑物结构类型、居民居住情况等。

石方路堑边坡应从开挖面往下分段整修，不宜超挖，每下挖 2~3 m，宜对新开挖边坡刷坡，同时清除危石及松动石块。

石方路堑路床开挖欠挖部分必须凿除。超挖部分应用无机结合料碎石或级配碎石填平碾压密实，严禁用细粒土找平。如路床底面有地下水时，可设置渗沟进行排导，渗沟宽度不宜小于 100 mm，横坡不宜小于 0.6%。渗沟用坚硬碎石回填。边沟施工应与路床同步。

3.4.3　高路堤的填筑

凡填方边坡高度超过 20 m（填粗砂、中砂时为 12 m）者，称为高填路堤。

高填方路堤填料宜优先采用强度高、水稳定性好的材料，或采用轻质材料。受水浸的部分，应采用水稳定性和透水性都好的材料。

　　高填方路堤的基底承受的荷载很大,一般应进行路堤稳定性验算和对基底土的承压强度值进行检查。如对原地基进行常规压实仍不能满足稳定验算要求,应对地基进行加固处理。另外,对覆盖层较浅的岩石地基,宜清除覆盖层。

　　高填方路堤施工过程中应符合以下规定:

　　①施工过程中按设计要求预留路堤高度与宽度,并进行动态监控。

　　②施工中应进行沉降观测和位移观测,按照设计要求进行填筑速率控制。

　　③填挖结合断面的一侧高填方路基为斜坡时,应按设计图纸要求挖好横向台阶,并应在填方路堤完成后对设计边坡外的松散弃土进行清理。

　　④高填方路堤如果材料来源不同,其性能相差较大时,应分层填筑,不应分段或分幅填筑。

　　⑤高填方路堤的地基土体,由于填筑体对其施加了较大压力,会产生压缩变形,填筑体在自身重力作用下也要压密变形,这两个变形的完成都需要一定的时间才能完成,并逐步达到稳定。因此,高路堤宜优先安排施工。

3.4.4　填石路堤的方法

　　填石路堤一般是指用粒径大于 37.5 mm 且含量超过总质量的 70% 的石料填筑的路堤。

1) 填石路堤的填料应符合的规定

　　①膨胀岩石、易溶性岩石不宜直接用于路堤填筑;强风化石料、崩解性岩石和盐化岩石不得直接用于路堤填筑。

　　②路堤填料粒径应不大于 500 mm,且不宜超过层厚的 2/3,不均匀系数宜为 15~20。路床底面以下 400 mm 范围内,填料粒径应小于 150 mm。

　　③路床填料粒径应小于 100 mm。

　　由于填石路堤的填料比较坚硬,压实难度大且透水性强,水容易从路面、边坡等部位进入基底使路基湿软以致造成不均匀沉降,为防止地基承载力不足而导致路基整体工后沉降过大或失稳破坏,填石路堤填料在满足一般土质路堤要求的基础上,还应满足不同路堤填高对地基承载力的要求。路堤高度小于 10 m 时,地基承载力不宜低于 150 kPa;路堤高度为 10~20 m 时,地基承载力不宜低于 200 kPa;路堤高度大于 20 m 时,路基宜填筑在岩石地基上。

　　当为细粒土等非岩石地基时,应按设计要求设过渡层;当为岩石和细粒土组合地基时,应将岩石凿平,并在细粒土部位设过渡层。当路堤基底范围内,可能因地面水或地下水影响路基的稳定时,应采取必要的引排、拦截等措施或在路堤底部填筑不易风化的、透水性好的填料。

2) 填石路堤填筑应符合的规定

　　①路堤施工前,应先修筑试验路段,确定满足规定孔隙率标准的松铺厚度、压实机械型号及组合、压实速度、压实遍数及沉降差等参数。

　　②路床施工前,应先修筑试验路段,确定能达到最大压实干密度的松铺厚度、压实机械型号及组合、压实速度及压实遍数、沉降差等参数。

　　③二级及二级以上公路的填石路堤应分层填筑压实。二级以下砂石路面公路在陡峻山坡地段施工特别困难时,可采用倾填的方式将石料填筑于路堤下部,但在路床底面以下不小于1.0 m范围内仍应分层填筑压实。

④岩性差别较大的填料应分层或分段填筑。严禁将软质石料与硬质石料混合使用。

⑤填石路堤的边坡部位常常是摊铺、压实的薄弱环节,使用常规的施工方法很难使边坡部位密实和平顺。因此中等强度以上的石料应进行边坡码砌,边坡码砌的石料应整齐、不易风化,石料强度、尺寸及码砌厚度应符合设计要求。边坡码砌一般采用干砌的方式。边坡码砌与路基填筑宜同步进行。

⑥压实机械宜选用自重不小于 18 t 的振动压路机。

⑦在填石路堤顶面与细粒土填土层之间应按设计要求设过渡层。

3.4.5 山区路基排水措施

路基排水工程主要分为地面排水设施和地下排水设施。地面排水设施包括边沟、截水沟、排水沟、急流槽、无消力池的跌水、油分分离池与蒸发池等;地下排水设施包括暗沟(管)、渗沟、渗井、排水隔离层、仰斜式排水沟等。

各种地面水和地下水对路基的强度和稳定性影响极大,在土方工程施工期间,为了保证路基的稳定性,必须修建永久性和临时性的路基排水设施,不断完善排水系统,使全线沟渠、管道、桥涵组成完整的排水系统,保证危害路基的地面水和地下水排出路基范围之外,保持路基施工现场始终处于良好的排水状态。

1) 路基地面排水设施

路基地面排水设施的作用是将可能停滞在路基范围内的地面水迅速排除,并防止路基范围外的地面水流入路基内。

(1)边沟

挖方地段和填土高度小于边沟深度的填方地段均应设置边沟,用以汇集和排除路基范围内或流向路基的少量地面水。边沟的断面形式,一般土质边沟宜用梯形;矮路堤或机械化施工时可用三角形;在场地宽度受到限制时,可用石砌矩形;石质路堑边沟可做成矩形;积雪、积砂路段宜做成流线形。边沟的深度和底宽一般不应小于 0.4 m。

(2)截水沟

截水沟设在路堑坡顶外或山坡路堤上方,用以拦截上方流来的地面水。其断面形式一般为梯形,在地面横坡较陡时可做成石砌矩形。截水沟底宽不小于 0.5 m,深度按流量确定,但不应小于 0.5 m。沟底纵坡较大或有防渗要求时,应予加固。加固后的截水沟在山坡上方一侧的砌体与山坡土体连接处,容易产生渗漏水,应严格进行夯实和防渗处理,以防止顺山坡下来的水渗入而影响山坡稳定。

截水沟的水流应避免流入边沟,而应将水流排入截水沟所在山坡一侧的自然沟或直接引到桥涵进口处,以防止在山坡上任其自流,造成冲刷。

(3)排水沟

排水沟的作用是将边沟、截水沟、取土坑或路基附近的积水引入就近桥涵或沟谷中去。排水沟的断面和纵坡要求与截水沟基本相同。

紧靠路堤护坡道外侧的取土坑,若条件适宜,可用以排水。这时,取土坑底部宜做成自两侧向中部倾斜 2%~4% 的横坡。出入口应与所连接的排水沟平顺衔接;当出口部分为天然沟谷时,不要使水形成漫流。

（4）急流槽

在纵坡陡峻地段的截水沟、排水沟,可用单级或多级跌水或急流槽连接。跌水和急流槽的断面一般采用矩形,用浆砌片石、水泥混凝土预制块或水泥混凝土修筑,急流槽包括进口、槽身、出口三部分。进口部分始端和出口部分终端的裙墙应埋入冻结线以下。急流槽分节长度宜为5~10 m,接头处应用防水材料填缝。混凝土预制块急流槽,分节长度宜为2.5~5.0 m,接头采用榫接。

（5）无消力池的跌水

跌水构造分为进口、台阶、出口三部分。台阶高度应小于600 mm。跌水槽身一般砌成矩形。沟槽槽壁及消力池的边墙厚度,浆砌片石为250~400 mm,混凝土为200 mm,高度应高出计算水位,并且不应小于200 mm;槽底厚度为250~400 mm。出口部分必须设置隔水墙。

（6）蒸发池

平原地区排水较困难,挖成取土坑后其底部比原地面降低,排水更困难。以取土坑作为蒸发池,在雨水较少地区是一种经济的选择。蒸发池应与路基保持一定距离以满足路基稳定的要求,蒸发池池底宜设0.5%的横坡,入口处应与排水沟平顺衔接。蒸发池四周应进行围护。

（7）油分分离池

从环境保护的观点出发,道路排水不应对饮用水源、养殖水系造成污染,所排污水应进行净化处理。道路路面排出的污水一般以悬浮物和石油为主,与其他行业比较,道路污水含油量较低。因此,目前道路项目上很少采用油水分离池。

2）路基地下排水设施

（1）暗沟（管）

暗沟是地面以下引导水流的沟（管）,无渗水和汇水的功能。沟底必须埋入不透水层内,沟壁最低一排渗水孔应高出沟底至少200 mm。

暗沟采用混凝土或浆砌片石砌筑时,在沟壁与含水层接触面以上高度,应设置一排或多排向沟中倾斜的渗水孔,沟壁外侧应填筑粗粒透水性材料或土工合成材料形成反滤层。沿沟槽底每隔10~15 m或在软硬岩层分界处应设置沉降缝和伸缩缝。沉降缝和伸缩缝一般设在同一位置。暗沟顶面必须设置混凝土盖板或石料盖板,板顶上填土厚度应大于500 mm。

（2）渗沟

渗沟可埋设于路基边沟下面,边坡上方横穿路基。若流水量大,可在填石中或在路基边坡上设置水管等,增大排水量。渗沟按材料、结构、位置不同可分为填石渗沟、管式渗沟、洞式渗沟、边坡渗沟、支撑渗沟等。各类渗沟均应设置排水层、反滤层和封闭层。

①填石渗沟。其材料为石料和砂。石料应洁净、坚硬、不易风化。砂宜用中砂,含泥量应小于2%。渗水材料的顶面（封闭层以下）不得低于原地下水位。当用于排除层间水时,渗沟底部应埋置于最下面的不透水层,沟壁一侧应设反滤层汇集水流,另一侧用黏土夯实或浆砌片石拦截水流,如渗沟沟底不能埋入不透水层时,两侧沟壁均应设置反滤层。在冰冻地区,渗沟埋置深度不得小于当地最小冻结深度。填石渗沟最小纵坡不宜小于1%。渗沟出水口底面标高应高出地表排水沟常水位0.2 m以上。

②管式渗沟。管式渗沟是最常用的地下排水设施。渗沟的横断面为梯形,沟壁坡度随沟深而减缓。为了保证沟内的回填料有良好的透水性,并且在沟内水流渗入排水管时不堵塞管上的槽孔,必须控制回填材料的级配组成和细颗粒的含量。管式渗沟长度大于100 m时,应在其末

端设置疏通井,并设横向泄水管,分段排除地下水。泄水孔应在管壁上交错布置,间距不宜大于200 mm。渗沟顶标高应高于地下水位。管节宜用承插式柔性接头连接。

③洞式渗沟。在盛产石料地区可采用洞式渗沟,在路基范围外拦截地下水。盖板间留有20 mm 的缝隙,在盖板顶上铺以透水的土工织物。渗沟的迎水面处应设置多层反滤层,每层由150～250 mm 厚的粒料组成。洞式渗沟填料顶面宜高于地下水位。为了防止泥沙侵入反滤层和防止地面水进入渗沟,顶部必须设置封闭层,封闭层宜采用浆砌片石或干砌片石水泥砂浆勾缝,寒冷地区应设保温层,并加大出水口附近的纵坡。封闭层厚度应大于500 mm。

④边坡渗沟。边坡渗沟用于疏干潮湿的边坡和引排边坡上局部出露的上层滞水或泉水,并起加固边坡的作用。边坡渗沟断面通常采用矩形,其宽度为1.2～1.5 m。由于边坡渗沟集引的地下水流量较小,故可只在其底部用大粒径石料填充作为排水通道,其外周设置适当的反滤层。渗沟内部的其余空间可用筛洗干净的小颗粒渗水材料填充。边沟渗沟的基底应设置在潮湿土层以下的干燥地层内,阶梯式泄水坡度宜为2%～4%,基底应铺砌防渗层。为了保持边坡渗沟的稳定,沟底宜挖成台阶式,台阶一般长2～3 m,高1～2 m,并用浆砌片石砌筑。其下部出水口宜用干砌片石垛支挡渗沟内的填料和排除所汇集的地下水。边坡渗沟应从下游向上游开挖,而且各条边坡渗沟要间隔开挖,并及时回填。

⑤支撑渗沟。支撑渗沟主要用于较深(2～10 m)滑动面的不稳定边坡,或在路堑、路堤坡脚下部等部位。支撑渗沟的基底宜埋入滑动面以下至少500 mm,排水坡度宜为2%～4%。当滑动面较缓时,可做成台阶式支撑渗沟,台阶宽度宜大于2 m。渗沟侧壁及顶面宜设反滤层。寒冷地区,渗沟出口应进行防冻处理。渗沟的出水口宜设置端墙。端墙内的出水口底面标高,应高于地表排水沟常水位200 mm 以上,寒冷地区宜大于500 mm。承接渗沟排水的排水沟应进行加固。

(3)渗井

渗井适用于挖方路基或全冻路堤无平面排水条件的路段。渗井填充材料按单一粒径分层填筑,不得将粗细材料混杂填塞。下层透水层范围内宜填碎石或卵石,上层不透水范围内宜填砂或砾石。井壁与填充料之间应设反滤层。渗井顶部四周用黏土填筑围护,井顶应加盖封闭。渗井开挖应根据土质选用合理的支护形式,并随挖随支撑、及时回填。由于排水渗井易于淤塞、造价高,一般不选用。

3.4.6　路基坡面防护

路基施工过程中,由于某些土质、软质岩石及不良地层易受雨雪浸泡和冰冻胀融等影响,造成路基软化、边坡塌陷或大面积滑坡,需花较多的时间和较大的投入进行整治,所以应采取有效的防护与加固措施,确保护坡的工程质量。

路基坡面防护包括植物防护,骨架植物防护,圬工防护,封面与捶面防护等方法。

1)植物防护

(1)植被防护

一般采用种草、铺草皮和植灌木等。种草防护可以防止表面水土流失,固结表面,增强路基的稳定性。铺草皮防护适用于坡面缓于1:1、各种土质边坡及严重风化的软质岩石边坡,铺设时应由脚下向上铺钉。

（2）三维植被网防护

三维植被网防护是土工织物复合植被防护坡面的一种典型形式。三维植被网以热塑料树脂为原料，采用科学配方及工艺制成。另外，三维网固定于坡面上，直接对坡面起固筋作用。当植物生长茂盛后，根系与三维网盘错、连接、纠缠在一起，坡面与土相接，形成一个坚固的绿色保护整体，起到复合护坡的作用。

（3）湿法喷播

湿法喷播适用于土质边坡、土夹石边坡、严重风化岩石边坡，坡率缓于1:0.5;不适用于硬质岩石边坡。湿法喷播是将植物种子、肥料、土壤稳定剂和水按一定比例混合均匀，用专门的设备（喷播机）喷射到边坡上，种子在较短的时间内萌芽、生长成株、覆盖坡面，达到迅速绿化、稳固边坡的目的。

（4）客土喷播

客土喷播是将客土（提供植物生育的基盘材料）、纤维（基盘辅助材料）、侵蚀防止剂、缓效肥料和种子按一定比例，加入专用设备中充分混合后，用喷射机均匀喷涂到坡面上，使植物获得必要的生长基础，达到快速绿化的目的。客土喷播主要用于岩石边坡、贫瘠土质和硬土边坡，其主要目的是保护边坡的稳定、安全，同时又能最大程度地恢复自然生态。

2）骨架植物防护

（1）浆砌片石或水泥混凝土骨架植草防护

浆砌片石或水泥混凝土骨架植草防护适用于土质和强风化岩石边坡，防止边坡受雨水侵蚀，避免土质坡面上产生沟槽。其结构形式主要有方格形、人字形、拱形及多边形混凝土空心块等。常用的骨架防护边坡是在骨架内铺草皮或用三合土、四合土捶面，或干砌卵石进行防护。浆砌片石（混凝土块）骨架植草防护既可稳定路基边坡，又能节省材料，造价较低、施工方便、造型美观，能与周围环境自然融合，是目前高速公路边坡防护的主要形式之一，已被广泛推广应用。

（2）水泥混凝土空心块护坡

水泥混凝土预制块应验收合格后才可使用，铺置前应将坡面整平，铺置应在路堤沉降稳定后方可施工。铺置时预制块应与坡面紧贴，不得有空隙，并与相邻坡面平顺。

（3）锚杆混凝土框架植草防护

锚杆混凝土框架植草防护具有锚杆对风化碎岩石边坡的主动加固作用，防止了岩石边坡经开挖卸荷和爆破松动而产生的局部破坏，并且造型美观，便于绿化。锚杆混凝土植草防护形式有锚杆混凝土框架+喷播植草、锚杆混凝土框架+挂三维土工网+喷播植草、锚杆混凝土+土工格室+喷播植草、锚杆混凝土框架+混凝土空心块+喷播植草等。

3）圬工防护

圬工防护用于路堑边坡防护时，应注意与边坡渗沟或排水孔配合使用，防止边坡产生变形破坏。圬工防护施工时应注意与周围环境的协调。

（1）喷浆防护

喷浆防护适用于边坡易风化、裂隙和节理发育、坡面不平整的岩石路堑边坡，且边坡较干燥，无流水侵入。对于高而陡的边坡，当需大面积防护时，采取此类型更为经济。喷护前应采取措施对泉水、渗水进行处治，并按设计要求设置泄水孔以排、防积水。喷射顺序应自下而上进行。喷浆防护边坡常用机械喷护法施工，将配制好的砂浆（混凝土）用喷射机（或水泥枪）喷射于坡面上,由于喷射产生一定的压力,提高了保护层与坡面间的黏聚力及保护层的强度。喷浆施工严禁在结冰季节或大雨中进行作业。

（2）喷射混凝土防护

喷射混凝土厚度不宜小于80 mm,应根据厚度分2~3层喷射。喷浆厚度不宜小于50 mm。施工作业前应通过试喷,选择合适的水灰比和喷射压力,以保证喷射坡面的质量。喷射混凝土自下而上进行,喷射前应先做好泄水孔和伸缩缝。

（3）锚杆挂网喷射混凝土（砂浆）防护

当坡面岩体风化破碎严重时,为了加强防护的稳定性,则采用锚杆挂网喷浆（混凝土）防护。锚杆应嵌入稳固基岩中,锚杆锚固深度及铁丝网孔密度视边坡岩石性质及风化程度而定。锚杆宜用1:3水泥砂浆固定。铁丝网应与锚杆连接牢固。

（4）干砌片石护坡

干砌片石护坡适用于坡度缓于1:1.25的土质路堑边坡或边坡易受地表水冲刷以及有少量地下水渗出的地段。边坡为粉质土、松散的砂或粉砂土等易被冲蚀的土时,碎石或砂砾垫层厚度不宜小于100 mm。

（5）浆砌片（卵）石护坡

浆砌片石护坡适用于坡度缓于1:1的易风化的岩石边坡以及坡面防护采用干砌片石不适宜或效果不好的边坡。对于严重潮湿或严重冻害的土质边坡,在未进行排水措施以前,则不宜采用浆砌片石护坡。在冻胀变形较大的土质边坡上,浆砌片石护坡底面应设100~150 mm厚的碎石或砂砾垫层。浆砌片石护坡在路基沉降稳定后施工。

（6）水泥混凝土预制块护坡

水泥混凝土预制块防护宜用于缺乏石料地区、城郊地区或互通式立交等需要美化的路段。路堤边坡护坡宜在路堤沉降稳定后施工。铺设混凝土预制块前应将坡面平整,碎石或砂砾垫层的厚度不宜小于100 mm。预制块应错缝砌筑,砌筑坡面应平顺,并与相邻坡面顺接。

（7）浆砌片石护面墙

护面墙有实体护面墙、窗孔式护面墙、拱式护面墙及肋式护面墙等,应根据坡面地质条件合理确定。护面墙在高速公路路堑边坡防护中应用比较普遍,且边坡稳定,效果较好。在坡体有地下水的路段,应采取有效排水措施,设置并施工好倾斜排水孔或边坡渗水沟。泄水孔宜在墙身上下左右每隔2~3 m设一个,在泄水孔后面用碎石和砂砾做反滤层。

4）封面防护

封面包括抹面、捶面、喷浆、喷射混凝土等防护形式。抹面或捶面的边坡坡度不受限制,但不能承受荷载,亦不能承受土压力,故要求边坡必须稳定,坡面应平整干燥。易于风化的岩石,如页岩、泥岩、泥灰岩、千枚岩等软质岩层的路堑边坡防护,可用混合材料抹面。对易受冲刷的边坡和易风化岩石坡防护可用混合材料捶面。常用的抹面混合料有石灰炉混合灰浆,石灰炉渣三合、四合土及水泥石灰砂浆。抹面或捶面工程的周边与未防护坡面衔接处应严格封闭,如在其边坡顶部做截水沟,沟底及沟边也要用抹面或捶面防护。

①抹面防护适用于易风化的软质岩石挖方边坡,岩石表面比较完整,尚无剥落。

②捶面防护适用于易受雨水冲刷的土质边坡和易风化的岩石边坡。

③喷浆和喷射混凝土防护适用于边坡易风化、裂隙和节理发育、坡面不平整的岩石挖方边坡。

3.4.7　岸坡冲刷防护

沿河路基及岸坡由于经常或周期性受到水流的冲刷作用,必须采取有效的冲刷防护措施,以确保路基及坡岸的稳固和安全。沿河路基防护工程一般分直接与间接防护两种。直接防护工程类型包括护面墙、砌石或混凝土板、护坦、抛石、石笼、浸水挡墙等;间接防护包括导流构造物(丁坝、顺坝等)、改移河道等。

1)直接防护

(1)植物防护

经常浸水或长期浸水的路堤边坡,不宜采用种草防护。沿河路堤边坡铺草皮防护,宜采用平铺、叠铺草皮的方法。植树防护宜采用带状或条形。防护河岸路基或防御风浪侵蚀,宜采用横行带状;防护桥头引道路堤,宜采用纵行带状。植树应选用喜水性树种。

(2)砌石或混凝土防护

砌石或混凝土防护的适用条件为:干砌片石防护适用于易受水流侵蚀的土质边坡、严重剥落的软质岩石边坡、周期性浸水及受冲刷轻的且流速为 2~4 m/s 的河岸路基及边坡;浆砌片(卵)石防护适用于经常浸水的受水流冲刷(流速 3~6 m/s)或受较强烈的波浪作用,以及可能有流水、漂浮物等冲击作用的河岸路基;混凝土板防护常用于路堤及河岸的边坡,以抵抗渗透水及波浪的破坏,其允许流速在 4~8 m/s 以上。砌石或混凝土防护包括干砌片石、浆砌片石及混凝土板等防护。

(3)护坦

护坦是一种辅助性防护措施,当沿河路基挡土墙、护坡的局部冲刷深度过大,深基础施工不便时,宜采用护坦防护基础。护坦防护形式有护坦式基脚形式、护坦式基脚加设挑坎及阻水堤基脚护坡形式等。当已建挡土墙、护坡的基础埋深不够,需要进行加固时,采用护坦式基脚,可以减少水流与墙面冲击后形成的下降水流对床面的冲刷,可大大减小挡土墙或护坡基础埋深,减少施工难度。为了进一步减少护坦或基脚的局部冲刷深度,提高抗洪能力,可在护坦上加设挑坎和将护坦基脚的垂墙做成仰斜式角度。护坦施工中应埋入计算河床以下 0.5~1.0 m。

(4)抛石防护

抛石防护的应用很广,对于经常浸水且水深较深地段的路基边坡防护及洪水季节防洪抢险时更为常用。抛石石料应选用质地坚硬、耐冻且不易风化崩解的石块。抛石厚度宜为粒径的 3~4 倍;用大粒径时,不得小于 2 倍。石料粒径应大于 300 mm,宜用大小不同的石块掺杂抛投。坡度应不陡于抛石石料浸水后的天然休止角。抛石防护除防洪抢险外,一般应在枯水季节施工。

(5)石笼防护

石笼是加固河床和路堤防止冲刷的较好的柔性体防护。在水流含有大量泥沙及基底地质良好的条件下,才宜采用石笼防护。石笼具有较好的柔性,当水流含有大量泥沙时,石笼中的空隙能很快淤满而形成一整体防护层,其防护效果会更好些,但必须将各个铁丝石笼单元间彼此很好地连接起来,成为一个完整的柔性体。石笼防护的石料应浸水不崩解、不易风化。

(6)浸水挡土墙

浸水挡土墙应选用坚硬未风化且浸水不崩解的石块,应注意浸水挡土墙与岸坡的衔接。浸水挡土墙施工应符合挡土墙施工的相关规定。

（7）土工膜袋防护

土工膜袋是将土工合成材料表面涂一层树脂或橡胶等防水材料,或将土工合成材料与塑料薄膜复合在一起形成不透水的防水材料,用土工膜袋填充混凝土或砂浆形成防护结构,达到防护的目的。

2）间接防护

（1）丁坝防护

丁坝也称挑水坝,是以改变水流方向为主的水工建筑物。其作用是迫使水流改变方向,离开被防护的河岸。由于丁坝压缩水流断面,扰乱原来的水流性质,坝头附近出现强烈局部冲刷,故不仅坝头的基础必须深埋,而且还需做平面防护。平面防护一般宜选用浆砌片石、石笼等坚固耐用的防护类型。

（2）顺坝防护

顺坝根部是受水流冲击作用较重的部位,应特别重视坝根部分与相连地层或其他防护设施的嵌接,确保施工质量。坝根附近的河岸应防护至上游不受斜向水流冲击处。坝根应牢固地嵌入稳定河岸内,易受冲刷的河岸嵌入长度宜为 3~5 m,较坚实的河岸宜嵌入 2 m。

（3）改移河道

改移河道工程应在枯水时期施工。一个旱季不能完成时,应采取防洪措施。河道开挖应先挖好中段,然后再开挖两端,确认新河床工程已符合要求后,方可挖通上游河段。利用开挖新河道的土石填平旧河道时,在新河道未通流前,旧河道应保持适当的流水断面。河床加固设施及导流构造物的施工应合理安排,及时配套完成。

3.4.8 挡土墙

挡土墙是用于支挡路基填土或山坡土体的构造物。挡土墙在道路工程中广泛使用,种类很多,按结构组成主要有重力式挡土墙、悬臂式挡土墙、扶壁式挡土墙、锚杆挡土墙、锚定板挡土墙和加筋土挡土墙。

1）重力式挡土墙

重力式挡土墙一般多用片石砌筑,在缺乏石料的地区有时也用混凝土修建。重力式挡土墙主要包括基础施工和墙身施工。

（1）基础施工

基础施工前应将基底表面风化,松软土石清除。硬质岩石基坑中的基础,宜满坑砌筑。雨季在土质或易风化软质岩石基坑中砌筑基础时,应在基坑挖好后及时封闭坑底。当基底设有向内倾斜的稳定横坡时,应采取临时排水措施,辅以必要坐浆后安砌基础。采用台阶式基础时,台阶与墙体应连在一起同时砌筑,基底及墙趾台阶转折处不得砌成垂直通缝,砌体与台阶壁间的缝隙砂浆应饱满。基坑应随砌筑分层回填夯实,并在表面留 3%的向外斜坡。

（2）墙身施工

墙身要分层错缝砌筑,砌出地面后基坑应及时回填夯实,并完成其顶面排水、防渗设施。伸缩缝与沉降缝内两侧壁应竖直、平齐、无搭叠;缝中防水材料应按设计要求施工。泄水孔应在砌筑墙身过程中设置,确保排水畅通,并应保证墙背反滤、防渗设施的施工质量。当墙身的强度达到设计强度的 75% 时,方可进行回填等工作。在距墙背 0.5~1.0 m 以内,不宜用重型振动压路机碾压。

2) 悬臂式挡土墙和扶壁式挡土墙

悬壁式和扶壁式挡土墙是轻型支挡结构物。依靠墙身自重和墙底板上填土(包括车辆荷载)的重量维持挡土墙的稳定,适用于石料缺乏和地基承载力较低的填方地段。

3) 锚杆挡土墙

锚杆挡土墙是由钢筋混凝土墙面和锚杆组成的支挡构造物,它依靠锚固在稳定地层的锚杆所提供的拉力维持挡土墙的平衡,多用于具有较完整岩石地段的路堑边坡支挡。深路堑锚杆挡土墙可以自上而下逐级施工,比较方便和安全。

4) 锚定板挡土墙

锚定板挡土墙是一种适用于填方的轻型挡土结构。它由墙面系、钢拉杆、锚定板和填料组成,依靠埋置于填料中的锚定板所提供的抗拔力维持挡土墙的稳定。其主要特点是结构轻、柔性大。

5) 加筋土挡土墙

加筋土挡土墙是由面板、筋带和加筋体填料三部分组成的复合结构,依靠填料与筋带的摩擦力来平衡面板所受的水平土压力(即加筋土挡土墙的内部稳定),并以这一复合结构去抵抗筋带尾部所产生的土压力(即加筋土挡土墙的外部稳定)。

本章小结

本章主要内容包括道路路基施工概述、路基土方施工、路基压实和山区路基施工共 4 部分内容。第 1 部分主要介绍了道路路基的施工程序、基本原则和施工的基本方法。第 2 部分主要介绍了路基土的分类及分级,路基施工过程中路基填筑、开挖的方法,路基施工中填料选择以及路基施工中的常用机械等内容;不同的土具有不同的性质,填筑路堤应选择性质好的土,路堤的填筑方法以及路堑的开挖方法对路基的施工质量影响较大,施工时应严格按照规范规定施工,以保证工程质量。第 3 部分主要介绍了影响路基压实效果的因素、路基压实标准及压实的方法、检测的方法等内容;施工中影响路基压实效果的决定性因素是土的含水量,施工时应控制含水量在最佳含水量附近,施工过程中通常用压实度指标反映路基的压实效果,施工中压实度应达到规范规定的要求。第 4 部分主要介绍了岩石路基施工方法,山区高填、深挖路基施工方法,路基的防护与加固,挡土墙等内容。

思考题与习题

3.1 按技术特点路基施工的基本方法包括哪些？

3.2 试述路基土的分类及特点。

3.3 路基土石方挖运机械中,最常见的挖运机械有哪些？

3.4 试述填方路基施工工艺。

3.5 简述土质路堑施工工序。

3.6 简述填筑路基施工方法。

3.7 为什么桥、涵台背填土路基容易出现沉降？

3.8 填石路堤施工中对石料有什么要求？

3.9 什么是高填方路堤？高填方路堤施工应注意哪些问题？

3.10 影响压实效果的主要因素有哪些？

3.11 路基的压实标准是什么？

3.12 土方路基压实时含水量应如何控制？

3.13 路基压实的目的是什么？

4 道路基层（底基层）施工

本章导读：

- **内容及要求** 主要介绍无机结合料稳定类和粒料类基层材料的特点以及对原材料的一般要求，各类基层混合料配合比设计组成、各类基层施工工序以及各类基层的施工质量管理与检查验收。基层材料通常由土、碎石、石灰、水泥、粉煤灰等材料组成。学习过程中应了解基层材料对原材料的要求；熟悉各类基层混合料组成设计过程；掌握各类基层材料的施工工序及质量管理验收等内容。
- **重点** 各类无机结合料稳定类和粒料类的配合比设计；影响各类基层强度的因素；各类基层施工工序等。
- **难点** 各类无机结合料稳定类和粒料类的配合比设计。

4.1 概　述

　　基层（底基层）可分为无机结合料稳定类和粒料类。无机结合料稳定类又称半刚性类，包括水泥稳定类、石灰稳定类和综合稳定类。粒料类常分为嵌锁型和级配型。

　　半刚性基层材料的显著优点是整体性强、承载力高、刚度大、水稳性好，而且较为经济。其强度不仅与使用材料本身性质有关，而且决定于混合料加水拌和碾压后发生的一系列物理、化学作用，其强度随时间增长而逐渐提高。这类基层的最大缺点是干缩或低温收缩时易于开裂。

　　粒料类主要有填隙碎石、级配碎（砾）石、天然砂砾等几种。我国将此类基层主要用于高等级道路的底基层或垫层。粒料类基层（底基层）的主要特点是透水性大、施工方便。

　　嵌锁型粒料基层的整体强度主要依靠粒料之间的嵌锁和摩阻作用，颗粒间的黏结力很小。嵌锁型结构强度主要取决于石料的强度、形状、尺寸、均匀性、表面粗糙以及施工时的压实程度。当石料强度高，形状接近立方体，有棱角，表面粗糙，压实度高时，结构层的强度就高。

　　级配型粒料基层的强度和稳定性取决于粗集料的内摩阻角和黏结力大小，而内摩阻角和黏结力大小取决于集料的类型、集料的最大粒径和级配、混合料中 0.5 mm 以下细粒的含量及塑性指数,同时还与其密实程度有关。对级配型粒料,主要应控制最大粒径、细粒含量、塑性指数和现场压实度。

4.2 半刚性基层材料的要求及组成设计

4.2.1 对原材料的一般要求

1) 原材料试验项目

①含水量。用烘干法、含水量快速测定仪或酒精法确定材料含水量。

②颗粒分析。用筛分法(含土材料用湿筛分析法)测定级配是否符合要求并确定材料配合比。

③液限与塑限。计算塑性指数并检验是否符合规定(100 g 平衡锥测液限,搓条法测塑限)。

④相对密度与吸水率。用多孔网篮或容积 1 000 cm³ 以上的比重瓶测定相对密度与吸水率,用以评定粒料质量。

⑤压碎值。评定石料的抗压碎能力是否符合要求(压碎值仪测定)。

⑥有机质和硫酸盐含量。确定土是否适宜于用石灰或水泥稳定(对土有怀疑时做此试验)。

⑦有效钙镁含量。确定石灰质量,常用滴定法或钙电极法测定。

⑧水泥标号和终凝时间。确定水泥的质量是否适用。

⑨烧失量。确定粉煤灰是否适用。

2) 对原材料的一般要求

(1)土质

对土的一般要求是易于粉碎,满足一定的级配,便于碾压成型。

①液限与塑性指数。水泥稳定类时,土的液限不宜超过 40,塑性指数不宜超过 17;二灰稳定类时,土的塑性指数为 12~20;石灰稳定类时,土的塑性指数为 15~20。

②颗粒组成。用作基层时,集料最大粒径对于高速公路和一级公路不超过 31.5 mm(方孔筛,下同);对于其他道路不超过 37.5 mm;用作底基层时,集料最大粒径对于高速公路和一级公路不应超过 37.5 mm,对于其他道路不超过 53 mm。最大粒径太大,拌和、摊铺、压实均有困难,表面平整度也难达到要求。

③压碎值。半刚性基层材料所用的碎、砾石应具有一定的抗压碎能力。二级和二级以下公路的集料压碎值不大于 35%(底基层可放宽至 40%),高速、一级公路的集料压碎值不大于 30%。

④硫酸盐与腐殖质。水泥稳定时,土的腐殖质含量不应大于 2%,硫酸盐含量不应大于 0.25%。腐殖质含量超过 2% 以及塑性指数偏高的土,不应单用水泥稳定,若需采用这种土,必须先用石灰进行处理之后才可用水泥稳定。石灰及二灰稳定类所用土的有机质含量不应超过 10%,硫酸盐含量不应超过 0.8%。

(2)无机结合料

无机结合料目前最常用的是水泥、石灰和粉煤灰。

①水泥。普通硅酸盐水泥、硅酸盐水泥、矿渣水泥或火山灰水泥都可用于稳定土,但应选用终凝时间较长(宜在6 h以上)的水泥。快凝水泥、早强水泥以及受潮变质的水泥不应使用。宜采用强度等级低的水泥(如强度等级为32.5MPa)。

②石灰。石灰质量应符合Ⅲ级以上的生石灰或消石灰的技术指标。实际使用时,要尽量缩短石灰的存放时间,如需存放较长时间,应采取覆盖封存措施妥善保管。

③粉煤灰。粉煤灰的主要成分是 SiO_2、Al_2O_3、Fe_2O_3、CaO,前两种成分的总含量应大于70%。粉煤灰的烧失量一般小于20%,其比表面积宜大于2 500 m^2/g。干粉煤灰和湿粉煤灰都可以应用。干粉煤灰如堆在空地上,要加水,防止飞扬造成污染。湿粉煤灰的含水量不宜超过35%,使用时,应将凝固的粉煤灰块打碎或过筛,同时清除有害杂质。

(3)水

一般人、畜饮用的水源均可使用。

4.2.2 混合料配合比设计的一般原则与实验项目

1)一般原则

混合料组成设计所要达到的目标是:所设计的混合料组成在强度上满足设计要求,抗裂性达到最优且便于施工。混合料组成设计的基本原则是结合料剂量合理,尽可能采用综合稳定并且集料应有一定的级配。

混合料组成中,结合料的剂量太低则不能成为半刚性材料,剂量太高则刚度太大,容易脆裂。实际上,限制低剂量是为了保证整体性材料具有基本的抗拉强度,以满足荷载作用的强度要求;限制高剂量可使模量不致过大,避免结构产生太大的拉应力,同时降低收缩系数,使结构层不会因温度变化而引起拉伸破坏。

采用水泥、石灰综合稳定时,混合料中有一定数量水泥可提高早期强度,有一定数量石灰可使刚度不会太大,掺入一定数量的粉煤灰可以降低收缩系数,必要时可根据材料性质和施工季节,加入早强剂或其他外掺剂。

集料应有一定的级配。集料数量以达到靠拢而不紧密为原则,其空隙让无机结合料填充,形成各自发挥优势的稳定结构。因此,较为理想的基层材料应是石灰、粉煤灰、水泥等综合稳定粒料类的半刚性材料。半刚性基层材料中结合料和集料种类繁多,应以就地取材为前提,并根据以上原则通过试验求得合理组成,以充分发挥其优势。

2)混合料试验项目

①以重型击实试验确定最佳含水量和最大干密度,并规定工地碾压时提供合适含水量和应达到的最小干密度;确定制备强度试验和耐久性试验的试件所应用的含水量和干密度;确定制备承载比试件的材料含水量。

②求工地预期干密度下的承载比,确定材料是否适宜做基层或底基层。

③按抗压强度要求进行材料组成设计,选定最适宜于用水泥或石灰稳定的材料(包括土),规定施工中所用的结合料剂量。

④耐久性用干湿循环或冻融循环试验确定。

4.2.3 半刚性基层材料组成的设计方法

现行混合料组成设计的主要内容是根据表 4.1 的强度标准值,通过试验选取适宜于稳定的材料,确定材料的配比以及最大干密度和最佳含水量。表中所列数值指龄期为 7 d(湿养 6 d、浸水 1 d)的无侧限抗压强度。

表 4.1 无机结合料稳定类材料的抗压强度

公路等级		高速、一级公路	二级及二级以下公路
水泥稳定类	基 层	3.0~4.0	2.0~3.0
	底基层	≥1.5	≥1.5
石灰稳定类材料	基 层	—	≥0.8
	底基层	≥0.8	>0.5~0.7[①]
二灰稳定类材料	基 层	≥0.8	≥0.6
	底基层	≥0.5	≥0.5

注①:低限与高限分别用于塑性指数小于 12 和大于 12 的黏性土。

具体设计步骤如下:

①制备同一种土样、不同结合料剂量的混合料。水泥和石灰的剂量可参考表 4.2、表 4.3 所列数值。二灰稳定类混合料试件的制备可根据不同情况进行。

表 4.2 水泥剂量参考值

土 类	层 位	水泥剂量(%)				
中粒土和粗粒土	基 层	3	4	5	6	7
	底基层	3	4	5	6	7
塑性指数小于 12 的土	基 层	5	7	8	9	11
	底基层	4	5	6	7	9
其他细粒土	基 层	8	10	12	14	16
	底基层	6	8	9	10	12

表 4.3 石灰剂量参考值

土 类	层 位	石灰剂量(%)				
砂砾土和碎石土	基 层	3	4	5	6	7
塑性指数小于 12 的黏性土	基 层	10	12	13	14	16
	底基层	8	10	11	12	14
塑性指数大于 12 的黏性土	基 层	5	7	9	11	13
	底基层	5	7	8	9	11

②采用重型击实试验确定各种混合料的最佳含水量和最大干密度,至少做三个不同水泥或石灰剂量混合料的击实试验,即最小剂量、中间剂量和最大剂量。其他剂量混合料的最佳含水量和最大干密度用内插法确定。

③按工地预定达到的压实度,分别计算不同结合料剂量时试件应有的干密度。

④按最佳含水量和计算得到的干密度制备试件,进行强度试验。平行试验的试件数量应符合表4.4中的规定。如试验结果的偏差系数大于表中规定的值,则应重做试验,并找出原因加以解决;如不能降低偏差系数,则应增加试件数量。

表4.4　最少的试件数量

稳定土类型	下列偏差系数时的试件数量		
	小于10%	10%~15%	小于20%
细粒土	6		
中粒土	6	9	
粗粒土	—	9	13

⑤试件在规定温度下保湿养生6 d,浸水1 d,进行无侧限抗压强度试验。试验温度为:冰冻地区(20±2) ℃,非冰冻地区(25±2) ℃。计算试验结果的平均值和偏差系数。

⑥根据表4.1的强度标准,选定合适的结合料剂量。此剂量试验室内试验结果的平均抗压强度$\bar{R}$应满足如下公式的要求:

$$\bar{R} \geqslant \frac{R_\mathrm{d}}{1-Z_\alpha C_\mathrm{v}} \tag{4.1}$$

式中　R_d——设计抗压强度,见表4.1;

C_v——试验结果的偏差系数(以小数计);

Z_α——标准正态分布表中随保证率(或置信度α)而变的系数。高等级道路上应取保证率95%,此时$Z_\alpha = 1.645$。

工地实际采用的石灰或水泥剂量应较室内试验确定的剂量多0.5%~1.0%。

石灰土稳定碎石和石灰土稳定砂砾,仅对其中的石灰土进行组成设计,对碎石和砂砾只要求它具有较好的级配。石灰土与碎石砂砾的质量比宜为1∶4。二灰稳定粒料的组成设计,则应包括全部混合料(或25 mm以下的粒料)。条件不具备时,可仅对二灰进行组成设计,确定二灰的配合比后,在二灰中掺入一定比例的粒料。

4.3　半刚性基层施工

在我国,高等级道路半刚性基层施工中,混合料的拌和方式有路拌法和厂拌法,其摊铺方式有人工和机械两种。从施工程序来看,一般是先通过修筑试验路段,制定标准施工方法后再进行大面积施工。

4.3.1　试验段的修筑

施工单位通过修筑试验路段,进行施工优化组合,把主要问题找出来并加以解决,由此提出标准施工方法用以指导大面积施工,从而使整个工程施工质量高、进度快、经济效益显著。

修筑试验路段的任务是:检验、拌和、运输、摊铺、碾压、养生等计划投入使用设备的可靠性;检验混合料的组成设计是否符合质量要求及各道工序的质量控制措施;提出用于大面积施工的材料配合比及松铺系数;确定每一作业段的合适长度和一次铺筑的合理厚度;提出标准施工方法。标准施工方法主要内容包括:集料与结合料数量的控制;摊铺方法;合适的拌和方法、拌和速度、拌和深度与拌和遍数;混合料最佳含水量的控制方法;整平和整型的合适机具与方法;压实机械的组合,压实的顺序、速度和遍数;压实度检查方法及每一作业段的最小检查数量。若采用集中厂拌和摊铺机摊铺,应解决好机械的选型与配套问题。

4.3.2　半刚性基层施工及注意问题

1) 路拌法施工

半刚性基层或底基层路拌法施工的主要工艺流程如图 4.1 所示。

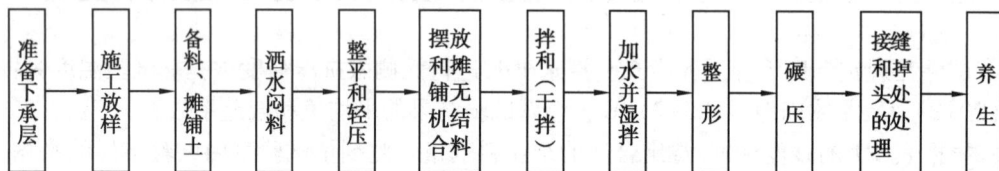

准备下承层 → 施工放样 → 备料、摊铺土 → 洒水闷料 → 整平和轻压 → 摆放和摊铺无机结合料 → 拌和(干拌) → 加水并湿拌 → 整形 → 碾压 → 接缝和掉头处的处理 → 养生

图 4.1　半刚性基层路拌法施工的工艺流程

(1)准备下承层

半刚性基层的下承层表面应平整、坚实,具有规定的路拱,没有任何松散的材料和软弱地点。下承层的平整度和压实度应符合有关技术规范的要求。

(2)施工放样

在底基层或老路面或土基上恢复中线,直线段每 15~20 m 设一桩,平曲线段每 10~15 m 设一桩,并在两侧路肩边缘外设指示桩。进行水平测量,在两侧指示桩上用明显标记标出水泥稳定土层边缘的设计高程。

(3)备料、摊铺土

①备料。备料包括利用老路面或土基上部材料和利用料场的土(包括细粒土、中粒土和粗粒土)。根据各路段水泥稳定土层的宽度、厚度及预定的干密度,计算各路段需要的干燥土的数量。根据料场土的含水量和所用运料车辆的吨位,计算每车料的堆放距离。

根据水泥稳定土层的厚度和预定的干密度及水泥剂量,计算每平方米水泥稳定土需要的水泥用量,并确定水泥摆放的纵横间距。在预定堆料的下承层上,在堆料前应先洒水,使其表面湿润,但不应过分潮湿而造成泥泞。

②摊铺土。应事先通过试验确定土的松铺系数。将土均匀地摊铺在预定的宽度上,表面应力求平整,并有规定的路拱。摊料过程中,应将土块、超尺寸颗粒及其他杂物拣出。如土中有较多土块,应进行粉碎。松铺土层的厚度应符合预定要求。施工中除洒水车外,严禁其他车辆在土层上通行。

(4)洒水闷料

如已整平的土(含粉碎的老路面)含水量过小,应在土层上洒水闷料。洒水应均匀,防止出现局部水分过多的现象。严禁洒水车在洒水段内停留和掉头。细粒土应经一夜闷料;中粒土和粗粒土,视其中细土含量的多少,可缩短闷料时间。

(5)整平和轻压

对人工摊铺的土层整平后,用6~8 t两轮压路机碾压1~2遍,使其表面平整,并有一定的压实度。

(6)摆放和摊铺无机结合料

将计算出的每袋水泥的纵横间距,在土层上做安放标记。应将水泥当日直接送到摊铺路段,卸在做标记的地点,并检查有无遗漏和多余。运水泥的车应有防雨设备。用刮板将水泥均匀摊开,并注意使每袋水泥的摊铺面积相等。水泥摊铺完后,表面应没有空白位置,也没有水泥过分集中的地点。

(7)拌和(干拌)

①对二级及二级以上公路,应采用专用稳定土拌和机进行拌和,并设专人跟随拌和机,随时检查拌和深度,并配合拌和机操作员调整拌和深度。拌和深度应达稳定层底并宜侵入下承层5~10 mm,以利于上下层黏结。严禁在拌和层底部留有素土夹层。

②对于三、四级公路,在没有专用拌和机械的情况下,可用农用旋转耕作机(或缺口圆盘耙)与多铧犁或平地机相配合进行拌和,但应注意拌和效果,拌和时间不能过长。

(8)加水并湿拌

①在拌和过程结束时,如果混合料的含水量不足,应用喷管式洒水车(普通洒水车不适宜用作路面施工)补充洒水。

②洒水后,应再次进行拌和,使水分在混合料中分布均匀。拌和机械应紧跟在洒水车后面进行拌和,减少水分流失。

③洒水及拌和过程中,应及时检查混合料的含水量。含水量宜略大于最佳值。对于稳定粗粒土和中粒土,宜较最佳含水量大0.5%~1.0%;对于稳定细粒土,宜较最佳含水量大1%~2%。

④在洒水拌和过程中,应配合人工拣出超尺寸颗粒,消除粗细颗粒"窝"以及局部过分潮湿或过分干燥之处。

⑤混合料拌和均匀后应色泽一致,没有灰条、灰团和花面,即无明显粗细集料离析现象,且水分合适和均匀。

(9)整形

①混合料拌和均匀后,应立即用平地机初步整形。在直线段,平地机由两侧向路中心进行刮平;在平曲线段,平地机由内侧向外侧进行刮平。必要时,再返回刮一遍。

②用拖拉机、平地机或轮胎压路机立即在初平的路段上快速碾压一遍,以暴露潜在的不平整。

③再用平地机整形,整形前应用齿耙将轮迹低洼处表层5 cm以上耙松,并再碾压一遍。

④对于局部低洼处,应用齿耙将其表层5 cm以上耙松,并用新拌的混合料进行找平。

⑤再用平地机整形一次。应将高处料直接刮出路外,不应形成薄层贴补现象。

⑥每次整形都应达到规定的坡度和路拱,并应特别注意接缝必须顺适平整。

⑦当用人工整形时,应用锹和耙先将混合料摊平,用路拱板进行初步整形。用拖拉机初压1~2遍后,根据实测的松铺系数,确定纵横断面的标高,并设置标记和挂线。

⑧在整形过程中,严禁任何车辆通行,并保持无明显的粗细集料离析现象。

（10）碾压

①根据路宽、压路机的轮宽和轮距的不同,制订碾压方案,应使各部分碾压到的次数尽量相同,路面的两侧应多压 2~3 遍。

②整形后,当混合料的含水量为最佳含水量(1%~2%)时,应立即用轻型压路机并配合 12 t 以上压路机在结构层全宽内进行碾压。直线和不设超高的平曲线段,由两侧路肩向路中心碾压时,应重叠 1/2 轮宽,后轮必须超过两段的接缝处,后轮压完路面全宽时,即为一遍。一般需碾压 6~8 遍。压路机的碾压速度,头两遍采用 1.5~1.7 km/h 为宜,以后宜采用 2.0~2.5 km/h。采用人工摊铺和整形的稳定土层,宜先用拖拉机或 6~8 t 两轮压路机或轮胎压路机碾压 1~2 遍,然后再用重型压路机碾压。

③严禁压路机在已完成的或正在碾压的路段上调头或急刹车,应保证稳定土层表面不受破坏。

④碾压过程中,水泥稳定土的表面应始终保持湿润,如水分蒸发过快,应及时补撒少量的水,但严禁洒大水碾压。

⑤碾压过程中,如有"弹簧"、松散、起皮等现象,应及时翻开重新拌和(加适量的水泥)或用其他方法处理,使其达到质量要求。

⑥经过拌和、整形的水泥稳定土,宜在水泥初凝前并且在试验确定的延迟时间内完成碾压,碾压后应达到要求的密实度,同时没有明显的轮迹。

⑦在碾压结束之前,用平地机再终平一次,使其纵向顺适,路拱和超高符合设计要求。终平应仔细进行,必须将局部高出部分刮除并扫出路外;对于局部低洼之处,不再进行找补,可留待铺筑沥青面层时处理。

（11）接缝和调头处的处理

①稳定土施工中很重要的一个环节是处理好接缝。接缝一定要垂直对接,不能斜接。同日施工的两工作段的衔接处,应采用搭接。前一段拌和整形后,留 5~8 m 不进行碾压,后一段施工时,前段留下未压部分,应再加部分无机结合料重新拌和,并与后一段一起碾压。

②经过拌和、整形的半刚性基层,应在试验确定的延迟时间内完成碾压。

③应注意每天最后一段末端缝(即工作缝)的处理。工作缝和掉头处可按下述方法处理:在已碾压完成的水泥稳定土层末端,沿稳定土挖一条横贯铺筑层全宽的宽约 30 cm 的槽,直挖到下承层顶面。此槽应与路的中心线垂直,靠稳定土的一面应切成垂直面,并放两根与压实厚度等厚、长为全宽一半的方木紧贴其垂直面。用原挖出的素土回填槽内其余部分。

如拌和机械或其他机械必须到已压成的水泥稳定土层上调头,应采取措施保护掉头作业段。一般可在准备用于调头的 8~10 m 长的稳定土层上,先覆盖一张厚塑料布或油毡纸,然后铺上约 10 cm 厚的土、砂或砂砾。第二天,邻接作业段拌和后,除去方木,用混合料回填。靠近方木未能拌和的一小段,应人工进行补充拌和。整平时,接缝处的水泥稳定土应较已完成断面高出约 5 cm,以利于形成一个平顺的接缝。整平后,用平地机将塑料布上大部分土除去(注意勿刮破塑料布),然后人工除去余下的土,并收起塑料布。在新混合料碾压过程中,应将接缝修整平顺。

④纵缝的处理。水泥稳定土层的施工应该避免纵向接缝,在必须分两幅施工时,纵缝必须垂直相接,不应斜接。纵缝应按下述方法处理:在前一幅施工时,在靠中央一侧用方木或钢模板做支撑,方木或钢模板的高度与稳定土层的压实厚度相同;混合料拌和结束后,靠近支撑木(或

板)的一部分,应人工进行补充拌和,然后整形和碾压。养生结束后,在铺筑另一幅之前,拆除支撑木(或板),第二幅混合料拌和结束后,靠近第一幅的部分,应人工进行补充拌和,然后进行整形和碾压。

（12）养生

半刚性基层经拌和、压实后,必须有一段养生时间,养生时间应不少于 7 d。应使半刚性基层表面保持湿润,防止半刚性基层中的水分蒸发,以保证水泥充分发挥作用。可以用潮湿的帆布、粗麻袋、稻草麦秸或其他合适的潮湿材料覆盖,但不能用潮湿的有黏性的土覆盖,因为这种土会黏结在稳定土层表层,难以清除干净。

2)厂拌法施工

厂拌法施工工艺流程如图 4.2 所示。

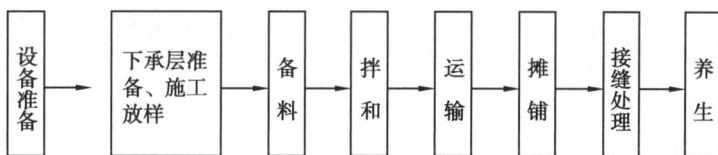

图 4.2　厂拌法施工工艺流程

（1）设备准备

厂拌法施工前,应先调试拌和设备。调试的目的在于找出各料斗闸门的开启刻度(简称开度)以确保按设计配合比拌和。先要测定各种原材料的流量-开度曲线。然后按厂拌设备的实际生产率及各种原材料的设计质量比计算各自的要求流量,从流量-开度曲线上可查出各个闸门的刻度。按得出的刻度试拌一次,测定其级配、含水量及结合料剂量,如有误差则个别调整后再试拌。一般试拌一、二次即可达到要求。

（2）下承层准备、施工放样

同路拌法。

（3）备料

选择原则同路拌法。各种不同材料(水泥、土、外掺剂等)及不同规格集料(碎石或砾石、石屑、砂)应隔离,分别堆放。在潮湿多雨地区或其他地区的雨季施工时,应采取措施,保护集料,特别是细集料(如石屑和砂等)应有覆盖,防止雨淋。

（4）拌和

集中拌和时应注意以下事项:

①拌和机与摊铺机的生产能力应互相匹配。对于高速公路和一级公路,为了保持摊铺机连续摊铺,拌和机的产量宜大于 600 t/h,并宜采用两台拌和机。

②在正式拌制混合料之前,必须先调试所用的设备,使混合料的颗粒组成和含水量都达到规定的要求。原集料的颗粒组成发生变化时,应重新调试设备。

③配料应准确,拌和应均匀。

④拌和出来的混合料的含水量宜略大于最佳值,使混合料运到现场摊铺后碾压的含水量不小于最佳值。因此,在拌和过程中应根据集料和混合料含水量的大小及时调整加水量。

⑤当采用连续式的稳定土拌和设备拌和时,应保证集料的最大粒径和级配符合要求。

（5）运输

可将拌好的混合料从拌和机直接卸入自卸车，尽快送到铺筑现场。为了减少水分损失，自卸车上的混合料应该覆盖。运输的时间一般要限制在 30 min 内。

（6）摊铺

对于高速公路和一级公路，必须采用沥青混凝土摊铺机或专用的稳定粒料摊铺机摊铺。对于其他道路，有条件宜用摊铺机摊铺，但至少必须采用平地机摊铺，个别面积较小的路段可以采用人工摊铺。

（7）接缝处理

①集中厂拌法施工时不宜中断，如因故中断时间超过 2 h，应设置横向接缝，摊铺机应驶离混合料末端。

②人工将末端含水量合适的混合料弄整齐，紧靠混合料放两根方木，方木的高度应与混合料的压实厚度相同，整平紧靠方木的混合料。方木的另一侧用砂砾或碎石回填约 3 m 长，其高度应高出方木几厘米。将混合料碾压密实。

③在重新开始摊铺混合料之前，将砂砾（或碎石）和方木除去，并将下承层顶面清扫干净。摊铺机返回到已压实层的末端，重新开始摊铺混合料。

④如摊铺中断后，未按上述方法处理横向接缝，而中断时间已超过 2 h，则应将摊铺机附近及其下面未经压实的混合料铲除，并将已碾压密实且高程和平整度符合要求的末端挖成与路中心线垂直并垂直向下的断面，然后再摊铺新的混合料。

⑤应避免纵向接缝。高速公路和一级公路的基层应分两幅摊铺，宜采用两台摊铺机一前一后相隔 5~10 m 同步向前摊铺混合料，并一起进行碾压，但必须注意横坡的一致性。

在不能避免纵向接缝的情况下，纵缝必须垂直相接，严禁斜接。用平地机摊铺混合料时，横向接缝和纵向接缝的处理方法同路拌法。

（8）养生

同路拌法。

3）施工中应注意的几个问题

（1）施工季节

无机结合料稳定类结构层宜在春末或夏季组织施工，施工期的最低气温应在 5 ℃以上，并保证在冻前有一定成型期，即第一次重冰冻（-3~5 ℃）到来之前的半月至一个月（水泥类）及一个月至一个半月（石灰与二灰类）完成。若不能完成则应覆盖土层以防冻融破坏。在雨季施工水泥稳定类结构层时，应特别注意气候变化，勿使水泥混合料遭雨淋，并采取措施排除表面水，勿使运到路上的集料过分潮湿。

（2）水泥稳定类材料施工作业长度的确定

确定水泥稳定类混合料的作业长度，应综合考虑水泥的终凝时间、延迟时间对施工质量的影响，施工机械的效率，气候条件等因素，并尽可能减少接缝。水泥稳定类混合料从拌和到碾压之间延迟时间宜控制在 3~4 h。必须延长时间时，不应超过水泥终凝时间。因此，施工必须采用流水作业法，各工序必须紧密衔接，尽量缩短从拌和到完成碾压之间的延迟时间。一般情况下，每一流水作业段长以 200 m 为宜。

（3）路拌法施工中土与粉煤灰用量的控制

在二灰稳定类基层施工中，石灰剂量可以检测，土与粉煤灰的比例只能在施工中加以控制，若控制不好，不仅影响强度，还会使压实度检测失去意义。实际上，土与粉煤灰不同于砂砾和碎石,后者在装卸或摊铺过程中体积变化不大,而土和粉煤灰经装卸、运输和摊铺等,都能使密度变化,室内测量的松干密度总是偏小,如用其松干密度计算虚铺厚度将使工地用量偏多。此外,工地的运土工具较杂,难以用堆土距离控制。因此,可用稳压厚度控制配比的方法,即固定稳压的压路机型及遍数,实测稳压后土及粉煤灰的干密度。反过来,通过抽检稳压厚度来控制土与粉煤灰的比例。

(4)接茬处理

石灰、二灰稳定类基层施工中,两工作段的衔接处应搭接拌和。即前一段拌和后,留5~8 m,不进行碾压。后一段施工时,将前段留下未压部分,一起再进行拌和。对于水泥稳定类基层,当天两工作段的衔接处理方法同前,但应对前一段未压部分要再加水泥,重新拌和。当天最后一段水泥稳定类基层施工完后,将已压成段末端切成垂直断面,在第二天摊铺下段时,应在前一天余留未碾段内添加部分水泥,并与下段一起拌和。

拌和机及其他机械不宜在已成型的结合料稳定层上"调头"。若必须在其上"调头"时,应采取保护措施(加铺覆盖层等)。

(5)养生期的探讨

当半刚性基层分层施工时,下层碾压完后,可立即铺筑上层,不需专门的养生期,但在铺筑上层之前,应始终保持下层表面湿润。

基层完工后,养生期一般不宜少于7 d。养生期结束,方可铺筑沥青面层或封层。

4.4 粒料类基层(底基层)施工

粒料类基层(底基层)材料按强度构成原理可分为嵌锁型与级配型。嵌锁型包括泥结碎石、泥灰结碎石、填隙碎石等;级配型包括级配碎石、级配砾石、符合级配的天然砂砾、部分砾石经轧制掺配而成的级配砾石。

4.4.1 级配碎石基层材料要求及施工

粗、中、小碎石集料和石屑各占一定比例的混合料,当颗粒组成符合规定的密实级配要求时,称为级配碎石。

1)材料要求

(1)碎石

级配碎石用作基层时,碎石的最大粒径不应超过37.5 mm。粒径过大,石料易离析,也不利于机械摊铺、拌和及整平。碎石中不应有黏土块、植物等有害物质,针片状颗粒总含量不应超过20%,材料应清洁。

级配碎石所用石料的压碎值应满足:高速和一级公路的基层小于26%;二级公路的基层小于30%;二级以下公路的基层小于35%。

(2)石屑或其他细集料

石屑或其他细集料可以使用一般碎石场的细筛余料,也可以利用轧制沥青表面处治和贯入式石料的细筛余料,或专门轧制的细碎石集料。也可以用天然砂砾或粗砂代替石屑。天然砂砾的颗粒尺寸应该合适,必要时应筛除其中的超尺寸颗粒。天然砂砾或粗砂应有较好的级配。

当级配碎石中细料塑性指数偏大时,塑性指数与 0.5 mm 以下的细料含量的乘积应符合:
①在年降雨量小于 600 mm 的地区,地下水位对土基没有影响时,乘积不应大于 120;
②在潮湿多雨地区,乘积不应大于 100。

2)级配碎石施工

级配碎石施工有路拌法和中心厂拌和两种方法。本书只介绍路拌法施工。

路拌法施工工艺流程如图 4.3 所示。

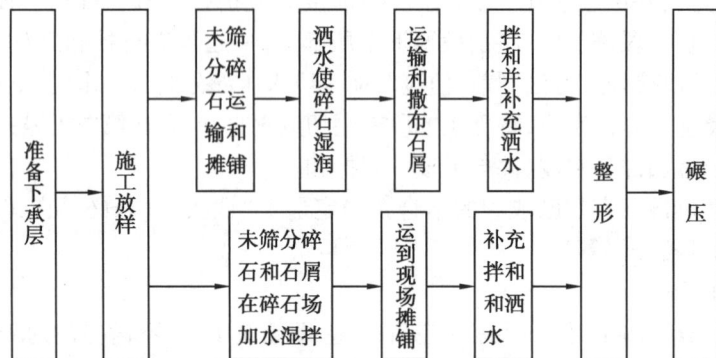

图 4.3　级配碎石路拌法施工工艺流程

①准备下承层,要求同半刚性基层施工。

②施工放样,要求同半刚性基层施工。

③备料。根据各路段基层或底基层的宽度、厚度及规定的压实干密度并按确定的配合比分别计算各段需要的未筛分碎石和石屑的数量或不同粒级碎石和石屑的数量,并计算每车料的堆放距离。未筛分碎石和石屑可按预定比例在料场混合,同时洒水加湿,使混合料的含水量超过最佳含水量约 1%。

④运输和摊铺集料。运输宜由远到近卸置集料。摊铺集料时应事先通过试验确定集料的松铺系数并确定松铺厚度。采用不同粒级的碎石和石屑时,应将大碎石铺在下层,中碎石铺在中层,小碎石铺在上层。洒水使碎石湿润后,再摊铺石屑。

⑤拌和及整形。对于二级及二级以上公路,应采用专用稳定土拌和机拌和级配碎石。对于二级以下的公路,在无稳定土拌和机的情况下,可采用平地机或多铧犁与缺口圆盘耙相配合进行拌和。拌和结束时,混合料的含水量应均匀,并较最佳含水量大 1% 左右,同时应没有粗细颗粒离析现象。用平地机将拌和均匀的混合料,按规定的路拱进行整平和整形,在整形过程中,应注意消除粗细集料离析现象。

⑥碾压。整形后,当混合料的含水量等于或略大于最佳含水量时,立即用 12 t 以上三轮压路机、振动压路机或轮胎压路机进行碾压。直线和不设超高的平曲线段,由两侧路肩开始向路中心碾压;在设超高的平曲线段,由内侧路肩向外侧路肩进行碾压。碾压时,后轮应重叠 1/2 轮宽;后轮必须超过两段的接缝处。

接缝的处理:横缝两作业段的衔接处应搭接拌和。第一段拌和后,留 5~8 m 不进行碾压,第二段施工时,前段留下未拌部分与第二段一起拌和整平后进行碾压。碾压应避免纵向接缝。在必须分两幅铺筑时,纵缝应搭接拌和。前一幅应全宽碾压密实,在后一幅拌和时,应将相邻的前幅边部约 30 cm 搭接拌和,整平后一起碾压密实。

4.4.2 级配砾石基层材料要求及施工

粗、中、小砾石和砂各占一定比例的混合料,当其颗粒组成符合规定的密实级配要求且塑性指数和承载比均符合规定要求时,称为级配砾石。

1)材料要求

级配砾石用做基层时,砾石的最大粒径不应超过 37.5 mm;用做底基层时,砾石的最大粒径不应超过 53 mm。砾石颗粒中细长及扁平颗粒的含量不应超过 20%。

在塑性指数偏大的情况下,塑性指数与 0.5 mm 以下细土含量的乘积应符合下列规定:

①在年降雨量小于 600 mm 的中干和干旱地区,地下水位对土基没有影响时,乘积不应大于 120;

②在潮湿多雨地区,乘积不应大于 100。

当用于基层时,在最佳含水量下制备的级配砾石试件的干密度与工地规定达到的压实干密度相同时,浸水 4 d 的承载比值应不小于 60%。用做底基层的砂砾、砂砾土或其他粒状材料的级配,液限应小于 28%,塑性指数应小于 9。当用于底基层时,在最佳含水量下制备的级配砾石试件的干密度与工地规定达到的压实干密度相同时,浸水 4 d 的承载比值在轻交通道路上应不小于 40%,在中等交通道路上应不小于 60%。

级配砾石用做基层时,集料的压碎值应满足下列规定:

- 基层:

  二级公路　　　　　　不大于 30%

  三级和四级公路　　　不大于 35%

- 底基层:

  高速公路和一级公路　不大于 30%

  二级公路　　　　　　不大于 35%

  二级以下公路　　　　不大于 40%

2)施工工艺

级配砾石施工路拌法施工工艺流程如图 4.4 所示。

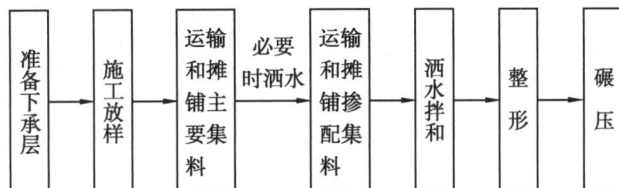

图 4.4　级配砾石施工工艺流程

①准备下承层。要求同半刚性基层施工。

②施工放样。要求同半刚性基层施工。

③计算材料用量。根据各路段基层或底基层的宽度、厚度及预定的干密度,计算各段需要

的集料数量。如级配砾石是用两种集料组成时,分别计算两种集料的数量;根据料场集料的含水量以及所用运料车辆的吨位,计算每车材料的堆放距离。

④运输和摊铺集料。卸料距离应严格掌握,避免料不够或过多。采用两种集料时,应先将主要集料运到路上,待主要集料摊铺后,再运另一种集料并摊铺。如粗细两种集料的最大粒径相差很多,应在粗集料处于潮湿状态下摊铺细集料。集料的松铺系数和松铺厚度应通过试验确定。用平地机或其他合适的机具将料均匀地摊铺在预定的宽度上,摊铺时表面应力求平整并有规定的路拱横坡度。同时摊铺路肩用料。

⑤拌和及整形。拌和结束时,混合料的含水量应均匀,并较最佳含水量大1%左右。应无粗细颗粒离析现象。用平地机将拌和均匀的混合料,按规定的路拱进行整平和整形。在整形过程中,严禁任何车辆通行。

⑥碾压。要求同级配碎石。

⑦横缝的处理。要求同级配碎石。

⑧纵缝的处理。要求同级配碎石。

4.4.3　填隙碎石基层材料要求及施工

用单一尺寸的粗碎石作主骨料,形成嵌锁结构,起承受和传递车轮荷载的作用;用石屑作填隙料,填满碎石间的孔隙,增加密实度和稳定性,这种材料称为填隙碎石。

1)材料要求

填隙碎石用做基层时,碎石的最大粒径不应超过53 mm;用做底基层时,碎石的最大粒径不应超过63 mm。粗碎石可以用具有一定强度的各种岩石或漂石轧制,但漂石的粒径应为粗碎石最大粒径的3倍以上;也可以用稳定的矿渣轧制,矿渣的干密度和质量应比较均匀。材料中的扁平、长条和软弱颗粒的含量不应超过15%。粗碎石的压碎值应符合下列规定:用做基层时,不大于26%;用做底基层时,不大于30%。

2)施工工艺

填隙碎石的施工工艺流程如图4.5所示。

(1)准备下承层

要求同半刚性基层施工。

(2)施工放样

要求同半刚性基层施工。

(3)备料

根据各路段基层或底基层的宽度、厚度及松铺系数,计算各段需要的粗碎石数量;根据运料车辆的车厢体积,计算每车料的堆放距离。填隙料的用量为粗碎石质量的30%~40%。

(4)运输和摊铺粗碎石

卸料距离应严格掌握,避免有的路段料不够或料过多。用平地机或其他合适的机具将粗碎

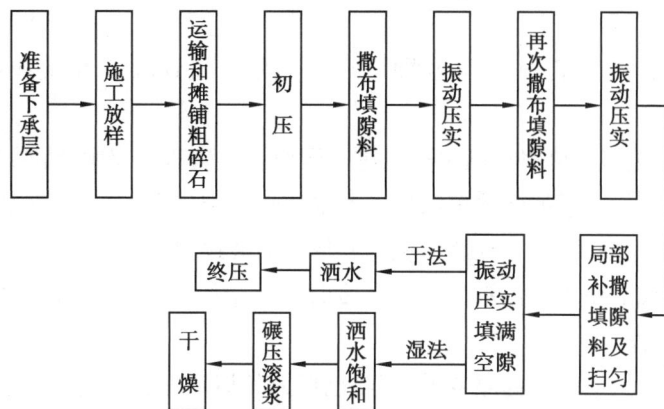

图 4.5　填隙碎石工艺流程

石均匀地摊铺在预定的宽度上,表面应力求平整,并有规定的路拱,同时摊铺路肩用料。

（5）撒铺填隙料和碾压

施工方法有干法施工和湿法施工。

- 干法施工

①初压:用 8 t 两轮压路机碾压 3~4 遍,使粗碎石稳定就位。在直线和不设超高的平曲线段上,碾压从两侧路肩开始,逐渐错轮向路中心进行;在设超高的平曲线段上,碾压从内侧路肩开始,逐渐错轮向外侧路肩进行。错轮时,每次重叠 1/3 轮宽。在第一遍碾压后,应再次找平。初压终了时,表面应平整,并具有要求的路拱和纵坡。

②撒铺填隙料:用石屑撒布机或类似的设备将干填隙料均匀地撒铺在已压稳的粗碎石层上,松铺厚度为 2.5~3.0 cm。必要时,用人工或机械扫匀。

③碾压:用振动压路机慢速碾压,将全部填隙料振入粗碎石间的孔隙中。如没有振动压路机,可用重型振动板。

④再次撒布填隙料:用石屑撒布机或类似的设备将干填隙料再次撒铺在粗碎石层上,松铺厚度为 2.0~2.5 cm。用人工或机械扫匀。

⑤再次碾压:在碾压过程中,对局部填隙料不足之处,人工进行找补。局部多余的填隙料应扫除。

⑥再次碾压后,如表面仍有未填满的孔隙,则应补撒填隙料,并用振动压路机继续碾压,直到全部孔隙被填满为止。同时,应将局部多余的填隙料铲除或扫除。填隙料不应在粗碎石表面自成一层。表面必须有能看得见粗碎石。

如填隙碎石层上为薄沥青面层,应使粗碎石的棱角外露 3~5 mm。

⑦当需分层铺筑时,应将已压成的填隙碎石层表面粗碎石外露 5~10 mm,然后在其上摊铺第二层粗碎石。

⑧填隙碎石表面孔隙全部填满后,用 12~15 t 三轮压路机再碾压 1~2 遍。在碾压过程中,不应有任何蠕动现象。在碾压之前,宜在表面先洒少量水,洒水量宜为 3 kg/m² 以上。

●湿法施工

①粗碎石层表面孔隙全部填满后,立即用洒水车洒水,直到饱和,但应注意避免多余水浸泡下承层。

②用 12~15 t 三轮压路机跟在洒水车后进行碾压。在碾压过程中,将湿填隙料继续扫入所出现的孔隙中。需要时,再添加新的填隙料。洒水和碾压应一直进行到填隙料和水形成粉砂浆为止。粉砂浆应填塞全部孔隙,并在压路机轮前形成微波纹状。

③干燥,碾压完成的路段应让水分蒸发一段时间。结构层变干后,表面多余的细料以及细料覆盖层都应扫除干净。

④当需分层铺筑时,应待结构层变干后,将已压成的填隙碎石层表面的填隙料扫除一些,使表面粗碎石外露 5~10 mm,然后在上摊铺第二层粗碎石。

4.5 质量管理与检查验收

4.5.1 施工质量管理

施工过程中的质量管理包括外形尺寸的控制和检查以及质量控制和检查。外形尺寸检查项目、频度和质量标准应符合表 4.5 的要求。

表 4.5 质量控制的项目、频度和质量标准

工程类别	项 目		频 度	质量标准	
				高速公路和一级公路	一般公路
底基层	纵断高程(m)		二级及二级以下公路每 20 延米 1 点;高速公路和一级公路每 20 延米 1 个断面,每个断面 3~5 个点	+15,−15	+5,−20
	厚度(mm)	均 值	每 1 500~2 000 m² 6 个点	−10	−12
		单个值		−25	−30
	宽度(mm)		每 40 延米 1 处	+0 以上	+0 以上
	横坡度(%)		每 100 延米 3 处	±0.3	±0.5
	平整度(mm)		每 200 延米 2 处,每处连续 10 尺(3 m 直尺)	12	15
基层	纵断高程(m)		二级及二级以下公路每 20 延米 1 点;高速公路和一级公路每 20 延米 1 个断面,每个断面 3~5 个点	+5,−10	+5,−15
	厚度(mm)	均 值	每 1 500~2 000 m² 6 个点	−8	−15
		单个值		−10	−20
	宽度(mm)		每 40 延米 1 处	+0 以上	+0 以上
	横坡度(%)		每 100 延米 3 处	±0.3	±0.5
	平整度(mm)		每 200 延米 2 处,每处连续 10 尺(3m 直尺)	8	12

工程类别	项目		频度	质量标准	
				高速公路和一级公路	一般公路
无结合料底基层	含水量		据观察,异常时随时试验	在规范规定范围内	
	级配		据观察,异常时随时试验	在规范规定范围内	
	拌和均匀性		随时观察	无粗细集料离析现象	
	压实度		每一作业段或不大于2 000 m²检查6次以上	96%以上,填隙碎石以固体体积率表示,不小于83%	
	塑性指数		每1 000 m² 1次,异常时随时试验	小于规范规定值	
	承载比		每3 000 m² 1次,据观察,异常时随时增加试验	不小于规范规定值	
	弯沉值检验		每一评定段(不超过1 km)每车道40~50个测点	95%(二级及二级以下公路)或97.7%(高速公路和一级公路)概率的上波动界限不大于计算出的容许值①	
无结合料基层	含水量		据观察,异常时随时试验	在规范规定范围内	
	级配		每2 000 m² 1次	在规范规定范围内	
	拌和均匀性		随时观察	无粗细集料离析现象	
	压实度		每一作业段或不大于2 000 m²检查6次以上	级配集料基层98%,中间层100%,填隙碎石固体体积率85%	
	塑性指数		每1 000 m² 1次,异常时随时试验	小于规范规定值	
	集料压碎值		据观察,异常时随时试验	不超过规范规定值	
	承载比		每3 000 m² 1次,据观察,异常时随时增加试验	不小于规范规定值	
	弯沉值检验		每一评定段(不超过1 km)每车道40~50个测点	95%(二级及二级以下公路)或97.7%(高速公路和一级公路)概率的上波动界限不大于计算出的容许值①	
水泥或石灰稳定土及综合稳定土	级配		每2 000 m² 1次	在规范规定范围内	
	集料压碎值		据观察,异常时随时试验	不超过规范规定值	
	水泥或石灰剂量		每2 000 m² 1次,至少6个样品,用滴定法或用直读式测钙仪试验,并与实际水泥或石灰用量校核	不小于设计值-1.0%	
	含水量	水泥稳定土	据观察,异常时随时试验	在规范规定范围内	
		石灰稳定土			
	拌和均匀性		随时观察	无灰条、灰团,色泽均匀,无离析现象	

续表

工程类别	项 目		频 度	质量标准	
				高速公路和一级公路	一般公路
水泥或石灰稳定土及综合稳定土	压实度	稳定细粒土	每一作业段或不大于 2 000 m² 检查 6 次以上	二级及二级以下公路 93%以上,高速公路和一级公路 95%以上	
		稳定中粒土和粗粒土		二级及二级以下公路的底基层 95%,基层 97%;高速公路和一级公路的底基层 96%,基层 98%	
	抗压强度		稳定细粒土,每一作业段或每 2 000 m² 6 个试件;稳定中粒土和粗粒土,每一作业段或每 2 000 m² 6 个或 9 个试件	符合规范规定要求	
石灰工业废渣稳定土	延尺时间		每个作业段 1 次	不超过规范规定	
	配合比		每 2 000 m² 1 次	石灰剂量不小于设计值-1%(当石灰剂量少于 4%时,为不小于设计值-0.5%)以内	
	级 配		每 2 000 m² 1 次	在规范规定范围内	
	含水量		据观察,异常时随时试验	最佳含水量±1%(二灰土为±2%)	
	拌和均匀性		随时观察	无粗细集料离析现象	
	压实度	二灰土	每一作业段或不大于 2 000 m² 检查 6 次以上	二级及二级以下公路 93%以上,高速公路和一级公路 95%以上	
		其他含粒的石灰工业废渣		二级及二级以下公路底基层 95% 或 93%,基层 97%以上;高速公路和级底基层 97% 或 95%,基层 98%以上	
	抗压强度		稳定细粒土,每一作业段或每 2 000 m² 6 个试件;稳定中粒土和粗粒土,每一作业段或每 2 000 m² 6 个或 9 个试件	符合规定要求	

注①:弯沉值按《公路路面基层施工技术规范》(JTJ 034—2000)中附录 A"回弹弯沿的计算与检验"计算。

4.5.2 检查与验收

检查验收的目的是判定完成的路面结构层是否满足设计文件与施工规范的要求。检查内容包括工程竣工后的外形和质量。质量检查以 1 km 长的路段为评定单位,采用大流水作业法施工时,也可以每天完成的段落为评定单位,进行抽样检查。竣工工程外形的检查项目、频度和质量标准值应符合表 4.6 的要求。

表 4.6 工程外形的检查项目、频度和质量标准值

工程类别	项 目		频 度	质量标准	
				高速公路和一级公路	二级和二级以下公路
路 基	高程(mm)		每 200 m 4 点	+10,−15	+10,−20
	宽度(mm)		每 200 m 4 个断面	不小于设计值	不小于设计值
	横坡度(%)		每 200 m 4 个断面	±0.5	±0.5
	平整度(mm)		每 200 m 2 处,每处连续 10 尺(3 m 直尺)	≤15	≤20
底基层	高程(mm)		每 200 m 4 点	+5,−15	+5,−20
	厚度(mm)	均 值	每 200 m 每车道 1 点	−10	−12
		单个值		−25	−30
	宽度(mm)		每 200 m 4 个断面	+0 以上	+0 以上
	横坡度(%)		每 200 m 4 个断面	±0.3	±0.5
	平整度(mm)		每 200 m 2 处,每处连续 10 尺	12	15
基 层	高程(mm)		每 200 m 4 点	+5,−10	+5,−15
	厚度(mm)	均 值	每 200 m 每车道 1 点	−8	−10
		单个值		−15	−20
	宽度(mm)		每 200 m 4 个断面	+0 以上	+0 以上
	横坡度(%)		每 200 m 4 个断面	±0.3	±0.5
	平整度(mm)		每 200 m 2 处,每处连续 10 尺	8	12
			连续式平整度仪的标准差(mm)	3.0	

厚度检查后,应按式(4.2)和式(4.3)分别计算其平均值 $\bar{X}$ 和标准差 S:

$$\bar{X} = \frac{X_1 + X_2 + \cdots + X_n}{n} \tag{4.2}$$

$$S = \sqrt{\frac{(X_1 - \bar{X})^2 + (X_2 - \bar{X})^2 + \cdots + (X_n - \bar{X})^2}{n - 1}} \tag{4.3}$$

式中　$X_1, X_2, \cdots, X_n$——每次检查得的厚度值;

　　　n——检查数量。

按式(4.4)计算算术平均值的下置信限 $\bar{X}_L$:

$$\bar{X}_L = \bar{X} - t_\alpha \frac{S}{\sqrt{n}} \tag{4.4}$$

式中　t_α——t 分布表中随自由度和保证率(或置信度 α)而变的系数,对高速公路和一级公路应取保证率 99%,其他公路可取保证率 95%。

厚度平均值的下置信限($\bar{X}_L$)应不小于设计厚度减去均值允许误差。应按表 4.7 对工程质量进行检查验收。

表 4.7　质量合格标准值

工程类别	检查项目	检查数量	标准值	极限低值
路　基	压实度	200 m 4 处（灌砂法）	重型压实标准,二级和二级以下公路93%以上,高速公路和一级公路不小于95%	二级和二级以下公路88%,高速公路和一级公路90%
	碾压检验	全面随时	无"弹簧"现象	
	弯沉值	第一评定段（不超过1 km）每车道40～50个测点	按附录 A 所得的弯沉标准值	
无结合料底基层	压实度	6～10 处	96%	92%
	弯沉值	每车道40～50个测点	按附录 A 所得的弯沉标准值	
级配碎石（或砾石）	压实度	6～10 处	基层98%	94%
			底基层96%	92%
	颗粒组成	2～3 处	规定级配范围	
	弯沉值	每车道40～50个测点	按附录 A 所得的弯沉标准值	
填隙碎石	压实度（固体体积率）	6～10 处	基层85%	82%
			底基层83%	80%
	弯沉值	每车道40～50个测点	按附 A 所得的弯沉标准值	
水泥土、石灰土、二灰、二灰土	压实度	6～10 处	93%（95%）	89%（91%）
	水泥或石灰剂量(%)	3～6 处	设计值	水泥 1.0% 石灰 2.0%
水泥稳定土、石灰稳定土、石灰工业废渣稳定土	压实度	6～10 处	基层98%（97%）	94%（93%）
			底基层96%（95%）	92%（91%）
	颗粒组成	2～3 处	规定级配范围	
	水泥或石灰剂量	3～6 处	设计值	设计值-1.0%

注:表中附录 A 为《公路工程质量评定标准》中的附录 A。

测量弯沉后,考虑一定保证率测量值的上波动界限按式(4.5)计算:

$$l_r = \bar{l} + Z_\alpha S \tag{4.5}$$

式中　l_r——测量值的上波动界限（即代表弯沉值）;

　　　$\bar{l}$——标准车测得的弯沉的平均值;

　　　Z_α——与要求保证率有关的系数,高速公路和一级公路可取 $Z_\alpha = 2.0$,二级公路取 $Z_\alpha = 1.645$,二级以下公路取 $Z_\alpha = 1.5$。

在计算观测值的平均值和标准差时,可将超出 $\bar{l} \pm (2 \sim 3)S$ 的弯沉特异值舍弃。舍弃后,计算得的代表弯沉值应不大于容许的弯沉值。

对舍弃的弯沉值过大的点,应找出其周围界限,并进行局部处理。

压实度检查后,其下置信限 $\bar{K}_L$ 应不小于标准值 K_d。

水泥或石灰剂量测定后,其下置信限应不小于设计值。对超出极限值的点,应找出其范围并进行局部处理。

本章小结

本章主要介绍了道路基层(底基层)施工概述、半刚性基层材料组成及设计、半刚性基层施工、粒料类基层施工、道路基层的质量管理与检查验收等 5 部分内容。第 1 部分介绍了基层材料分类以及半刚性基层嵌锁型粒料基层、级配型粒料基层的特点;第 2 部分主要介绍了对原材料的要求、混合料配合比设计时的试验项目以及配合比设计过程;第 3 部分介绍了半刚性基层施工中试验路段的修筑、施工工序及注意事项等内容;第 4 部分粒料类基层主要介绍了级配碎石、级配砾石、填隙碎石基层材料要求及施工工序等内容;第 5 部分介绍了基层施工中的质量管理要求及基层材料施工中的检查与验收等内容,为了保证工程施工质量,在施工过程中应按照规范规定的检测项目、检测频率等进行相应的检测。

思考题与习题

4.1　半刚性基层厂拌法施工工艺流程是什么?

4.2　半刚性基层路拌法施工工艺流程是什么?

4.3　级配碎石路拌法施工工艺流程是什么?

4.4　刚性基层路拌法施工工艺流程是什么?

4.5　石灰稳定土混合料组成设计过程是什么?

4.6　填隙碎石结构层施工工艺流程是什么?

4.7　路面基层施工质量管理的内容有哪些?

4.8　路面基层施工质量检查验收的内容有哪些?

4.9　无机结合料稳定材料有哪些优缺点?

5 沥青路面施工

本章导读：

- **内容及要求** 主要介绍沥青混合料特点、分类以及配合比设计过程，冷拌沥青混合料路面施工、热拌沥青混合料路面施工、层铺法沥青路面施工，封层、粘层、透层施工技术，沥青路面施工质量管理及检查验收等内容。沥青路面施工中影响沥青路面施工质量的因素有原材料、混合料配合比、施工温度等。通过本章学习，应了解沥青混合料的分类，熟悉沥青混合料中各种原材料的要求；掌握沥青混合料配合比设计过程；熟悉冷拌沥青混合料的施工工艺；重点掌握热拌沥青混合料施工工艺及施工过程中的缺陷分析；熟悉沥青路面施工质量管理及检查验收的项目、频率等。
- **重点** 沥青混合料配合比设计过程及热拌沥青混合料施工工序。
- **难点** 沥青混合料配合比设计过程。

沥青路面是用沥青材料作结合料黏结矿料修筑面层与各类基层和垫层所组成的路面结构。由于沥青路面使用沥青结合料，因而增强了矿料间的黏结力，提高了混合料的强度和稳定性，使路面使用质量和耐久性都得到提高。与水泥混凝土路面相比，沥青路面具有表面平整、无接缝、行车舒适、耐磨、噪声低、施工期短、养护维修简便，且适宜于分期修建等优点，因此得到了广泛的应用。

5.1 沥青混合料的材料要求

5.1.1 沥青混合料的分类

沥青混合料是由矿料与沥青结合料拌和而成的混合料的总称。按材料组成及结构，分为连续级配、间断级配混合料；按矿料级配组成及空隙率大小，分为密级配（3%～6%）、半开级配

(6%～12%)、开级配(排水式 18%以上);按公称最大粒径,分为砂粒式(公称最大粒径小于 9.5 mm)、细粒式(公称最大粒径 9.5 mm 或 13.2 mm)、中粒式(公称最大粒径 16 mm 或 19 mm)、粗粒式(公称最大粒径 26.5 mm)、特粗式(公称最大粒径等于或大于 31.5 mm);按制造工艺,分为热拌沥青混合料、冷拌沥青混合料、再生沥青混合料等。

5.1.2　材料的基本要求

在沥青路面建设过程中,材料起到至关重要的作用。有些新建的高速公路沥青路面出现早期损坏,材料是重要的原因之一。因此,应特别强调要把好材料关,材料的选择应以试验为依据,严格控制质量,防止使用不符合要求的材料以免造成损失。沥青混合料的材料主要由沥青、粗集料、细集料、矿粉和纤维稳定剂等组成。

1)沥青材料

沥青材料有道路石油沥青、乳化沥青、液体石油沥青、煤沥青、改性沥青、改性乳化沥青等。不同品种沥青有不同的适用范围。

(1)道路石油沥青

①道路石油沥青的适用范围应符合表 5.1 的规定。道路石油沥青的质量应符合表 5.2 规定的技术要求。经建设单位同意,沥青的 *PI* 值、60 ℃动力黏度、10 ℃延度可作为选择性指标。

表 5.1　道路石油沥青的适用范围

沥青等级	适用范围
A 级沥青	各个等级的道路,适用于任何场合和层次
B 级沥青	①高速公路、一级公路沥青路面下面层及以下的层次,二级及二级以下公路的各个层次; ②用作改性沥青、乳化沥青、改性乳化沥青、稀释沥青的基质沥青
C 级沥青	三级及三级以下公路的各个层次

②沥青路面采用的沥青标号,宜按照公路等级、气候条件、交通条件、路面类型及在结构层中的层位、受力特点和施工方法等,结合当地的使用经验,经技术论证后确定。

a.对高速公路、一级公路,夏季温度高、高温持续时间长,重载交通、山区及丘陵区上坡路段,服务区、停车场等行车速度慢的路段,尤其是汽车荷载剪应力大的层次,宜采用稠度大、60 ℃黏度大的沥青,也可根据高温气候分区的温度水平选用沥青等级;对冬季寒冷的地区或交通量小的道路、旅游道路,宜选用稠度小、低温延度大的沥青;对温度日温差、年温差大的地区,宜注意选用针入度指数大的沥青。当高温要求与低温要求发生矛盾时,应优先考虑满足高温性能的要求。

b.当缺乏所需标号的沥青时,可采用不同标号掺配的调和沥青,其掺配比例由试验决定。掺配后的沥青质量应符合表 5.2 的要求。

③沥青必须按品种、标号分开存放。除长期不使用的沥青可放在自然温度下存储外,沥青在储罐中的储存温度不宜低于 130 ℃,并不得高于 170 ℃。桶装沥青应直立堆放并加盖苫布。

④道路石油沥青在储运、使用及存放过程中应有良好的防水措施,避免雨水或加热管道蒸汽进入沥青中。

表 5.2　道路石油沥青技术要求

指标	单位	等级	160号	130号	110号	90号	70号	50号	30号	试验方法
针入度(25℃,5s,100g)	dm		140~200	120~140	100~120	80~100	60~80	40~60	20~40	T0604
适用的气候分区			注④	注④	2-1　2-2　3-2	1-1　1-2　1-3　2-2　2-3	1-3　2-2　2-3　1-4　2-4	1-4	注④	附录A⑥
针入度指数 PI		A	-1.5~+1.0（适用各档）							T0604
针入度指数 PI		B	-1.8~+1.0（适用各档）							
软化点（软化点） 不小于	℃	A	38	40	43	45 / 44	46 / 45	49	55	T0606
软化点（软化点） 不小于	℃	B	36	39	42	43 / 42	44 / 43	46	53	
软化点（软化点） 不小于	℃	C	35	37	41	42	43	45	50	
60℃动力黏度 不小于	Pa·s	A	注④	60	120	160 / 140	180 / 160	200	260	T0620
10℃延度 不小于	cm	A	50	50	40	45 / 30 / 20	20 / 15	15	10	T0605
10℃延度 不小于	cm	B	30	30	30	30 / 20 / 15	20 / 15 / 10	10	8	
15℃延度 不小于	cm	A、B	100	80	60	50	—	—	—	T0605
15℃延度 不小于	cm	C	80	80	60	50	30	30	20	
蜡含量（蒸馏法） 不大于	%	A	2.2（适用各档）							T0615
蜡含量（蒸馏法） 不大于	%	B	3.0（适用各档）							
蜡含量（蒸馏法） 不大于	%	C	4.5（适用各档）							
闪点 不小于	℃		230	230	230	245	260	260	260	T0611
溶解度 不小于	%		99.5（适用各档）							T0607
密度（15℃）	g/cm³		实测记录（适用各档）							T0603

TFOT（或 RTFOT）后　（试验方法 T0610 或 T0609）

指标	单位	等级	160号	130号	110号	90号	70号	50号	30号	试验方法
质量变化 不大于	%		±0.8（适用各档）							
残留针入度比(25℃) 不小于	%	A	48	54	55	57	61	63	65	T0604
残留针入度比(25℃) 不小于	%	B	45	50	52	54	58	60	62	
残留针入度比(25℃) 不小于	%	C	40	45	48	50	54	58	60	
残留延度(10℃) 不小于	cm	A	12	12	10	8	6	4	—	T0605
残留延度(10℃) 不小于	cm	B	10	10	8	6	4	2	—	
残留延度(15℃) 不小于	cm	C	40	35	30	20	15	10	—	T0605

注：①试验方法按照现行《公路工程沥青及沥青混合料试验规程》(JTJ 052)规定的方法执行，用于仲裁试验求取 PI 时的 5 个温度的针入度关系的相关系数不得小于 0.997。
②经建设单位同意，表中 PI 值、表中单位同意，60℃动力黏度，10℃延度可作为选择性指标，也可不作为施工质量检验指标。
③70号沥青可根据需要要求供应商提供针入度范围为 60~70 或 70~80 的沥青，50号沥青可要求提供针入度范围 40~50 或 50~60 的沥青。
④30号沥青仅适用于沥青稳定基层，130号和160号沥青除寒冷地区可在中低级公路上直接应用外，通常用作乳化沥青、稀释沥青、改性沥青、稀释沥青的基质沥青。
⑤老化试验以 TFOT 为准，也可以 RRFOT 代替。
⑥表中附录 A 指《沥青路面施工规范》中的附录 A，即沥青路面使用性能气候分区。

（2）乳化沥青

①乳化沥青适用于沥青表面处治路面、沥青贯入式路面、冷拌沥青混合料路面,修补裂缝,喷洒透层、粘层与封层等。乳化沥青的品种和适用范围宜符合表5.3的规定。

表5.3　乳化沥青品种及适用范围

分　类	品种及代号	适用范围
阳离子乳化沥青	PC-1	表处、贯入式路面及下封层用
	PC-2	透层油及基层养生用
	PC-3	粘层油用
	BC-1	稀浆封层或冷拌沥青混合料用
阴离子乳化沥青	PA-1	表处、贯入式路面及下封层用
	PA-2	透层油及基层养生用
	PA-3	粘层油用
	BA-1	稀浆封层或冷拌沥青混合料用
非离子乳化沥青	PN-2	透层油用
	BN-1	与水泥稳定集料同时使用（基层路拌或再生）

②乳化沥青的质量应符合表5.4的规定。在高温条件下宜采用黏度较大的乳化沥青,寒冷条件下宜使用黏度较小的乳化沥青。

③乳化沥青类型根据集料品种及使用条件选择。阳离子乳化沥青可适用于各种集料品种,阴离子乳化沥青适用于碱性石料。乳化沥青的破乳速度、黏度宜根据用途与施工方法选择。

④制备乳化沥青用的基质沥青,对高速公路和一级公路,宜符合表5.4道路用乳化沥青A、B级沥青的要求,其他情况可采用C级沥青。

⑤乳化沥青宜存放在立式罐中,并保持适当搅拌。储存期以不离析、不冻结、不破乳为度。

（3）液体石油沥青

①液体石油沥青适用于透层、粘层及拌制冷拌沥青混合料。根据使用目的与场所,可选用快凝、中凝、慢凝的液体石油沥青,其质量应符合规范规定。

②液体石油沥青宜采用针入度较大的石油沥青,使用前按先加热沥青后加稀释剂的顺序,掺配煤油或轻柴油,经适当的搅拌、稀释制成。掺配比例根据使用要求由试验确定。

③液体石油沥青在制作、储存、使用的全过程中必须通风良好,并有专人负责,确保安全。基质沥青的加热温度严禁超过140 ℃,液体沥青的储存温度不得高于50 ℃。

（4）煤沥青

①道路用煤沥青的标号根据气候条件、施工温度、使用目的选用,其质量应符合规范规定。

②道路用煤沥青适用于下列情况:

a.各种等级道路的各种基层上的透层,宜采用T-1级或T-2级,其他等级不符合喷洒要求时可适当稀释使用;

b.三级及三级以下的公路铺筑表面处治或贯入式沥青路面,宜采用T-5级、T-6级或T-7级;

c.与道路石油沥青、乳化沥青混合使用,以改善渗透性。

③道路用煤沥青严禁用于热拌热铺的沥青混合料,作其他用途时的储存温度宜为70～90 ℃,且不得长时间储存。

表 5.4 道路用乳化沥青技术要求

试验项目	单位	阳离子 喷洒用 PC-1	阳离子 喷洒用 PC-2	阳离子 喷洒用 PC-3	阳离子 拌和用 BC-1	阴离子 喷洒用 PA-1	阴离子 喷洒用 PA-2	阴离子 喷洒用 PA-3	阴离子 拌和用 BA-1	非离子 喷洒用 PN-2	非离子 拌和用 BN-1	试验方法
破乳速度	—	快裂	慢裂	快裂或中裂	慢裂或中裂	快裂	慢裂	快裂或中裂	慢裂或中裂	慢裂	慢裂	T0658
离子电荷		阳离子（+）				阴离子（-）				非离子		T0653
筛上残留物（1.18 mm 筛）不大于	%	0.1				0.1				0.1		T0652
黏度 恩格拉黏度计 E_{25}		2-10	1-6	1-6	2-30	2-10	1-6	1-6	2-30	1-6	2-30	T0622
黏度 道路标准黏度计 $C_{25,3}$	s	10-25	8-20	8-20	10-60	10-25	8-20	8-20	10-60	8-20	10-60	T0621
蒸发残留物 残留物含量 不小于	%	50	50	50	55	50	50	50	55	50	55	T0651
蒸发残留物 溶解度 不小于	%	97.5				97.5				97.5		T0607
蒸发残留物 针入度（25 ℃）	dm	50~200	50~300	45~150	45~150	50~200	50~300	45~150	45~150	50~300	60~300	T0604
蒸发残留物 延度（15 ℃）不小于		40				40				40		T0605
与粗集料的黏附性，裹附面积 不小于	%	2/3			—	2/3			—	2/3	—	T0654
与粗、细集料拌和试验		—			均匀	—			均匀	—	均匀	T0659
水泥拌和试验的筛上剩余 不大于	%	—				—				—	3	T0657
常温储存稳定性 1 d 不大于	%	1				1				1		T0655
常温储存稳定性 5 d 不大于	%	5				5				5		T0655

注：①P 为喷洒型，B 为拌和型，C、A、N 分别表示阳离子、阴离子、非离子乳化沥青；

②黏度可选用恩格拉黏度计或道路标准黏度计或其中之一测定；

③表中残留物含量与所使用的石料品种有关，质量检验时应采用工程上实际采用的石料进行试验，仅进行乳化沥青产品质量评定时可不要求此三项指标；

④储存稳定性根据施工实际情况选用试验时间，通常采用 5 d，乳液生产后能在当天使用时也可用 1 d 的稳定性；

⑤当乳化沥青储存期需要在低温冰冻条件下储存或使用时，尚需按 T0656 进行-5 ℃低温储存稳定性试验，要求没有粗颗粒，不结块；

⑥如果乳化沥青是将高浓度乳化沥青产品运到现场稀释后使用时，表中的蒸发残留物等各项指标应符合稀释前乳化沥青的要求。

（5）改性沥青

①改性沥青可单独或复合采用高分子聚合物、天然沥青及其他改性材料制作。

②各类聚合物改性沥青的质量应符合表 5.5 的技术要求，其中 PI 值可作为选择性指标。当使用表列以外的聚合物及复合改性沥青时，可通过试验研究制订相应的技术要求。

制造改性沥青的基质沥青应与改性剂有良好的配伍性，其质量宜符合表 5.5 中 A 级或 B 级道路石油沥青的技术要求。供应商在提供改性沥青的质量报告时应提供基质沥青的质量检验报告或沥青样品。

表 5.5 聚合物改性沥青技术要求

指 标	单位	SBS 类（Ⅰ）				SBR 类（Ⅱ类）			EVA、PE 类（Ⅲ类）				试验方法
		Ⅰ-A	Ⅰ-B	Ⅰ-C	Ⅰ-D	Ⅱ-A	Ⅱ-B	Ⅱ-C	Ⅲ-A	Ⅲ-B	Ⅲ-C	Ⅲ-D	
针入度25 ℃，100 g，5 s	dm	>100	80~100	60~80	30~60	>100	80~100	60~80	>80	60~80	40~60	30~40	T0604
针入度指数 PI 不小于		-1.2	-0.8	-0.4	0	-1.0	-0.8	-0.6	-1.0	-0.8	-0.6	-0.4	T0604
延度5 ℃，5 cm/min 不小于	cm	50	40	30	20	60	50	40	—				T0605
软化点 不小于	℃	45	50	55	60	45	48	50	48	52	56	60	T0606
运动黏度135 ℃ 不大于	Pa·s	3											T0625 T0619
闪点 不小于	℃	230				230			230				T0611
溶解度 不小于	%	99				99			—				T0607
弹性恢复25 ℃ 不小于	%	55	60	65	75	—			—				T0662
黏韧性 不小于	N·m	—				5							T0624
韧性 不小于	N·m	—				2.5							T0624
离析，48 h软化点差 不小于	℃	2.5				—			无改性剂明显析出，凝聚				T0661
TFOT（或 RTFOT）后残留物													
质量变化 不大于	%	±1.0											T0610 或 T0609
针入度比25℃ 不小于	%	50	55	60	65	50	55	60	50	55	58	60	T0604
延度5 ℃ 不小于	cm	30	25	20	15	30	20	10	—				T0605

注：①表中 135 ℃运动黏度可采用《公路工程沥青及沥青混合料试验规程》（JTJ 052—2000）中的"沥青布氏旋转黏度试验方法（布洛克菲尔德黏度计法）"进行测定。若在不改变改性沥青物理力学性质并符合安全条件的温度下易于泵送和拌和，或经证明适当提高泵送和拌和温度时能保证改性沥青的质量，容易施工，可不要求测定。

②储存稳定性指标适用于工厂生产的成品改性沥青。现场制作的改性沥青对储存稳定性指标可不作要求，但必须在制作后，保持不间断的搅拌或泵送循环，保证使用前没有明显的离析。

（6）改性乳化沥青

改性乳化沥青宜按表 5.6 选用,质量应符合表 5.7 的技术要求。

表 5.6　改性乳化沥青的品种和适用范围

品　种		代　号	适用范围
改性乳化沥青	喷洒型改性乳化沥青	PCR	粘层、封层、桥面防水黏结层用
	拌和用乳化沥青	BCR	改性稀浆封层和微表处

表 5.7　改性乳化沥青技术要求

试验项目			单　位	品种及代号		试验方法
				PCR	BCR	
破乳速度				快裂或中裂	慢裂	T0658
粒子电荷				阳离子(+)	阳离子(+)	T0653
筛上剩余量(1.18 mm)		不大于	%	0.1	0.1	T0652
黏　度	恩格拉黏度计 E_{25}			1~10	3~30	T0622
	沥青标准黏度 $C_{25.3}$		s	8~25	12~60	T0621
蒸发残留物	含量	不小于	%	50	60	T0651
	针入度(100 g,25 ℃,5 s)		dm	40~120	40~100	T0604
	软化点	不小于	℃	50	53	T0606
	延度(5 ℃)	不小于	cm	20	20	T0605
	溶解度(三氯乙烯)	不小于	%	97.5	97.5	T0607
	与矿料的黏附性,裹覆面积	不小于		2/3	—	T0654
储存稳定性	1 d	不大于	%	1	1	T0655
	5 d	不大于	%	5	5	T0655

注:①破乳速度、与集料黏附性、拌和试验,与所使用的石料品种有关。工程上施工质量检验时应采用实际的石料试验,
　　仅进行产品质量评定时可不对这些指标提出要求。

　　②当用于填补车辙时,BCR 蒸发残留物的软化点宜提高至不低于 55 ℃。

　　③储存稳定性根据施工实际情况选择试验天数,通常采用 5 d,乳液生产后能在第二天使用完时也可选用 1 d。个别
　　情况下改性乳化沥青 5 d 的储存稳定性难以满足要求,如果经搅拌后能够达到均匀一致并不影响正常使用,此时要
　　求改性乳化沥青运至工地后存放在附有搅拌装置的储存罐内,并不断地进行搅拌,否则不准使用。

　　④当改性乳化沥青或特种改性乳化沥青需要在低温冰冻条件下储存或使用时,尚需按 T0656 进行 -5 ℃低温储存稳
　　定性试验,要求没有粗颗粒、不结块。

2)粗集料

　　①沥青层用粗集料包括碎石、破碎砾石、筛选砾石、钢渣、矿渣等,但高速公路和一级公路不
得使用筛选砾石和矿渣。粗集料必须由具有生产许可证的采石场生产或施工单位自行加工。

　　②粗集料应该洁净、干燥、表面粗糙,质量应符合表 5.8 的规定。当单一规格集料的质量指
标达不到表中要求,而按照集料配比计算的质量指标符合要求时,工程上允许使用。对受热易
变质的集料,宜采用经拌和机烘干后的集料进行检验。

表 5.8 沥青混合料用粗集料质量技术要求

指 标		单 位	高速公路及一级公路		其他等级公路	试验方法
			表面层	其他层次		
石料压碎值	不大于	%	26	28	30	T0316
洛杉矶磨耗损失	不大于	%	28	30	35	T0317
表观相对密度	不小于	—	2.60	2.50	2.45	T0304
吸水率	不大于	%	2.0	3.0	3.0	T0304
坚固性	不大于	%	12	12	—	T0314
针片状颗粒含量(混合料)	不大于	%	15	18	20	T0312
其中粒径大于 9.5 mm	不大于	%	12	15		
其中粒径小于 9.5 mm	不大于	%	18	20	—	
水洗法<0.075 mm 颗粒含量	不大于	%	1	1	1	—
软石含量	不大于	%	3	5	5	T0320

注:①坚固性试验可根据需要进行;
　　②用于高速公路、一级公路时,多孔玄武岩的视密度可放宽至 2.45 t/m³,吸水率可放宽至 3%,但必须得到建设单位的批准,且不得用于 SMA 路面;
　　③对 S14 即 3~5 规格的粗集料,针片状颗粒含量可不予要求,小于 0.075 mm 含量可放宽到 3%。

③粗集料的粒径规格应符合规范的规定。

④采石场在生产过程中必须彻底清除覆盖层及泥土夹层。生产碎石用的原石不得含有土块、杂物,集料成品不得堆放在泥土地上。

⑤高速公路、一级公路沥青路面的表面层(或磨耗层)的粗集料的磨光值应符合表 5.9 的要求。除 SMA、OGFC 路面外,允许在硬质粗集料中掺加部分较小粒径的磨光值达不到要求的粗集料,其最大掺加比例由磨光值试验确定。

表 5.9 粗集料与沥青的黏附性、磨光值的技术要求

雨量气候区		1(潮湿区)	2(湿润区)	3(半干区)	4(干旱区)	试验方法
年降雨量(mm)		>1 000	1 000~500	500~250	小于 250	附录 A
高速公路、一级公路表面层粗集料的磨光值 PSV	不小于	42	40	38	36	T0321
高速公路、一级公路表面层粗集料与沥青的黏附性	不小于	5	4	4	3	T0616
高速公路、一级公路的其他层次及其他等级道路的各个层次		4	4	3	3	T0663

注:表中附录 A 是指《沥青路面施工技术规范》中的附录 A,即沥青路面使用性能气候分区。

⑥粗集料与沥青的黏附性应符合表 5.9 的要求,当使用不符合要求的粗集料时,宜掺加消石灰、水泥或用饱和石灰水处理后使用,必要时可同时在沥青中掺加耐热、耐水、长期性能好的

抗剥落剂,也可采用加入改性沥青的措施,使沥青混合料的水稳定性检验达到要求。掺加外加剂的剂量由沥青混合料的水稳定性检验确定。

⑦破碎砾石应采用粒径大于 50 mm、含泥量不大于 1%的砾石轧制,破碎砾石的破碎面应符合规范的要求。

⑧筛选砾石仅适用于三级及三级以下沥青表面处治路面。

⑨经过破碎且存放期超过 6 个月以上的钢渣可作为粗集料使用。除吸水率允许适当放宽外,各项质量指标应符合规范的要求。钢渣在使用前应进行活性检验,要求钢渣中的游离氧化钙含量不大于 3%,浸水膨胀率不大于 2%。

3)细集料

①沥青路面的细集料包括天然砂、机制砂、石屑。细集料必须由具有生产许可证的采石场、采砂场生产。

②细集料应洁净、干燥、无风化、无杂质,并有适当的颗粒级配,其质量应符合表 5.10 的规定。细集料的洁净程度,天然砂以小于 0.075 mm 含量的百分数表示,石屑和机制砂以砂当量(适用于 0~4.75 mm)或亚甲蓝值(适用于 0~2.36 mm 或 0~0.15 mm)表示。

表 5.10　沥青混合料用细集料质量要求

项　目		单　位	高速公路、一级公路	其他等级公路	试验方法
表观相对密度	不小于	t/m³	2.50	2.45	T0328
坚固性(>0.3 mm 部分)	不小于	%	12	—	T0340
含泥量(小于 0.075 mm 的含量)	不大于		3	5	T0333
砂当量	不小于	%	60	50	T0334
亚甲蓝值	不大于	g/kg	25		T0349
棱角性(流动时间)	不小于	s	30		T0345

注:坚固性试验可根据需要进行。

③天然砂可采用河砂或海砂,通常宜采用粗、中砂,其规格应符合规范的规定,砂的含泥量超过规定时应水洗后使用,海砂中的贝壳类材料必须筛除。开采天然砂必须取得当地政府主管部门的许可,并符合水利及环境保护的要求。热拌密级配沥青混合料中,天然砂的用量通常不宜超过集料总量的 20%,SMA 和 OGFC 混合料不宜使用天然砂。

④石屑是采石场破碎石料时通过 4.75 mm 或 2.36 mm 的筛下部分,其规格应符合表 5.10 的要求。采石场在生产石屑的过程中应具备抽吸设备,高速公路和一级公路的沥青混合料宜将 S14 与 S16 组合使用,S15 可在沥青稳定碎石基层或其他等级道路中使用。

⑤机制砂宜采用专用的制砂机制造,并选用优质石料生产,其级配应符合 S16 的要求。

4)填料

①沥青混合料的矿粉必须采用石灰岩或岩浆岩中的强基性岩石等憎水性石料经磨细得到的矿粉,原石料中的泥土杂质应除净。矿粉应干燥、洁净,能自由地从矿粉仓流出,其质量应符

合表 5.11 的要求。

表 5.11　沥青混合料用矿粉质量要求

项　目		单　位	高速、一级公路	其他等级公路	试验方法
表观相对密度　　　不小于		t/m³	2.5	2.45	T0352
含水量　　　　　　不大于		%	1	1	T0103 烘干法
粒度范围	<0.6 mm	%	100	100	T0351
	<0.15 mm	%	90~100	90~100	
	<0.075 mm	%	75~100	70~100	
外　观			无团粒结块		
亲水系数			<1		T0353
塑性指数			<4		T0354
加热安定性			实测记录		T0355

②拌和机的粉尘可作为矿粉的一部分回收使用。但每盘用量不得超过填料总量的25%,掺有粉尘填料的塑性指数不得大于4%。

③粉煤灰作为填料使用时,用量不得超过填料总量的50%,粉煤灰的烧失量应小于12%,与矿粉混合后的塑性指数应小于4%,其余质量要求与矿粉相同。高速公路、一级公路的沥青面层不宜采用粉煤灰作填料。

5)纤维稳定剂

①在沥青混合料中掺加的纤维稳定剂宜选用木质素纤维、矿物纤维等,木质素纤维的质量应符合表 5.12 的技术要求。

表 5.12　木质素纤维的质量技术要求

项　目	单　位	指　标	试验方法
纤维长度　　　不大于	mm	6	水溶液用显微镜观测
灰分含量	%	18±5	高温 590~600 ℃燃烧后测定残留物
pH 值		7.5±1.0	水溶液用 pH 试纸或 pH 计测定
吸油率　　　　不小于		纤维质量的 5 倍	用煤油浸泡后放在筛上经振敲后称量
含水率(以质量计)　不大于	%	5	105 ℃烘箱烘 2 h 后冷却称量

②纤维应在 250 ℃的干拌温度下不变质、不发脆,使用纤维必须符合环保要求,不危害身体健康。纤维必须在混合料拌和过程中能充分分散均匀。

③矿物纤维宜采用玄武岩等矿石制造,易影响环境及造成人体伤害的石棉纤维不宜直接使用。

④纤维应存放在室内或有棚盖的地方,松散纤维在运输及使用过程中应避免受潮、不结团。

⑤纤维稳定剂的掺加比例以沥青混合料总量的质量百分率计算,通常情况下用于 SMA 路面的木质素纤维不宜低于 0.3%,矿物纤维不宜低于 0.4%,必要时可适当增加纤维用量。纤维

掺加量的允许误差宜不超过±5%。

5.2 沥青混合料组成设计

5.2.1 混合料组成设计目标

高等级道路路面面层,为汽车提高安全、经济、舒适的服务,并直接承受汽车荷载的作用和自然因素的影响。因此,铺筑面层所用混合料的组成设计必须考虑温度稳定性、耐久性、抗滑稳定性、抗疲劳特性及工作度(亦称施工和易性)等问题。

1)高温稳定性

沥青混合料的强度和抗变形能力随温度的变化而变化。温度升高时,沥青的黏滞度降低,矿料之间黏结力削弱,导致强度与抗变形能力降低。因此,高温季节,在行车荷载的重复作用下,路面易出现车辙、波浪、推移等病害。

目前我国采用马歇尔试验的稳定度和流值来评价沥青混合料的高温稳定性。研究表明,马歇尔稳定度和流值指标与沥青混合料的高温稳定性有一定的相关性。同时,试验设备和方法较为简单,便于现场质量控制,因此马歇尔法被广泛采用。

此外,还有采用维姆稳定度、三轴试验等方法。三轴试验方法是一种比较完善的方法,它可以较为详尽地分析沥青混合料组成与力学性质之间的关系,同时由于它的受力状态与沥青混合料在路面中的受力状态比较接近,所得试验结果与使用情况有较好的相关性。但试验仪器和操作方法较为复杂,目前仅用于沥青混合料的研究,很少直接应用于生产。

2)低温抗裂性

随着温度的降低,沥青的黏滞度增高,强度增大,但变形能力降低,并出现脆性破坏。气温下降时特别是在急剧下降时,沥青层受基层的约束而不能收缩,产生很大的温度应力,若累计温度应力超过沥青混合料的极限抗拉强度,路面便产生开裂。

目前对沥青混合料低温抗裂性采用开裂温度预估、变形对比和开裂统计法评定。开裂温度预估是通过某温度时沥青路面产生的拉应力与沥青混合料的抗拉强度的对比来预估路面的开裂温度,从而判断其低温缩裂的可能性。变形对比分析是根据沥青面层的相对延伸率与沥青混合料的极限相对延伸率对比,以判断沥青混合料抗裂性。开裂统计法是通过野外调查研究,建立低温开裂指数与各种因素的统计关系,进而进行抗裂性的评定。

3)耐久性

在自然因素的长期作用下,要保证路面具有较长的使用年限,必须具备较好的耐久性。耐久性差的沥青混合料常会引起路面过早出现裂缝、沥青膜剥落、松散等病害。沥青混合料的空隙率影响沥青路面的耐久性,一般沥青混合料中应残留3%~6%空隙(或以饱水率2%~4%计)。

我国旧规范曾采用水稳定性系数来反映耐久性。沥青混合料的水稳定性系数是以真空饱水后抗压强度降低的百分率来表示。现行规范改为马歇尔试验方法后,采用空隙率(或饱水率)、饱和度(即沥青填隙率)和残留稳定度等指标来表示耐久性。

4)抗滑性

高等级公路的发展,对沥青混合料的抗滑性提出了更高要求。沥青混合料路面的抗滑性与矿料的微表面性质、混合料的级配组成以及沥青混合料用量等因素有关。

5)抗疲劳性

抗疲劳性是沥青混合料抵抗荷载重复作用的能力。通常把沥青混合料出现疲劳破坏时的重复应力值称为疲劳强度,相应的重复作用次数称为疲劳寿命,而把可以承受无限次重复荷载循环而不发生疲劳破坏的应力值称为疲劳极限。

6)工作度(施工和易性)

工作度是指沥青混合料摊铺和碾压工作的难易程度。工作度良好的混合料容易进行摊铺和碾压。影响沥青混合料工作度的因素很多,诸如当地气温、施工条件以及混合料性质等。

5.2.2　沥青混合料组成设计方法

沥青混合料组成设计内容包括确定沥青混合料材料品种、混合料类型、矿料最优级配、最佳沥青用量。在工程实践中,高速公路和一级公路的热拌沥青混合料配合比设计包括试验室目标配合比设计、施工阶段的生产配合比设计及生产配合比验证三个阶段。我国《公路沥青路面施工技术规范》(JTG F40—2004)规定,热拌沥青混合料配合比设计采用马歇尔试验方法。

1)试验室目标配合比设计

（1）设计任务

根据道路性质、交通量、路用性能要求、筑路材料、当地气候条件、施工技术水平等选择原材料,确定混合料类型、矿料级配类型和最佳沥青用量。具体设计时用工程实际使用的材料计算各种材料的用量比例后配合成符合规范要求的矿料级配,进行马歇尔试验,确定最佳沥青用量。此矿料级配及沥青用量作为目标配合比,供拌和机确定各冷料仓的供料比例、进料速度及试拌使用。

（2）设计流程

沥青混合料目标配合比设计流程如图 5.1 所示。

①首先按表 5.13 确定采用粗型(C 型)或细型(F 型)的混合料。对于夏季气温较高、高温持续时间长、重载交通多的路段,宜采用粗型密级配沥青混合料(AC-C 型),并取较高的设计空隙率;对于冬季气温较低或重载交通较少的路段,宜选用细型密级配沥青混合料(AC-F 型),并取较小的设计空隙率。

②为确保高温抗车辙能力,同时兼顾低温抗裂性能的要求,配合比设计时宜适当减少公称最大粒径附近的粗集料用量,减少 0.6 mm 以下部分细粉的用量,增加中档粒径集料的用量以形成 S 形级配曲线,并取中等或偏高的设计空隙率。每种级配类型关键性筛孔及相应通过率见表 5.14。

③确定工程设计级配范围应考虑混合料所在路面层位的功能要求,经组合设计的沥青路面应能满足耐久、稳定、密水、抗滑等要求。

④根据公路等级和施工设备的控制水平确定的级配范围应比规范级配范围窄,其中4.75 mm 和 2.36 mm 通过率的上下限差应小于 12%。

表5.13 密级配沥青混凝土和沥青碎石混合料级配范围

级配类型		通过下列筛孔（mm）的质量百分率（%）														
		53	37.5	31.5	26.5	19	16	13.2	9.5	4.75	2.36	1.18	0.6	0.3	0.15	0.075
粗粒式	AC-25			100	90~100	75~90	65~83	57~76	45~65	24~52	16~42	12~38	8~24	5~17	4~13	3~7
中粒式	AC-20				100	90~100	78~92	62~80	60~72	26~56	16~44	12~33	8~24	5~17	4~13	3~7
中粒式	AC-16					100	90~100	76~92	60~80	34~62	20~48	13~36	9~26	7~18	5~14	4~8
细粒式	AC-13						100	90~100	68~85	38~68	24~50	15~38	10~28	7~20	5~15	4~8
细粒式	AC-10							100	90~100	45~75	30~58	20~44	13~32	9~23	6~16	4~8
砂粒式	AC-5								100	90~100	55~75	35~55	20~40	12~28	7~18	4~8
特粗式	ATB-40	100	90~100	75~92	65~85	49~71	43~63	37~57	30~50	20~40	15~32	10~25	8~18	5~14	3~10	2~6
粗粒式	ATB-30		100	100	70~90	53~72	44~66	39~60	31~51	20~40	15~32	10~25	8~18	5~14	3~10	2~6
粗粒式	ATB-25			100	90~100	60~80	18~68	42~62	32~52	20~40	15~32	10~25	8~18	5~14	3~10	2~6

```
┌─────────────────┐        ┌─────────────────────┐
│ 沥青混合料的类型 │        │ 规范规定的矿料级配类型 │
└────────┬────────┘        └──────────┬──────────┘
         └───────────┬────────────────┘
                     ▼
          ┌─────────────────────┐
          │   确定工程设计级配范围   │
          └──────────┬──────────┘
┌──────────────┐     ▼
│ 其他材料、外掺剂 ├──► ┌─────────────────┐
└──────────────┘     │   原材料选择、取样   │◄──────────────┐
                     └────────┬────────┘               │
                              ▼         ┌─────────────────────┐
                     ┌─────────────┐◄── │ 粗集料、细集料、矿粉    │
                     │   材料试验    │    └─────────────────────┘
                     └──┬───────┬──┘    ┌─────────────────────┐
                        │       │   ◄── │ 沥青或改性沥青结合料    │
                        ▼       ▼        └─────────────────────┘
              ┌─────────────┐ ┌─────────────────┐
              │  确定试验温度  │ │  优选1~3个矿料级配  │
              └──────┬──────┘ └────────┬────────┘
                     └────────┬────────┘
                              ▼
        ┌──────────────────────────────────────────────┐
        │ 对优选的设计级配，初选5组沥青用量拌和混合料，分别制作马歇尔试件 │
        └───────────┬──────────────────┬───────────────┘
                    ▼                  ▼           ┌─────────────────┐
        ┌─────────────────┐ ┌─────────────────┐   │  普通沥青用真空法   │
        │  测定试件毛体积密度  │ │  确定理论最大相对密度 │◄─ 或 ├─────────────────┤
        └────────┬────────┘ └────────┬────────┘   │  改性沥青用计算法   │
                 └────────┬──────────┘             └─────────────────┘
                          ▼
        ┌──────────────────────────────────┐
        │       计算VV、VMA、VFA等体积指标        │
        └─────────────────┬────────────────┘
                          ▼                        不合格
        ┌──────────────────────────────────┐ ─────────┐
        │     进行马歇尔试验，与马歇尔设计标准比较     │         │
        └─────────────────┬────────────────┘         │
                          ▼                           │
        ┌──────────────────────────────────┐         │
        │     技术经济分析确定一组设计级配及最佳沥青用量   │         │
        └─────────────────┬────────────────┘         │
                          ▼                           │
        ┌──────────────────────────────────────┐     │
        │ 按规定进行各种配合比设计检验，确定配合比设计是否合理 ├─────┘
        └─────────────────┬────────────────────┘
                          ▼
        ┌──────────────────────────────────────┐
        │ 完成配合比设计，提交材料品种，矿料级配，标准配合比，最佳沥青用量 │
        └──────────────────────────────────────┘
```

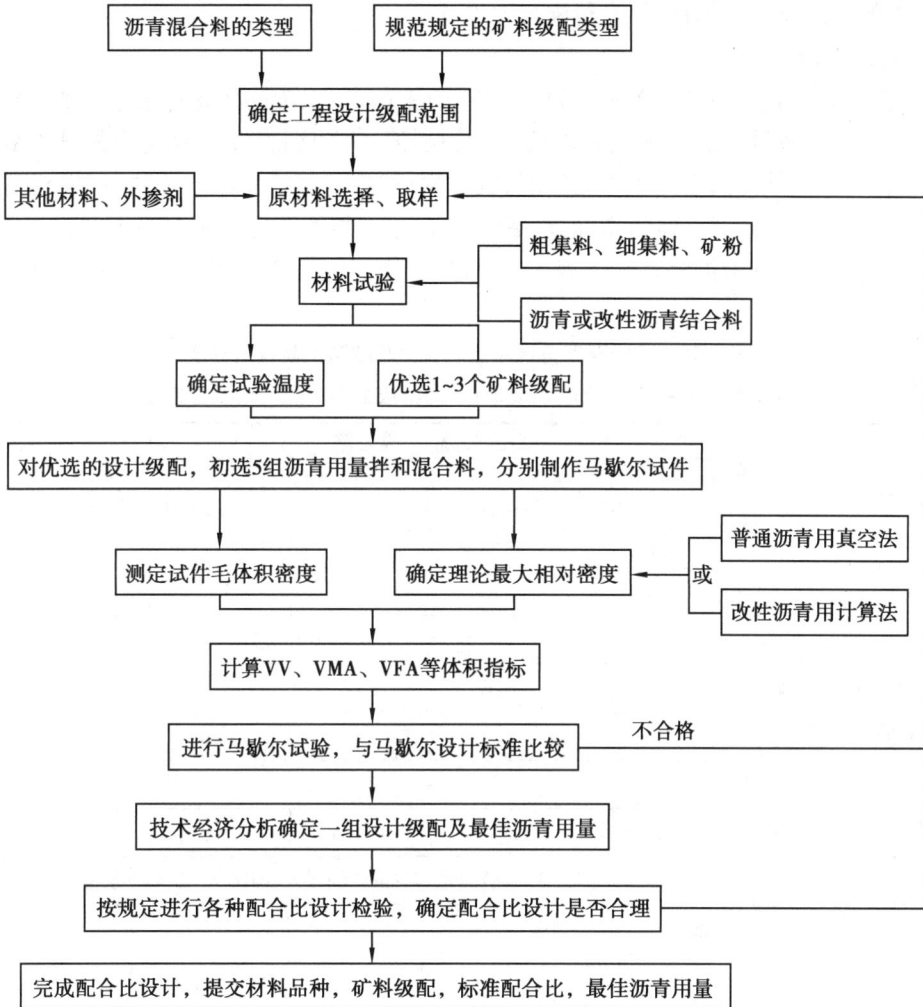

图 5.1　密级配沥青混合料目标配合比设计流程

表 5.14　粗型和细型密级配沥青混凝土的关键性筛孔通过率

混合料类型	公称最大粒径（mm）	用以分类的关键性筛孔（mm）	粗型密级配		细型密级配	
			名　称	关键性筛孔通过率（%）	名　称	关键性筛孔通过率（%）
AC-25	26.5	4.75	AC-25C	<40	AC-25F	>40
AC-20	19	4.75	AC-20C	<45	AC-20F	>45
AC-16	16	2.36	AC-16C	<38	AC-16F	<38
AC-13	13.2	2.36	AC-13C	<40	AC-13F	>40
AC-10	9.5	2.36	AC-10C	<45	AC-10F	>45

⑤沥青混合料的配合比设计应充分考虑施工性能，使沥青混合料容易摊铺和压实，避免造成严重的离析现象。

（3）矿料配合比设计

在实际工程中，常常需要用两种或两种以上具有不同级配的原材料掺配后才能得到符合既定级配要求的矿质集料,即对矿料进行配合比设计。

(4)马歇尔试验

以预估的沥青用量为中值,按一定间隔取 5 个或 5 个以上不同的沥青用量分别制成马歇尔试件。每组试件的数量按试验规程要求确定,对粒径较大的沥青混合料应增加试件数量。首先,测定马歇尔击实试件的毛体积相对密度、吸水率;然后计算沥青混合料试件的空隙率、矿料间隙率、有效沥青的饱和度等体积指标;最后进行马歇尔试验,测定马歇尔稳定度和流值。密级配沥青混合料马歇尔试验指标应符合表 5.15 的要求,沥青稳定碎石混合料马歇尔试验指标应符合表 5.16 的要求。

表 5.15 密级配沥青混凝土混合料马歇尔试验技术标准

(适用于公称最大粒径≤26.5 mm 的密级配沥青混凝土混合料)

试验指标		单位	高速公路、一级公路				其他等级公路	行人道路
			夏炎热区(1-1、1-2、1-3、1-4 区)		夏热区及夏凉区(2-1、2-2、2-3、2-4、3-2 区)			
			中轻交通	重载交通	中轻交通	重载交通		
击实次数(双面)		次	75	75	75	75	50	50
试件尺寸		mm	ϕ101.6×63.5					
空隙率	深约 90 mm 以内	%	3~5	4~6	2~4	3~5	3~6	2~4
	深约 90 mm 以下	%	3~6		2~4	3~6	3~6	—
稳定值 MS 不小于		kN	8				5	3
流值 FL 不小于		mm	2~4	1.5~4	2~4.5	2~4	2~4.5	2~5
	设计空隙率(%)		相当于以下公称最大粒径(mm)的最小 VMA 及 VFA 技术要求(%)					
			26.5	19	16	13.2	9.5	4.75
	2		10	11	11.5	12	13	15
	3		11	12	12.5	13	14	16
	4		12	13	13.5	14	15	17
	5		13	14	14.5	15	16	18
	6		14	15	15.5	16	17	19
沥青饱和度 VFA(%)			55~70		65~75		70~85	

表 5.16 沥青稳定碎石混合料马歇尔试验技术标准

试验指标	单 位	密级配基层(ATB)	半开级配面层(AM)	排水式开级配磨耗层(OGFC)	排水式开级配基层(ATPB)
公称最大粒径	mm	26.5 mm	等于或大于31.5 mm	等于或大于 26.5 mm	所用尺寸
马歇尔试件尺寸	mm	ϕ101.6×63.5	ϕ152.4×95.3	ϕ101.6×63.5	ϕ152.4×95.3
击实次数(双面)	次	75	112	50	50	75
空隙率	%	3~6	6~10	不小于 18	不小于 18

试验指标	单　位	密级配基层（ATB）		半开级配 面层（AM）	排水式开级 配磨耗层 （OGFC）	排水式开级 配基层 （ATPB）
稳定度　　不小于	kN	7.5	15	3.5	3.5	
流　　值	mm	1.5~4	实测	—	—	—
沥青饱和度 VFA	%	55~70		40~70		
密级配基层 ATB 的矿料间隙率 不小于	%	设计空隙率		ATB-40	ATB-30	ATB-25
		4		11	11.5	12
		5		12	12.5	13
		6		13	13.5	14

（5）确定最佳沥青用量

按图 5.2 的方法，以沥青用量（油石比）为横坐标，以马歇尔试验的各项指标为纵坐标，将试验结果绘入图中，连成圆滑的曲线。确定均符合规范规定的沥青混合料技术指标的沥青用量范围 $OAC_{min} \sim OAC_{max}$。试验时选择的沥青用量范围应涵盖设计空隙率的全部范围，并尽可能涵盖沥青饱和度的要求范围，并使密度和稳定度出现峰值。若达不到上述要求应扩大沥青用量范围。根据图 5.2 试验曲线，按下列方法确定最佳沥青用量。

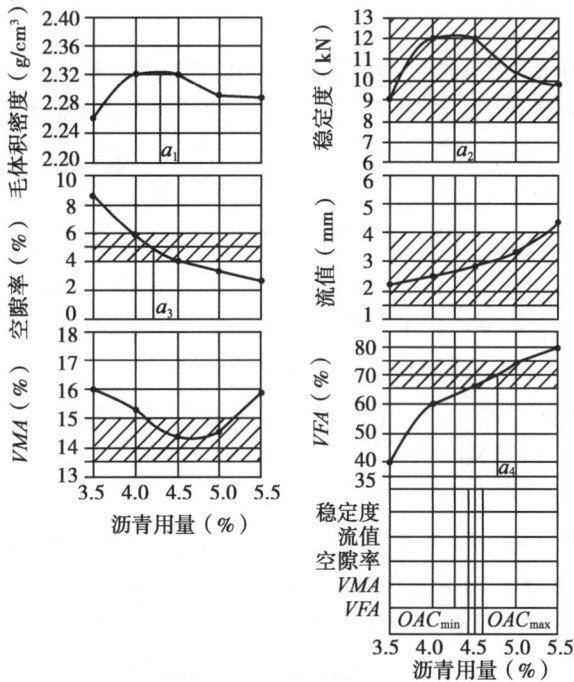

图 5.2　马歇尔实验结果示例

①计算 OAC_1：

$$OAC_1 = \frac{a_1 + a_2 + a_3 + a_4}{4} \tag{5.1}$$

式中　a_1——相应于密度最大的沥青用量,%;

　　　a_2——相应于稳定度最大的沥青用量,%;

　　　a_3——相应于目标空隙率(或规范范围中值)的沥青用量,%;

　　　a_4——相应于饱和度规范范围中值的沥青用量,%,若所取沥青用量范围未能涵盖饱和度要求的范围,舍去该项,分母为三项。

②计算 OAC_2:

$$OAC_2 = \frac{OAC_{\min} + OAC_{\max}}{2} \tag{5.2}$$

式中　$OAC_{\min}$——各项指标都符合技术标准的沥青用量最小值;

　　　$OAC_{\max}$——各项指标都符合技术标准的沥青用量最大值。

③计算 OAC:

$$OAC = \frac{OAC_1 + OAC_2}{2} \tag{5.3}$$

上式计算得到的最佳沥青用量 OAC 在图 5.2 中宜位于 VMA 曲线最低处的贫油一侧。得出的空隙率和 VMA 应满足表 5.15 和表 5.16 的要求且相应于 OAC 的各项指标均应符合马歇尔试验技术标准。

(6)最佳沥青用量的调整

在上述试验和计算结果的基础上,根据实践经验、公路等级、气候条件、交通情况来调整最佳沥青用量。

①调查当地各项条件接近的工程的沥青用量和使用效果,论证适宜的最佳沥青用量。检查计算确定的最佳沥青用量是否接近,若相差甚远应查明原因,必要时重新调整级配,再进行配合比设计。

②对炎热地区公路、高速公路、一级公路重载交通路段以及山区公路的长陡路段,预计可能产生较大车辙时,宜在空隙率符合要求的范围内将计算的最佳沥青用量减小 0.1%~0.5%作为设计沥青用量。此时,除空隙率外的其他指标如超出马歇尔配合比设计技术标准,在配合比设计报告或设计文件中必须说明,并要求必须采用重型轮胎压路机和振动压路机组合等方式加强碾压,以使施工后路面的空隙率达到未调整前的最佳沥青用量时的水平,且渗水系数符合要求。若试验路段达不到上述要求,应调整减小沥青用量的幅度。

③对寒区公路、旅游区公路、交通量较小的公路,最佳沥青用量可以在前述计算 OAC 的基础上增加 0.1%~0.3%,以适当减小空隙率,但不降低压实标准。

(7)配合比设计检验

用于高速公路、一级公路的密级配沥青混合料,需在上述配合比设计的基础上进行各种使用性能的检验。不符合要求的沥青混合料,必须更换材料或重新进行配合比设计。检验项目包括高温稳定性检验、水稳定性检验、低温抗裂性能检验、渗水系数检验。公称最大粒径等于或小于 1 mm 的混合料,按规定方法进行车辙试验和低温弯曲试验。

(8)配合比设计报告

沥青混合料配合比设计报告内容包括工程设计级配范围选择说明、材料品种选择与原材料质量试验结果、矿料级配、最佳沥青用量以及各项体积指标、配合比设计检验结果等,矿料级配曲线应按照规定的方法绘制。

2)生产配合比设计阶段

对间歇式拌和机,必须对二次筛分后进入各热料仓的材料取样进行筛分,以确定各热料仓的材料比例,供拌和机控制室使用。同时反复调整冷料仓进料比例以达到供料均衡,并取目标配合比设计的最佳沥青用量、最佳沥青用量±0.3%的三种沥青用量进行马歇尔试验,最终确定生产配合比的最佳沥青用量。

3)生产配合比验证阶段

拌和机采用生产配合比进行试拌,铺筑试验路段,并用所拌和的沥青混合料及路上钻取的芯样进行马歇尔试验检验,由此确定生产用的标准配合比。生产过程中,当进场材料发生变化,沥青混合料的矿料级配、马歇尔试验技术指标不符合要求时,应及时调整配合比,使沥青混合料质量符合要求并保持相对稳定,必要时重新进行配合比设计。

5.3　冷拌沥青混合料路面施工

5.3.1　基本要求

冷拌沥青混合料适用于三级及三级以下公路的沥青面层,也可用于二级公路的罩面层以及各级公路沥青路面的基层、连接层或整平层。在养护工程中,冷拌改性沥青混合料可用于沥青路面的坑槽冷补。

冷拌沥青混合料所采用的结合料包括乳化沥青、液体沥青和改性乳化沥青等。结合料的类型与型号、标号都应根据公路等级、交通特点、气候、水文状况、施工季节、施工机具等各种因素参照规范规定,精心选择。冷拌沥青混合料宜采用密级配沥青混合料,当采用半开级配的冷拌沥青碎石混合料路面时应铺筑上封层。

5.3.2　冷拌沥青混合料路面施工

冷拌沥青混合料应具有良好的施工和易性,混合料的拌和、运输、摊铺都在乳液破乳前完成。在拌和与摊铺过程中已破乳的混合料,应予废弃。袋装乳化沥青混合料应加入适宜的稳定剂,以防提前破乳。包装应密封,存放时间不得超出乳液的存放时间。

乳化沥青混合料宜采用拌和厂机械拌和及沥青摊铺机摊铺的方式。混合料摊铺后应立即碾压。通常先用6 t左右的轻型压路机初压1~2遍,使混合料初步稳定,再用轮胎压路机或钢筒式压路机碾压1~2遍。当乳化沥青开始破乳、混合料由褐色转变成黑色时,改用12~15 t轮胎压路机碾压,将水分挤出,复压2~3遍后停止,待晾晒一段时间,水分基本蒸发后继续复压至密实为止。当压实过程中有推移现象时应停止碾压,待稳定后再碾压。当天不能完全压实时,可在较高气温状态下补充碾压。当缺乏轮胎压路机时,也可采用钢筒式压路机或较轻的振动压路机碾压。

乳化沥青混合料路面的上封层应在压实成型、路面水分完全蒸发后加铺。施工结束后宜封闭交通2~6 h,并注意做好早期养护。如施工遇雨应立即停止铺筑,以防雨水将乳液冲走。

5.3.3 冷补沥青混合料

用于修补沥青路面坑槽的冷补沥青混合料宜采用适宜的改性沥青结合料制造,并具有良好的耐水性。冷补沥青混合料的集料必须符合规范对热拌沥青混合料集料的质量要求。

冷补沥青混合料有良好的低温操作和易性。用于冬季寒冷季节补坑的混合料,应在松散状态下经−10 ℃的冰箱保持24 h无明显的凝聚结块现象,且能用铁铲方便地拌和操作。冷补沥青混合料应有足够的黏聚性,马歇尔试验稳定度宜不小于3 kN。

5.4 热拌沥青混合料路面施工

热拌沥青混合料路面通常采用厂拌法施工,施工过程可分为沥青混合料的拌制、运输、摊铺及碾压等几个阶段,施工流程如图5.3所示。

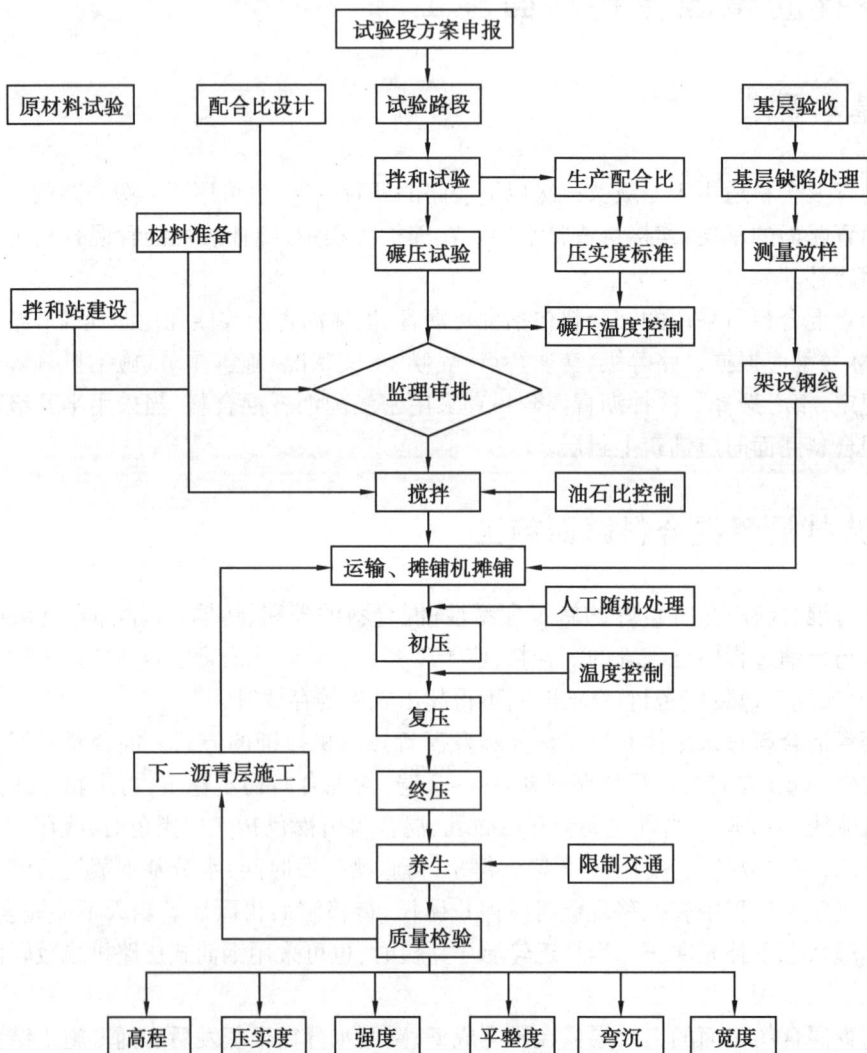

图 5.3 热拌沥青混合料路面施工流程

5.4.1　准备工作

沥青混合料路面在施工前应对其下承层的厚度、密实度、平整度、路拱等进行检查。下承层如果有坎坷不平、松散、坑槽等,必须在混合料铺筑之前整修完毕,并清扫干净。对沥青混合料中的沥青、改性沥青、纤维、集料等原材料按照施工要求进行合理选择。

施工前的另一项准备工作为施工放样,放样的目的是检查下承层的厚度和标高以及对将要施工的一层进行厚度和标高的控制。

施工前应对摊铺机、压路机等机械的工作性能进行常规检查,以保证施工的正常运行。各种机械均处于良好状态之后,方允许正式投入施工。

5.4.2　试验段的修筑

高速公路和一级公路的沥青路面在施工前应铺筑试验段。其他等级道路在缺乏施工经验或初次使用重大设备时,也应铺筑试验段。试验段的长度通常为 100~200 m,宜选在正线上铺筑。

热拌热铺沥青混合料路面试验段铺筑时应做好以下几项工作:

①检验各种施工机械的类型、数量及组合方式是否匹配;

②通过试拌确定拌和机的操作工艺,考察计算机打印装置的可信度;

③通过试铺确定透层油的喷洒方式、效果、摊铺、压实工艺,确定松铺系数等;

④验证沥青混合料生产配合比设计,提出生产用的标准配合比和最佳沥青用量;

⑤建立用钻孔法与核子密度仪无破损检测路面密度的对比关系,确定压实度的标准检测方法;

⑥检测试验段的渗水系数。

5.4.3　拌和

1)拌和设备

沥青混合料必须在沥青拌和厂(场、站)采用拌和机械拌制。沥青混合料可采用间歇式拌和机或连续式拌和机拌制,如图 5.4 和图 5.5 所示。

间歇式拌和机是在每盘拌和时计量混合料各种材料的质量,连续式拌和机则是在计量各种材料之后连续不断地送进拌和器中拌和。为保证沥青混合料的质量更稳定,沥青用量更准确,高速公路和一级公路的沥青混凝土宜采用间歇式拌和机拌和,并且间歇式拌和机必须配备计算机设备,拌和过程中逐盘采集并打印各个传感器测定的材料用量和沥青混合料拌和量、拌和温度等各种参数。连续式拌和机使用的集料必须稳定不变,一个工程从多处进料、料源或质量不稳定时,不得采用连续式拌和机。

2)拌和

在拌制沥青混合料之前,应根据确定的配合比进行试拌。试拌时对所用的各种矿料及沥青

主要的14个组件

1—冷集料存料斗；　　8—筛分装置；

2—冷料供应阀门；　　9—热料集料斗；

3—冷料输送机；　　　10—称料斗；

4—干燥/加热转筒；　　11—拌和桶或叶片拌和机；

5—集尘器；　　　　　12—矿质填料储存仓；

6—排气管；　　　　　13—热沥青储存罐；

7—热料提升机；　　　14—沥青称料斗

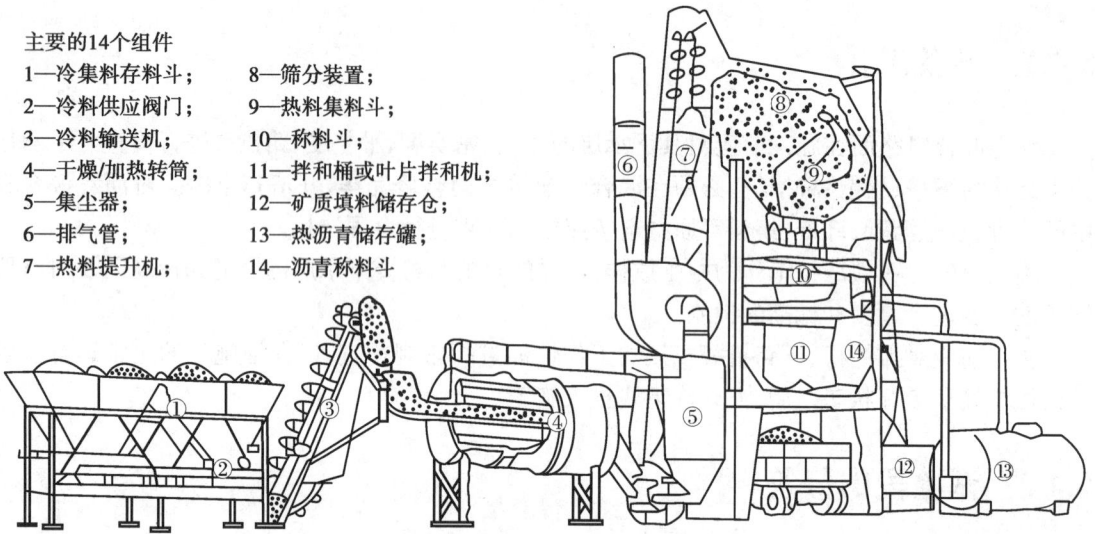

图 5.4　间歇式拌和机

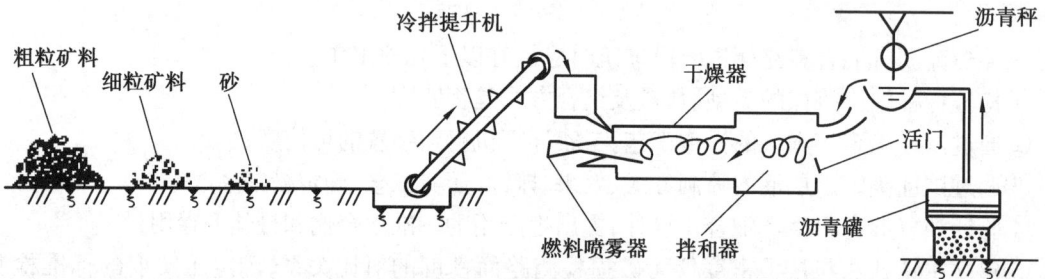

图 5.5　连续式拌和机

应严格计量。通过试拌和抽样检验确定每盘热拌的配合比及其总质量(对间歇式拌和机)或各种矿料进料口开启的大小及沥青和矿料进料的速度(对连续式拌和机)、适宜的沥青用量、拌和时间、矿料和沥青加热温度以及沥青混合料出厂的温度。对试拌的沥青混合料进行试验之后，即可选定施工的配合比。

为使沥青混合料拌和均匀，在拌制时，需要控制矿料和沥青的加热温度与拌和温度。各类沥青混合料的拌制温度、运输温度及施工温度应满足表 5.17 的要求。经过拌和后的混合料应均匀一致，无细料和粗料分离，无花白、结成团块的现象。

沥青混合料拌和时间根据具体情况经试拌确定，以沥青均匀裹覆集料为度。间歇式拌和机每盘的生产周期不宜少于 45 s(其中干拌时间不少于 5~10 s)。改性沥青和 SMA 混合料的拌和时间应适当延长。

间歇式拌和机宜备有保温性能好的成品储料仓，储存过程中混合料温降不得大于 10 ℃ 且不能有沥青滴漏，普通沥青混合料的储存时间不得超过 72 h，改性沥青混合料的储存时间不宜超过 24 h，SMA 混合料只限当天使用，OGFC 混合料宜随拌随用。生产添加纤维的沥青混合料，纤维必须在混合料中充分分散，拌和均匀。拌和机应配备同步投料装置，松散的絮状纤维可在喷入沥青的同时或稍后采用风送设备喷入拌和锅，拌和时间宜延长 5 s 以上。颗粒纤维可在粗集料投入的同时自动加入，经 5~10 s 的干拌后，再投入矿粉。

表 5.17　热拌沥青混合料的施工温度　　　　　　　　　单位：℃

施工工序		石油沥青标号			
		50	70	90	110
沥青加热温度		160~170	155~165	150~160	145~155
矿料加热温度	间隙式拌和机	集料加热温度比沥青温度高 10~30			
	间隙式拌和机	矿料加热温度比沥青温度高 5~10			
沥青混合料出料温度		150~170	145~165	140~160	135~155
混合料储仓温度		储料过程中温度降低不超过 10℃			
混合料废弃温度	高　于	200	195	190	185
运输到现场温度	不低于	150	145	140	135
混合料摊铺温度　　不低于	正常施工	140	135	130	125
	低温施工	160	150	140	135
开始碾压的混合料内部温度　　不低于	正常施工	135	130	125	120
	低温施工	150	145	135	130
碾压终了的表面温度　不低于	钢轮压路机	80	70	65	60
	轮胎压路机	85	80	75	70
	振动压路机	75	70	60	55
开放交通的路表温度	不高于	50	50	50	45

5.4.4　运输

热拌沥青混合料宜采用较大吨位的运料车运输，但不得超载运输、急刹车、急弯掉头，以防止透层、封层造成损伤。运料车每次使用前后必须清扫干净，在车厢板上涂一薄层防止沥青黏结的隔离剂或防黏剂，但不得有余液积聚在车厢底部。混合料运输所需的车辆数可按式（5.4）计算：

$$需要的车辆数 = 1 + \frac{t_1 + t_2 + t_3}{T} + \alpha \qquad (5.4)$$

式中　T——一辆车容量的沥青混合料拌和与装车所需的时间，min；

　　　t_1——运到铺筑现场所需的时间，min；

　　　t_2——由铺筑现场返回拌和厂所需的时间，min；

　　　t_3——在现场卸料和其他等待时间，min；

　　　α——备用的车辆数（运输车辆发生故障及其他用途时使用）。

运料车的运力应稍有富余，施工过程中摊铺机前方应有运料车等候。对高速公路、一级公路宜待等候的运料车多于 5 辆后开始摊铺。从拌和机向运料车上装料时，应多次挪动汽车位置，平衡装料，以减少混合料离析。运料车运输混合料宜用苫布覆盖，以保温、防雨、防污染。

　　为了防止沥青路面施工过程中的交叉污染,运料车进入摊铺现场时,轮胎上不得沾有泥土等可能污染路面的脏物。沥青混合料在摊铺地点凭运料单接收,若混合料不符合施工温度要求,或已经结成团块、已遭雨淋的不得铺筑。

　　摊铺过程中运料车应在摊铺机前 100~300 mm 处停住,空挡等候,由摊铺机推动前进开始缓缓卸料,避免撞击摊铺机。在有条件时,运料车可将混合料卸入转运车经二次拌和后向摊铺机连续均匀的供料。转运机介于运料车与摊铺机之间,运料车将混合料卸在转运车上,转运车一边对混合料进行二次拌和,一边与摊铺机完全同步前进,向摊铺机供料。由于运料车的混合料不直接卸在摊铺机上,可有效地改善混合料的离析和温度不均的问题。

　　运料车每次卸料必须倒净,尤其是对改性沥青或 SMA 混合料,如有剩余应及时清除,防止硬结。SMA 及 OGFC 混合料在运输、等候过程中,如发现有沥青结合料沿车厢板滴漏时,应采取措施避免。

5.4.5　混合料摊铺

　　为了使铺筑层与下承层黏结良好,在铺筑前 4~8 h,在粒料类的下承层上洒布透层沥青;若下承层为旧沥青路面或水泥混凝土路面,则要在旧路面上洒布一层粘层沥青;若下承层为灰土类基层,为防止水渗入基层,加强基层与面层的黏结,要在面层铺筑前铺下封层。

　　热拌沥青混合料应采用沥青摊铺机摊铺,在喷洒有粘层油的路面上铺筑改性沥青混合料或 SMA 时,宜使用履带式摊铺机。摊铺机的受料斗应涂刷薄层隔离剂或防黏结剂。铺筑高速公路、一级公路沥青混合料时,一台摊铺机的铺筑宽度不宜超过 6(双车道)~7.5 m(三车道以上),通常宜采用两台或更多台数的摊铺机前后错开 10~20 m 成梯队方式同步摊铺,两幅之间应有 30~60 mm 宽度的搭接,并躲开车道轮迹带,上下层的搭接位置宜错开 200 mm 以上。摊铺机开工前应提前 0.5~1 h 预热熨平板不低于 100 ℃。铺筑过程中应选择熨平板的振捣或夯锤压实装置具有适宜的振动频率和振幅,以提高路面的初始压实度。熨平板加宽连接应仔细调节至摊铺的混合料没有明显的离析痕迹。

　　摊铺机必须缓慢、均匀、连续不间断地摊铺,不得随意变换速度或中途停顿,以提高平整度和减少混合料的离析。摊铺速度宜控制在 2~6 m/min 的范围内。对改性沥青混合料及 SMA 混合料宜放慢至 1~3 m/min。当发现混合料出现明显的离析、波浪、裂缝、拖痕时,应分析原因,予以消除。

　　摊铺机应采用自动找平方式,下面层或基层宜采用钢丝绳引导的高程控制方式,上面层宜采用平衡梁或雪橇式摊铺厚度控制方式,中面层根据情况选用找平方式。沥青混合料的松铺系数应根据混合料类型由试铺试压确定。

　　沥青路面施工的最低气温应符合表 5.18 的要求,寒冷季节遇大风降温,不能保证迅速压实时不得铺筑沥青混合料。

表5.18　沥青混合料的最低摊铺温度

下卧层的表面温度（℃）	相应与下列不同摊铺层厚度的最低摊铺温度（℃）					
	普通沥青混合料			改性沥青混合料或SMA沥青混合料		
	<50 mm	50~80 mm	>80 mm	<50 mm	50~80 mm	>80 mm
<5	不允许	不允许	140	不允许	不允许	不允许
5~10	不允许	140	135	不允许	不允许	不允许
10~15	145	138	132	165	155	150
15~20	140	135	130	158	150	145
20~25	138	132	128	153	147	143
25~30	132	130	126	147	145	141
>30	130	125	124	145	140	139

5.4.6　压实及成型

沥青混合料压实是获得高质量、高路用性能沥青路面的关键工序之一，必须重视混合料压实工作。压实成型的沥青路面应符合压实度及平整度的要求。

沥青混凝土的压实层最大厚度不宜大于100 mm，沥青稳定碎石混合料的压实层厚度不宜大于120 mm。沥青路面施工应配备足够数量的压路机，选择合理的压路机组合方式及初压、复压、终压(包括成型)的碾压步骤，以达到最佳碾压效果。高速公路铺筑双车道沥青路面的压路机数量不宜少于5台。施工气温低、风大、碾压层薄时，压路机数量应适当增加。

压路机应以慢且均匀的速度碾压，压路机的碾压速度应符合表5.19的规定。压路机的碾压路线及碾压方向不能突然改变以防止混合料推移。碾压区的长度应大体稳定，两端的折返位置应随摊铺机前进而推进，横向位置不得在相同的断面上。

表5.19　压路机碾压速度　　　　　　　单位:km/h

压路机类型	初　压		复　压		终　压	
	适宜	最大	适宜	最大	适宜	最大
钢筒式压路机	2~3	4	3~5	6	3~6	6
轮胎压路机	2~3	4	3~5	6	3~6	8
振动压路机	2~3（静压或振动）	3（静压或振动）	3~4.5（静压或振动）	5（振动）	3~6（静压）	6（静压）

压路机的碾压温度应符合规范的要求，并根据混合料种类、压路机、气温、层厚等情况经试压确定。在不产生严重推移和裂缝的前提下，初压、复压、终压都应在尽可能高的温度下进行。

同时不得在低温状况下作反复碾压,使石料棱角磨损、压碎,破坏集料嵌挤。

1)初压

初压应紧跟摊铺机后碾压,并保持较短的初压区长度,以尽快使表面压实,减少热量散失。对摊铺后初始压实度较大,经实践证明采用振动压路机或轮胎压路机直接碾压无严重推移而有良好效果时,可免去初压直接进入复压工序。初压的目的主要是使混合料初步稳定,通常宜采用钢轮压路机静压1~2遍。碾压时应将压路机的驱动轮面向摊铺机,从外侧向中心碾压,在超高路段则由低向高碾压,在坡道上应将驱动轮从低处向高处碾压。初压后应检查平整度、路拱,有严重缺陷时进行修整甚至返工。

2)复压

复压应紧跟在初压后开始,且不得随意停顿。压路机碾压段的总长度应尽量缩短,通常不超过60~80 m。采用不同型号的压路机组合碾压时宜安排每一台压路机做全幅碾压,以防止不同部位的压实度不均匀。密级配沥青混凝土的复压宜优先采用重型的轮胎压路机进行搓揉碾压,以增加密实性,其总质量不宜小于2.5 t,吨位不足时宜附加重物,使每一个轮胎的压力不小于15 kN,冷态时的轮胎充气压力不小于0.55 MPa,发热后的轮胎充气压力不小于0.6 MPa。且各轮胎的气压大体相同。碾压时相邻轮迹带应重叠1/3~1/2的碾压轮宽度,碾压至要求的压实度为止。对以粗集料为主的较大粒径的混合料,宜优先采用振动压路机复压。厚度小于30 mm的薄沥青层不宜采用振动压路机碾压。碾压时相邻轮迹带重叠宽度为100~200 mm。振动压路机折返时应先停止振动。当采用三轮钢筒式压路机时,总质量不宜小于12 t,相邻碾压带宜重叠后轮的1/2宽度,并不应少于200 mm。对路面边缘、加宽及港湾式停车带等大型压路机难于碾压的部位,宜采用小型振动压路机或振动夯板做补充碾压。

3)终压

终压应紧接在复压后进行,主要是为了消除碾压轮迹。终压可选用双轮钢筒式压路机或关闭振动的振动压路机碾压,碾压不宜少于2遍,至无明显轮迹为止。

4)SMA路面

SMA路面宜采用振动压路机或钢筒式压路机碾压。振动压路机应遵循"紧跟、慢压、高频、低幅"的原则,即紧跟在摊铺机后面,采取高频率、低振幅的方式慢速碾压。

5)OGFC路面

OGFC宜采用小于12 t的钢筒式压路机碾压。碾压轮在碾压过程中应保持清洁,有混合料粘轮应立即清除。对钢轮可涂刷隔离剂或防黏结剂,但严禁刷柴油。

压路机不得在未碾压成型路段上转向、调头、加水或停留。在当天成型的路面上,不得停放各种机械设备或车辆,不得散落矿料、油料等杂物。

5.4.7 接缝处理及开放交通

沥青路面的施工必须接缝紧密、连接平顺,不得产生明显的接缝离析。上下层的纵缝应错开150 mm(热接缝)或300~400 mm(冷接缝)以上。相邻两幅及上下层的横向接缝均应错位1 m以上,接缝施工应用3 m直尺检查,确保平整度符合要求。

摊铺时采用梯队作业的纵缝应采用热接缝,将已铺部分留下 100~200 mm 宽暂不碾压,作为后续部分的基准面,然后做跨缝碾压以消除缝迹。当半幅施工或因特殊原因而产生纵向冷接缝时,宜加设挡板或加切切刀切齐,宜在冷却后采用切割机做纵向切缝。摊铺另半幅前必须将缝边缘清扫干净,并浇洒少量粘层沥青。

高速公路和一级公路的表面层横向接缝应采用垂直的平接缝,以下各层可采用自然碾压的斜接缝,沥青层较厚时也可做阶梯形接缝(图 5.6)。其他等级公路的各层均可采用斜接缝。铺筑接缝时,可在已压实部分上面铺设一些热混合料使之预热软化,以加强新旧混合料的黏结。但在开始碾压前应将预热用的混合料铲除。

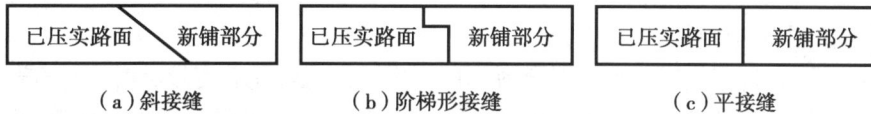

已压实路面 ＼ 新铺部分	已压实路面 ⌐ 新铺部分	已压实路面	新铺部分
（a）斜接缝	（b）阶梯形接缝	（c）平接缝	

图 5.6　横向接缝的几种形式

热拌沥青混合料路面应待摊铺层完全自然冷却,混合料表面温度低于 50 ℃后,方可开放交通。需提早开放交通时,可洒水冷却降低混合料温度。

5.4.8　沥青混合料施工中的缺陷分析

1)沥青混合料拌和中的异常现象

沥青混合料在拌和和施工过程中容易出现的问题及处理措施:

①每天拌和的第一盘沥青混合料易出现废料。主要原因是拌和设备刚开始启动,集料和沥青预加热没有达到规定的温度。解决的措施是适当减少进入烘干筒的数量,提高开始时火焰的温度,使粗、细集料和沥青的加热温度略高于规定值。

②出现花白料。主要原因有材料温度低或者拌和时间短,可通过升高集料的加热温度和增加拌和时间解决。

③枯料。主要是因为原材料中细集料含水量偏大,造成在烘干筒中细集料加热温度达到规定值时,粗集料的温度已大大超过了规定值。采取的措施是避免料场中细集料受到雨淋,禁止使用含水量大于7%的细集料。

④没有色泽。主要原因是沥青加热温度过高,超过规定温度的沥青极易老化。主要采取的措施是将沥青的加热温度控制在温度限制内。

2)沥青混合料运输、摊铺和压实中的离析现象

沥青混合料的离析通常分为骨料离析和温度离析。骨料离析是指沥青混合料中大粒径骨料分别聚集,处于较为明显的不均匀混合状态,一般由机械因素引起;温度离析是指沥青混合料中各部分温度出现明显差异。

离析的危害性很大,可对路面质量造成多方面的影响。离析造成路面产生较高的空隙率,高空隙率使水渗透进入沥青混凝土内,当车碾压时,压力压迫混凝土中的水进一步扩散并使沥青混凝土松散,加速路面的损坏,并且水会进入基层,进一步破坏基层部分。沥青碎石粗集料一旦聚集在一起,在碾压过程中,集料非常容易被压碎。骨料表面积的增大,改变了原设计的路面配合比。离析会使集料油料偏少,造成集料碾压成型后松散,破坏路面结构,影响路面强度、行

车安全和行车效果以及道路使用寿命。

沥青混合料的离析在每个施工环节都有可能发生。产生离析的原因有很多,主要有混合料的级配类型、拌和机械、施工情况、装料、运输途中及摊铺碾压情况等因素。沥青混合料中矿料的粒径越大,越容易产生离析现象。沥青混合料向自卸车车厢内装卸时,混合料下落的高度越大,大粒径越容易流到料堆的四周下部;如混合料下落到车厢的固定位置,料堆越高,其四周的大粒径碎石越多。另外,自卸汽车中的混合料向摊铺机卸料时也容易产生离析现象。

3)提高沥青混合料碾压质量的关键技术

在沥青混合料的压实过程中,可以通过以下几个方面提高碾压质量:

(1)严格控制碾压温度

碾压温度的高低,直接影响沥青混合料的压实质量。混合料温度较高时,碾压遍数可减少,这样压实的效果和密实度较好;温度低时,碾压比较困难,易产生很难消除的轮迹,道路就不平整。因此,在施工中应摊铺完毕后及时进行碾压。

(2)严格控制碾压遍数和碾压速度

合理的碾压速度可以减少碾压时间和提高作业效率。在施工中,应保持适当的恒定碾压速度,一般速度控制在 2 km/h,轮胎压路机可提高但不能超过 5 km/h。速度太低,使摊铺与压实间断,影响压实质量,需要增加压实遍数,提高压实度;碾压速度过快,会产生推移、横向裂缝。碾压速度与碾压遍数应通过现场试验来确定。

(3)合理选择振频和振幅

振频主要影响沥青面层的表面压实质量,压路机的振频比沥青混合料的固有频率高一些时,可获得较好的压实效果。振幅主要影响沥青面层的压实深度,碾压层比较薄时,选用高振频、低振幅;碾压层较厚时,在低振频下,选用较大的振幅就可达到压实的目的。

5.5 层铺法沥青路面施工

层铺法沥青路面施工主要包括沥青表面处治和沥青贯入式。

5.5.1 沥青表面处治路面

沥青表面处治宜在干燥和较热的季节施工,并在最高温度低于 15 ℃以前半个月及雨季前结束。适用于三级及三级以下公路的沥青面层。

沥青表面处治宜采用层铺法施工,厚度不宜大于 3 cm,可采用沥青洒布机及集料撒铺机联合作业。层铺法沥青表面处治通常采用先油后料的方法,即先洒布一层沥青,后铺撒一层矿料。主要有二层式和三层式沥青表面处治。以三层式沥青表面处治为例,其施工程序如下:施工前准备工作→浇洒透层沥青→浇洒第一层沥青→撒铺第一层集料→碾压→浇洒第二层沥青→撒铺第二层集料→碾压→浇洒第三层沥青→撒铺第三层集料→碾压→控制交通→初期养护。

二层式表处施工与三层式表处施工相比,仅减少一次洒油、撒料,碾压厚度为 1.5~2.5 cm。沥青表面处治施工应确保各工序紧密衔接,每个作业段长度应根据施工能力确定,并在当天完成。除乳化沥青表面处治应待破乳、水分蒸发并基本成型后方可通车外,沥青表面处治在碾压结束后即可开放交通,并通过开放交通补充压实、成型稳定。在通车初期应设专人指挥交通或设置障碍物控制行车,限制行车速度不超过 20 km/h,严禁畜力车及铁轮车行驶,使路面全部宽度均匀压实。沥青表面处治应注意初期养护,当发现有泛油时,应在泛油处补撒与最后一层石料规格相同的嵌缝料并扫匀,过多的浮料应扫出路外。

5.5.2　沥青贯入式路面

沥青贯入式路面适用于三级及三级以下公路,也可作为沥青路面的连接层或基层。

沥青贯入式路面的厚度宜为 4~8 cm,但乳化沥青贯入式路面的厚度不宜超过 5 cm。沥青贯入式路面宜选择在干燥和较热的季节施工,并宜在日最高温度降低至 15 ℃以前半个月结束,使贯入式结构层通过开放交通碾压成型。

沥青贯入式路面施工工序为:备料→施工放样→清扫基层→浇洒透层沥青→撒布主层集料→第一次碾压→浇洒第一层沥青→撒布第一层嵌缝料→第二次碾压→浇洒第二层沥青→撒布第二层嵌缝料→第三次碾压→浇洒第三层沥青→撒布封层料→最后碾压→开放交通。

摊铺主层集料采用碎石摊铺机、平地机或人工摊铺。铺筑后严禁车辆通行。撒布后应采用 6~8 t 的轻型钢筒式压路机自路两侧向路中心碾压,碾压速度宜为 2 km/h,每次轮迹重叠约 30 cm。浇洒第一层沥青如为乳化沥青时,为防止乳液下漏过多,可在主层集料碾压稳定后,先撒布一部分上一层嵌缝料,再浇洒主层沥青。集料撒布机撒布嵌缝料时尽量均匀,不足处应找补。当使用乳化沥青时,石料撒布必须在乳液破乳前完成。撒布后立即用 8~12 t 钢筒式压路机碾压嵌缝料,轮迹重叠轮宽的 1/2 左右,宜碾压 4~6 遍,直至稳定为止。碾压时随压随扫以使嵌缝料均匀嵌入。按上述方法浇洒第二层沥青、撒布第二层嵌缝料,然后碾压,再浇洒第三层沥青。

5.6　封层、粘层、透层施工技术

封层、粘层、透层虽然不参与路面结构厚度计算,但也起着重要的功能性作用。设计合理且施工正确的封层、粘层、透层对沥青路面的使用质量影响较大。

5.6.1　封层施工技术

封层是为封闭表面空隙、防止水分侵入而在沥青面层或基层上铺筑的有一定厚度的沥青混合料薄层。铺筑在沥青面层表面的称为上封层,铺筑在沥青面层下面、基层表面的称为下封层。

1)上封层施工

上封层适用于沥青面层空隙较大,渗水严重,有裂缝或已修补的旧沥青路面或需要铺抗滑磨耗层或保护层的旧沥青路面。可以根据情况选择乳化沥青稀浆封层、微表处、改性沥青集料封层、薄层磨耗层或其他适宜的材料。当裂缝较细、较密的,可采用涂洒密封剂、软化再生剂等涂刷罩面;对二级及二级以下公路的旧沥青路面,可以采用普通的乳化沥青稀浆封层,也可在喷洒道路石油沥青后撒布石屑(砂)后碾压作封层;对高速公路、一级公路有轻微损坏的,宜铺筑微表处;对用于改善抗滑性能的上封层,可采用稀浆封层、微表处或改性沥青集料封层。

铺设上封层的下卧层必须彻底清扫干净,对车辙、坑槽、裂缝进行处理或挖补。

2)下封层施工

多雨潮湿地区的高速公路、一级公路的沥青面层在空隙率较大或有严重渗水可能以及铺筑基层不能及时铺筑沥青面层而需通行车辆时,宜在喷洒透层油后铺筑下封层。下封层宜采用层铺法表面处治或稀浆封层法施工。稀浆封层可采用乳化沥青或改性乳化沥青作结合料。下封层的厚度不宜小于 6 mm,且做到完全密水。

3)稀浆封层和微表处施工

稀浆封层和微表处有许多相似之处,但两种是完全不同的类型,必须严格区别。稀浆封层是用适当级配的石屑或砂、填料(水泥、石灰、粉煤灰、石粉等)与乳化沥青、外掺剂和水,按一定比例拌和而成的流动状态的沥青混合料,将其均匀地摊铺在路面上形成的沥青封层。稀浆封层可采用普通乳化沥青或改性乳化沥青。一般用于二级及二级以下公路的预防性养护,也适用于新建公路的下封层。

微表处是用适当级配的石屑或砂、填料(水泥、石灰、粉煤灰、石粉等)采用聚合物改性乳化沥青、外掺剂和水,按一定比例拌和而成的流动状态的沥青混合料,将其均匀地摊铺在路面上形成的沥青封层。微表处必须采用改性乳化沥青。它主要用于高速公路、一级公路的预防性养护以及填补轻度车辙,也适用于新建公路的抗滑磨耗层。

对稀浆封层和微表处来说,乳化沥青和改性乳化沥青无疑是最重要的材料。铺筑稀浆封层时,应结合实际情况选择阳离子或阴离子乳化沥青,但都应满足要求。微表处目前基本上都是采用 SBR 胶乳作改性剂,剂量一般在 3% 以上。稀浆封层和微表处成功与否的关键是集料。由于它们的功能是制造一个封闭、粗糙的表面,所以石料的耐磨耗性特别重要,应选择坚硬、粗糙、耐磨、洁净的集料。稀浆封层和微表处都必须使用专用的摊铺机进行摊铺。

5.6.2　粘层施工技术

为加强路面沥青层与沥青层之间,沥青层与水泥混凝土路面之间的黏结而洒布的沥青材料薄层,称为粘层,是加强层间结合的一种措施。粘层的沥青材料可采用快裂或中裂乳化沥青、改性乳化沥青,也可采用快、中凝液体石油沥青,其规格和质量应符合规范的要求,所使用的基质沥青标号宜与主层沥青混合料相同。

对于双层式或三层式热拌热铺沥青混合料路面的沥青层之间,水泥混凝土路面、沥青稳定碎石基层或旧沥青路面层上加铺沥青层以及路缘石、雨水口、检查井等构造物与新铺沥青混合料接触的侧面,必须喷洒粘层油。

粘层油宜采用沥青洒布车喷洒均匀。气温低于 10 ℃时或路面潮湿时不得喷洒粘层油,喷洒不足的要补洒,喷洒过量处应予刮除。喷洒粘层油后,严禁运料车外的其他车辆和行人通过。粘层沥青浇洒后紧跟着铺筑沥青层,确保粘层不受污染。但乳化沥青应待其破乳、水分蒸发完成,或稀释沥青中的稀释剂基本挥发完成后再铺沥青层。

5.6.3　透层施工技术

透层是为使沥青面层与非沥青材料基层结合良好,在基层上喷洒液体石油沥青、乳化沥青、煤沥青而形成的透入基层表面一定深度的薄层。良好的层间接触,可以减少沥青面层在外荷载作用下产生剪切破坏。

沥青路面各类基层都必须喷洒透层油,沥青层必须在透层油完全渗透入基层后方可铺筑。根据基层类型选择渗透性好的液体沥青、乳化沥青、煤沥青作透层油,喷洒后通过钻孔或挖掘确认透层油渗透入基层的深度宜不小于5(无机结合料稳定集料基层)~10 mm(无结合料基层),并能与基层联结成为一体。基层上设置下封层时,透层油不宜省略。气温低于10 ℃或大风即将降雨时不得喷洒透层油。

用于半刚性基层的透层油宜紧接在基层碾压成型后表面稍变干燥但尚未硬化的情况下喷洒,在无结合料粒料基层上洒布透层油时,宜在铺筑沥青前1~2天洒布。

在半刚性基层上浇洒透层沥青后,立即以 $2 \sim 3 \ m^3/1 \ 000 \ m^2$ 的用量将石屑或粗砂撒布在基层上,然后用6~8 t钢筒压路机稳压一遍。当需要通行车辆时,应控制车速。透层沥青洒布后应尽早铺筑沥青面层。用乳化沥青做透层时,应待其充分渗透、水分蒸发后方可铺筑沥青面层,此段时间不宜小于 24 h。

5.7　沥青路面施工质量管理及检查验收

沥青路面施工应根据全面质量管理的要求,建立健全有效的质量保证体系,对施工各工序的质量进行检查评定,达到规定的质量标准,确保施工质量的稳定性。高速公路、一级公路沥青路面应加强施工过程质量控制,实行动态质量管理。

5.7.1　材料质量控制

1)原材料的质量及检验

原材料质量符合要求是保证沥青路面质量的重要前提条件,施工前必须检查各种材料的来源和质量。工程开始前,必须对材料的存放场地、防雨和排水措施进行确认,不符合本规范要求时材料不得进场。各种材料都必须在施工前以"批"为单位进行检查,不符合本规范技术要求的材料不得进场。进场的各种材料的来源、品种、质量应与招标时提供的样品一致,不符合要求的材料严禁使用。

2)混合料的配合比检验与调整

施工过程中,应对沥青混凝土混合料的性能做随机抽样检查。检查项目包括:马歇尔稳定度、流值、空隙率、饱和度、沥青抽提试验(每天做)、抽提后的矿料级配组成等。当以上指标检验不符合要求时,须及时调整,直至满足要求为止。

5.7.2　机械设备检查

施工前应对沥青拌和楼、摊铺机、压路机等各种施工机械和设备进行调试并对机械设备的配套情况、技术性能、传感器计量精度等进行认真检查、标定。

5.7.3　施工过程中的质量管理与检查

施工单位在施工过程中应随时对施工质量进行自检。监理应按规定要求自主地进行试验，并对承包商的试验结果进行认定，如实评定质量，计算合格率。当发现有质量低劣等异常情况时，应立即追加检查。施工过程中无论是否已经返工补救，所有数据均必须如实记录，不得丢弃。

沥青拌和厂必须按《公路工程质量检验评定标准》(JTG F80/1—2017)中规定对沥青混合料生产过程进行质量控制，并按规定的项目和频度检查沥青混合料产品的质量，如实计算产品的合格率。单点检验评价方法应符合相关试验规程的试样平行试验的要求。

5.7.4　交工验收阶段的工程质量检查与验收

沥青路面工程完工后，施工单位应将全线以 1~3 km 作为一个评定路段，每一侧行车道应按规定频度，随机选取测点，对沥青面层进行全线自检，将单个测定值与表中的质量要求或允许偏差进行比较，计算合格率，然后计算一个评定路段的平均值、极差、标准差及变异系数。施工单位应在规定时间内提交全线检测结果及施工总结报告，申请交工验收。

沥青路面交工时应检查验收沥青面层的各项质量指标，包括路面的厚度、压实度、平整度、渗水系数、构造深度、摩擦系数。工程交工时应对全线宽度、纵断面高程、横坡度、中线偏位等进行实测，以每个桩号的测定结果评定合格率，最后提交实际的竣工图表。

5.7.5　工程施工总结及质量保证期管理

工程结束后，施工企业应根据国家竣工文件编制的规定，提交施工总结报告及若干个专项报告，连同竣工图表，形成完整的施工资料档案。

施工总结报告应包括工程概况(包括设计及变更情况)、工程基础资料、材料、施工组织、机械及人员配备、施工方法、施工进度、试验研究、工程质量评价、工程决算、工程使用服务计划等。

施工管理与质量检查报告应包括施工管理体制、质量保证体系、施工质量目标、试验段铺筑报告、施工前及施工中材料质量检查结果(测试报告)、施工过程中工程质量检查结果(测试报告)、工程交工验收质量自检结果(测试报告)、工程质量评价以及原始记录、相册、录像等各种附件。

施工企业在质保期内，应进行路面使用情况观测、分析局部损坏的原因并进行保养维修等。质量保证的期限根据国家规定或招标文件等要求确定。

本章小结

　　本章主要介绍了8部分内容。第1部分主要介绍了沥青路面定义及特点;第2部分介绍了沥青混合料的分类及对材料的基本要求;第3部分介绍了沥青混合料配合比设计过程;第4部分介绍了冷拌沥青混合料路面的施工要求及施工工艺;第5部分介绍了热拌沥青混合料路面施工的全过程及接缝处理、沥青混合料施工中的缺陷分析等;第6部分介绍了沥青表面处治和沥青贯入式两种层铺法沥青路面施工的工序;第7部分主要介绍了封层、粘层、透层的定义及施工要求等;第8部分主要介绍了沥青路面的施工质量管理及检查验收等内容。

思考题与习题

5.1　沥青路面施工中质量管理和检查包括哪些内容?

5.2　在摊铺沥青混合料过程中,接茬处如何进行碾压?

5.3　热拌沥青混合料配合比设计过程分为几个阶段?

5.4　沥青面层用粗集料有哪些要求?

5.5　沥青路面施工工艺流程是什么?

5.6　简述冷拌沥青混合料路面施工过程。

5.7　热拌沥青混合料施工中有哪些注意事项?

5.8　热拌沥青混合料试验路段铺筑的目的是什么?

6 水泥混凝土路面施工

本章导读：

- **内容及要求**　主要介绍水泥混凝土路面材料组成、材料要求以及水泥混凝土混合料组成设计，轨道式摊铺机和滑模摊铺机的施工过程、方法及注意事项，水泥混凝土路面施工质量控制与交工验收等内容。通过本章学习，应掌握水泥混凝土路面与沥青路面相比具有哪些优缺点以及水泥混凝土路面的构造组成；熟悉水泥混凝土路面对材料的要求及组成设计；重点掌握轨道式摊铺机施工和滑模摊铺机施工的工艺流程及施工中容易出现的问题；熟悉水泥混凝土路面施工过程中对原材料和施工过程的质量控制；熟悉施工中机械设备检查的内容。

- **重点**　水泥混凝土配合比设计、轨道式摊铺机及滑模摊铺机施工工艺流程。
- **难点**　水泥混凝土配合比设计。

　　水泥混凝土路面是由混凝土面板和基层组成的路面结构，主要类型有普通水泥混凝土、钢筋混凝土、连续配筋混凝土、预应力混凝土、装配式混凝土和钢纤维混凝土。水泥混凝土路面具有刚度大、强度高、稳定性好、使用寿命长等特点，适用于各级道路特别是高速公路和一级公路。水泥混凝土面板必须具有足够的抗折强度，良好的抗磨耗、抗滑、抗冻性能，使混凝土路面能承受荷载应力和温度应力的综合疲劳作用，为行驶的汽车提供快速、舒适、安全的服务。施工时混凝土拌合物应具有良好的和易性。能否达到这些性能与混凝土的原材料品质及混合料组成有密切关系，因此，混凝土路面施工时应选用质量符合要求的原材料，混合料组成应满足强度及施工和易性要求。同时高等级公路水泥混凝土路面的使用性能在很大程度上取决于施工质量。因此，施工过程中，必须严格对其拌和、运输、摊铺、成型及养生等施工环节进行技术质量控制，才能有效地保证水泥混凝土路面的施工质量。

6.1　材料要求与混合料组成设计

　　水泥混凝土面层直接承受行车荷载的重复作用及环境因素（温度和湿度）的影响。因而要求混凝土面板必须具有足够的强度和耐久性,同时具有抗滑、耐磨、平整的表面,以确保行车的安全和舒适。而这些要求能否达到则与材料品质、混合料组成有很大关系。因此,必须研究水泥混凝土的路用性能,分析其影响因素,从而选择合格的材料,科学地进行配合比组成设计,为修筑出符合标准的水泥混凝土路面提供基本保证。

6.1.1 水泥混凝土的基本要求

1)工作性(施工和易性)

水泥混凝土在凝结硬化之前,称为新拌混凝土。新拌混凝土是不同粒径粒子的分散相在水介质中的一种复杂分散系,它具有弹—粘—塑性性质。目前在生产实践中,对其性质主要用工作性来表征。混凝土的工作性常包括流动性、可塑性、稳定性和易密性4个方面。优质的新拌混凝土应具有:满足输送和浇捣要求的流动性;不为外力作用产生脆断的可塑性;不产生分层、泌水的稳定性和易于浇捣致密的密实性。

目前还没有一种能够全面表征新拌混凝土工作性的测定方法,最常用的方法有:坍落度试验、维勃稠度试验和捣实因素试验等。改善新拌混凝土的工作性常用的技术措施有:在保证混凝土强度、耐久性和经济性的前提下,适当调整混合料的材料组成,或掺加各种外加剂(如减水剂、流化剂等)提高新拌混凝土的工作性,也可通过提高振捣机械效能的途径,降低施工条件对新拌混凝土工作性的要求。

2)强度及耐久性

混凝土面板长期承受行车荷载和温度梯度的作用,要求具有较高的抗弯拉强度。影响水泥混凝土抗弯拉强度的主要因素是组成材料的质量及配合比。水泥混凝土路面要承受行车荷载和冷热、干湿气候因素的重复作用,因此,要求混凝土路面具有足够的抗疲劳破坏性能及较高的耐久性,即需较高的水泥含量、较低的水灰比和适宜的混合料组成。

3)良好的表面功能

选用优质材料(包括填缝料)进行合理配合比设计,使路面具有足够的抗滑性、耐磨性及平整性。

6.1.2 混凝土组成材料的要求

组成混凝土的材料有水泥、细集料(砂)、粗集料(碎石)、水、外加剂、接缝材料及局部使用的钢筋等。

1)水泥

水泥是混凝土的胶结材料,混凝土的性能在很大程度上取决于水泥的质量。高等级公路水泥混凝土路面应采用强度高、干缩性小、抗磨性与耐久性好的水泥。水泥品种及标号的选用,必须根据公路等级、工期、铺筑时间、铺筑方法及经济性等因素综合考虑决定。

特重、重交通路面宜采用旋窑道路硅酸盐水泥,也可采用旋窑硅酸盐水泥或普通硅酸盐水泥;中、轻交通的路面可采用矿渣硅酸盐水泥;低温天气施工或有快通要求的路段可采用R型水泥,此外宜采用普通型水泥。各交通等级路面水泥抗折强度、抗压强度应符合表 6.1 的规定。

表 6.1　各交通等级路面水泥各龄期的抗折强度、抗压强度

交通等级	特重交通		重交通		中、轻交通	
龄期(d)	3	28	3	28	3	28
抗压强度(MPa) 不低于	25.5	57.5	22.0	52.5	16.0	42.5
抗折强度(MPa) 不低于	4.5	7.5	4.0	7.0	3.5	6.5

选用水泥时,除满足表 6.1 的各项规定外,还应根据其配制弯拉强度、耐久性和工作性通过混凝土配合比试验,优选适宜的水泥品种、强度等级。

此外,采用机械化铺筑时,宜选用散装水泥。散装水泥的夏季出厂温度:南方不宜高于65 ℃,北方不宜高于 55 ℃;混凝土搅拌时的水泥温度:南方不宜高于 60 ℃,北方不宜高于50 ℃,且不宜低于 10 ℃。

当贫混凝土和碾压混凝土用做基层时,可使用各种硅酸盐类水泥。不掺用粉煤灰时,宜使用强度等级 32.5 级以下的水泥;掺入粉煤灰时,只能使用道路水泥、硅酸盐水泥、普通水泥。水泥的抗压强度、抗折强度、安定性和凝结时间必须检验合格。

水泥进场时每批量应附有化学成分、物理、力学指标合格的检验证明。各交通等级路面所使用水泥的化学成分、物理性能等路用品质要求应符合表 6.2 的规定。

表 6.2　各交通等级路面用水泥的化学成分和物理指标

水泥性能	特重、重交通路面	中、轻交通路面
铝酸三钙	不宜>7.0%	不宜>9.0%
铁铝酸四钙	不宜<15.0%	不宜<12.0%
游离氧化钙	不得>1.0%	不得>1.5%
氧化镁	不得>5.0%	不得>6.0%
三氧化硫	不得>3.5%	不得>4.0%
碱含量	$Na_2O+0.658K_2O≤0.6\%$	怀疑有碱活性集料时,≤0.6%;无碱活性集料时,≤1.0%
混合材料种类	不得掺窑灰、煤矸石、火山灰和黏土,有抗盐冻要求时不得掺石灰、石粉	不得掺窑灰、煤矸石、火山灰和黏土,有抗盐冻要求时不得掺石灰、石粉
出磨时安定性	雷氏夹或蒸煮法检验必须合格	蒸煮法检验必须合格
标准稠度需水量	不宜>28%	不宜>30%
烧失量	不得>3.0%	不得>5.0%
比表面积	宜在 300~450 m²/kg	宜在 300~450 m²/kg
细度(80 μm)	筛余量不得>10%	筛余量不得>10%
初凝时间	不早于 1.5 h	不早于 1.5 h
终凝时间	不迟于 10 h	不迟于 10 h
28 d 干缩率	不得>0.09%	不得>0.1%
耐磨性	不得>3.6 kg/m²	不得>3.6 kg/m²

粉煤灰宜采用散装灰,进货应有等级检验报告,并应确切了解所用水泥中已经加入的掺合料种类和数量。粉煤灰质量应符合表6.3的规定。

表6.3 粉煤灰分级和质量指标

粉煤灰等级	细度(45μm 气流筛,筛余量)(%)	烧失量(%)	需水量比(%)	含水量(%)	Cl⁻	SO₃(%)	混合砂浆活性指数 7 d	28 d
Ⅰ	≤12	≤5	≤95	≤1.0	<0.02	≤3	≥75	≥85(75)
Ⅱ	≤20	≤8	≤105	≤1.0	<0.02	≤3	≥70	≥80(62)
Ⅲ	≤45	≤15	≤115	≤1.0	—	≤3	—	—

注:①45 μm 气流筛的筛余量换算为 80 μm 水泥筛的筛余量时,换算系数约为 2.4。
②混合砂浆的活性指数为掺粉煤灰的砂浆与水泥砂浆的抗压强度比的百分数,适用于所配制混凝土强度等级≥C40 的混凝土;当配制的混凝土强度等级<C40 时,混合砂浆的活性指数要求应满足 28 d 的括号中的数值。

路面和桥面混凝土中可使用硅灰或磨细矿渣,使用前应经过试验检验,确保路面和桥面混凝土弯拉强度、工作性、抗磨性、抗冻性等技术指标合格。

2)粗集料

为了保证水泥混凝土具有足够的强度,良好的抗磨耗、抗滑及耐久性能,粗集料应使用质地坚硬、耐久、洁净的碎石、碎卵石和卵石,并应符合表6.4的规定。高速公路、一级公路、二级公路及有抗(盐)冻要求的三、四级公路混凝土路面使用的粗集料级别应不低于Ⅱ级,无抗(盐)冻要求的三、四级公路混凝土路面、碾压混凝土及贫混凝土基层可使用Ⅲ级粗集料。有抗(盐)冻要求时,Ⅰ级集料吸水率不应大于1.0%,Ⅱ级集料吸水率不应大于2.0%。

表6.4 碎石、碎卵石和卵石技术指标

项 目	技术要求 Ⅰ级	Ⅱ级	Ⅲ级
碎石压碎指标(%)	≤18.0	≤25.0	≤30.0
卵石压碎指标(%)	≤21.0	≤23.0	≤26.0
坚固性(按质量损失计)(%)	≤5.0	≤8.0	≤12.0
针片状颗粒含量(按质量计)(%)	≤8.0	≤15.0	≤20.0
含泥量(按质量计)(%)	≤0.5	≤1.0	≤2.0
泥块含量(按质量计)(%)	≤0	≤0.2	≤0.5
有机物含量(比色法)	合格	合格	合格
硫化物及硝酸盐(按SO₃质量计)(%)	≤0.5	≤1.0	≤1.0
岩石抗压强度	火成岩不应小于 100 MPa,变质岩不应小于 80 MPa,水成岩不应小于 60 MPa		
表观密度	≥2 500 kg/m³		
松散堆积密度	≥1 350 kg/m³		
空隙率	≤47%		
碱集料反应	经碱集料反应试验后,试件无裂缝、酥裂、胶体外溢等现象,在规定试验龄期的膨胀率应小于0.10%		

注:①Ⅲ级碎石的压碎指标,用作路面时,应小于 20%;用作下面层或基层时,可小于 25%。
②Ⅲ级粗集料的针片状颗粒含量,用作路面时,应小于 20%;用作下面层或基层时,可小于 25%。

用作路面和桥面混凝土的粗集料不得使用不分级的统料,应按最大公称粒径的不同采用2~4个粒级的集料进行掺配,并符合表6.5的合成级配的要求。卵石最大公称粒径不宜大于19.0 mm;碎卵石最大公称粒径不宜大于26.5 mm;碎石最大公称粒径不应大于31.5 mm。贫混凝土基层粗集料最大公称粒径不应大于31.5 mm;钢纤维混凝土与碾压混凝土粗集料最大公称粒径不宜大于19.0 mm。碎卵石或碎石粒径小于75 μm的石粉不宜大于1%。

表6.5 粗集料级配范围

类型 \ 粒径 级配	方筛孔尺寸(mm)							
	2.36	4.75	9.50	16.0	19.0	26.5	31.5	37.5
	累计筛余(以质量计)(%)							
合成级配 4.75~16.0	95~100	85~100	40~60	0~10	—	—	—	—
合成级配 4.75~19.0	95~100	85~95	60~75	30~45	0~5	0	—	—
合成级配 4.75~26.5	95~100	90~100	70~90	50~70	25~40	0~5	0	—
合成级配 4.75~31.5	95~100	90~100	75~90	60~75	40~60	20~35	0~5	0
粒级 4.75~9.5	95~100	80~100	0~15	0	—	—	—	—
粒级 9.5~16.0	—	95~100	80~100	0~15	0	—	—	—
粒级 9.5~19.0	—	95~100	85~100	40~60	0~15	0	—	—
粒级 16.0~26.5	—	—	95~100	55~70	25~40	0~10	0	—
粒级 16.0~31.5	—	—	95~100	85~100	55~70	25~40	0~10	0

3)细集料

细集料应采用质地坚硬、耐久、洁净的天然砂、机制砂或混合砂,并应符合表6.6的规定。高速公路、一级公路、二级公路及有抗(盐)冻要求的三、四级公路混凝土路面使用的砂应不低于Ⅱ级;无抗(盐)冻要求的三、四级公路混凝土路面、碾压混凝土及贫混凝土基层可使用Ⅲ级砂;特重、重交通混凝土路面宜使用河砂,砂的硅质含量不应低于25%。

表6.6 细集料技术指标

项 目	技术要求		
	Ⅰ级	Ⅱ级	Ⅲ级
机制砂单位级最大压碎指标(%)	<20	<25	<30
氯化物(氯离子质量计)(%)	<0.02	<0.03	<0.06
坚固性(按质量损失计)(%)	<6	<8	<10
云母(按质量计)(%)	<1.0	<2.0	<2.0
天然砂、机制砂含泥量(按质量计)(%)	<1.0	<2.0	<3.0[②]
天然砂、机制砂泥块含量(按质量计)(%)	0	<1.0	<2.0
机制砂MB值<1.4或合格石粉含量[①](按质量计)(%)	<3.0	<5.0	<7.0[②]
机制砂MB值≥1.4或不合格石粉含量[①](按质量计)(%)		<3.0	<5.0[②]
有机物含量(比色法)	合格	合格	合格
硫化物及硫酸盐(按SO_3质量计)(%)	<0.5	<0.5	<0.5
轻物质(按质量计)(%)	<1.0	<1.0	<1.0
机制砂母岩抗压强度	火成岩不应小于100 MPa,变质岩不应小于80 MPa,水成岩不应小于60 MPa		

项　目	技术要求		
	Ⅰ级	Ⅱ级	Ⅲ级
表观密度	>2 500 kg/m³		
松散堆积密度	>1 350 kg/m³		
空隙率	<47%		
碱集料反应	经碱集料反应试验后,由砂配制的试件无裂缝、酥裂、胶体外溢等现象,在规定试验龄期的膨胀率应小于0.10%		

注:①天然Ⅲ级砂用作路面时,含泥量应小于3%;用作贫混凝土基层时,可小于5%。
　　②亚甲蓝试验 MB 试验方法参见相关规范。

细集料的级配要求应符合表6.7的规定。路面和桥面用天然砂宜为中砂,也可使用细度模数在2.0~3.5的砂。同一配合比用砂的细度模数变化范围不应超过0.3。否则,应分别堆放,并调整配合比中的砂率后使用。

表6.7　细集料级配范围

砂分级	方筛孔尺寸(mm)					
	0.15	0.30	0.60	1.18	2.36	4.75
	累计筛余(以质量计)(%)					
粗　砂	90~100	80~95	71~85	35~65	5~35	0~10
中　砂	90~100	70~92	41~70	10~50	0~25	0~10
细　砂	90~100	55~85	16~40	0~25	0~15	0~10

路面和桥面混凝土所使用的机制砂除应符合表6.6和表6.7的规定外,还应检验砂浆磨光值,其值宜大于35,不宜使用抗磨性较差的泥岩、页岩、板岩等水成岩类母岩品种生产的机制砂。配制机制砂混凝土应同时掺引气高效减水剂。

4)水

混凝土搅拌和养护用水应清洁,宜采用饮用水,对水质有疑问或使用非饮用水应进行检验,并符合以下规定:硫酸盐含量小于2.7 mg/cm³;含盐量不超过5 mg/cm³;pH值大于4。

5)外加剂

为了改善水泥混凝土的技术性能,可在混凝土拌和过程中加入适宜的外加剂。常用的外加剂类型有减水剂、早强剂、缓凝剂、引气剂等。外加剂的产品质量应符合规定的各项技术指标。供应商应提供有相应资质外加剂检测机构的品质检测报告,检测报告应说明外加剂的主要化学成分,认定对人员无毒副作用。

引气剂应选用表面张力降低值大、水泥稀浆中起泡容量多而细密、泡沫稳定时间长、不溶残渣少的产品。有抗冰(盐)冻要求地区、各交通等级路面、桥面、路缘石、路肩及贫混凝土基层必须使用引气剂;无抗冰(盐)冻要求地区、二级及二级以上公路路面混凝土中应使用引气剂。

各交通等级路面、桥面混凝土宜选用减水率大、坍落度损失小、可调控凝结时间的复合型减水剂。高温施工宜使用引气缓凝(保塑)(高效)减水剂,低温施工宜使用引气早强(高效)减水剂。选定减水剂品种前,必须与所用的水泥进行适应性检验。

6）钢筋

普通混凝土路面的各类接缝需要设置用钢筋制成的拉杆、传力杆,在板边、板端及角隅需要设置边缘钢筋和角隅钢筋,钢筋混凝土路面和连续配筋混凝土路面则需要使用大量的钢筋。水泥混凝土路面使用的钢筋应符合国家有关标准的技术要求。

各交通等级混凝土路面、桥面和搭板所用钢筋应顺直,不得有裂纹、断伤、刻痕、表面油污和锈蚀。传力杆钢筋加工应锯断,不得挤压切断,断口应垂直、光圆,用砂轮打磨掉毛刺,并加工成 2~3 mm 圆倒角。

7）钢纤维

用于公路混凝土路面和桥面的钢纤维除满足《纤维混凝土应用技术规程》(JGJ/T 221)的规定之外,单丝钢纤维抗拉强度不宜小于 600 MPa;钢纤维长度应与混凝土粗集料最大公称粒径相匹配,最短长度宜大于粗集料最大公称粒径的 1/3;最大长度不宜大于粗集料最大公称粒径的 2 倍;钢纤维长度与标准值的偏差不应超过±10%。

路面和桥面混凝土中,宜使用防锈蚀处理的有锚固端的钢纤维,不得使用表面磨损、前后裸露尖端导致行车不安全的钢纤维,不宜使用搅拌易成团的钢纤维。

8）接缝材料

接缝材料用于填塞混凝土路面板的各类接缝,按使用部位不同可分为胀缝板和填缝料两类。胀缝板包括木材类、塑胶、橡胶泡沫类、纤维类。胀缝板应能适应混凝土面板膨胀和收缩,施工时不变形、弹性复原率高、耐久性好。高速公路、一级公路宜采用塑胶、橡胶泡沫板或沥青纤维板;其他公路可采用各种胀缝板。胀缝板技术要求见表6.8。

表 6.8　胀缝板的技术要求

试验项目	胀缝板种类			
	塑胶板、橡胶(泡沫板)	沥青纤维板	浸油木板	
压缩应力(MPa)	0.2~0.6	2.0~10.0	5.0~20.0	JT/T 203
弹性复原率(%)	≥90	≥65	≥55	
挤出量(mm)	<5.5	<3.0	<5.5	
弯曲荷载(N)	0	50	100~400	

注:①浸油木板在加工时应风干,去除结疤并用木材填实,浸渍时间不应小于 4 h。
②各种接缝板的厚度应为(20~25) mm±2 mm。

填缝料应具有与混凝土板壁黏结牢固、回弹性好、不溶于水、不渗水、高温时不挤出、不流淌,抗嵌入能力强、耐老化龟裂、负温拉伸量大、低温时不脆裂、耐久性好等性能。

表 6.9　常温施工式填缝料技术要求

试验项目	低弹性型	高弹性型
失粘(固化)时间(h)	6~24	3~16
弹性复原率(%)	≥75	≥90
流动度(mm)	0	0
(−10 ℃)拉伸量(mm)	≥15	≥25
与混凝土黏结强度(MPa)	≥0.2	≥0.4
黏结延伸率(%)	≥200	≥400

注:低弹性型适宜在气候严寒、寒冷地区使用;高弹性型适宜在炎热、温暖地区使用。

填缝料有常温施工式和加热施工式两种,其技术指标应分别符合表 6.9 和表 6.10 的规定。常温施工式填缝料主要有聚(氨)酯、硅树脂类,氯丁橡胶、沥青橡胶类等。加热施工式填缝料主要有沥青玛琋脂类、硅树脂类、聚氯乙烯胶泥类、改性沥青类等。高速公路、一级公路应优选使用树脂类、橡胶类或改性沥青类填缝材料,并宜在填缝料中加入耐老化剂。

表 6.10　加热施工式填缝料技术要求

试验项目	低弹性型	高弹性型
针入度(0.01 mm)	<50	<90
弹性复原率(%)	≥30	≥60
流动度(mm)	<5	<2
(−10 ℃)拉伸量(mm)	≥10	≥15

9)其他材料

水泥混凝土路面中应用的其他材料包括油毡、玻纤网、土工织物、传力杆套(管)帽、沥青、塑料薄膜、养生剂等。这些材料应符合规范规定的技术要求。

6.1.3　混凝土配合比设计

水泥混凝土路面板厚度的计算以抗弯拉强度为依据。因此,混凝土的配合比设计应根据设计弯拉强度、耐久性、耐磨性、工作性等要求和经济合理的原则选用原材料,通过试验和必要的调整,确定混凝土单位体积中各种组成材料的用量。配合比设计的主要任务是选好水灰比、用水量和砂率这几个参数。其一般步骤为:根据已有的配合比试验参数或以往的经验,初拟设计配合比,并按其进行试拌,考察混合料的工作性,按要求作必要的调整;然后进行强度和耐久性试验,再作必要的调整,得到设计配合比;根据混凝土的现场实际浇筑条件,如集料供应情况(级配、含水量等)、摊铺机具和气候条件等,进行适当调整,提出施工配合比。

水泥混凝土配合比设计过程:

(1)确定混凝土配制强度

$$f_c = \frac{f_r}{1 - 1.04C_v} + ts \tag{6.1}$$

式中　f_c ——配制 28 d 弯拉强度的均值,MPa;

　　　f_r ——设计弯拉强度标准值,MPa;

　　　s ——弯拉强度试验样本的标准差,MPa;

　　　t ——保证率系数,按表 6.11 确定保证率系数 t;

　　　C_v ——弯拉强度变异系数,应按统计数据在表 6.12 的规定范围内取值;在无统计数据时,弯拉强度变异系数应按设计取值;如果施工配制弯拉强度超出设计给定的弯拉强度变异系数上限,则必须改进机械装备和提高施工控制水平。

表 6.11　保证率系数

公路技术等级	判别概率 P	样本数 n（组）			
		6~8	9~14	15~19	≥20
高速公路	0.05	0.79	0.61	0.45	0.39
一级公路	0.10	0.59	0.46	0.35	0.30
二级公路	0.15	0.46	0.37	0.28	0.24
三、四级公路	0.20	0.37	0.29	0.22	0.19

表 6.12　各级公路混凝土路面弯拉强度变异系数

公路技术等级	高速公路	一级公路		二级公路	三、四级公路	
混凝土弯拉强度变异水平等级	低	低	中	中	中	高
弯拉强度变异系数 c_v 允许变化范围	0.05~0.10	0.05~0.10	0.10~0.15	0.10~0.15	0.10~0.15	0.15~0.20

（2）确定水泥混凝土工作性

滑模摊铺机摊铺前拌合物最佳工作性及允许范围应符合表 6.13 的规定。

表 6.13　混凝土路面滑模摊铺最佳工作性及允许范围

	坍落度 S_L（mm）		振动黏度系数 η [（N·s）/m²]
	卵石混凝土	碎石混凝土	
最佳工作性	20~40	25~50	200~500
允许波动范围	5~55	10~65	100~600

注：①滑模摊铺机适宜的摊铺速度应控制在 0.5~2.0 m/min。

②本表适用于设超铺角的滑模摊铺机；对不设超铺角的滑模摊铺机，最佳振动黏度系数为 250~600（N·s）/m²，最佳坍落度卵石为 10~40 mm，碎石为 10~30 mm。

③滑模摊铺机的最大单位用水量：卵石混凝土不宜大于 155 kg/m³，碎石混凝土不宜大于 160 kg/m³。

（3）确定混凝土坍落度及最大单位用水量

轨道摊铺机、三滚轴机组、小型机具摊铺的路面混凝土坍落度及最大单位用水量，应满足表 6.14 的规定。

表 6.14　不同路面施工方式混凝土坍落度及最大单位用水量

摊铺方式	轨道摊铺机摊铺		三辊轴机组摊铺		小型机具摊铺	
出机坍落度（mm）	40~60		30~50		10~40	
摊铺坍落度（mm）	20~40		10~30		0~20	
最大单位用水量（kg/m³）	碎石 156	卵石 153	碎石 153	卵石 148	碎石 150	卵石 145

注：①表中的最大单位用水量系采用中砂、粗细集料为风干状态的取值，采用细砂时，应使用减水率较大的（高效）减水剂；

②使用碎卵石时，最大单位用水量可取碎石与卵石中值。

（4）确定混凝土耐久性

各交通等级路面混凝土耐久性要求的最大水灰比和最小单位水泥用量应符合表 6.15 规定，但最大单位水泥用量不宜大于 400 kg/m³,掺粉煤灰时,最大单位胶材总量不宜大于 420 kg/m³。

表 6.15 混凝土满足耐久性要求的最大水灰(胶)比和最小单位水泥用量

公路技术等级		高速公路、一级公路	二级公路	三、四级公路
最大水灰(胶)比		0.44	0.46	0.48
抗冰冻要求最大水灰(胶)比		0.42	0.44	0.46
抗盐冻要求最大水灰(胶)比		0.40	0.42	0.44
最小单位水泥用量(kg/m³)	42.5 级	300	300	290
	32.5 级	310	310	305
抗冰(盐)冻时最小单位水泥用量(kg/m³)	42.5 级	320	320	315
	32.5 级	330	330	325
掺粉煤灰时最小单位水泥用量(kg/m³)	42.5 级	260	260	255
	32.5 级	280	270	265
抗冰(盐)冻掺粉煤灰最小单位水泥用量(42.5 级水泥)(kg/m³)		280	270	265

注:①掺粉煤灰,并有抗冰(盐)冻性要求时,不得使用 32.5 级水泥;
　　②水灰(胶)比计算以砂石料的自然风干状态计(砂含水量≤1.0%,石子含水量≤0.5%);
　　③处在除冰盐、海风、酸雨或硫酸盐等腐蚀性环境中,或在大纵坡等加减速车道上的混凝土,最大水灰(胶)
　　　比可比表中数值降低 0.01~0.02。

(5)计算水灰(胶)比 W/C

对于碎石或碎卵石混凝土:

$$\frac{W}{C} = \frac{1.568\,4}{f_c + 1.009\,7 - 0.359\,5f_s} \tag{6.2a}$$

对于卵石混凝土:

$$\frac{W}{C} = \frac{1.261\,8}{f_c + 1.549\,2 - 0.470\,9f_s} \tag{6.2b}$$

式中　f_s——水泥实测 28 d 抗折强度,MPa。

高速公路及一级公路路面的混凝土拌合物水灰比不应大于 0.46,其他等级公路不应大于 0.5。

(6)计算用水量

在水灰比已确定的条件下,确定用水量即确定了混凝土拌合物中水泥浆的用量。水泥浆用量取决于混凝土拌合物的工作要求和组成材料的性质。混凝土拌合物的用水量按下式计算确定:

碎石:

$$W_0 = 104.97 + 0.309S_L + 11.27\frac{C}{W} + 0.61S_p \tag{6.3a}$$

卵石:

$$W_0 = 86.89 + 0.370S_L + 11.24\frac{C}{W} + 1.00S_p \tag{6.3b}$$

式中　W_0——不掺外加剂与掺合料的混凝土的单位用水量,kg/m³;

S_L——坍落度,mm;

S_p——砂率,%,砂的调度模数与最优砂率的关系见表6.16;

$\dfrac{C}{W}$——灰水比,即水灰比的倒数。

表 6.16　砂的细度模数与最优砂率关系

砂细度模数		2.2~2.5	2.5~2.8	2.8~3.1	3.1~3.4	3.4~3.7
砂率 S_p (%)	碎石	30~34	32~36	34~38	36~40	38~42
	卵石	28~32	30~34	32~36	34~38	36~40

(7)计算单位水泥用量

$$C_0 = \left(\frac{C}{W}\right)W_0 \tag{6.4}$$

式中,符号意义同前。

根据上式计算的结果通常为:$300 \text{ kg/m}^3 \leqslant C_0 \leqslant 360 \text{ kg/m}^3$。

(8)采用绝对体积法计算集料用量 S 和 G

$$\frac{W}{\rho_w} + \frac{C}{\rho_c} + \frac{S}{\rho_s} + \frac{G}{\rho_g} = 1\,000$$

细集料用量:

$$S = \frac{1\,000 - \dfrac{W}{\rho_w} - \dfrac{C}{\rho_w}}{\dfrac{1}{\rho_s} + \dfrac{(100 - S_p)\rho_g}{S_p}} \tag{6.5}$$

粗集料用量:

$$G = S\,\frac{100 - S_p}{S_p} \tag{6.6}$$

式中　S——细集料单位体积用量,kg/m^3;

　　　G——粗集料单位体积用量,kg/m^3;

　　　ρ_w——水密度,g/m^3;

　　　ρ_c——水泥密度,g/m^3;

　　　ρ_s——细集料饱和面干密度,g/m^3;

　　　ρ_g——粗集料饱和面干密度,g/m^3;

其余符号意义同前。

滑模式摊铺机对混凝土拌合物的品质要求十分严格,骨料的最大集料粒径应小于30~40 mm,拌合物摊铺时的坍落度应控制在46 cm内。为了增加混凝土拌合物的施工和易性,以达到所需要的坍落度,常需要使用外加剂。所掺外加剂品种、数量应先通过试验确定。

6.2　轨道式摊铺机施工

从国内外的水泥混凝土路面大型机械化施工技术的发展看,轨道摊铺机铺筑方式明显有被滑模摊铺机取代的趋势,凡是可使用轨道摊铺机的场合,均可使用滑模摊铺机。轨道摊铺机的优点是可以倒车反复做路面;缺点是轨模板过重,轨模板安装劳动强度大。轨道式摊铺机施工工艺流程如图 6.1 所示。

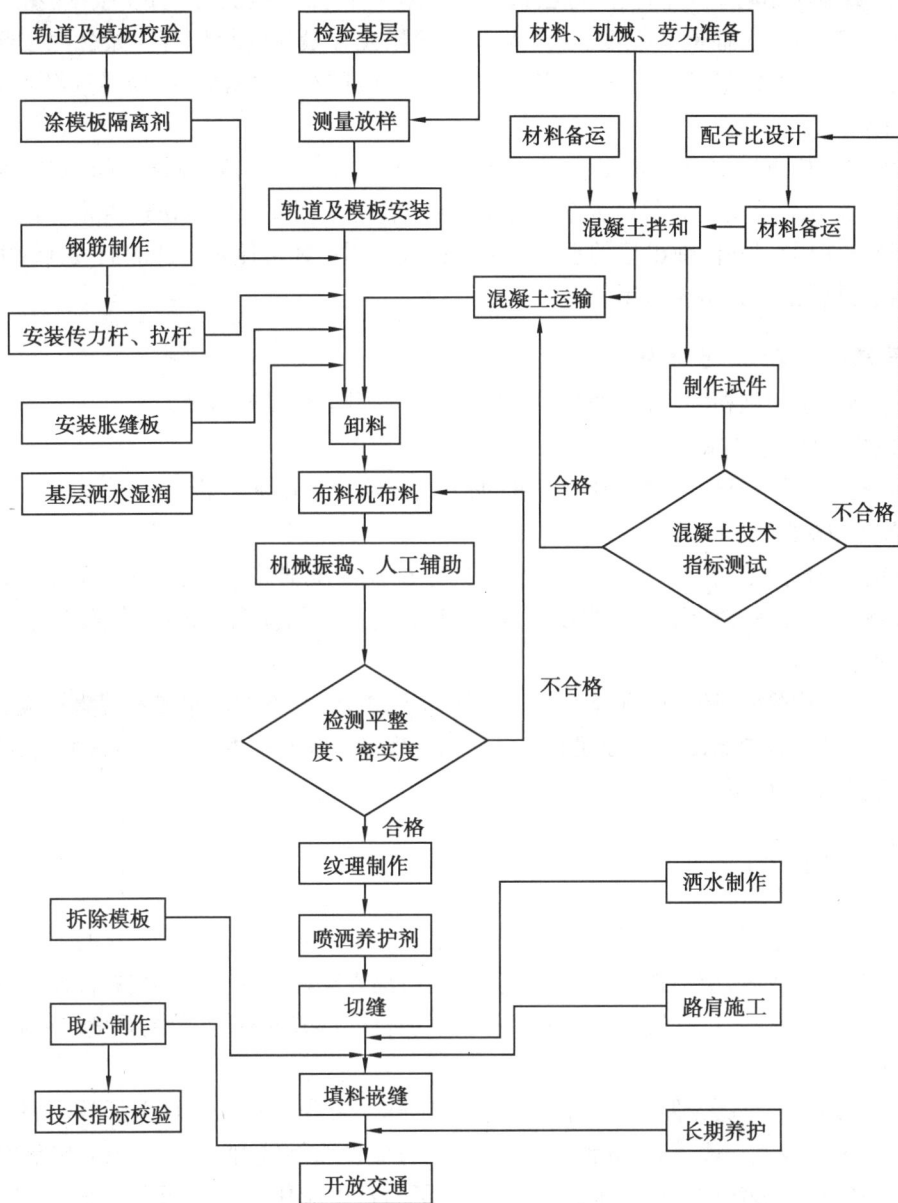

图 6.1 轨道式摊铺机施工工艺流程

6.2.1 施工前的准备工作

施工前的准备工作包括材料准备及质量检验、混合料配合比检验与调整、基层的检验与整修等各项工作。

1）材料准备及其性能检验

根据施工进度计划,在施工前分批备好所需要的各种材料(包括水泥、砂、石料及必要的外加剂),并在实际使用时核对调整。对已选备的砂和石料抽样检测含泥量、级配、有害物质含量、坚固性;对碎石还应抽检其强度、软弱及针片状颗粒含量和磨耗值等。如含泥量超过允许值,应提前一二天冲洗或过筛至符合规定为止,若其他项目不符合规定时,应另选料或采取有效的补救措施。

已备水泥除应查验其出厂质量报告单外,还应逐批抽验其细度、凝结时间、安定性及 3 d、7 d 和 28 d 的抗压强度等是否符合要求。为节省时间,可采用 2 h 压蒸快速测定方法。受潮结块的水泥禁止使用。另外,新出厂的水泥至少要存放一周后才可使用。外加剂按其性能指标检验,并须通过试验判定其是否适用。

2）混合料配合比检验与调整

混凝土施工前必须检验其设计配合比是否合适。否则,应及时调整。

（1）工作性的检验与调整

按设计配合比取样试拌,测定其工作度,必要时还应通过试铺检验。

（2）强度的检验

按工作性符合要求的配合比,成型混凝土抗弯拉及抗压试件,养生 28 d 后测定强度,或压蒸 4 h 快速测定强度后推算到 28 d 强度。强度较低时,可采用提高水泥标号、降低水灰比或改善集料级配等措施。

除进行上述检验外,还可以选择不同用水量、不同水灰比、不同砂率或不同集料级配等配制混合料,通过比较,从中选出经济合理的方案。施工现场砂和石子的含水量经常变化,必须逐班测定,并调整其实际用量。

3）基层检验与整修

（1）基层质量检验

基层强度应以基层顶面的当量回弹模量值或以黄河标准汽车测定的计算回弹弯沉值作为检查指标。基层完成后,应加强养护,控制行车,不得出现车槽。如有损坏应在浇筑混凝土板前采用相同材料修补压实,严禁用松散粒料填补。对加宽的部分,新旧部分的强度应一致。

（2）测量放样

测量放样是水泥混凝土路面施工的一项重要工作。首先应根据设计图纸放出路中心线及路边线,在路中心线上一般每 20 m 设一中心桩,同时应设胀缩缝、曲线起讫点和纵坡转折点等中心桩,并相应在路边各设一对边桩。放样时,基层的宽度应比混凝土板每侧宽出 25～35 cm。膨胀土路基上的基层,其宽度应横贯整个路基。主要中心桩应分别固定在路旁稳固位置。测设临时水准点于路线两旁固定建筑物上或另设临时水准桩,每隔 100 m 左右设置一个,不宜过长,以便于施工时就近对路面进行标高复核。根据放好的中心线及边线,在现场核对施工图纸的混凝土分块线。要求分块线距窨井盖及其他公用事业检查井盖的边线至少 1 m 的距离,否则应移动分块线的位置。放样时为了保证曲线地段中线内外侧车道混凝土块有较合理的划分,必须保持横向分块线与路中心线垂直。对测量放样必须经常进行复核,包括在浇捣混凝土过程中,要做到勤测、勤核、勤纠偏。

6.2.2 机械选型与配套

轨道式摊铺机施工是机械化施工中最普遍的一种方法。轨道式摊铺机施工方法可选用的机械列于表 6.17 中。各施工工序可以采用不同类型的机械,而不同类型的机械具有不同的工艺要求和生产率。因此,整个机械化施工需要考虑机械的选型和配套。

轨道摊铺机应根据路面车道数或设计宽度,按表 6.17 的技术参数选择,最小摊铺宽度不得小于单车道 3.75 m。

表 6.17 轨道摊铺机的基本技术参数表

项 目	发动机功率 (kW)	最大摊铺 宽度(m)	摊铺厚度 (m)	摊铺速度 (m/min)	整机质量 (t)
三车道轨道摊铺机	33~45	11.75~18.32	50~600	1~3	13~38
双车道轨道摊铺机	15~33	7.5~9.0	250~600	1~3	7~13
单车道轨道摊铺机	8~22	3.5~4.5	250~450	1~4	<7

6.2.3 混凝土拌和与运输

1) 混凝土拌和

在拌和机的技术性能满足混凝土拌和要求的条件下,混凝土各组成材料的技术指标和配比计量的准确性是混凝土拌制质量的关键。在机械化施工中,混凝土拌和的供料系统应尽量采用配有电子秤等自动计量设备。在施工前,应按混凝土配合比要求,对水泥、水和各种集料的用量准确调试后,输入到自动计量的控制存贮器中,经试拌检验无误,再正式拌和生产。一般国产强制式拌和机,拌制坍落度为 1~5 cm 的混凝土,其最佳拌和时间的控制:立轴强制拌和机为 90~180 s,双卧轴强制拌和机为 60~90 s。

最短拌和时间不低于低限,最长拌和时间不超过最短拌和时间的 3 倍。拌和中,如需加入外加剂时,应对外加剂单独计量。混凝土各组成材料的计量精度不应超过:水和水泥±1%;粗细骨料±3%;外加剂±2%。

2) 运输

为保证混凝土的工作性,在运输中应考虑蒸发失水和水化失水(指水泥在拌和之后,开始水化反应,其流动度下降),以及因运输的颠簸和振动使混凝土发生离析等。要减少这些因素的影响程度,其关键是缩短运输时间,并采取适当措施防止水分损失(如用帷布或其他适当方法将其表面覆盖)和离析。

机械化施工时,可以采用自卸汽车或搅拌车运输混凝土。一般情况下,坍落度大于 5.0 cm 时用搅拌车运输。从开始搅拌到浇筑的时间,用自卸汽车运输时不得超过 1 h,用搅拌车时不得超过 1.5 h,若运输时间超过限值,或者在夏天铺筑路面时,宜使用缓凝剂。

3) 卸料

卸料机械有侧向和纵向两种。侧向卸料机在路面铺筑范围外操作,自卸汽车不进入路面铺筑范围,需有可供卸料机和汽车行驶的通道。纵向卸料机在铺筑范围内操作,由自卸汽车后退供料,在基层上不能预先安设传力杆及其支架。

6.2.4　混凝土的摊铺与振捣

1) 轨道模板安装

轨道式摊铺机施工的整套机械,在轨道上移动推进,也以轨道为基准控制路面表面的高程。由于轨道和模板同步安装,统一调整定位,将轨道固定在模板上,既作为水泥混凝土路面的侧模板也是每节轨道的固定基座,如图 6.2 所示。

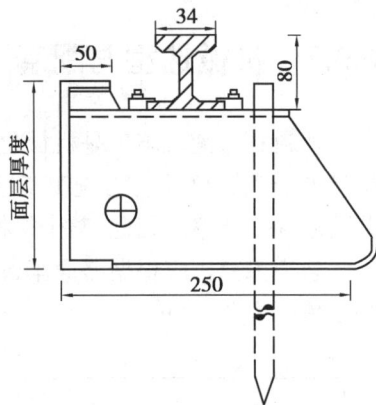

图 6.2　轨道模板安装示意图
（单位:mm）

轨模安装时必须精确控制高程,做到轨模平直、接头平顺,否则将影响路面的外观质量和摊铺机的行驶性能。轨模安装质量和精度要求见表 6.18 和表 6.19。

表 6.18　轨道及模板的质量标准

纵向变形、顺直度	顶面高程	顶面平整度	相邻轨、板高差	相对模板间距误差	垂直度
≤5 mm	≤3 mm	≤2 mm	≤1 mm	3 mm	≤2 mm

表 6.19　轨道及模板安装质量要求

项　目	纵向变形(mm)	局部变形(mm)	最大不平度(3 m 直尺)	高　度
轨道	≤5	≤3	顶面≤1 mm	按机械要求
模板	≤3	≤2	顶面≤2 mm	与路面厚度相同

2) 摊铺

轨模式摊铺机有刮板式、箱式及螺旋式三种类型,摊铺时将卸在基层上或摊铺箱内的混凝土拌合物按摊铺厚度均匀地充满轨模范围内。刮板式摊铺机本身能在轨道上前后自由移动,刮板旋转时将卸在基层上的混凝土拌合物向任意方向摊铺。这种摊铺机质量轻,容易操作,易于掌握,使用较普遍,但摊铺能力较小。箱式摊铺机摊铺时,先将混凝土拌合物通过卸料机一次卸在钢制料箱内,摊铺机向前行驶时料箱内的混合料摊铺于基层上,通过料箱横向移动按松铺厚度准确、均匀地刮平拌合物。螺旋式摊铺机由可以正向和反向旋转的螺旋布料器将拌合物摊平,螺旋布料器的刮板能准确调整高度。螺旋式摊铺机的摊铺质量优于前述两种摊铺机,摊铺能力较大。

3) 振捣

摊铺机摊铺时,振捣机跟在摊铺机后面对拌合物做进一步的整平和捣实。在振捣梁前方设置一道长度与铺筑宽度相同的复平梁,用于纠正摊铺机初平的缺陷并使松铺的拌合物在全宽范围内达到正确的高度,复平梁的工作质量对振捣密实度和路面平整度影响很大。复平梁后面是一道弧面振动梁,以表面平板式振动将振动力传到全宽范围。拌合物的坍落度通常不大于 2.5 cm,骨料最大粒径控制在 40 mm 以下。当混凝土拌合物的坍落度小于 2 cm 时,应采用插入式振捣器对路面板的边部进行振捣,以达到应有的密实度和均匀性。振捣机械的工作行走速度一般控制在 0.8 m/min,但随拌合物坍落度的增减可适当变化,混凝土拌合物坍落度较小时可适当放慢速度。

6.2.5 表面修整与养生

振实后混凝土还应进行整平、精光、纹理制作等工序,使竣工后的混凝土路面具有良好的路用性能。

1)表面整平

振捣密实的混凝土表面用能纵向移动或斜向移动的表面整修机整平。纵向表面整修机工作时,整平梁在混凝土表面纵向往返移动,通过机身的移动将混凝土表面整平。斜向表面整修机通过一对与机械行走轴线成10°左右的整平梁做相对运动来完成整平作业,其中一根整平梁为振动梁。机械整平的速度决定于混凝土的易整修性和机械特性。机械行走的轨模顶面应保持平顺,以便整修机能顺畅通行。整平时应使整平机械前保持高度为 10~15 cm 的壅料,并使壅料向较高的一侧移动,以保证路面板的平整,防止出现麻面及空洞等缺陷。

2)精光及纹理制作

精光是对混凝土路面进行最后的精平,使混凝土表面更加致密、平整、美观,此工序是提高混凝土路面外观质量的关键工序之一。混凝土路面整修机配置有完善的精光机械,只要在施工过程中加强质量检查和校核,便可保证精光质量。

在混凝土表面制作纹理,是提高路面抗滑性能的有效措施之一。制作纹理时用纹理制作机在路面上拉毛、压槽或刻纹,纹理深度控制在 12 mm 范围内;在不影响平整度的前提下提高混凝土路面的构造深度,可提高表面的抗滑性能。纹理应与路面前进方向垂直,相邻板的纹理应相互沟通以利排水。纹理制作从混凝土表面无波纹水迹开始,过早或过晚均会影响纹理质量。

混凝土表面整修完毕,应立即进行湿治养护,使混凝土在开放交通时具有规定的强度,尤其在气温较高时,必须保持已浇筑的混凝土表面湿润,以免混凝土表面干裂。在养护初期,可用活动三角形罩棚遮盖混凝土,以减少水分蒸发,避免阳光照晒,防止风吹、雨淋等。混凝土泌水消失后,可在表面均匀喷洒薄膜养护剂。喷洒时在纵横方向各喷一次。在高温、干燥、大风时,喷洒后应及时用草帘、麻袋、塑料薄膜、湿砂等遮盖混凝土表面并适时均匀洒水。养护时间由试验确定,以混凝土达到 28 d 强度的 80% 以上为准。使用普通硅酸盐水泥时约为 14 d,使用早强型水泥约为 7 d,使用中热硅酸盐水泥约为 21 d。在养护期间禁止车辆通行以保护混凝土路面。

6.2.6 接缝施工

混凝土路面在温度变化时会产生较大的温度变形,使混凝土板产生胀缩和翘曲等,为消除和减小温度变形受到约束后产生的温度应力,避免混凝土路面出现不规则开裂,必须在混凝土路面的纵横方向上设置胀缝和缩缝。同时,在混凝土路面施工过程中由于各种原因造成路面施工中断会形成施工缝。接缝施工质量的好坏将直接影响混凝土路面的使用性能及养护维修工作量的大小。因此,各类接缝的施工应做到位置准确、构造及质量符合设计及规范要求。

1)胀缝施工

胀缝应与混凝土路面中心线垂直,缝壁垂直于板面,宽度均匀一致,缝中不得有粘浆或坚硬杂物,相邻板的胀缝应设在同一横断面上。胀缝传力杆的准确定位是胀缝施工成败的关键,传力杆固定端可设在缝的一侧或交错布置。施工过程中固定传力杆位置的支架应准确、可靠地固定在基层上,使固定后的传力杆平行于板面路中线,误差不大于 5 mm。铺筑混凝土拌合物时严禁造成传力杆移位。否则,将导致混凝土路面接缝区的破坏。在传力杆滑动端安装长度为10 cm的套筒,套筒内底与传力杆的间隙为 1~1.5 cm,空隙内用沥青麻絮填塞,滑动端涂沥青。

机械化施工混凝土路面时,胀缝可在连续铺筑混凝土拌合物的过程中完成,也可在施工终了时完成。在连续铺筑混凝土拌合物的过程中施工胀缝时,传力杆和接缝板的固定与安装按图6.3 所示进行。施工时用方木、钢挡板及钢钎固定胀缝板,钢钎间距 1 m。在摊铺机前方,先在路面胀缝的传力杆范围内铺筑混凝土拌合物,用两个插入式振捣器在胀缝两侧 0.5~1.0 m 的范围内对称均匀地捣实。摊铺机摊铺至胀缝两侧各 0.5 m 范围内时,将振动梁提起,拔去钢钎,拆除方木和挡板,留下的空隙用混凝土拌合物填充并用插入式振捣器捣实,人工进行粗面,并通过摊铺机的振动修平梁进行最终修平。待接缝板以上的混凝土硬化后用锯缝机按接缝板的位置和宽度锯两条缝,凿除接缝板上的混凝土和临时插入物,然后用填缝料填满。这种施工方法可确保接缝施工质量,胀缝的外观也较好。

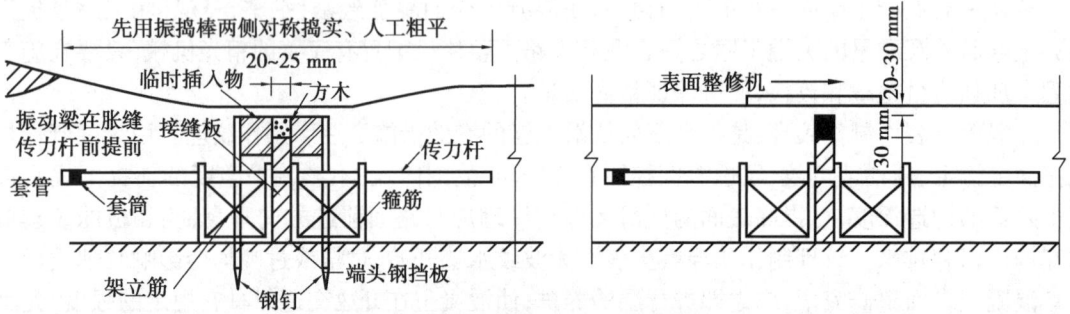

图 6.3　机械连续铺筑时施工胀缝

施工终了时设置胀缝的方法是按图6.4 所示安装和固定传力杆、接缝板。先浇筑传力杆以下的混凝土拌合物,用插入式振捣器振捣密实,并注意校正传力杆的位置,然后再摊铺传力杆以上的混凝土拌合物。摊铺机摊铺胀缝另一侧的混凝土时,先拆除端头钢挡板及钢钎,然后按要求铺筑混凝土拌合物。填缝时必须将接缝板以上的临时插入物清除。胀缝两侧相邻板的高差应符合如下要求:高速公路及一级公路应不大于 3 mm,其他等级公路不大于 5 mm。

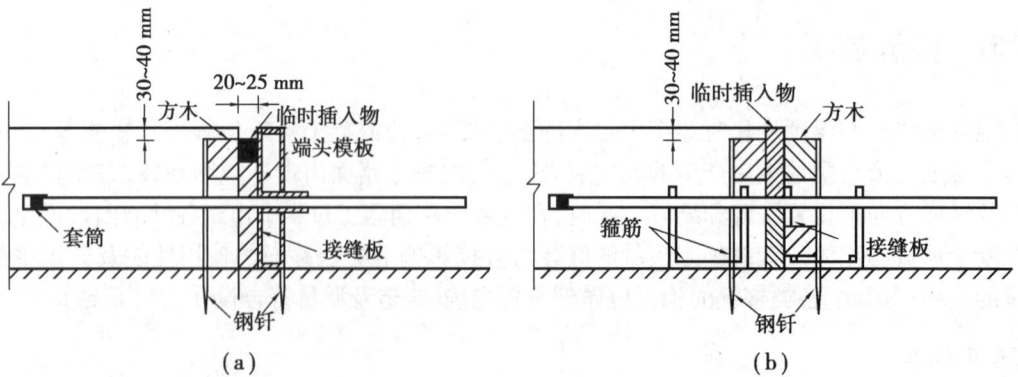

（a）　　　　　　　　　　　　（b）

图 6.4　施工终了时施工胀缝

2）横向缩缝施工

混凝土面板的横向缩缝一般采用锯缝的办法形成。混凝土结硬后应适时锯缝,合适的锯缝时间应控制在混凝土已达到足够的强度并且收缩变形受到约束时产生的拉应力仍未将混凝土面板拉断的时间范围内。经验表明,锯缝时间以施工温度与施工后时间的乘积为200~300个温度小时或混凝土抗压强度为5~10 MPa较为合适,也可按表6.20的规定或通过试锯确定适宜的锯缝时间。缝的深度一般为板厚的1/4~1/3。

表6.20　混凝土路面锯缝时间

昼夜平均气温(℃)	5	10	15	20	25	30以上
抹平至开始锯缝的最短时间(h)	45~50	30~35	22~26	18~21	15~18	13~15

注:表列时间为用普通硫酸盐水泥,并不掺外加剂的锯缝时间。

3）纵缝施工

纵缝施工应符合设计规定的构造,保持顺直、美观。纵缝为平缝带拉杆时,应根据设计要求,预先在模板上制作拉杆置放孔,模板内侧涂刷隔离剂,拉杆采用螺纹钢筋制作。缝槽顶面采用锯缝机切割,深度为3~4 cm,并用填缝料灌缝。不切割顶面缝槽时,应及时清除面板上的粘浆。假缝型纵缝的施工,应预先用门型支架将拉杆固定在基层上,或用拉杆置放机在施工时置入。假缝顶面的缝槽采用锯缝机切割,深6 cm,使混凝土在收缩时能从切缝处规则开裂。

4）施工缝设置

施工中断形成的横向施工缝应尽可能设置在胀缝或缩缝处,多车道路面的施工缝应避免设在同一横断面上。施工缝设在缩缝处应增设一半锚固、另一半涂刷沥青的传力杆,传力杆必须垂直于缝壁、平行于板面。

5）接缝填封

混凝土养护期满即可填封接缝,填封时接缝必须清洁、干燥。填缝料应与缝壁黏附紧密、不渗水,灌注高度一般比板面低2 mm左右。当使用加热施工型填缝料时,应加热到规定的温度并搅匀,采用灌缝机或灌缝枪灌缝;气温较低时应用喷灯加热缝壁,使填缝料与缝壁结合良好。

6.2.7　其他混凝土路面施工

除普通的水泥混凝土外,可用于公路路面结构的水泥混凝土还有碾压混凝土、钢纤维混凝土、连续配筋混凝土、混凝土预制块等。

1）碾压混凝土路面施工

碾压混凝土路面是指水泥和用水量较普通混凝土显著减少,水泥混凝土拌合物经摊铺、碾压后成型的路面。这种路面具有节约水泥、施工进度快、开放交通早等特点,与普通混凝土相比可节约投资20%~30%。但由于碾压混凝土路面施工时表面平整度不易达到要求,在车辆高速行驶下抗滑性能下降较快,因此将碾压混凝土直接用在高速公路及一级公路面层还比较少见。用碾压混凝土做下面层,用普通混凝土或沥青混凝土做上面层的路面则具有良好的路用性能。尤其是碾压混凝土与沥青混凝土组成的复合式路面结构(RCC+AC),刚柔并济,具有抗滑、耐磨、平整、整体强度高、低造价、行车舒适等优点。

碾压混凝土的基本组成材料与普通混凝土相同,有时掺入粉煤灰等工业废料,形成强度和稳定性俱佳的密实骨架结构,降低路面造价。碾压混凝土中粗集料应采用连续级配并符合表6.21的要求,石料强度等级不低于Ⅰ级。针片状颗粒含量对碾压混凝土强度和使用性能均有较大影响,其含量应控制在10%以内。应严格控制细集料的含泥量,砂的细度模数为2.3~2.85。

表6.21 碾压混凝土集料标准级配范围

筛 孔	19	9.5	4.75	2.36	1.18	0.6	0.3	0.15
通过百分率(%)	90~100	50~70	35~47	25~38	18~30	10~23	5~15	3~10

碾压混凝土路面的主要施工设备为强制式拌和机、高密实度沥青混合料摊铺机、8~20 t振动压路机、8~20 t轮胎压路机等。施工工序为:碾压混凝土拌合物的拌和与运输→卸入沥青混合料摊铺机→摊铺→打入拉杆→钢轮压路机初压→振动压路机复压→抗滑构造处理→养护→接缝施工。由于碾压混凝土拌合物是单位用水量较少的干硬性混合料,为提高拌和质量和施工效率,应采用强制式拌和机拌和。拌合物运到摊铺现场应立即摊铺整型,由于摊铺作业对碾压混凝土路面质量影响很大,摊铺应均匀、连续地进行,并在拌合物初凝前完成。摊铺完毕即开始碾压,碾压分初压、复压和终压3个阶段。初压用钢轮压路机或振动压路机不开振碾压两遍左右,使混凝土表面稳定。随后压路机开振充分碾压,直至达到规定的密实度要求,此阶段为复压。用8~20 t的轮胎压路机或振动压路机不开振动进行修整碾压,称为终压。终压的目的是消除碾压轮迹和表面出现的拉裂,使表面密实。

2)钢纤维混凝土路面

钢纤维混凝土是在混凝土拌和过程中加入适量的短钢纤维,从而提高混凝土的抗折强度和抗压强度。钢纤维混凝土路面的抗裂性、耐磨性和抗疲劳性优于普通混凝土路面。钢纤维混凝土对原材料的质量要求与普通混凝土基本一致,通常选用连续级配的集料,粗集料最大粒径不宜大于20 mm。钢纤维最短长度宜大于集料最大公称粒径的1/3,最大长度不宜大于集料公称最大粒径的2倍,应互不熔结和缠绕,截面尺寸不符合设计要求的钢纤维应不超过总质量的5%,颗粒状、粉末状的钢屑应低于总质量的0.05%,表面无油污、锈蚀和其他杂质,宜采用熔抽型或剪切型钢纤维,其规格应符合表6.22的规定。

表6.22 钢纤维规格

钢纤维类型	厚度(mm)	宽度(mm)	长度(mm)	长径比	极限抗拉强度(MPa)
熔抽型	0.2~0.3	0.5~1.0	25~45	45~60	≥600
剪切型	0.2~0.5	0.4~0.6	22~35	55~81	≥600

钢纤维混凝土的配合比要求与普通混凝土基本一致。钢纤维的体积率宜为1.0%~1.2%,拌合物的稠度为6~12,水灰比为0.5左右,单位用水量为185~195 kg,砂率采用45%~48%。

钢纤维混凝土路面的施工方法与普通混凝土路面基本相同,但钢纤维混凝土应采用强制式拌和机拌和。投料的顺序与拌和时间为:有钢纤维分散设备时,以砂→水泥→碎石→水泥→砂的顺序投料,拌和时先干拌60 s,然后加水湿拌,同时开动分散机,将钢纤维投入拌和筒内,再拌和60~120 s;无钢纤维分散设备时,以水泥→1/2砂→碎石→1/2砂→钢纤维的顺序投料,先干拌120~180 s,后加水湿拌60~120 s。

钢纤维混凝土路面可采用滑模摊铺机、轨模摊铺机或三辊轴机组施工。但布料与摊铺时应保证钢纤维分布的均匀性和连续性;布料松铺高度应通过试铺确定,相同坍落度下比普通混凝土高1 mm左右;振捣时除保证混凝土密实外,应保证钢纤维在混凝土中均匀分布;整平后的面板不得有裸露上翘的钢纤维,表面下1~3 mm深度范围内的钢纤维应基本呈水平状。采用滑模摊铺机施工时,振动棒组底缘应严格控制在面板表面位置,不得插入混凝土内;采用三辊轴机组施工时,密排振捣棒组不得插入混凝土内振捣,也不得人工插入振捣,应采用大功率平板式振捣器振捣;必须采用硬刻方式制作表面抗滑沟槽。其他工序作业与普通混凝土路面施工相同。

3) 钢筋混凝土和连续配筋混凝土路面施工

钢筋混凝土路面是在普通水泥混凝土路面板内设置纵、横向钢筋或钢筋网,提高混凝土路面的整体强度和防止路面板产生的裂缝不断张开。这种路面适用于面板平面尺寸较大、形状不规则、路基土质不均匀、路基可能产生不均匀沉降或板下埋有地下设施的路段。连续配筋混凝土路面则是沿路面板纵向配置连续的钢筋网的混凝土路面,除与其他路面交接处、邻近构造物处设置胀缝以及因施工需要设置施工缝外,不再设置任何横向接缝。钢筋混凝土路面和连续配筋混凝土路面都具有传荷能力和抗变形能力强、使用寿命长等特点,适用于高速公路和一级公路的面层及桥头引道等路段。

上述两种混凝土路面所用原材料的技术要求和混合料配合比与普通混凝土路面一致,施工方法与要求也基本相同。不同之处在于钢筋混凝土路面施工时,先在钢筋设计位置的底部摊铺一层混凝土拌合物,大致整平后布置钢筋,然后再摊铺钢筋之上的混凝土拌合物。设置双层钢筋时,对于板厚不大于25 cm的路面,上下两层钢筋应先用架立筋绑扎成骨架并安放到设计位置上,然后浇筑混凝土,钢筋安放到位后不得在上面踩踏。对于厚度大于25 cm的面板,上下两层钢筋应根据设计位置分层安放,分层浇筑混凝土。连续配筋混凝土路面的纵向钢筋应采用闪光对焊或电弧焊焊接,焊头形式、焊接工艺和质量应符合有关规定。钢筋的接头应错开布置,不集中于某一横断面处。横向钢筋宜置于纵向钢筋之下,纵横向钢筋互相垂直。可用与混凝土路面板同标号的预制块布置钢筋。连续配筋混凝土路面与其他路面、桥梁、涵洞等构造物的连接处,应根据实际情况选用矩形地梁、混凝土灌注桩、宽翼缘工字梁接缝、连续设置胀缝等方式进行处理。

4) 混凝土预制块路面

混凝土预制块路面是将混凝土预制成一定尺寸的板状构件,然后按设计要求安放在基层上。混凝土预制块为矩形块或异形块,其规格应根据设计和施工条件确定。预制块按抗压强度的不同可分为C55、C35及C25三个等级。C55级适用于重要的二级公路或城市主干路;C35级适用于一般公路;C25级适用于轻型车辆行驶的公路和人行道。

混凝土预制块路面下的基层质量应符合基层施工规范的规定和设计要求。铺装混凝土预制块前应在基层上设置厚度为3~5 cm的砂垫层,砂的含水量应不大于5%,粒径大于5 mm的颗粒含量应不大于10%,根据含水量和铺砌方法确定砂垫层的松铺厚度。施工时将砂摊开并刮平,高程符合设计要求,摊铺与刮平砂垫层时不得站在砂垫层上进行。混凝土预制块应根据设计按人字形、十字形或顺序排列等形式铺好第一排砌块,随后的一排砌块应与第一排砌块稳固、紧密地靠齐,砌块间的缝隙宜为2~3 mm。用于靠近边缘约束带的砌块应按设计要求特制,也可以根据空隙尺寸用预制块切割。砌块镶嵌完毕,采用平板振捣器振压预制块表面,振捣器的振捣面积为 0.35~0.5 m²,离心力 16~20 kN,振动频率 7.5~10.0 Hz。初振时应避开无支撑的边缘和端部砌块。

6.2.8　特殊气候条件下施工

水泥混凝土路面施工质量受环境因素影响较大,对高、低温季节及雨季施工应考虑其特殊性,确保工程质量。

1)高温季节施工

高温季节施工是指施工现场气温高于 30 ℃、拌合物温度为 30~35 ℃、空气湿度低于 80% 时施工。高温季节施工会加速水泥的水化作用,增加拌合物水分的蒸发,混凝土面板表面容易出现干缩裂缝。因此,在高温季节施工应尽可能降低混凝土浇筑温度,缩短从开始浇筑到表面修整完毕的操作时间,并保证混凝土进行充分的养生,施工单位应提出高温施工的工艺设计,包括降温措施、保持混凝土工作性和基本性质的措施等。

2)低温季节施工

低温季节施工是指施工现场连续 5 昼夜平均气温低于 5 ℃,夜间最低气温在−3~5 ℃施工。低温施工时混凝土会因水化速度降低而强度增长缓慢,同时也会因结冰引起路面冻坏。因此,低温季节施工水泥混凝土路面时,应采取相应的工艺措施。当施工现场气温低于 0 ℃或混凝土拌合物温度低于 5 ℃时,应停止施工。

水泥混凝土路面在低温季节施工时应做好现场的防冻工作,以免施工材料、机具、水管等结冰而影响施工,拌和站应搭设保温棚或其他保温挡风设施。低温季节施工时可采用早强水泥、掺早强型减水剂、早强剂或引气剂等,不得使用矿渣硅酸盐水泥。水泥混凝土路面在低温季节施工过程中应采取措施提高混凝土的拌和温度及养护温度,保证混凝土强度的增长。当混凝土拌合物摊铺温度低于 10 ℃时,应加热水和集料温度使混合物的温度提高,然后再投入水泥。加热过程中,水的温度应小于 60 ℃,集料加热温度应小于 40 ℃,最终拌合物的温度不应超过 35 ℃。拌和过程中应随时检测水、集料在拌和前和混凝土拌合物出盘时的温度。

低温季节过后,气温上升到 3 ℃以上时才可进行混凝土路面的施工,并且集料不带冰雪,拌和时间适当延长。下承层应不受冰冻影响,铺筑混凝土路面前,应将下承层上的冰雪清除。混凝土路面施工的各个工序必须紧密衔接,以缩短施工工序时间。运送拌合物的车辆应有保温措施。

路面混凝土养护可采用蓄热保温的方法进行。在路面铺筑完毕后,整修表面前应搭设保温棚。混凝土终凝后,应选用合适的保温材料覆盖路面,将原材料加热拌和的混凝土热量和水泥的水化热蓄存起来,以减少面层热量散失,这样有利于混凝土的硬化。保温材料可用麦秸、稻草、油毡纸、锯末等材料,将保温材料铺成至少 10 cm 厚的保温层。

3)雨季施工

雨季来临之前,应时刻关注气象部门近期的降雨时间和降雨量,以便合理安排施工。施工单位应根据工程所在地区的降雨情况制订雨季施工方案和相应的措施,拌和站、砂石料堆场应考虑防雨防洪,拌和站应搭设遮雨棚。

雨季施工混凝土路面时,雨天或遇临阵雨均应停止施工。混凝土拌合物运输车辆应备有遮盖物,如遇雨及时覆盖。雨后施工应及时排除基层表面积水。雨季集料的含水量变化大,需要经常测定,以调整拌合物的加水量。取料时尽量从料堆内部取料,严禁用含泥量大的底脚料。雨季空气湿度大,水泥存放应保持干燥。铺筑混凝土面板达到终凝前,如遇下雨,应及时覆盖塑料膜,且不得触及路表面,以免影响路面的美观。需要在雨中操作时,现场应制备足够长度、轻便、易于移动的防雨工作棚。

6.3 滑模式摊铺机施工

滑模式摊铺机的特点是不需轨模,整个摊铺机的机架支承在 4 个液压缸上,它可以通过控制机械上下移动,以调整摊铺机铺层厚度。在摊铺机的两侧设置有随机移动的固定滑模板,因此不需另设轨模。这种摊铺机一次通过就可以完成摊铺、捣振、整平等多道工序。

6.3.1 滑模施工工艺

滑模摊铺技术已成为我国在高等级公路水泥混凝土路面施工中广泛采用的工程质量最高、施工速度最快、装备最现代化的高新成熟技术。混凝土摊铺机各主要功能部件配置示意图如图6.5 所示。为提高混凝土路面质量,加速施工进度,必须制订合理的滑模摊铺的工艺流程,工艺流程如图 6.6 所示。

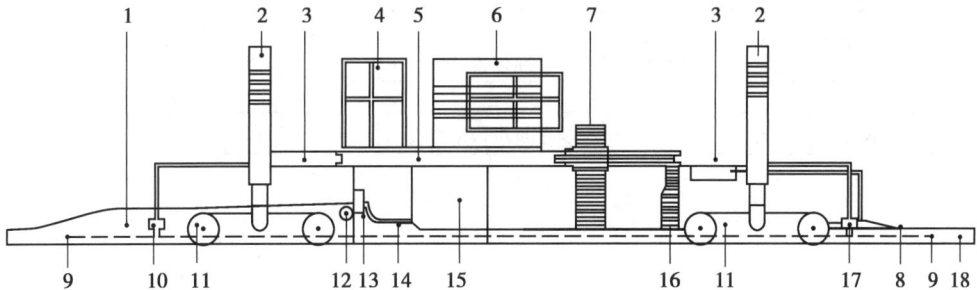

图 6.5 混凝土路面滑模摊铺机部件配置示意图

1—卸下的混凝土料堆;2—调平油缸;3—回旋支腿;4—操作平台;5—主机架;6—动力装置;7—传力杆插入器;
8—超级抹平器;9—基准绳;10—前调平和转向装置;11—履带行走装置总成;12—螺旋布料器;13—前剂量挡板;
14—高频振动器;15—挤压成型模板;16—横向搓动整平梁;17—后调平转向装置;18—已铺筑的混凝土路面

1)测量放样,悬挂基准绳

滑模式摊铺机的摊铺高度和厚度可实现自动控制。摊铺机一侧有导向传感器,另一侧有高程传感器。导向传感器接触导向绳,导向绳的位置沿路面的前进方向安装。高程传感器接触高程导向绳,导向绳的空间位置根据路线高程的相对位置来安装。

2)摊铺机的调整和就位

摊铺机进入摊铺现场安装后,停在起始位置,使左右侧模板前后基本上和导向线平行且前后等距,启动发动机与自动方向调整系统,慢慢向工作方向行驶,按预设模板与导向线的距离调整前后转向传感器,使前后模板与导向线完全平行。完成方向调整之后,在路面纵横方向各找两个点并打桩成矩形,用细线将纵向桩连接,线的位置与路面设计高程相等,然后将机器移至4根桩内,而前端有一定进料仰角,调整后退至起始位置。

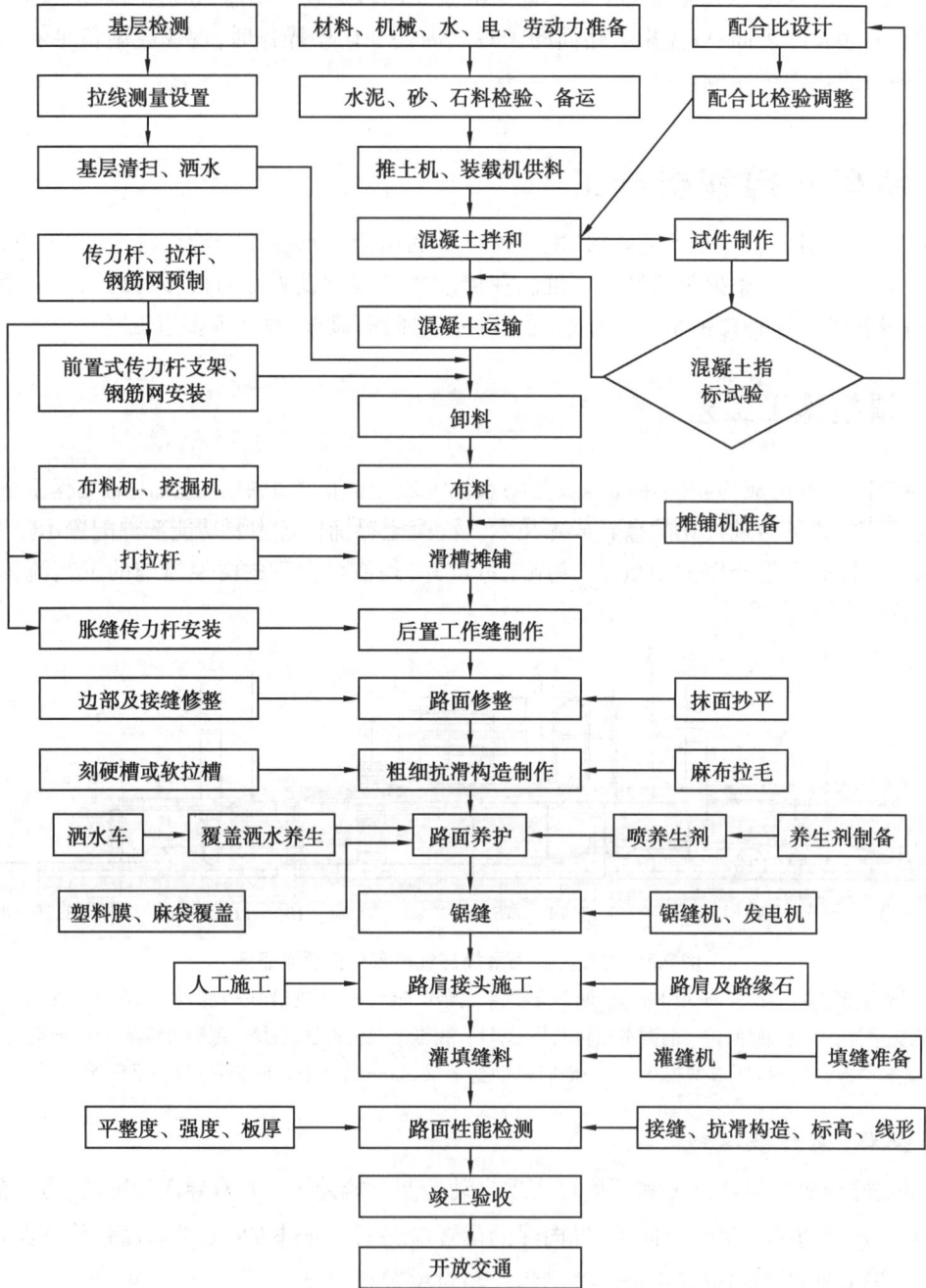

图 6.6 滑模摊铺机施工流程

3)混凝土搅拌

搅拌前应先检查搅拌设备的各机构是否运转正常,并根据实验室提供的配料单将各材料数据输入搅拌设备微机里,在接到前方通知后,进行搅和。搅和时应根据搅和物黏聚性、均质性及强度稳定性试拌确定最佳拌和时间。所生产的拌合物应色泽一致,如有生料、干料、离析或外加剂成团的非均质混合物时,严禁用于路面铺筑。

4) 混凝土拌合物运输与机前布料

把搅拌好的混凝土拌合物运到摊铺现场,在运输过程中要保证不漏浆、不变干、不离析,卸料时尽量不要堆积太高。卸料高度不应超过 1.5 m。远距离运输或运输桥面、钢筋混凝土路面混凝土拌合物时,宜采用混凝土运输车。机前布料尽量使混凝土在全宽方向厚度较均匀,中间可高一点,布料高度一般比成型后的路面高出 6~10 cm 为宜。

5) 摊铺机摊铺

启动自动找平和自动转向传感器,向前行驶,当布料器接触到混凝土时,应根据料的情况进行二次布料,调整计量门位置使料充分进入振动料仓,振动棒完全接触混凝土后启动振动棒,抹平板和左右侧模板把振实的混凝土通过相互挤压后,经过传力杆和连接筋的安装、搓平梁的搓平、超级抹平器抹平,形成混凝土路面。

滑模摊铺机应缓慢、匀速、连续不间断地作业,严禁料多追赶、随意停机等待、间歇摊铺。摊铺速度应根据拌合物稠度、供料多少和设备性能进行控制。正常摊铺时振捣的频率应符合规范规定,防止过振、欠振或漏振。摊铺过程中应经常检查振捣棒的工作情况和位置,路面出现拉裂或麻面时应立即停机检查或更换振捣棒,机后出现砂浆带时必须调整振捣棒的位置。

6) 对路面进行修整加工

为保证质量,对摊铺机摊铺过的路面,应人工检查并及时对有缺陷的部分进行修整抹平,同时还应及时检测路面的平整度和高程。一定时间后,由拉毛养生机对路面进行防滑和养生处理。

6.3.2　施工中的问题与探讨

滑模摊铺机施工中,最常见的问题有以下几个方面:

1) 塌边

塌边的主要形式有边缘出现塌落、边缘倒塌或松散无边等。由于塌边的存在,既影响路面质量,又增加了修边的工作量。所以塌边是不允许的。如果拌和质量高,塌边现象可减少到零。

(1) 边缘塌落

边缘塌落影响路面的平整度和横坡。对双幅施工的整体路面,往往表现为中间积水。造成边缘塌落的主要原因有:模板边缘调整角度不正确,正确的调整应根据混凝土的坍落度调整一定的预抛高,使坍落定型时恰好符合设计的边缘要求;摊铺速度过慢,当摊铺机工作速度在 0.5~0.8 m/min 时,由于 L 型振动器强有力的振动影响到滑模板已摊铺好的边缘,引起边缘坍落,滑模机的理想速度为 2~4 m/min。

(2) 倒边和松散无边

造成这种现象的主要原因有:

①拌合料出现离析现象,使用立轴式混凝土拌和设备时离析尤为严重。因为它的出料靠拌叶将混凝土拌合料刮出,由于混合料各成分的比重不一,在刮出力的作用下抛出距离不同,大骨料常被抛在一起,使骨料和砂浆离析。这种现象若处在边缘,就不可避免地出现倒边;若处在中间,就会出现麻面。因此,发现骨料集中在一起时,就需要处理,将骨料散开,或除去或开动螺旋布料器实现二次布料等。

②布料器布料往往将振捣的混凝土稀浆分到两边而导致倒边。其解决办法是人工粗布料或适当调整靠边侧的振动器的振动频率。

③骨料形状和配比原因。扁平状或圆状骨料成型差,边缘在脱离滑模板后失去支承就会发生倒边。若混凝土的坍落度不大,塌边是可以避免的。

2)麻面

混凝土的坍落度值低是形成麻面的主要原因,其次是拌和不匀。严格控制混凝土的坍落度是减少或消除麻面的首要工作,这就要求拌和设备的计量装置精度高。

3)混凝土板面沟槽现象

在抹平梁的后端,有时会出现混凝土表面大量欠料或产生沟槽现象。主要是由于:一是混凝土拌合物太干,坍落度过小,造成振动出浆困难,表面振动不密实;二是振动仓内料位太低,造成振动仓内补料不足;三是振动棒位置偏移。

4)抹平后表面呈波浪状

经过超级抹平器的作用,有时表面形成波浪状,严重影响了表面平整度。应调整抹平板的挤压力,同时要根据板块的宽度调整抹平板的工作速度。

6.4 施工质量控制与交工验收

工程质量应以设计文件要求为标准。为了保证混凝土路面的施工质量,要求在施工过程中对每一道工序进行严格的检查和控制。对已完成的路面要求进行外观检查,并量测其几何尺寸,根据设计文件要求进行核对。此外还要查阅施工记录,其中包括原材料试验和试件强度资料、配合比、隐蔽构造等,作为工程质量鉴定的依据。

6.4.1 原材料施工质量控制

对已选用的砂和石料抽验检测含泥量、级配、有害物质含量、坚固性,碎石还要检验强度、针片状颗粒含量和磨耗。但水泥要抽验细度、凝结时间、安定性和 3 d、7 d、28 d 的抗压强度。

开工前,承包人应对计划使用的原材料进行质量检验和混凝土配合比优选,监理工程师应对原材料抽检和配合比试验加以验证,并予以审批。所有原材料进出场应进行称量、登记、保管或签发。应将相同料源、规格、品种的原材料作为一批,分批量检验和储存。

混凝土施工前必须检验设计配合比是否合适,进行调整。检验内容有工作性、强度。

6.4.2　机械设备检查

水泥混凝土路面施工机械和设备的配套情况、技术性能、计量精度及使用性能等应在施工前进行一次全面检查和调试。必须对机械设备、测量仪器、基准线或模板、机具和工具及各种试验仪器等进行全面的检查、测试、校核、标定、维修和保养。主要施工机械的易损零部件应有适量储备。

6.4.3　施工过程中的质量控制

在施工过程中应按照《公路水泥混凝土路面施工技术规范》(JTG F30—2003)和《公路工程质量检验评定标准》(JTG F80/1—2004)中规定的质量检查项目、内容、方法、频率和评分标准等进行质量管理与检查。此外，还应对混凝土原材料的质量进行检验，对混凝土的工作性能进行测试，对混凝土的强度进行检测，对混凝土的配合比进行检查，对隐蔽构造及外观进行检查。

水泥混凝土路面面层的任何路段，在检查时，凡不符合规范要求的面板，应遵照监理工程师的指示予以移除或更换。移除或更换区段的长度不得小于 3 m 或以板块为单位，宽度应为行车道的全宽；当移除或更换后，邻近接缝的面板，当其剩余部分不足 3 m 时，也应一并予以移除或更换。对需要移除或更换的混凝土板，应先打碎后再拆除，且在拆除时不可损坏邻近的混凝土板和道路基层。因此，板的更换应由人工进行，更换后的面板质量、接缝间隙等均应符合相关规定，且应得到监理工程师的认可。

6.4.4　交工验收

混凝土路面施工完毕，施工单位应将全线以 1 km 作为一个检查段，按随机取样的方法选择每一检查段的测点，按混凝土面层质量验收和允许偏差的规定进行自检，并向监理单位和建设单位提供全线检测结果及施工总结报告。监理单位应会同施工单位一起，按随机抽样的办法选择一定数量的检查段进行抽样检查，抽样总长度不宜少于全程的 30%，检查的内容和频度应符合规范规定。检查指标的评定标准为：对于高速公路及一级公路，可考虑 $\alpha = 95\%$ 的保证率；对于其他等级公路，可考虑 $\alpha = 90\%$ 的保证率。检查段应不少于 3 个，每段长度为 1 km。

混凝土路面完工后，应根据设计文件、交工资料和施工单位提出的交工验收报告，按国家建设工程竣工验收的办法组织验收。验收时应提交设计文件和交工资料、交工验收报告、混凝土强度试验报告、材料检查、材料试验记录、基层检查记录、工程重大问题处理文件、施工总结报告、工程监理总结报告等。高速公路及一级公路水泥混凝土路面的工程质量验收检查内容和允许偏差应符合表 6.23 的规定，路面外观应无露石、蜂窝、麻面、裂缝、啃边、掉角、翘起和轮迹等现象。

表 6.23 水泥混凝土面层质量验收和允许偏差

项次	检查项目		规定值和允许偏差		检查方法和频率	权值
			高速公路、一级公路	其他公路		
1	弯拉强度（MPa）		在合格标准之内		按质量检评标准 C 检查	3
2	板厚度（mm）	代表值	−5		按附录 H 检查，每 200 m 每车道 2 处	3
		合格值	−10			
3	平整度	σ（mm）	1.2	2.0	平整度仪：全线每车道连续检测，每 100 m 计算 σ、IRI	2
		IRI（m/km）	2.0	3.2		
		最大间隙（h）	—	5	3 m 直尺：半幅车道板带每 200 m 测 2 处/10 尺	
4	抗滑构造深度（mm）		一般路段不小于 0.7 且不大于 1.1，特殊路段不小于 0.8 且不大于 1.2	一般路段不小于 0.5 且不大于 1.0，特殊路段不小于 0.6 且不大于 1.1	铺砂法：每 200 m 测 1 处	2
5	相邻板高差（mm）		2	3	抽量：每条胀缝 2 点；每 200 m 抽纵、横缝各 2 条，每条 2 点	2
6	纵、横缝顺直度（mm）		10		纵缝 20 m 拉线，每 200 m 4 处；横缝沿板宽拉线，每 200 m 4 条	1
7	中线平面偏位（mm）		20		经纬仪：每 200 m 测 4 点	1
8	路面宽度（mm）		±20		抽量每 200 m 测 4 处	1
9	纵断高程（mm）		±10	±15	水准仪：每 200 m 测 4 断面	1
10	横坡（%）		±0.15	±0.25	水准仪：每 200 m 测 4 断面	1

注：①表中 σ 为平整度仪测定的标准差，IRI 为国际平整度指数，h 为 3 m 直尺与面层的最大间隙；

②附录 H 指《公路工程质量检验评定标准》中的附录 H。

本章小结

本章主要介绍了 5 部分内容。第 1 部分主要介绍了水泥混凝土路面定义及特点；第 2 部分介绍了水泥混凝土路面材料要求及配合比设计；第 3 部分介绍了轨道式摊铺机施工工序及混凝土施工中特殊气候条件下施工注意事项；第 4 部分介绍了滑模摊铺机施工工艺及施工中的问题等；第 5 部分介绍了混凝土施工质量控制与交工验收等内容。

思考题与习题

6.1　水泥混凝土路面的基本要求有哪些?

6.2　轨道式摊铺机施工工艺流程是什么?

6.3　滑模摊铺机施工工艺流程是什么?

6.4　水泥混凝土路面质量验收的主要项目有哪些?

6.5　水泥混凝土路面雨期施工时的注意事项是什么?

6.6　水泥混凝土路面滑模施工中可能出现的问题及对策是什么?

6.7　水泥混凝土路面接缝板有何要求?

6.8　水泥混凝土路面冬季施工中的注意事项有哪些?

6.9　简述水泥混凝土路面的接缝形式及作用。

6.10　水泥混凝土施工中和易性不好的原因是什么?

6.11　水泥混凝土路面滑模摊铺机施工时应注意哪些问题?

6.12　水泥混凝土路面采用轨道式摊铺机施工时应注意哪些问题?

6.13　在温度骤降的情况下,为什么尚未锯缝的混凝土路面会开裂? 如何预防?

7 桥梁基础施工

本章导读：

- **内容及要求** 主要介绍明挖扩大基础、沉入桩基础、钻孔桩基础、沉井与沉箱基础及地下连续墙基础的施工工艺流程、施工注意事项和检查处理措施等内容。通过本章学习，应了解明挖扩大基础施工、沉入桩基础施工、钻孔桩基础施工、沉井与沉箱基础施工及地下连续墙基础施工；掌握明挖扩大基础施工、钻孔桩基础施工及沉井基础施工。
- **重点** 明挖扩大基础施工、钻孔桩基础施工及沉井基础施工。
- **难点** 沉入桩施工、沉井与沉箱基础施工。

7.1 概 述

桥梁基础是桥梁结构物直接与地基接触的部分，是桥梁下部结构的重要组成部分。承受基础传来的荷载的那一部分地层（岩层或土层）则称为地基，地基与基础受到各种荷载后，其本身将产生附加的应力和变形。为了保证桥梁的正常使用和安全，地基和基础必须具有足够的强度和稳定性，变形也应在容许范围之内。根据地基土的上层变化情况、上部结构的要求、荷载特点和施工技术水平，桥梁基础可采用各种类型。

桥梁基础根据埋置深度分浅置基础和深置基础两类，它们的施工方法不同，设计计算原理也不同。浅置基础是在桥台或桥墩下直接修建的埋深较浅的基础（一般小于5 m）。如若浅层土质不良，则需把基础埋置于较深的良好地层上，这样的基础称为深基础（一般埋置深度大于5 m）。基础埋置在土层内深度虽较浅，但在水下部分较深，如深水中的桥墩基础，称为深水基础。浅置基础最简单经济，也最常用。当需要设置深基础时，则常采用桩基础或沉井基础，特殊桥位也可能采用其他大型基础或组合形式。

确定基础类型方案主要取决于地质土层的工程性质与水文地质条件、荷载特性、桥梁结构形式及其使用要求，以及材料的供应和施工技术等因素。方案选择的原则是：力争做到使用上安全可靠、施工技术上简便可行、经济上合理。因此，必要时应作不同方案的比较，从中得出较为适宜与合理的设计方案及其相应的施工方案。众多工程实例表明,桥梁的地基与基础的设计及施工质量的好坏,是关系到整座桥梁质量的根本问题。因为基础工程是隐蔽工程,如有缺陷,较难发现,也较难弥补或修复,而这些缺陷往往直接影响整座桥梁的使用甚至安危。基础工程施工的进度,经常控制全桥的施工进度,下部工程的造价通常占全桥造价相当大的比重,尤其在复杂地质条件下或深水处修筑基础,更是如此。因此,从事这项工作必须做到精心设计、精心施工,确保万无一失。

桥梁是一个整体结构,上、下部结构和地基是共同工作、相互影响的。地基的任何变形都必然引起上、下部结构的相应位移,上、下部结构的力学特征也必然关系到地基的强度和稳定条件。所以,桥梁基础的设计、施工都应紧密结合桥梁结构的特点和要求,全面分析、综合考虑。

7.2　明挖扩大基础施工

7.2.1　一般基础开挖的规定

刚性扩大浅基础的施工常采用明挖法,其施工顺序和主要工作包括基础定位放样、基坑的开挖、坑壁支撑、基坑排水、基坑检验和基底土的处理、基础砌筑及基坑的回填等工序。基础开挖的规定如下:

①承包人应在基础开挖开始之前通知监理工程师,以便检查、测量基础平面位置和现有地面标高。在未完成检查测量及监理工程师批准之前不得开挖。为便于开挖后的检查校核,基础轴线控制桩应延长至基坑外加以固定。

②开挖应进行到图纸所示或监理工程师所指定的标高,最终的开挖深度要依设计期间所进行的钻探和土工试验,并结合基础开挖的实际调查资料来确定。在开挖的基坑未经监理工程师批准之前,不得浇筑混凝土或砌筑圬工。

③在原有建筑物附近开挖基坑时,应按《公路工程施工安全技术规程》的规定,采取有效防护措施,使开挖工作不致危及附近建筑物的安全,所采用的防护措施须经监理工程师同意。基坑周围不得堆放建筑材料、设备和危及基坑安全的杂物。

④所有从挖方中挖出的材料,如果监理工程师认为适用,可用作回填或铺筑路堤,或按监理工程师批示的其他方法处理。

⑤在基桩处的基坑开挖,应在打桩之前完成。

⑥必要时,挖方的各侧面应始终予以可靠的支撑,并使监理工程师认可。

⑦所有基础挖方都应始终保持良好的排水,在挖方的整个施工期间都不致遭受水的危害。凡是低于已知地下水位的地方进行开挖并构成基础时,承包人必须提交一份建议用于每个基础的排水方法以及为此而采取的各项措施的报告,并取得监理工程师的批准。

⑧在施工期间,承包人应维护天然水道并使地面排水畅通。

⑨基坑开挖至图纸规定基底标高后,如发现基底承载力达不到图纸规定的承载力要求时,承包人应根据实际钻探(或挖探)及土壤实验资料提出地基处理的方案,报告监理工程师审查,并按监理工程师的批示处理。

7.2.2 基础的定位放样及施工

基础定位放样,就是将设计图纸上的墩、台位置和尺寸标定到实际工地上去,这主要是测量工作。定位工作可分为垂直定位和水平定位两个方面。垂直定位是定出墩台基础各部分的标高,可借助于施工现场的水准基点进行;水平定位是定出基础在平面上的位置。由于定位桩随着基坑的开挖必将被挖去,所以还必须在基坑位置以外不受施工影响的地方,订立定位桩的护桩,以备在施工中能随时检查基坑和基础位置是否正确,而基坑外围通常可用龙门板固定,或在地面上以石灰线标出。为避免雨水冲坏坑壁,基坑顶四周应做好排水,截住地表水,基坑下口开挖的大小应满足基础施工的要求,渗水的土质,基底平面尺寸可适当加宽 50~100 cm,便于设置排水沟和安装模板,其他情况可放小加宽尺寸,不设基础模板时,按设计平面尺寸开挖。

7.2.3 基础的排水

基础工程必须防止地下水和地表水的渗透和浸湿,由于各种水流经基础有侵蚀、解体等作用,会导致构筑物质量受到较大的影响,以致破坏。此外,在施工中将会遇到很多困难,特别是深水区操作,既影响工期,又不能保证质量。因此,基础施工的防水和排水极为重要。现在应用最多的有表面排水和井点法降低地下水位两种。

1) 表面排水法

它是基坑整个开挖过程及基础砌筑和养护期间,在基坑四周开挖集水沟汇集坑壁和基底的渗水,并引向一个或多个比集水沟挖得更深一些的集水坑。集水沟和集水坑应在基础范围以外,在基坑每次下挖以前,必须先挖沟与坑,集水坑的深度要大于抽水机吸水龙头的高度,在吸水龙头上罩竹筐围护,以防土体塞入龙头。这种排水方法设备简单、费用低,一般土质条件下均可采用。当地基土为饱和粉细砂土等黏聚力较小的细料土层时,由于抽水会引起流砂现象,造成基坑的破坏与坍塌,因此应避免采用表面排水法,如图 7.1 所示。

图 7.1 基础的表面排水设施

2) 井点法降低地下水位

井点降水是人工降低地下水位的一种方法,故又称井点降水法。在基坑开挖前,在基坑四周埋设一定数量的滤水管(井),利用抽水设备抽水使所挖的土始终保持干燥状态的方法。所采用的井点类型有轻型井点、喷射井点、电渗井点、管井井点、深井井点等,如图 7.2 所示。

图 7.2 基础的井点排水设施

一般该方法用于地下水位比较高的施工环境中,是土方工程、地基与基础工程施工中的一项重要技术措施,能疏干基土中的水分,促使土体固结,提高地基强度,同时可以减少土坡土体侧向位移与沉降,稳定边坡,消除流砂,减少基底土的隆起,使位于天然地下水以下的地基与基础工程施工能避免地下水的影响,提供比较干的施工条件,还可以减少土方量、缩短工期、提高工程质量和保证施工安全。

7.2.4 水中围堰的修建

围堰是指在水力工程建设中,为建造永久性水力设施,修建的临时性围护结构。其作用是防止水和土进入建筑物的修建位置,以便在围堰内排水,开挖基坑,修筑建筑物。一般主要用于水工建筑中,除作为正式建筑物的一部分外,围堰一般在用完后拆除。在桥梁基础施工中,当桥梁墩、台基础位于地表水位以下时,根据当地材料修成各种形式的土堰;在水较深且流速较大的河流,可采用木板桩或钢板桩(单层或双层)围堰,目前多使用双层薄壁钢围堰。围堰既可以防水、围水,又可以支撑基坑的坑壁。

1)围堰分类

围堰应符合以下要求:在材料强度、结构稳定性及防止冲刷等方面应有足够的可靠性;尽量减少渗漏水;水中围堰的堰顶标高一般要求在施工水位 0.5~0.7 m 以上。围堰可用土、石、木、钢、混凝土等材料或预制件修建,在基础工程中并冠以材料命名,也有以结构形式命名的。例如利用下沉沉井作为防水围堰,称沉井围堰。中国江西九江长江大桥使用的双壁钢围堰即属此类。常用的围堰有下列几种:

(1)土围堰

用土堆筑成梯形截面的土堤,迎水面的边坡不宜陡于 1:2(竖横比,下同),基坑侧边坡不宜陡于 1:1.5,通常用砂质黏土填筑。土围堰仅适用于浅水、流速缓慢及围堰底为不透水土层处。为防止迎水面边坡受冲刷,常用片石、草皮或草袋填土围护。在产石地区还可做堆石围堰,但外坡用土层盖面,以防渗漏水,如图 7.3 所示。

(2)木板桩围堰

深度不大,面积较小的基坑可采用木板桩围堰。为了防渗漏,板桩间应有榫槽相接。当水不深时,可用单层木板桩,内部加支撑以平衡外部压力;水较深时,可用双壁木板桩,双壁之间用铁拉条或横木拉紧,中间填土。其高度通常不超过 6~7 m。

图 7.3　土围堰

（3）木笼围堰

在河床不能打桩、流速较大，同时盛产木材和石料的地区，可用木笼做围堰的堰壁。最常用的形式是用方木做成透空式木笼，迎水面设多层木板防水，就位后，在笼内填石。为减少与河床接触处的漏水，一般用麻袋盛土或混凝土堆置在木笼堰壁外侧。近代也有用钢筋混凝土预制构件装配的笼式围堰。

（4）钢板桩围堰

钢板桩围堰是最常用的一种板桩围堰。钢板桩是带有锁口的一种型钢，其截面有直板形、槽形及 Z 形等，有各种大小尺寸及联锁形式。常见的有拉尔森式、拉克万纳式等。其优点为：强度高，容易打入坚硬土层；可在深水中施工，防水性能好；能按需要组成各种外形的围堰，并可多次重复使用。因此，它的用途广泛。在桥梁施工中常用于沉井顶的围堰，管柱基础、桩基础及明挖基础的围堰等。这些围堰多采用单壁封闭式围堰内有纵横向支撑，必要时加斜支撑成为一个围笼。如中国南京长江大桥的管柱基础，曾使用钢板桩圆形围堰，其直径 21.9 m，钢板桩长 36 m，待水下混凝土封底达到强度要求后，抽水筑承台及墩身，抽水设计深度达 20 m。在水工建筑中，一般施工面积很大，则常用以做成构体围堰。它是由许多互相连接的单体所构成，每个单体又由许多钢板桩组成，单体中间用土填实。围堰所围护的范围很大，不能用支撑支持堰壁，因此每个单体都能独自抵抗倾覆、滑动和防止联锁处的拉裂。常用的有圆形及隔壁形等形式，如图 7.4 所示。

图 7.4　钢板桩围堰

（5）锁口管柱围堰

我国 1957 年在湖北省明山水库，将有锁口的直径 1.55 m 的钢筋混凝土管柱联成一排，作为防渗墙。20 世纪 60 年代以后，日本发展的钢锁口管柱围堰是将钢管柱联锁成为一个整体，可建成任何形状。若将它作为永久基础使用,则称钢锁口管柱沉井基础,如1978年开始建造的大和川斜张桥,水中三个主墩就是用锁口钢管柱围成直径30~33 m、入土深40~50 m的这种基础,如图7.5所示。

图7.5 锁口管柱围堰

钢筋混凝土(或预应力混凝土)板桩围堰,一般在围堰建成后仍需长期保留时才使用。板桩截面两侧用榫槽或钢件连接,桩底部向一面倾斜,便于打入地内,同时易使两相邻桩密合。主要用于港湾码头的驳岸及水工建筑的截水墙等。

(6)混凝土围堰

一般在河床无覆盖层的岩面,且水压较高处使用。它的主要特点是耐冲刷、安全性大、防透水性好,可以考虑作为永久性结构物的一部分,但施工较困难。一般主要用于水工建筑中,其他土木工程中较少采用,如图7.6所示。

图7.6 混凝土围堰

2)其他分类

按围堰与水流方向的相对位置分为横向围堰和纵向围堰;按导流期间基坑是否允许淹没分为过水围堰和不过水围堰。

围堰施工应严格按照施工方法和施工工艺流程组织施工,尚应注意以下几点:堰底内侧坡脚距基坑顶缘距离不应小于1.0 m;围堰填筑前应清理堰底处的树根、草皮、石块等杂物,如有冰块必须彻底清除,填筑时应自上游开始至下游合拢;应先在顶部支撑,才可抽水逐层安设支撑;应防止锁口损坏和由于自重而引起变形,在堆存期间应防止变形和锁口内积水,并采用坚固夹具;应在锁口内填充防水混合料,再用油灰和棉絮填塞接缝。

土围堰的施工工序如图 7.7 所示。

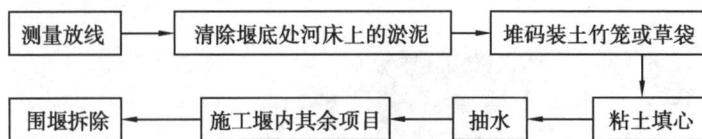

```
测量放线 → 清除堰底处河床上的淤泥 → 堆码装土竹笼或草袋
                                              ↓
围堰拆除 ← 施工堰内其余项目 ← 抽水 ← 粘土填心
```

图 7.7　土围堰的施工工序

7.2.5　基底检验规定与处理

1)基底检验

基底检验的主要内容包括检查基底平面位置、尺寸大小、基底标高;检查基底土质均匀性、地基稳定性及承载力等;检查基底处理和排水情况;检查施工日志及有关试验资料等。按《桥涵施工技术规范》的要求,基底平面周线位置允许偏差不得大于 20 cm,基底标高不得超过 ±5 cm(土质)、+5~−20 cm(石质)。

基底检验根据桥涵大小、地基土质复杂情况(如溶洞、断层、软弱夹层、易溶岩等)及结构对地基有无特殊要求等,按以下方法进行:

①小桥涵的地基,一般采用直观或触探方法,必要时进行土质试验。特殊设计的小桥涵对地基沉陷有严格要求,且土质不良时,宜进行荷载试验。对经加固处理后的特殊地基,一般采用触探或做密实度检验等。

②大、中桥和填土 12 m 以上涵洞的地基,一般由检验人员用直观、触探、挖试坑或钻探(钻深至少 4 m)试验等方法,确定土质容许承载力是否符合设计要求。对地质特别复杂,或在设计文件中有特殊要求,或虽经加固处理又经触探、密实度检验后尚有疑问时,需进行荷载试验,确认符合设计要求后,方可进行基础结构物施工。

2)基底处理

基底处理的主要方法有:换填土法、桩体挤密法、砂井法、袋装砂井法、预压法加固地基、强夯法、电渗法、振动水冲法、深层搅拌桩法、高压喷射注浆法、化学固化剂法等。对于一般软弱地基土层加固处理方法可归纳为以下 4 种类型:

①换填土法:将基础下软弱土层全部或部分挖除,换填力学物理性质较好的土。

②挤密土法:用重锤夯实或砂桩、石灰桩、砂井、塑料排水板等方法,使软弱土层挤压密实或排水固结。

③胶结土法:用化学浆液灌入或粉体喷射搅拌等方法,使土壤颗粒胶结硬化,改善土的性质。

④土工聚合物法:用土工膜、土工织物、土工格栅与土工合成物等加筋土体,以限制土体的侧向变形,增加土的周压力,有效提高地基承载力。

7.2.6　基础的施工

桥梁基础的作用是承受上部结构传来的全部荷载,并把它们和下部结构荷载传递给地基。

因此,为了全桥的安全和正常使用,要求地基和基础要有足够的强度、刚度和整体稳定性,使其不产生过大的水平变位或不均匀沉降。

与一般建筑物基础相比,桥梁基础埋置较深,荷载由于作用在基础上集中而变得更加强大,加之浅层土一般比较松软,很难承受住这种荷载,故有必要把基础向下延伸,使其置于承载力较高的地基上;对于水中墩台基础,由于河床受到水流的冲刷,桥梁基础必须有足够的埋深,以防冲刷基础底面(简称基底)而造成桥梁沉陷或倾覆事故。一般规定桥梁的明挖、沉井、沉箱等基础的基底按其重要性和维修加固难易,应埋置在河床最低冲刷线以下至少 2~5 m。对于冻胀土地基,基底应在冻结线以下至少 0.25 m。对于陆地墩台基础,除考虑地基冻胀要求外,还要考虑生物和人类活动及其他自然因素对表土的破坏,基底应在地面以下不小于 1.0 m。对于城市桥梁,常把基础顶置于最低水位或地面以下,以免影响市容。基顶平面尺寸应较墩台底的截面尺寸大,以利施工。在水中修建基础,不仅场地狭窄、施工不便,还经常遇到汛期威胁及漂流物的撞击。在施工过程中如遇到水下障碍,还需进行潜水作业。因此,修建水中基础,一般工期长、技术复杂、易出事故、工程量大,造价常常占到整个桥梁造价的一半,故桥梁基础的修建在整个桥梁工程中占有很重要的地位。

为建造基础而开挖的基坑,其形状和开挖面的大小可视墩台基础及下部结构的形式、施工条件的要求,挖成方形、矩形或长条形的坑槽,基坑的深度而基础埋置深度而定。基坑开挖的断面是否设置坑壁围护结构,可视土的类别性质、基坑暴露时间长短、地下水位的高低以及施工场地大小等因素而定。开挖基坑时常采用机械与人工相结合的施工方法,它不需要复杂的机具,技术条件较简单易操作,常用的机具多为位于坑顶由起吊机操纵的挖土斗和抓土斗,大方量的特大基坑也可用铲式挖土机、铲运机和自卸车等。基坑采用机械挖土,挖至距设计标高约 0.3 m 时,应采用人工补挖修整,以保证地基土结构不被扰动破坏。具体工序如下:

1)准备工作

在开挖基坑前,应做好复核基坑中心线、方向和高程,并应按地质水文资料,结合现场情况,决定开挖坡度、支护方案以及地面的防水、排水措施。放样工作系根据桥梁中心线与墩台的纵横轴线,推算出基础边线的定位点,再放线画出基坑的开挖范围。基坑底部的尺寸较设计平面尺寸每边各增加 0.5~1.0 m,以便于支撑、排水与立模板(坑壁垂直的无水基坑坑底,可不必加宽,直接利用坑壁作基础模板亦可)。

2)基坑开挖

(1)坑壁不加支撑的基坑

对于在干涸河滩、河沟中,或经改河或筑堤能排除地表水的河沟中,在地下水位低于基底,或渗透量少,不影响坑壁稳定,以及基础埋置不深,施工期较短,挖基坑时不影响邻近建筑物安全的场所,可选用坑壁不加支撑的基坑。

黏性土在半干硬或硬塑状态,基坑顶无活荷载,稍松土质,基坑深度不超过 0.5 m,中等密实(锹挖)土质基坑深度不超过 1.25 m,密实(镐挖)土质基坑深度不超过 2.0 m 时,均可采用垂直坑壁基坑。基坑深度在 5 m 以内,土的湿度正常时,采用斜坡坑壁开挖或按坡度比值挖成阶梯形坑壁,每梯高度为 0.5~1.0 m 为宜,可作为人工运土出坑的台阶。基坑深度大于 5 m 时,坑壁坡度适当放缓,或加做平台。土的湿度影响坑壁的稳定性时,应采用该湿度下土的天然坡度或采取加固坑壁的措施。当基坑的上层土质适合敞口斜坡坑壁条件时,下层土质为密实黏性土或岩石可用垂直坑壁开挖,在坑壁坡度变换处应保留至少 0.5 m 的平台。

(2)坑壁有支撑的基坑

当基坑壁坡不易稳定并有地下水,或放坡开挖场地受到限制,或基坑较深、放坡开挖工程数量较大,不符合技术经济要求时,可根据具体情况,采取加固坑壁措施,如挡板支撑、钢木结合支撑、混凝土护壁及锚杆支护等。混凝土护壁一般采用喷射混凝土。根据经验,一般喷护厚度为5~8 cm,一次喷护需1~2 h。一次喷护如达不到设计厚度,应等第一次喷层终凝后再补喷,直至要求厚度为止。喷护的基坑深度应按地质条件决定,一般不宜超过10 m。

7.3 沉入桩基础施工

打入桩又叫沉入桩(图7.8),是靠桩锤的冲击能量将预制桩打(压)入土中,使土被压挤密实,以达到加固地基的作用。沉入桩所用的基桩主要为预制的钢筋混凝土桩和预应力混凝土桩。沉入桩的施工方法主要包括:锤击沉桩、振动沉桩、射水沉桩、静力压桩以及钻孔埋置桩等。其特点是:

①桩身质量易于控制,质量可靠;
②沉入施工工序简单,工效高,能保证质量;
③易于水上施工;
④多数情况下施工噪声和振动的公害大、污染环境;
⑤受到运输和起吊等设备条件限制,单节长度有限。

图7.8 打入桩

7.3.1 沉入桩的预制

预制桩是在工厂或施工现场制成的各种材料、各种形式的桩(如木桩、混凝土方桩、预应力混凝土管桩、钢桩等),用沉桩设备将桩打入、压入或振入土中。建筑施工领域采用较多的预制桩主要是混凝土预制桩和钢桩两大类。混凝土预制桩能承受较大的荷载、坚固耐久、施工速度快,是广泛应用的桩型之一,但其施工对周围环境影响较大,常用的有混凝土实心方桩和预应力混凝土空心管桩。采用的钢桩主要是钢管桩和H型钢桩两种,都在工厂生产完成后运至工地使用。

1)钢筋混凝土实心桩

钢筋混凝土实心桩,断面一般呈方形。桩身截面一般沿桩长不变,实心方桩截面尺寸一般为200 mm×200 mm~600 mm×600 mm。钢筋混凝土实心桩桩身长度:限于桩架高度,现场预制桩的长度一般在25~30 m以内;限于运输条件,工厂预制桩的桩长一般不超过12 m,否则应分节预制,然后在打桩过程中予以接长,接头不宜超过2个。钢筋混凝土实心桩的优点:长度和截面可在一定范围内根据需要选择,由于在地面上预制,制作质量容易保证,承载能力高,耐久性好。因此,工程上应用较广。材料要求:钢筋混凝土实心桩所用混凝土强度等级不宜低于 C30;采用静压法沉桩时,可适当降低,但不宜低于 C20;预应力混凝土桩的混凝土强度等级不宜低于 C40;主筋根据桩断面大小及吊装验算确定,一般为 4~8 根,直径 12~25 mm,不宜小于 $\phi14$;箍筋直径为 6~8 mm,间距不大于 200 mm,打入桩桩顶 2~3 d 长度范围内箍筋应加密,并设置钢筋网片;预制桩纵向钢筋的混凝土保护层厚度不宜小于 30 mm,桩尖处可将主筋合拢焊在桩尖辅助钢筋上,在密实砂和碎石类土中,可在桩尖处包以钢板桩靴,以加强桩尖。

2)混凝土管桩

混凝土管桩一般在预制厂用离心法生产,桩径有 ϕ 300、ϕ 400、ϕ500 mm 等,每节长度 8 m、10 m、12 m 不等,接桩时,接头数量不宜超过 4 个。管壁内设 ϕ 12~22 mm,主筋 10~20 根,外面绕以 ϕ 6 mm 螺旋箍筋,多以 C30 混凝土制造。混凝土管桩各节段之间的连接可以用角钢焊接或法兰螺栓连接。由于用离心法成型,混凝土中多余的水分由于离心力而甩出,故混凝土致密、强度高,抵抗地下水和其他腐蚀的性能好。混凝土管桩应达到设计强度 100% 后方可运到现场打桩。堆放层数不超过三层,底层管桩边缘应用楔形木块塞紧,以防滚动。

3)预制桩吊运

钢筋混凝土预制桩应在混凝土达到设计强度等级的 70% 方可起吊,达到设计强度等级的 100% 才能运输和打桩。如提前吊运,必须采取措施并经过验算合格后才能进行,起吊时必须合理选择吊点,防止在起吊过程中过弯而损坏。当吊点少于或等于 3 个时,其位置按正负弯矩相等的原则计算确定;当吊点多于 3 个时,其位置按反力相等的原则计算确定。长 20~30 m 的桩,一般采用 3 个吊点。

4)预制桩运输与堆放

打桩前,桩从制作处运到现场,并应根据打桩顺序随打随运。桩的运输方式,在运距不大时,可用起重机吊运;当运距较大时,可采用轻便轨道小平台车运输。严禁在场地上直接推拉桩体。堆放桩的地面必须平整、坚实,垫木间距应与吊点位置相同,各层垫木应位于同一垂直线上,堆放层数不宜超过 4 层。不同规格的桩,应分别堆放。预应力管桩达到设计强度后方可出厂,在达到设计强度及 14 d 龄期后方可沉桩。预应力管桩在节长≤20 m 时宜采用两点捆绑法,大于 20 m 时采用四吊点法。预应力管桩在运输过程中应满足两点起吊法的位置,并垫以楔形掩木防止滚动,严禁层间垫木出现错位。

7.3.2　沉入桩的施工设备

预制桩的沉桩方法有锤击法、静力压桩法、振动法等。锤击法是利用桩锤的冲击克服土对桩的阻力,使桩沉到预定持力层。这是最常用的一种沉桩方法。打桩设备主要有桩锤、桩架和动力装置 3 部分。

1)桩锤

桩锤对桩施加冲击力,将桩打入土中。主要有落锤、单动汽锤、双动汽锤、柴油锤、液压锤,目前应用最多的是柴油锤。柴油锤是利用燃油爆炸推动活塞往复运动而锤击打桩,活塞质量从几百公斤到数吨。用锤击沉桩宜重锤轻击。若重锤重击,则锤击功大部分被桩身吸收,桩不易打入,且桩头易被打碎。锤重与桩重宜有一定的比值,或控制锤击应力,以防桩被打坏。

2)桩架

桩架是支持桩身和桩锤,将桩吊到打桩位置,并在沉桩过程中引导桩的方向,保证桩锤沿着所要求的方向冲击的打桩设备。常用的桩架形式有以下 3 种：

①滚筒式桩架。行走靠两根钢滚筒在垫木上滚动。优点是结构比较简单、制作容易，但在平面转弯、调头方面不够灵活，操作人员较多。适用于预制桩和灌注桩施工。

②多功能桩架。多功能桩架的机动性和适应性很强，在水平方向可做 360°旋转，导架可以伸缩和前后倾斜，底座下装有铁轮，底盘在轨道上行走。适用于各种预制桩和灌注桩施工。

③履带式桩架。以履带起重机为底盘，增加导杆和斜撑组成，用以打桩。移动方便，比多功能桩架更灵活，可用于各种预制桩和灌注桩施工。

7.3.3　沉入桩的施工

打桩时，由于桩对土体的挤密作用，先打入的桩被后打入的桩水平挤推而造成偏移和变位或被垂直挤拔造成浮桩，而后打入的桩难以达到设计标高或入土深度，造成土体隆起和挤压，截桩过大。所以，群桩施工时，为了保证质量和进度，防止周围建筑物破坏，打桩前应根据桩的密集程度、桩的规格、长短以及桩架移动是否方便等因素来选择正确的打桩顺序。常用的打桩顺序是由一侧向单一方向进行，自中间向两个方向对称进行，自中间向四周进行。

打桩推进方向宜逐排改变，以免土壤朝一个方向挤压，而导致土壤挤压不均匀。对于同一排桩，必要时还可采用间隔跳打的方式。对于大面积的桩群，宜采用后两种打桩顺序，以免土壤受到严重挤压，使桩难以打入，或使先打入的桩受挤压而倾斜。大面积的桩群宜分成几个区域，由多台打桩机采用合理的顺序进行打设。打桩时对不同基础标高的桩，宜先深后浅；对不同规格的桩，宜先大后小，先长后短，宜防止桩的位移或偏斜。

打桩机就位后，将桩锤和桩帽吊起，然后吊桩并送至导杆内，垂直对准桩位缓缓送下插入土中，垂直偏差不得超过 0.5%；然后固定桩帽和桩锤，使桩、桩帽、桩锤在同一铅垂线上，确保桩能垂直下沉。在桩锤和桩帽之间应加弹性衬垫，桩帽和桩顶周围四边应有 5~10 mm 的间隙，以防损伤桩顶。

打桩开始时，应先采用小的落距(0.5~0.8 m)做轻的锤击，使桩正常沉入土中 1~2 m 后，经检查桩尖不发生偏移，再逐渐增大落距至规定高度，继续锤击，直至把桩打到设计要求的深度。最大落距不宜大于 1 m，用柴油锤时，应使锤跳动正常。在打桩过程中，遇有贯入度剧变、桩身突然发生倾斜、移位或有严重回弹、桩顶或桩身出现严重裂缝或破碎等异常情况时，应暂停打桩，及时研究处理。

打桩有"轻锤高击"和"重锤低击"两种方式。这两种方式，如果所做的功相同，而所得到的效果却不相同。轻锤高击，所得的动量小，而桩锤对桩头的冲击力大，因而回弹也大，桩头容易损坏，大部分能量均消耗在桩锤的回弹上，故桩难以入土；相反，重锤低击，所得的动量大，而桩锤对桩头的冲击力小，因而回弹也小，桩头不易被打碎，大部分能量都可以用来克服桩身与土壤的摩阻力和桩尖的阻力，故桩很快入土。此外，又由于重锤低击的落距小，因而可提高锤击频率，打桩效率也高，正因为桩锤频率较高，对于较密实的土层，如砂土或黏性土也能较容易地穿过，所以打桩宜采用"重锤低击"。

7.3.4　试桩试验

试桩试验见表 7.1。打桩质量评定包括两个方面：一是能否满足设计规定的贯入度或标高的要求；二是桩打入后的偏差是否在施工规范允许的范围内。

1) 贯入度或标高必须符合设计要求

桩端达到坚硬、硬塑的黏性土、碎石土、中密以上的粉土和砂土或风化岩等土层时，应以贯入度控制为主，桩端进入持力层深度或桩尖标高作参考；若贯入度已达到而桩端标高未达到时，应继续锤击3阵，其每阵10击的平均贯入度不应大于规定的数值；桩端位于其他软土层时，以桩端设计标高控制为主，贯入度作参考。

上述所说的贯入度是指最后贯入度，即施工中最后10击内桩的平均入土深度。贯入度的大小应通过合格的试桩或试打数根桩后确定，它是打桩质量标准的重要控制指标。最后贯入度的测量应在下列正常条件下进行：桩顶没有破坏；锤击没有偏心；锤的落距符合规定；桩帽与弹性垫层正常。打桩时如桩端达到设计标高而贯入度指标与要求相差较大；或者贯入度指标已满足，而标高与设计要求相差较大，如遇到这两种情况，说明地基的实际情况与原来的估计或判断有较大的出入，属于异常情况，都应会同设计单位研究处理，以调整其标高或贯入度控制的要求。

2) 平面位置或垂直度必须符合施工规范要求

桩打入后，桩位的允许偏差应符合规范的规定，预制桩（钢桩）桩位的允许偏差必须使桩在提升就位时要对准桩位，桩身要垂直；桩在施打时，必须使桩身、桩帽和桩锤三者的中心线在同一垂直轴线上，以保证桩的垂直入土；短桩接长时，上下节桩的端面要平整，中心要对齐，如发现断面有间隙，应用铁片垫平焊牢；打桩完毕基坑挖土时，应制订合理的挖土方案，以防挖土而引起桩的位移或倾斜。

表 7.1　各类工程基桩、天然地基和支护工程检测方法及数量

1. 施工前试桩静载试验

基桩类型	检测要求	同类型桩抽检数量	说　明
各类型基桩	试桩静载试验	由工程各方根据工程实际情况共同确定，但同一条件下基桩不应少于3根，当总桩数在50根以内时，不得少于2根	当设计有要求或满足下列条件之一时，施工前应采用静载试验确定单桩竖向抗压承载力特征值：①设计等级为甲级、乙级的桩基；②地质条件复杂、桩施工质量可靠性低；③本地区采用的新桩型或新工艺。对于端承型大直径灌注桩，当受设备或现场条件限制无法进行静载试验时，可通过深层静载试验等间接方法确定端承力参数；对于地区经验丰富，认为不需要试桩静载试验时应由工程各方进行书面明确

2. 验收试验

	低应变法	检测数量不少于总桩数的20%，且不少于10根；每个承台下不得少于1根	
各类预制桩	用静载法或高应变法检测单桩承载力	地基基础设计等级为甲级（或说明中所列条件）的桩基工程静载试验抽检数量不少于总桩数的1%，且不少于3根，当总桩数在50根以内时，不得少于2根；非甲级的工程可采用高应变法检测单桩承载力，抽检数量不应少于总桩数的5%，且不得少于5根。采用高应变法进行打桩过程监测的工程桩或施工前进行静载试验的试验桩，如果试验桩施工工艺与工程桩施工工艺相同，桩身未破坏且单桩竖向抗压承载力大于2倍单桩竖向抗压承载力特征值，这类试验桩的桩数的一半可计入同方法验收抽检数量	对单位工程内且在同一条件下的工程桩，当符合下列条件之一时，应采用单桩竖向抗压承载力静载试验进行验收检测：①设计等级为甲级的桩基；②地质条件复杂、施工质量可靠性低；③本地区采用的新桩型或新工艺；④挤土群桩施工产生挤土效应。对上述条件以外的各类预制桩可采用高应变法同时进行桩身完整性和单桩竖向抗压承载力检测。当需要检测的项目包括多个单位工程时，检测桩位还应覆盖到不同的单位工程

续表

桩径 ＜800 mm 的各类 灌注桩	用低应变 法检测桩 身完整性	柱下三桩或三桩以下的承台,每个承台抽检桩数不得少于1根;地基基础设计等级为甲级(或说明中所列条件)的桩基工程:柱下四桩或四桩以上承台抽检桩数不应少于相应总桩数的30%,且抽检总桩数不得少于20根;非甲级的工程:柱下四桩或四桩以上承台抽检桩数不应少于相应总桩数的20%,且抽检总桩数不得少于10根	当满足下列条件之一时,柱下四桩或四桩以上承台抽检桩数不应少于相应总桩数的30%,且单位工程抽检总桩数不得少于20根:①地基基础设计等级为甲级的桩基工程;②场地地质条件复杂的桩基工程;③施工工艺导致施工质量可靠性低的桩基工程;④本地区采用的新桩型或新工艺施工的桩基工程
	用静载法 或高应变 法检测单 桩承载力	采用静载试验时,抽检数量不应少于总桩数的1%,且不得少于3根;当总桩数在50根以内时,不得少于2根;采用高应变法时,抽检数量不应少于总桩数的5%,且不得少于5根。采用高应变法进行打桩过程监测的工程桩或施工前进行静载试验的试桩,如果试桩施工工艺与工程桩施工工艺相同,桩身未破坏且单桩竖向抗压承载力大于2倍单桩竖向抗压承载力特征值,这类试验桩的桩数的一半可计入同方法验收抽检数量	符合下列条件之一的灌注桩,应采用静载试验进行单桩竖向抗压承载力检测:①地基基础设计等级为甲级的桩基工程;②场地地质条件复杂的桩基工程;③施工工艺导致施工质量可靠性低的桩基工程;④桩身有明显缺陷,对桩身结构承载力有影响,采用完整性检测方法难以确定其影响程度;⑤本地区采用的新桩型或新工艺施工的桩基工程。当需要检测的项目包括多个单位工程时,检测桩位还应覆盖到不同的单位工程
桩径 ≥800 mm 的各类 灌注桩	用低应变 法或声波 透射法检 测桩身 完整性	采用低应变法检测桩身完整性时,柱下三桩或三桩以下的承台,每承台抽检桩数不得少于1根;地基基础设计等级为甲级(或说明中所列条件)的桩基工程:柱下四桩或四桩以上承台抽检桩数不应少于相应总桩数的30%,且抽检总桩数不得少于20根;非甲级的工程:柱下四桩或四桩以上承台抽检桩数不应少于相应总桩数的20%,且抽检总桩数不得少于10根。采用声波透射法检测桩身完整性时,抽检数量不应少于总桩数的10%,且不得少于10根	当满足下列条件之一时,柱下四桩或四桩以上承台抽检桩数不应少于相应总桩数的30%,且单位工程抽检总桩数不得少于20根:①地基基础设计等级为甲级的桩基工程;②场地地质条件复杂的桩基工程;③施工工艺导致施工质量可靠性低的桩基工程;④本地区采用的新桩型或新工艺施工的桩基工程
	钻芯法	抽检数量不应少于总桩数的10%,且不得少于10根;采用钻芯法检测时,桩径小于1.2 m的桩,不得少于1孔;桩径为1.2~1.6 m的桩,不得少于2孔;桩径大于(含)1.6 m的桩,不得少于3孔	
桩径 ≥1 200 mm 的人工 挖孔桩	低应变法	采用低应变法抽检100%	
	用钻芯法	终孔前采用超前钻进行100%桩端持力层检验时,采用钻芯法抽检桩身质量和桩身混凝土强度时抽检10%,且不少于10根;如果未按规范要求做超前钻,应采用钻芯法抽检30%,且不少于10根。桩径为1.2~1.6 m的桩,钻芯不得少于2孔;桩径大于(含)1.6 m的桩,不得少于3孔	
各类型基桩	抗拔与 水平载 荷试验	抽检数量不少于1%,且不少于3根	对基桩抗拔承载力和水平承载力有设计要求时,应进行基桩抗拔载荷试验和水平载荷试验

注:①桥梁基桩应按100%进行桩身完整性检测。对各类预制桩,用低应变法检测桩身完整性;对各类灌注桩,用低应变法和声波透射法检测桩身完整性;
②桥梁基桩的单桩承载力检测按上述要求执行。

3.天然地基、复合地基部分

地基类型	检测要求	抽检数量	说　明
天然土地基、处理土地基	标准贯入试验、静力触探试验、十字板剪切试验或圆锥动力触探试验	每200 m²不应少于1个孔,且不得少于10孔;每个独立柱基不得少于1孔,基槽每20延米不得少于1孔	
	平板载荷试验	每500 m²不应少于1个点,且不得少于3点;对于复杂场地或重要建筑地基应增加抽检数量	当需要检测的项目包括多个单位工程时,检测点数还应覆盖到不同的单位工程
天然岩石地基	钻芯法检测	单位工程不少于6个孔	首选钻芯法检测,当岩石芯样无法制作成芯样试件时,应进行岩基载荷试验,对强风化岩、全风化岩宜采用平板载荷试验
	基岩载荷试验	每500 m²不应少于1个点,且不得少于3点	
复合地基和强夯置换墩	圆锥动力触探试验	抽检数量为总桩(墩)数的0.5%~1%,且不得少于3根	振冲桩桩体质量和强夯置换地基应采用圆锥动力触探试验等方法进行检测
	单桩竖向抗压载荷试验、钻芯法检测	抽检数量不应少于总桩(墩)数的0.5%,且不得少于3根	水泥土搅拌桩和竖向承载旋喷桩应进行单桩竖向抗压载荷试验;砂石桩宜进行单桩载荷试验;水泥土搅拌桩和高压喷射注浆加固体的施工质量应采用钻芯法进行检测;水泥粉煤灰碎石桩应采用钻芯法进行桩身完整性检测
	复合地基平板载荷试验	抽检数量应为总桩(墩)数的0.5%~1%,且不得少于3点	平板载荷试验可根据实际情况和设计要求采取三种形式:一是单桩(墩)复合地基平板载荷试验,二是多桩(墩)复合地基平板载荷试验,三是两种结合。无论哪种形式,总试验点数量(非受检桩数)应符合要求

注:地基分为天然地基和人工处理地基,其中天然地基包括天然土地基和天然岩石地基;人工处理地基包括处理土地基和复合地基,处理土地基主要有换填地基、预压处理地基、强夯处理地基、不加填料振冲加密处理地基、注浆地基等,复合地基主要有水泥土搅拌桩复合地基、高压喷射注浆桩复合地基、水泥粉煤灰碎石桩(CFG桩)复合地基、振冲桩复合地基、碎石桩复合地基、夯实水泥土桩复合地基和强夯置换墩复合地基等。

4.基础锚杆及支护工程部分

基础锚杆	检测要求	抽检数量	说　明
基础锚杆	抗拔力试验	抽检数量不应少于锚杆总数的5%,且不少于6根	
护锚杆	极限抗拔力试验	锚杆施工前,为设计提供依据时开展的现场极限抗拔力试验,各方有必要时可进行该项检测,不少于3根	
	抗拔力验收试验	抽检数量不应少于锚杆总数的5%,且不少于6根	
支护土钉	抗拔力试验	抽检数量应为土钉总数的0.5%~1%,且不得少于10根	
支护用混凝土灌注桩	低应变法或钻芯法	采用低应变法,抽检数量不宜少于总桩数的10%,且不得少于10根;采用钻芯法,抽检数量不宜少于总桩数的2%,且不得少于3根	

说明:本表所列检测数量是指工程施工完成后质量检测数量的最低要求。为设计提供承载力参数的试桩静载试验和锚杆基本试验结果,不得作为施工质量验收试验的依据。当需要检测的项目包括多个单位工程时,检测桩位(点位)除应满足上述数量外,还应覆盖到所有的单位工程。对检测不合格的基桩和地基,按以下要求进行扩大检测:①当平板载荷试验、锚杆及土钉试验、单桩承载力检测或钻芯法抽检结果不满足设计要求时,应按不满足设计要求的数量加倍扩大抽检。②当采用低应变法抽检桩身完整性所发现的Ⅲ、Ⅳ类桩之和大于抽检桩数的20%时,应按原抽检比例扩大抽检;当两次抽检的Ⅲ、Ⅳ类桩之和仍大于抽检桩数的20%时,该批桩应全数检测;当Ⅲ、Ⅳ类桩之和不大于抽检桩数的20%时,应研究确定处理方案或扩大抽检的方法和数量。③当采用高应变法和声波透射法抽检桩身完整性所发现的Ⅲ、Ⅳ类桩之和大于抽检桩数的20%时,应按原抽检比例扩大抽检;当Ⅲ、Ⅳ类桩之和不大于抽检桩数的20%时,应研究确定处理方案或扩大抽检的方法和数量。④标准贯入试验、圆锥动力触探试验、静力触探试验、十字板剪切试验等方法抽检孔超过30%不满足设计要求时,应按不满足设计要求的孔加倍扩大抽检,或适当增加平板载荷试验数量。对于本表中未给出的桩型和地基处理方式,应由工程各方依据有关规范确定相关检测方案。

7.4 钻孔桩基础施工

7.4.1 场地准备工作

灌注桩是指在工程现场通过机械钻孔、钢管挤土或人力挖掘等手段在地基土中形成桩孔,并在其内放置钢筋笼、灌注混凝土而做成的桩。依照成孔方法不同,灌注桩又可分为沉管灌注桩、钻孔灌注桩和挖孔灌注桩等几类。钻孔灌注桩是按成桩方法分类而定义的一种桩型。特点:与沉入桩中的锤击法相比,施工噪声和震动要小得多;能建造比预制桩直径大得多的桩;在各种地基上均可使用;施工质量的好坏对桩的承载力影响很大;因混凝土是在泥水中灌注的,因此混凝土质量较难控制。施工前应根据施工地点的水文、工程地质条件及机具、设备、动力、材料、运输等情况,布置施工现场。具体如下:

①场地为旱地时,应平整场地、清除杂物、换除软土、夯打密实,钻机底座应布置在坚实的填土上。

②场地为陡坡时,可用木排架或枕木搭设工作平台,平台应牢固可靠,保证施工顺利进行。

③场地为浅水时,可采用筑岛法,岛顶平面应高出最高施工水位 0.5~1.0 m。

④场地为深水时,根据水深、流速、水位涨落、水底地层等情况,采用固定式平台或浮动式钻探船。

7.4.2 钻孔成桩施工准备

①钻孔场地应清除杂物、换除软土、平整压实。

②开钻前按照施工图纸要求在选定位置进行试桩,根据试桩资料验证设计采用的地质参数,并根据试桩结果确定是否调整桩基设计。根据地层岩性等地质条件、技术要求确定钻进方法和选用合适的钻具。

③对钻机各部位状态进行全面检查,确保其性能良好。

④浅水基础利用草袋围堰构筑工作平台。

7.4.3 钻孔方法

钻孔灌注桩(图 7.9)的施工,有泥浆护壁法和全套管施工法两种。

1)泥浆护壁施工法

冲击钻孔、冲抓钻孔和回转钻削成孔等均可采用泥浆护壁施工法。该施工法的过程是:平整场地→泥浆制备→埋设护筒→铺设工作平台→安装钻机并定位→钻进成孔→清孔并检查成孔质量→下放钢筋笼→灌注水下混凝土→拔出护筒→检查质量。施工工序如下:

(1)施工准备

施工准备包括:选择钻机、钻具、场地布置等。钻机是钻孔灌注桩施工的主要设备,可根据地质情况和各种钻孔机的应用条件来选择。

图 7.9　钻孔灌注桩

（2）钻孔机的安装与定位

安装钻孔机的基础如果不稳定，施工中易产生钻孔机倾斜、桩倾斜和桩偏心等不良影响，因此要求安装地基稳固。对地层较软和有坡度的地基，可用推土机推平，再垫上钢板或枕木加固。

为防止桩位不准，施工中很重要的是定好中心位置和正确安装钻孔机。对有钻塔的钻孔机，先利用钻机的动力与附近的地笼配合，将钻杆移动大致定位，再用千斤顶将机架顶起，准确定位，使起重滑轮、钻头或固定钻杆的卡孔与护筒中心在一垂线上，以保证钻机的垂直度。钻机位置的偏差不大于 2 cm，对准桩位后，用枕木垫平钻机横梁，并在塔顶对称于钻机轴线上拉上缆风绳。

（3）埋设护筒

钻孔成败的关键是防止孔壁坍塌，当钻孔较深时，在地下水位以下的孔壁土在静水压力下会向孔内坍塌，甚至发生流砂现象。钻孔内若能保持孔壁地下水位高的水头，增加孔内静水压力，以防止坍孔。护筒除起到这个作用外，同时有隔离地表水、保护孔口地面、固定桩孔位置和钻头导向作用等。

制作护筒的材料有木、钢、钢筋混凝土三种。护筒要求坚固耐用，不漏水，其内径应比钻孔直径大（旋转钻约大 20 cm，潜水钻、冲击或冲抓锥约大 40 cm），每节长度 2~3 m，一般常用钢护筒。

（4）泥浆制备

钻孔泥浆由水、黏土（膨润土）和添加剂组成，具有浮悬钻渣、冷却钻头、润滑钻具，增大静水压力，并在孔壁形成泥皮，隔断孔内外渗流，防止坍孔的作用。调制的钻孔泥浆及经过循环净化的泥浆，应根据钻孔方法和地层情况来确定泥浆稠度。泥浆稠度应视地层变化或操作要求机动掌握，泥浆太稀，排渣能力小、护壁效果差；泥浆太稠，会削弱钻头冲击功能，降低钻进速度。

（5）钻孔

钻孔是一道关键工序，在施工中必须严格按照操作要求进行，才能保证成孔质量。首先要注意开孔质量，为此必须对好中线及垂直度，并压好护筒。在施工中要注意不断添加泥浆和抽渣（冲击式用），还要随时检查成孔是否有偏斜现象。采用冲击式或冲抓式钻机施工时，附近土层因受到震动而影响邻孔的稳固。所以钻好的孔应及时清孔，下放钢筋笼和灌注水下混凝土。钻孔的顺序也应事先规划好，既要保证下一个桩孔的施工不影响上一个桩孔，又要使钻机的移动距离不要过远和相互干扰。

（6）清孔

钻孔的深度、直径、位置和孔形直接关系到成桩质量与桩身曲直。为此，除了钻孔过程中密切观测监督外，在钻孔达到设计要求深度后，应对孔深、孔位、孔形、孔径等进行检查。在终孔检查完全符合设计要求时，应立即进行孔底清理，避免隔时过长以致泥浆沉淀，引起钻孔坍塌。对于摩擦桩，当孔壁容易坍塌时，要求在灌注水下混凝土前沉渣厚度不大于 30 cm；当孔壁不易坍塌时，不大于 20 cm。

（7）灌注水下混凝土

清完孔之后，就可将预制的钢筋笼垂直吊放到孔内，定位后要加以固定，然后用导管灌注混凝土，灌注时混凝土不要中断，否则易出现断桩现象。

2）全套管施工法

全套管施工法的施工顺序是：平整场地→铺设工作平台→安装钻机→压套管→钻进成孔→安放钢筋笼→放导管→浇注混凝土→拉拔套管→检查成桩质量。

全套管施工法的主要施工步骤除不需泥浆及清孔外，其他的与泥浆护壁法类同。压入套管的垂直度，取决于挖掘开始阶段的 5~6 m 深时的垂直度，因此应使用水准仪及铅锤校核其垂直度。

7.4.4 钻孔故障及处理措施

1）塌孔

预防措施：根据不同地层，控制使用好泥浆指标；在回填土、松软层及流砂层钻进时，严格控制速度；地下水位过高，应升高护筒，加大水头；地下障碍物处理时，一定要将残留的混凝土块处理清除；孔壁坍塌严重时，应探明坍塌位置，用砂和黏土混合回填至坍塌孔段以上 1~2 m 处，捣实后重新钻进。

2）缩径

预防措施：选用带保径装置钻头，钻头直径应满足成孔直径要求，并应经常检查，及时修复；易缩径孔段钻进时，可适当提高泥浆的黏度，对易缩径部位也可采用上下反复扫孔的方法来扩大孔径。

3）桩孔偏斜

预防措施：保证施工场地平整，钻机安装平稳，机架垂直，并注意在成孔过程中定时检查和校正；钻头、钻杆接头逐个检查调正，不能用弯曲的钻具；在坚硬土层中不强行加压，应吊住钻杆，控制钻进速度，用低速度进尺；对地下障碍物预先处理干净，对已偏斜的钻孔，控制钻速，慢速提升，下降往复扫孔纠偏。

7.4.5 钢筋骨架吊放及预防措施

1）钢筋笼安装与设计标高不符

预防措施：钢筋笼制作完成后，注意防止其扭曲变形；钢筋笼入孔安装时要保持垂直；混凝土保护层垫块设置间距不宜过大;吊筋长度精确计算,并在安装时反复核对检查。

2) 钢筋笼的上浮

钢筋笼上浮的预防措施:严格控制混凝土质量,坍落度控制在(18±3)cm,混凝土和易性要好;混凝土进入钢筋笼后,混凝土上升不宜过快;导管在混凝土内埋深不宜过大,严格控制在10 m以下,提升导管时,不宜过快,防止导管钩将钢筋笼带上等。

7.4.6 混凝土的灌注及预防措施

①混凝土采用200~350 mm钢导管灌注,导管采用吊车分节吊装,丝扣式快速接头连接。灌注前,对导管进行水密、承压试验。

②安装储料斗及隔水栓,储料斗的容积要满足首批灌注下去的混凝土埋置导管深度的要求,封底时导管埋入混凝土中的深度不得小于1 m;首批混凝土方量是根据桩径和导管埋深及导管内混凝土的方量而定,将混凝土搅拌运输车内的混凝土倒入封底料斗内,由专人统一指挥,待全部准备好后将隔水栓拉起进行封底,同时混凝土搅拌运输车快速反转,加快出料速度。

③灌注开始后应紧凑连续地进行,不得中断,同时要防止混凝土从漏斗内溢出或从漏斗外掉入孔底;在灌注过程中,技术人员应经常检查孔内混凝土面的位置和混凝土质量,掌握拆除导管时间,严格控制导管埋深,防止导管提漏或埋管过深拔不出而出现断桩;使导管埋入混凝土内的深度始终保持在2~6 m,并作好灌注记录;测深时采用专用测绳及测锤进行,每测一次用钢尺检查深度,以钢尺测量为准,探测至混凝土面时手感有石子碰撞测锤为准,否则为砂浆或沉渣。

④灌注混凝土时,要保持孔内水头,防止出现坍孔。

⑤桩身混凝土灌注顶面高出设计桩顶高程0.5~1.0 m,以保证桩头质量。

7.4.7 钻孔灌注桩质量检验要求

①混凝土质量的检查和验收,应符合规范的规定,每桩试件组数一般为2~4组。

②承包人应在监理工程师在场的情况下,对下列规定的钻孔桩,采用经监理工程师同意的无破损检测法,进行桩的质量检验和评价。小桥选有代表性的桩或重要部位的桩进行检测;中桥、大桥及特大桥的钻孔桩,应逐根进行检测。

③承包人应在工地配备能对全桩长钻取70 mm直径或较大芯样的设备和经过训练的工作人员,也可以分包给经监理工程师认可的钻探队来承担钻取芯样的工作。

④若设计有规定和监理工程师对桩的质量有疑问时,或在施工中遇到的任何异常情况,说明桩的质量可能低于要求的标准时,应采用钻取芯样对桩进行检验,以检验桩的混凝土灌注质量。对支承桩应钻到桩底0.5 m以下。钻芯检验应在监理工程师指导下进行,检验结果若不合格,则应视为废桩。

⑤当监理工程师对每一根成桩平面位置的复查、试验结果及施工记录都认可后,监理工程师应以书面形式进行批准,在未得到监理工程师的批准前,不得进行该桩基础的其他工作。

7.5 沉井与沉箱基础施工

沉井基础是以沉井法施工的地下结构物和深基础的一种形式,是先在地表制作成一个井筒状的结构物(沉井),然后在井壁的围护下通过从井内不断挖土,使沉井在自重作用下逐渐下沉,达到预定设计标高后,再进行封底,构筑内部结构。广泛应用于桥梁、烟囱、水塔的基础;水泵房、地下油库、水池竖井等深井构筑物和盾构或顶管的工作井。技术上比较稳妥可靠,挖土量少,对邻近建筑物的影响比较小,沉井基础埋置较深,稳定性好,能支撑较大的荷载。沉井是一个无底无盖的井筒,一般由刃脚、井壁、隔墙等部分组成。

沉井按其截面轮廓分,有圆形、矩形和圆端形三类。

①圆形沉井水流阻力小,在同等面积下,同其他类型相比,周长最小,摩阻力相应减小,便于下沉;井壁只受轴向压力,且无绕轴线偏移问题。

②矩形沉井和等面积的圆形沉井相比,其惯性矩及核心半径均较大,对基底受力有利;在侧压力作用下,沉井外壁受较大的挠曲应力。

③圆端形沉井对支撑建筑物的适应性较好,也可充分利用基础的圬工,井壁受力也较矩形有所改善,但施工较复杂。

使用材料:有木沉井,砖、石沉井,混凝土沉井,钢筋混凝土沉井和钢沉井等。木沉井用木材较多,现很少采用。砖、石沉井过去多用于中小桥梁,现在常用的是钢筋混凝土沉井,或底节为钢筋混凝土,钢沉井多用于大型浮运的沉井。

外壁:沉井的外壁可做成铅直形、台阶形或斜坡形。斜坡形虽可减少周围的摩阻力,但下沉过程中容易倾斜;台阶形便于加高井壁。沉井的内部可根据需要作隔墙,划分成几个取土井,但取土井必须对称设置,以利均衡挖土或纠正偏斜;取土井尺寸,须能容纳机械挖土斗自由上下。

7.5.1 沉井的制作

陆地下沉井均采用就地制造。在浅水中,下沉井需先做围堰,填土筑岛出水面,再就地制造;在深水处,下沉井一般均采用在岸边陆地制造,浮运就位下沉。

就地制造沉井,井壁多为实体,自重较大,而刃脚部分面积小,重心较高,为使其在制造过程中不致因地面下沉而引起沉井开裂或倾倒,过去多在地面整平后,先铺垫木,以增加承压面积,再立模板制造沉井,下沉前需先抽垫木,边以砂将刃脚处填实,然后再挖土下沉。现今则用砂土夯实做成刃脚土模,表面抹层水泥,在土模内制造刃脚部分,既节约木料,又简化施工工艺。如我国枝城长江大桥引桥桥墩基础的沉井刃脚部分,就是用此法灌筑的。

水中沉井的施工:筑岛法——水流速不大,水深在 3 m 或 4 m 以内;浮运沉井施工——水流速较大,水深较深。

7.5.2 沉井施工

沉井施工步骤:场地平整,铺垫木,制作底节沉井;拆模,刃脚下一边填塞砂、一边对称抽拔出垫木;均匀开挖下沉沉井,底节沉井下沉完毕;建筑第二节沉井,继续开挖下沉并接筑下一节井壁;下沉至设计标高,清基;沉井封底处理;施工井内设计和封顶等。

沉井下沉分排水和不排水下沉两种。在软弱土层中须采用不排水下沉,以防涌砂和外周边土坍陷,造成沉井倾斜及位移,必要时采取井内水位略高于井外水位的施工方法。出土机械可使用抓土斗、空气吸泥机、水力吸泥机等。近代各国发展用锚桩及千斤顶将沉井压下的方法。此外,还有用大直径钻机在井底钻挖的方法,如日本在圆形沉井内采用臂式旋转钻机,在硬黏土层内开挖,直径可达 11 m,由沉井外的电视机反映操作情况及下沉速度。

沉井到达设计标高后,一般用水下混凝土封底。井孔是否填充,应根据受力或稳定要求决定,可填砂石或混凝土,但在低于冻结线 0.25 m 以上的部分应用混凝土或圬工填实,沉井基础的最后一道工序是灌筑顶盖。

沉井外壁和土的摩擦力是沉井下沉的主要阻力,为克服这种阻力,一是加大沉井壁厚或在沉井上部增加压重,二是设法减少井壁和土之间的摩擦力。减少摩擦力的方法很多,常用的有射水法、泥浆套法及壁后压气法。

①射水法。在沉井下部井壁外面,预埋射水管嘴,在下沉过程中射水以减小周边阻力。

②泥浆套法。在沉井井壁和土层之间灌满触变泥浆以减少摩擦力,触变泥浆是用黏性土、水、化学处理剂等按一定配合比搅拌而成,当静置时它处于"凝胶"状态,沉井下沉时它受到搅动,又恢复"溶胶"状态而大大减少摩擦力。

③壁后压气法。在井壁内预埋管路,并沿井壁外侧水平方向每隔一定高度设一排气龛,在下沉过程中,沿管路输送的压缩空气从气龛内喷出,再沿井壁上升,从而减少摩擦力。初步资料表明:在粉细砂层及含水量较大的黏性土层中,可以减少摩擦力30%以上,下沉速度加快(与气龛数和喷气量有关),且无泥浆套法的缺点,可在水中施工,不受冲刷的影响,但在卵石层及硬黏土层内效果较差。

7.5.3　浮式沉井施工

浮运的沉井,在陆地先做底节,以减轻质量,在浮运到位后再接筑上部。为增加沉井的浮力便于浮运,常采取以下三种方法,如图 7.10 所示。

图 7.10　沉井施工

①在钢沉井内加装气筒,浮运到位后,在沉井内部空间填充混凝土并接高沉井,为控制吃水深度,可在气筒内充压缩空气,待沉入河底预定位置后,再除去气筒顶盖,挖泥(或吸泥)下沉。此法用钢量大,制造安装都较复杂,宜于深水大型沉井。美国旧金山奥克兰湾桥,第一次采用

此法,该桥最大的沉井为 60 m×28 m,内装 55 个直径 4.5 m 的气筒。中国在南京长江大桥也曾使用 18.26 m×22.42 m、底节高 11.65 m 的钢沉井,内有 20 个直径 3.2 m 的气筒,浮运就位后,以钢筋混凝土将沉井接高至 5 m,中间隔墙全部用预制件。

②将沉井做成双壁式使能自浮,到位后在壁内灌水或灌筑混凝土下沉。这种沉井可用钢、木或钢筋混凝土制造。我国 1972 年在四川宜宾岷江公路桥,将制造钢丝网水泥船的经验用于造双壁浮运沉井。沉井外径 12 m,高 7.5 m,双壁厚 1.3 m,网壁厚 3 cm,中间一层钢筋网,4~6 层钢丝网上抹水泥砂浆,重 60 t,采用岸边制造,滑道下水,拉锚定位,灌水下沉。因这种材质的沉井具有较高的弹性和抗裂性,以后在四川南充嘉陵江大桥及湖南益阳桥修建时都曾经使用。

③在沉井底部加临时底板以增加浮力,待到位沉入河底后,再拆除底板,挖泥下沉。如因风振而破坏的美国塔科马海峡桥,其水中桥墩基础为钢筋混凝土沉井,尺寸是 20.1 m×36.6 m,曾用此法施工。

在深水处,采用浮式沉井施工时,有关沉井下水、浮运及悬浮状态下接高、下沉等,必须加以严密控制:

①各类浮式沉井在下水前,应对各节浮式沉井进行水密性试验,合格后方可下水。

②浮式沉井下水前,应制订下水方案。采用起吊下水时,应对起重设备进行检查,在河岸有适合坡度,采用滑称、牵引等方法下水时,必须严防倾覆。

③浮式沉井,必须对浮运、就位和落河床时的稳定性进行检查。

浮式沉井,定位落河床前,应考虑潮水涨落的影响,对所有锚碇设备进行检查和调整,使沉井安全准确落位;浮式沉井落河床后,应尽快下沉,并使沉井达到保持稳定的深度;随时观察沉井的倾斜、移位及河床冲刷情况。

7.5.4 沉箱基础施工

沉箱下沉前需具备以下条件:
①所有设备已经安装、调试完成,相应配套设备已配备完全;
②所有通过底板管路均已连接或密封;
③基坑外围回填土已结束;
④工作室内建筑垃圾已清理干净。
⑤井壁混凝土已达到强度。

下沉过程中箱内的各种设备应架设牢固,箱外浇筑平台、脚手架等不应与箱壁连接。沉箱下沉加气应在沉箱下沉至地下水位以下 0.5~1 m 开始加气,施工现场应有备用供气设备。沉箱施工时,应首先保证工作室内气压的相对稳定,工作室内气压原则上应与外界地下水位相平衡。沉箱在穿越砂性土等渗透性较高土层时,应维持气压略低于地下水位的水平。挖机取土下沉时应先在井格中央形成锅底,逐步均匀向周围扩大,应避免掏挖刃脚处土体,保证此处的土塞高度。当沉箱偏斜达到允许值的 1/4 时应进行纠偏。沉箱的助沉措施,可采用触变泥浆和压重措施,不宜使用空气幕助沉。

7.5.5   施工事故及应急措施

沉井施工时出现的问题主要有瞬间突沉、下沉搁置、沉井悬挂。

1) **瞬间突沉**

现象:沉井在瞬时间内失去控制,下沉量很大或很快,出现突沉或急剧下沉,严重时往往使沉井产生较大的倾斜或使周围地面塌陷。

原因分析:在软黏土层中,沉井侧面摩阻力很小,当沉井内挖土较深,或刃脚下土层掏空过多,使沉井失去支撑,常导致突然大量下沉或急剧下沉。当黏土层中挖土超过刃脚太深,形成较深锅底,或黏土层只局部挖除,其下部存在的砂层被水力吸泥机吸空时,刃脚下的黏土一旦被水浸泡而造成失稳,会引起突然塌陷,使沉井突沉。当采用不排水下沉,施工中途采取排水迫沉时,突沉情况尤为严重。沉井下沉遇有粉砂层,由于动水压力的作用,向井筒内大量涌砂,产生流砂现象,而造成急剧下沉。

预防措施:在软土地层下沉的沉井可增大刃脚踏面宽度,或增设底梁以提高正面支承力;挖土时,在刃脚部位宜保留约50 cm宽的土堤,控制均匀削土,使沉井挤土缓慢下沉;在黏土层中严格控制挖土深度(一般为40 cm)不能太多,不使挖土超过刃脚,可避免出现深的锅底将刃脚掏空;黏土层下有砂层时,防止把砂层吸空;控制排水高差和深度,减小动水压力,使其不能产生流砂或隆起现象,或采取不排水下沉的方法施工。

2) **下沉搁置**

现象:沉井被地下障碍物搁住或卡住,出现不能下沉或下沉困难的现象。

原因分析:沉井下沉局部遇孤石、大块卵石、矿渣块、砖石、混凝土基础、管线、钢筋、树根等被搁置、卡住,造成沉井难以下沉。下沉中遇局部软硬不均地基或倾斜岩层。

预防措施:施工前做好地基勘察工作,对沉井壁下部3 m以内的各种地下障碍物,下沉前挖井取出。对局部软硬不均地基或倾斜岩层,采取先破碎开挖较硬土层或倾斜岩层,再挖较弱土层,使其均匀下沉。

治理方法:遇较小孤石,可将四周土掏空后取出;遇较大孤石或大块石、地下沟道等,可用风动工具或用松动爆破方法破碎成小块取出。炮孔距刃脚不小于50 cm,其方向须与刃脚斜面平行,药量不得超过200 g,并设钢板、草垫防护,不得用裸露爆破。钢管、钢筋、树根等可用氧气烧断后取出。不排水下沉,爆破孤石,除打眼爆破外,也可用射水管在孤石下面掏洞。

3) **沉井悬挂**

现象:沉井下沉过程中,刃脚下部土体已经掏空,而沉井的自重仍不能克服摩阻力下沉,产生悬挂现象,有时将井壁拉裂。

原因分析:井壁与土壁间的摩阻力过大,沉井自重不够,下沉系数过小;沉井平面尺寸过小,下沉深度较大,遇较密实的土层,其上部有可能被土体夹住,使其下部悬空,有时将井壁拉裂。

预防措施:使沉井有足够的下沉自重;下沉前应验算沉井的下沉系数,应不小于1.1~1.25。加大刃脚上部空隙,使井壁与土体间有一定空间,以避免被土体夹住。

治理方法:用0.2~0.4 MPa的压力流动水针沿沉井外壁缝隙冲水,以减少井壁和土体间的摩阻力;在井筒顶部加荷载,或继续浇筑上节筒身混凝土增加自重和对刃口下土体的压力,但应在悬空部分下沉后进行,以免突然下沉破坏模板和混凝土结构;继续第二层碗形挖土,或挖空刃脚土,必要时向刃脚外掏深100 mm;在岩石中下沉,可在悬挂部位进行补充钻孔和爆破。

7.6 地下连续墙基础施工

7.6.1 地下连续墙的分类与特征

由于目前挖槽机械发展很快,与之相适应的挖槽工法层出不穷,有不少新的工法已经不再使用膨润土泥浆;墙体材料已经由过去以混凝土为主而向多样化发展,不再单纯用于防渗或挡土支护,越来越多地作为建筑物的基础,所以很难给地下连续墙一个确切的定义。

一般地下连续墙可以定义为:利用各种挖槽机械,借助于泥浆的护壁作用,在地下挖出窄而深的沟槽,并在其内浇注适当的材料而形成一道具有防渗(水)、挡土和承重功能的连续的地下墙体,如图 7.11 所示。

图 7.11 地下连续墙施工

地下连续墙的分类如下:
①按成墙方式可分为桩排式、槽板式、组合式。
②按墙的用途可分为防渗墙、临时挡土墙、永久挡土(承重)墙、作为基础用的地下连续墙。
③按墙体材料可分为钢筋混凝土墙、塑性混凝土墙、固化灰浆墙、自硬泥浆墙、预制墙、泥浆槽墙(回填砾石、黏土和水泥三合土)、后张预应力地下连续墙、钢制地下连续墙。
④按开挖情况可分为地下连续墙(开挖)、地下防渗墙(不开挖)。

地下连续墙施工震动小、噪声低,墙体刚度大,防渗性能好,对周围地基无扰动,可以组成具有很大承载力的任意多边形连续墙代替桩基础、沉井基础或沉箱基础。对土壤的适应范围很广,在软弱的冲积层、中硬地层、密实的砂砾层以及岩石的地基中都可施工。初期用于坝体防渗,水库地下截流,后发展为挡土墙、地下结构的一部分或全部。房屋的深层地下室、地下停车场、地下街、地下铁道、地下仓库、矿井等均可应用。

7.6.2 地下连续墙施工工艺流程

在挖基槽前先做保护基槽上口的导墙,用泥浆护壁,按设计的墙宽与深分段挖槽,放置钢筋骨架,用导管灌注混凝土置换出护壁泥浆,形成一段钢筋混凝土墙。逐段连续施工成为连续墙。施工主要工艺为导墙→泥浆护壁→成槽施工→水下灌注混凝土→墙段接头处理等。

1）导墙

导墙通常为就地灌注的钢筋混凝土结构。主要作用是保证地下连续墙设计的几何尺寸和形状；容蓄部分泥浆，保证成槽施工时液面稳定；承受挖槽机械的荷载，保护槽口土壁不被破坏，并作为安装钢筋骨架的基准。导墙深度一般为 1.2~1.5 m。墙顶高出地面 10~15 cm，以防地表水流入而影响泥浆质量。导墙底不能设在松散的土层或地下水位波动的部位。

2）泥浆护壁

通过泥浆对槽壁施加压力以保护挖成的深槽形状不变，灌注混凝土把泥浆置换出来。泥浆材料通常由膨润土、水、化学处理剂和一些惰性物质组成。泥浆的作用是在槽壁上形成不透水的泥皮，从而使泥浆的静水压力有效地作用在槽壁上，防止地下水的渗水和槽壁的剥落，保持壁面的稳定，同时泥浆还有悬浮土渣和将土渣携带出地面的功能。

在砂砾层中成槽，必要时可采用木屑、蛭石等挤塞剂防止漏浆。泥浆使用方法分静止式和循环式两种。泥浆在循环式使用时，应用振动筛、旋流器等净化装置。在指标恶化后要考虑采用化学方法处理或废弃旧浆，换用新浆。

3）成槽施工

使用成槽的专用机械有：旋转切削多头钻、导板抓斗、冲击钻等。施工时应视地质条件和筑墙深度选用。一般土质较软，深度在 15 m 左右时，可选用普通导板抓斗；对密实的砂层或含砾土层，可选用多头钻或加重型液压导板抓斗；在含有大颗粒卵砾石或岩基中成槽，以选用冲击钻为宜。槽段的单元长度一般为 6~8 m，通常结合土质情况、钢筋骨架质量及结构尺寸、划分段落等决定。成槽后需静置 4 h，并使槽内泥浆比重小于 1.3。

4）水下灌注混凝土

采用导管法按水下混凝土灌注法进行，但在用导管开始灌注混凝土前为防止泥浆混入混凝土，可在导管内吊放一管塞，依靠灌入的混凝土压力将管内泥浆挤出，混凝土要连续灌注并测量混凝土灌注量及上升高度。所溢出的泥浆送回泥浆沉淀池。

5）墙段接头处理

地下连续墙是由许多墙段拼组而成，为保持墙段之间连续施工，接头采用锁口管工艺，即在灌注槽段混凝土前，在槽段的端部预插一根直径和槽宽相等的钢管（即锁口管），待混凝土初凝后将钢管徐徐拔出，使端部形成半凹榫状。也有根据墙体结构受力需要而设置刚性接头的，以使前后两个墙段联成整体。

7.6.3　地下连续墙的检测

地下连续墙槽底的沉渣必须清理，清理后的沉渣厚度不大于 200 mm。地下连续墙水下混凝土必须连续浇筑，严禁发生中断或导管进水现象。每槽段实际浇筑混凝土的数量严禁小于计算体积。

超声波地下连续墙检测仪利用超声探测方法，将超声波传感器侵入钻孔中的泥浆里，可以很方便地对钻孔四个方向同时进行孔壁状态监测，可以实时监测连续墙槽宽、钻孔直径、孔壁或墙壁的垂直度、孔壁或墙壁坍塌状况等；可以帮助改善钻孔质量、减少工作时间、降低工程费用；

输出清晰的孔以及槽壁图像,是目前几种常见同类进口设备所无法比拟的。目前超声波钻孔检测仪无论从成图清晰度、检测数据的准确,还是机械性能等方面已经完全可以取代进口设备,而且检测图像更直观、清晰,对泥浆的适应能力更高。

本章小结

本章主要介绍了明挖扩大基础的规定、排水、施工,沉入桩基础的预制、施工;钻孔桩基础准备、钻孔、故障处理、灌注;沉井与沉箱基础制作、施工及地下连续墙基础施工等内容。

思考题与习题

7.1　明挖扩大基础的排水方式有哪些?

7.2　对围堰有什么要求?

7.3　沉入桩有哪些特点? 其施工的注意事项有哪些?

7.4　钻孔成桩施工需做哪些准备工作?

7.5　沉井的制作方法及注意事项有哪些?

7.6　简述地下连续墙的分类与特点。

8 桥梁墩台施工

本章导读:

- **内容及要求** 主要介绍桥梁墩台模板类型及高墩台施工等内容。通过本章学习,应熟悉并理解高墩台施工工序等,掌握高墩台的施工注意事项。
- **重点** 模板的安装、混凝土的养护、高墩台的施工。
- **难点** 高墩台的滑升模板施工、翻板式模板施工、爬升式模板施工。

8.1 概 述

桥墩和桥台是支承桥梁上部结构的建筑物。桥台位于桥梁两端,并与路堤相接,兼有挡土作用;桥墩位于两桥台之间,桥梁墩台和桥梁基础统称为桥梁下部结构。近代,墩台由石砌向混凝土浇筑发展。同时,随着桥梁技术的发展,有些桥梁的桥墩、桥台成为桥梁上部结构的组成部分。例如 T 形刚构桥、斜腿刚构桥的上部结构同桥梁墩台的上部是连为一体的;悬索桥锚索的锚固部分一般是同桥台结合在一起的;开启桥的衡重部分常设置在桥墩台体之内;斜拉桥的索塔架往往包括基础以上的墩身部分等。

在墩台工程方面,中国古代有创造性的成就,如汉代长安灞河桥采用了卯榫相联结构,并应用若干节叠置的石鼓做成具有柔性墩性质的石柱墩。宋代泉州洛阳桥用船上起吊工具悬吊大石块砌筑石墩,有石块重达 10 t,是用水上浮吊进行墩台施工的最早实例。近代,各种类型混凝土墩台和预制装配式墩台逐步向机械化拼装施工方向发展。随着施工装备的改进和施工技术的提高,桥梁墩台深水施工、峡谷中高墩台建造,以及受复杂应力的空间结构的墩台建造,不断获得发展。国内外对中等跨径桥梁多采用施工便捷、圬工量省的排架桩柱式桥墩。美国路易斯安那州跨越庞恰特雷恩湖的大桥全长约 39 km,有跨径为 25.6 m 的基本桥孔 1 526 个,其中 1 500 余座双桩柱(直径为 1.64 m 的桩节段用 12 根预应力钢丝束串联)桥墩在 15 个月内完成,全桥在 26 个月内完成,创世界最长桥快速施工的纪录。

1)桥墩

桥墩由帽盖(顶帽、墩帽)和墩身组成,帽盖是桥墩支承桥梁支座或拱脚的部分,其作用是把桥梁上部结构荷载传给墩身,并加强和保护墩身顶部。桩柱式墩的桩柱靠帽盖联结为整体,墩身是桥墩承重的主体结构,其作用是把桥梁上部结构荷载传给桥梁基础和地基。

①实体墩:实体墩也称重力式墩,依靠自身重量保持稳定的桥墩。它的整体性和耐久性好,实体墩的墩身常用抗压强度高的石料砌筑或混凝土浇筑。当墩身较大时,可在混凝土中掺入不超过墩身体积25%的片石,以节省水泥。实体墩也可用预制的块件在工地砌筑,各块件用高强度钢丝束串联施加预应力。砌筑时,块件要错缝。用这种方法建造的实体墩又称为装配式桥墩。

②薄壁墩:用钢筋混凝土制作的实体薄壁桥墩或空心薄壁桥墩。实体薄壁桥墩适用于中小跨径桥梁,空心薄壁桥墩多用于大跨径桥和高桥墩桥。

③柱式墩:柱式墩是在基础上灌筑混凝土单柱或双柱、多柱所建成的墩,我国通常采用两根直径较大的钻孔桩作基础,在其上建立柱做成双柱墩,并在两柱之间设横系梁以增加刚度。此外,也常用单桩单柱墩。

④排架桩墩:排架桩墩是由单排桩或双排桩组成的桥墩,一排桩的桩数一般同上部结构的主梁数目相等。将各桩顶联系一起的盖梁可用混凝土制作。这种桥墩所用的桩尺寸较小,因此通常称这种桥墩为柔性桩墩,它按柔性结构设计可考虑水平力沿桥的纵轴线在各墩上的分配。

⑤构架式桥墩:以两榥或多榥构架做成的桥墩,多用钢筋混凝土制作,构架式桥墩轻型美观,但不宜在有漂流物或流冰的河流中建造。

2)桥台

桥台由帽盖(顶帽、台帽)和台身组成。台身有前墙和侧墙(冀墙)两部分。前墙是桥台的主体,它将上部结构荷载和土压力传达于基础。侧墙位于前墙的侧后方,主要支挡路堤土方并可增加前墙的稳定性,前墙和侧墙均可用石料或混凝土砌筑。当上部结构为拱式体系时,除在桥面系同前墙相会处需设置台帽之外,在台身支承拱脚之处需另设拱座,和台帽相连的胸墙同桥面系端部之间应留伸缩缝。

①重力式桥台:依靠自重来保持桥台稳定的刚性实体,它适于用石料砌筑,要求地基土质良好。重力式桥台的平面形状有U形、T形以及山形等。U形的整体性好,施工方便,但是台背易积水,故在台后填土中应设盲沟排水,以免发生土的冻胀。在土质地基上,翼墙同前墙相会合处应设置隔缝,将两者分开砌筑,以避免两者沉降不均,产生破坏。

②埋置式桥台:埋置于路堤锥体护坡中的桥台,它仅露出台帽以上的部分以支承桥梁上部结构。由于是埋置土中,所以这种桥台所受的土压力很小,稳定性好。但是锥体护坡往往伸入河道,侵占了泄水面积,并易受到水流冲刷,因此必须十分重视护坡的保护。在设计中应验算护坡万一被冲刷毁坏时的桥台稳定性和强度。

③薄壁桥台:以L形薄壁墙做成的桥台,这种桥台有前墙和扶壁,前墙是主要承重部分,扶壁设于前墙背面,支撑于墙底板上,扶壁有若干道,其作用是增加前墙的刚度。台帽置于前墙顶部,底板上方的填土有助于保持桥台的稳定。

④木墩台:主要用于木桥,目前仅在一些易于取材的林区采用这类墩台,其他形式桥梁在维修抢险时也用木墩台或木墩作为临时支承。

桥梁墩台施工主要工作包括墩台定位、放样、基础施工,在基础襟边上立模板和支架,浇筑墩(台)身混凝土或砌石,扎顶帽钢筋,浇顶帽混凝土并预留支座锚栓孔等。桥梁墩台施工方法通常分为两大类:一类是现场就地浇筑与砌筑;另一类是拼装预制的混凝土砌块、钢筋混凝土或预应力混凝土构件。前者工序简便,机具较少,技术操作难度较小,但是施工期限较长,需消耗较多的劳力和物力。后者的特点是可确保施工质量,减轻工人劳动的强度,又可加快工程进度,提高经济效益,对施工场地狭窄,尤其是缺少砂石地区或干旱缺水地区建造桥墩有着更重要的意义。

8.2 墩台施工模板类型与构造

模板是用作浇筑混凝土构件的模子,在浇筑混凝土过程中及混凝土未能受力的一段时间内,模板还承受着混凝土和钢筋的重量、侧压力、振捣力及浇筑工人作用力等各种荷载。对模板的技术要求如下:

①模板尺寸、位置和高程必须准确,以保证浇筑构件的形状尺寸和位置的准确;

②模板必须有足够的强度和刚度,以保证在混凝土浇筑过程中不损坏、变形小;

③接缝不漏浆,面临浇筑混凝土的表面应平整光滑,以保证拆模后混凝土构件的外观质量;

④构造简单,拆装方便;

⑤尽量采用标准模板,通用性要好,标准模板的尺寸和种类的数目应尽量减少;

⑥模板的周转率高,材料用量少,费用省。

8.2.1 固定式模板

当结构外形较复杂且特殊时,模板或在木模厂加工或在现场按具体形状的变化就地进行拼装。由于它只适用于一个固定的形式,故称固定式模板。这种模板一般只能使用一两次,耗费大、成本高,应尽量避免采用。

固定式模板(图8.1)有定型和不定型两种。不定型模板是用零散的木料和木板条在施工现场临时拼钉而成,需要什么形状就做成什么形状。在岩基上浇筑最下层混凝土时,为使模板的下部边缘与岩石的外形符合,就必须临时拼钉固定式不定型模板。固定式定型模板多用于形状比较复杂的结构物或结构部位上,如船闸输水廊道某些曲面模板,就要根据图纸设计的形状在工厂预先做好,然后送到施工现场安装。

图8.1 固定式模板

8.2.2 拼装式模板

拼装式模板也叫标准模板或工具式摸扳,一般都在加工厂做成元件,然后到现场拼装。当混凝土达到拆模强度后,将模板拆下,送到另一浇筑地点使用。这种模板具有拆装方便、能多次周转使用、省工省料、能加快施工进度等优点,因而使用极为广泛。

木模板由面板、支撑及固定用的配件或支架等基本部分组成。面板由厚度25~50 mm木板条拼合而成,板条宽度不宜超过 200 mm,以保证在干缩时不易翘曲和浇筑后易于密缝。但梁底板的板条宽度可不受此限制,宽板可以减少拼缝,防止漏浆。面板的长短、宽窄可以根据结构各种构件的尺寸,设计出几种标准尺寸,以便组合使用。每块板的重量以两人能搬动为宜。当面板的板条长度不够而需要接长时,板条接缝应位于肋木处并相互错开,以保证面板的刚度。支撑的肋木一般做成截面为 25 mm×35 mm~50 mm×50 mm 尺寸不等的材料,其间距视浇筑混凝土侧压力大小及面板厚度而定。当面板厚 25 mm 时,肋木间距可取 400~450 mm;板条厚大于 25 mm 时,间距可取 450~500 mm。木模板对木材要求较高,且消耗量大,重复利用率低。

目前较多采用定型组合式钢模板。板块的连接件有钩头螺栓、U 形卡、回形销、L 形插销、紧固螺栓等,如图 8.2 所示。支撑一般沿梁的轴线布置,间距 1~1.5 m,常用 8 cm×8 cm 方木或直径 10~12 cm 圆木做成,支撑应支承在坚实的地面上,下垫木楔。支撑之间应注意用水平及斜向拉条钉牢,以防止模板系统整体倾斜或支撑本身失稳而发生事故。拉条可用半圆木,一般沿支撑铅直方向每 2 m 安装一层。安装梁模板时,先架主梁模板并在次梁的位置留缺口,以便安装次梁。为了防止由于支架系统在浇筑混凝土后变形而引起跨中梁底下垂,跨度大于 4 m 时,跨中应该"起拱"。起拱高度若设计未规定时,宜为全长跨度的 0.2%~0.3%。

图 8.2 拼装模板

近年来,我国许多港口工地采用定型组合式钢模板整装。它是以定型钢模板组成大型平面模板(尺寸达 14 m×8 m),用工字钢和桁架焊接支撑以构成整装大片,每片质量有 5~6 t,用起重机吊运安装。用这种整装大片安装沉井、沉箱及船坞和船闸的墙壁模板时,只要将两侧模板用螺栓对拉固定,即可完成模板安装工作,施工十分方便。

8.2.3 整体吊装模板

整体吊装模板即将单根梁模板预组装成形,在支撑架搭设好后,整体吊装梁模板,就位后校正并与支撑固定,如图 8.3 所示。

施工要点:梁口与柱头模板的连接特别重要,可采用角模拼接或用方木、木条镶拼。底层梁模支架下的土地面,应夯实平整,并按要求设置垫木,排水通畅。多层支设时,应使上下支柱在一条垂直线上。模板支柱纵横方向的水平拉杆、剪刀撑等均应按设计要求布置。在吊装就位拉结支撑稳固后,方可脱钩。五级以上大风时,停止吊装。

注意事项:

①大模板吊装时必须检查吊钩是否牢固,有无松动或者焊缝损坏现象,起吊时要进行试吊,

图 8.3 吊装模板

当一切都检查完毕没有问题后方可吊装。

②大模板安装时,必须由塔吊等吊运机械配合,施工作业人员必须严格遵守机械安全操作规程。

③吊装模板时,指挥、拆除和挂钩人员必须站在安全可靠的地方方可操作,严禁在大模吊运行走的路线下站人,严禁任何人随大模板起吊,安装外墙、外模板的操作人员应挂安全带。

④大模板安装就位各支点均稳固后方可摘钩,未就位和未稳固前不得摘钩。

⑤大模板安装就位后,为便于混凝土浇筑,墙模板平台间应搭设临时走道,严禁在外墙板上行走。

⑥任何部位大模板的拆除必须经过施工员许可,其混凝土达到规定强度时方可拆除,作业人员切不可私自做主拆除模板,以防发生重大事故。

⑦大模板在未装拉螺杆前,板面要向后倾斜一定角度,撑牢同时用铁丝把大模板拴牢以防倒塌,严禁在未固定好的墙模板上行走。安装过程中要随时拆换支撑或增加支撑,以保持墙模板处于稳定状态,模板未支撑稳固前不得松开卡环。

⑧平板大模板安装就位时,要在支架搭设稳固,板下横楞与支架连接牢固后进行满堂架必须搭设扫地杆,以增强整体性,确保模板结构安全,防止整体倒塌。

为防止大模板倒塌,放在施工层上的模板应有可靠的防倾倒措施。在地面存放时,大模板应存放在专用的堆放架上或者平卧堆放,严禁靠放到其他的模板或构件上,以防下脚滑移而倾翻伤人。

8.2.4 常备式组合钢模板

组合钢模板,宽度 300 mm 以下,长度 1 500 mm 以下,面板采用 Q235 钢板制成,面板厚 2.3 mm 或 2.5 mm,又称组合式定型小钢模或小钢模,主要包括平面模板、阴角模板、阳角模板、连接角模等。

组合钢模板在全国各地应用较普遍,尤其在北方用量很大,适用于各种现浇钢筋混凝土工程,可事先按设计要求组拼成梁、柱、墙、楼板的大型模板,整体吊装就位,也可采用散装散拆方法,比较方便;施工方便,通用性强,易拼装,周转次数多。但一次投资大,拼缝多,易变形,拆模后一般都要进行抹灰,个别还需要进行剔凿。

具体要求如下：

①应满足构件的形状、尺寸及相互位置的要求。

②能够承受新浇混凝土的重量和侧压力，以及各种施工荷载，支撑系统应具有足够的强度、刚度和稳定性。

③构造简单，装拆方便，不妨碍钢筋绑扎，拼缝严密不漏浆。

④模板长度方向的拼接，接缝要错开。

⑤配板应绘制配板图，标出模板的位置、规格型号和数量；标明预埋件和预留孔洞的位置，并注明固定方法。

8.3 墩台混凝土工程

8.3.1 混凝土的灌注和养护

1)混凝土的灌注

混凝土自吊斗口下落的自由倾落高度不得超过 2 m，浇筑高度如超过 3 m 时必须采取混凝土措施，用串桶或溜管等。浇筑混凝土时应分段分层连续进行，浇筑层高度应根据混凝土供应能力、一次浇筑方量、混凝土初凝时间、结构特点、钢筋疏密综合考虑决定，一般为振捣器作用部分长度的 1.25 倍。使用插入式振捣器应快插慢拔，插点要均匀排列，逐点移动，顺序进行，不得遗漏，做到均匀振实。移动间距不大于振捣作用半径的 1.5 倍（一般为 30~40 cm）。振捣上一层时应插入下一层 5~10 cm，以使两层混凝土结合牢固。振捣时，振捣棒不得触及钢筋和模板，表面振动器（或称平板振动器）的移动间距应保证振动器的平板覆盖已振实部分的边缘。

浇筑混凝土应连续进行，如必须间歇，其间歇时间应尽量缩短，并应在前层混凝土初凝之前，将次层混凝土浇筑完毕。间歇的最长时间应按所用水泥品种、气温及混凝土凝结条件确定，一般超过 2 h 应按施工缝处理（当混凝土凝结时间小于 2 h 时，则应当执行混凝土的初凝时间）。浇筑混凝土时应经常观察模板、钢筋、预留孔洞、预埋件和插筋等有无移动、变形或堵塞情况，发现问题应立即处理，并应在已浇筑的混凝土初凝前休整完好。

柱浇筑前底部应先填 5~10 cm 厚与混凝土配合比相同的减石子砂浆，柱混凝土应分层浇筑振捣，使用插入式振捣器时每层厚度不大于 50 cm，振捣棒不得触动钢筋和预埋件。柱高在 2 m 之内，可在柱顶直接下灰浇筑，超过 2 m 时，应采取措施（用串桶）或在模板侧面开洞口安装斜溜槽分段浇筑。每段高度不得超过 2 m，每段混凝土浇筑后将洞模板封闭严实，并用箍箍牢。柱子混凝土的分层厚度应当经过计算确定，并且应当计算每层混凝土的浇筑量，用专制料斗容器称量，保证混凝土的分层准确，并用混凝土标尺杆计量每层混凝土的浇筑高度，混凝土振捣人员必须配备充足的照明设备，保证振捣人员能够看清混凝土的振捣情况。柱子混凝土应一次浇筑完毕，如需留施工缝时应留在主梁下面。浇筑完后，应及时将伸出的搭接钢筋整理到位。

2)混凝土的养护

(1)覆盖浇水养护

根据外界气温在混凝土浇筑完后 3~12 h 内用草帘、芦席、麻袋等适当材料将混凝土表面予以覆盖,并经常浇水保持湿润,大部分混凝土工程采用该种养护方法。

覆盖浇水养护应符合以下规定:混凝土的浇水养护时间,对采用硅酸盐水泥、普通硅酸盐水泥或矿渣硅酸盐水泥拌制的混凝土,不得少于 7 d;对掺用缓凝型外加剂或有抗渗性要求的混凝土,不得少于 14 d;当采用其他品种水泥时,混凝土的养护应根据所采用水泥的技术性能确定。浇水次数应根据能保持混凝土处于湿润的状态来确定,混凝土的养护用水与拌制水相同。当日平均气温低于 5 ℃时,不得浇水。

(2)塑料薄膜养护

将塑料薄膜直接覆盖在混凝土构件上,使混凝土与空气隔绝,水分不再被蒸发,采用双层薄膜,下层用黑色,上层用透明的,四周必须压严。该法优点是不必浇水,操作方便,能重复使用,能提高混凝土的早期强度,加速模具的周转。

(3)薄膜养生液养护

将可成膜的溶液喷洒在混凝土表面上,溶液挥发后在混凝土表面凝结成一层薄膜,使混凝土表面与空气隔绝,封闭混凝土中的水分不再被蒸发,而完成水化作用。适用于表面积大的混凝土施工或浇水养护困难的情况。常用塑料薄膜养护剂有氯乙烯-乙烯养护剂和过氯乙烯树脂塑料薄膜养护剂。

(4)加热养护

为了加快混凝土预制构件的强度增长速度,提高模具的周转速度,预制构件常采用加热养护方法。

(5)蒸汽养护

施工现场多采用地下的养护坑上覆盖养护罩或简易的帆布、油布。蒸汽养护分为 4 个阶段:静停阶段,指混凝土浇筑完毕至升温前在室温下先放置一段时间,一般需 2~6 h;升温阶段,混凝土由原始温度上升到恒温阶段,温度急速上升会使混凝土表面因体积膨胀太快而产生裂缝,因此升温速度必须控制好,一般为 10~25 ℃/h(干硬性混凝土为 35~40 ℃/h);恒温阶段,是混凝土强度增长最快的阶段,一般恒温时间为 5~8 h,恒温加热阶段应保持 90%~100% 的相对湿度,恒温的温度应随水泥品种不同而异,普通水泥的养护温度不得超过 80 ℃,矿渣水泥、火山灰水泥可提高到 90~95 ℃;降温阶段,在此阶段内,混凝土已经硬化,如降温过快,混凝土会产生表面裂缝,因此降温速度应予控制,一般情况下构件厚度在 10 cm 左右时,降温速度每小时不大于 20~30 ℃。为避免由于蒸汽温度骤然降温而引起混凝土构件产生裂缝变形,必须严格控制升温和降温的速度,出槽的构件温度与室外温度相差不得大于 40 ℃,当室外为负温度时,不得大于 20 ℃。施工现场常采用的为坑式蒸汽养护,可间歇式生产,其设备简单。

(6)太阳能养护

用透光材料搭设的养护棚(罩),直接利用太阳能加热养护棚(罩)内的空气,使棚内混凝土能在足够的温、湿度下进行养护,获得早强。现在常用的养护方法为棚罩式、覆盖式等。棚罩式养护是在混凝土构件上加盖养护棚罩,棚罩的材料可用透明玻璃钢、聚酯薄膜、聚乙烯薄膜等。其中以透明玻璃钢和透明塑料薄膜为佳,棚的形式有单坡、双坡、拱形等,棚罩内的空腔不易过大,一般略大于混凝土构件即可。覆盖式养护是在混凝土成型、表面略平后,其上覆盖塑料薄膜进行养护,塑料薄膜为黑色,应采用耐老化的,接缝应采用热黏合,采用搭接时,搭接长度应大于30 cm,覆盖时应紧贴四周,用沙袋或其他重物压紧盖严,防止被风吹开。

混凝土的养护方案如图 8.4 所示。

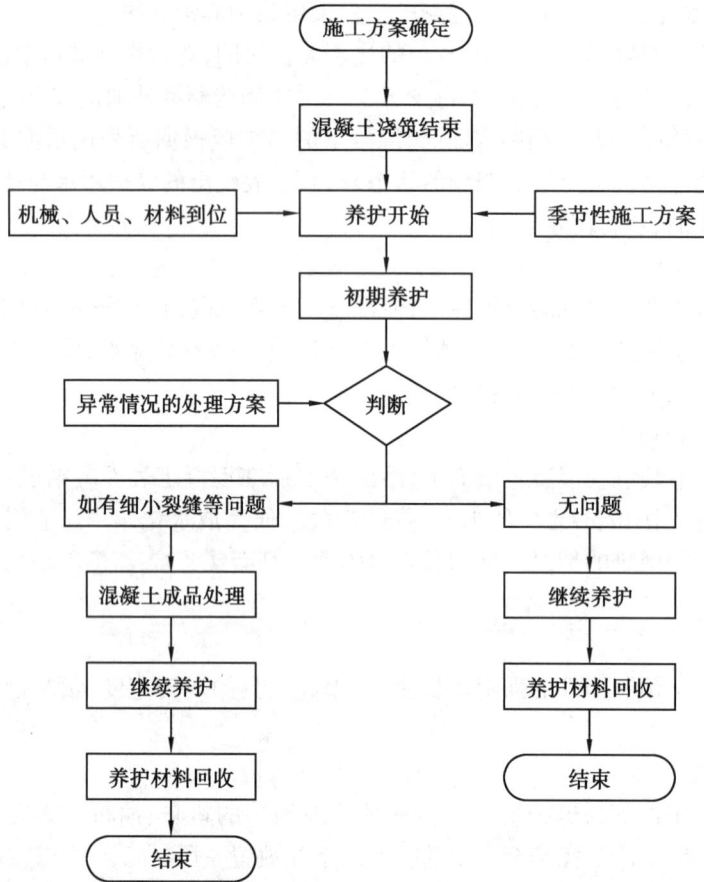

图 8.4　混凝土养护方案

8.3.2　特殊外形墩台混凝土施工

对于特殊外形混凝土墩台,为了增强墩身混凝土表面光洁、美观,墩身模板采用厂制定型钢模,经试拼检查各项指标合格后,方可用于墩身使用。台身采用竹胶板作模板,模板内设拉杆,模板外用两根槽钢作为拉杆的带木。模板的下部固定在承台上,上部用钢丝绳与地面上的钢管桩进行拉结,以稳固模板上部。在承台上搭设钢管脚手架作施工平台。

墩身模板采用两半圆形拼装而成,模板接缝采用企口型式,接缝间挤夹海绵条,节段连接采用高强螺栓。对顶部为变截面的圆柱形墩身,分节制作,变截面部分单独制作,然后进行拼接,以满足墩身的变化要求。墩(台)身模板的组装和拆除分别采用汽车吊配合作业。安装模板时先搭设脚手架,便于施工人员操作。垂直度控制通过在墩柱四周设置缆风绳用花篮螺丝调整。校正后缆风绳不拆除,为保证浇筑混凝土时模板不移动,四周与钢管脚手架连接并打入钢管斜撑支撑固定。模板下缘与水平层间设单面黏结海绵止浆条,防止烂根。在混凝土强度达到设计强度75%时进行拆模,松开缆风绳和固定撑,松开连接螺丝,用吊车缓缓将半片模板吊出,及时清理干净及整体堆放。

支立模板时采用整体组拼法。整体组拼后的模板用汽车起重机吊装就位,并用经纬仪调整横纵方向及垂直度,用缆风绳加固保证混凝土施工时无扰动。钢筋采用钢筋场统一加工的半成品,现场拼接或绑扎工艺。主筋接长采用搭接焊,两接长钢筋要保证轴线在一条直线上,并保证同一截面接头数量小于主筋数量的50%。墩柱钢筋施工时,采用搭设临时支架的方式防止骨架筋的整体偏移。在固定墩柱钢筋时,采用锤球对中的方式,防止钢筋的偏斜和中心的移位。钢筋骨架保护层使用与设计等厚度同级别的弧形垫块绑于骨架上实现。采用弧形垫块的目的是防止拆模后表面存有垫块痕迹,影响混凝土表面质量。

混凝土施工前在立柱模板与承台交接处以砂浆堵漏,防止振捣时底部发生漏浆,要求砂浆量必须保证充塞密实。要求现场控制坍落度,以避免产生混凝土表面灰线。混凝土由罐车运输至现场,使用吊车加料斗或混凝土泵车的形式进行混凝土浇筑,用插入式振捣器分层振捣,混凝土浇筑自由下落高度严格控制小于2 m,当柱高大于2 m时,为防止下落高度过大造成混凝土离析,利用溜管或串筒等设施下落。每次浇筑高度不得超过30 cm,立柱混凝土必须一次连续浇筑完,及时养护,确保混凝土外观质量优良。根据立柱高度选用合适长度的振动棒,振动棒间距为30~35 cm,振捣深度一般插入前层5~10 cm,振捣程度直至混凝土表面泛浆并不再冒气泡、水泡。振捣时尽量避免碰撞钢筋及模板,不得出现漏振、重复振捣。当混凝土浇筑至设计标高时用木抹子抹平,在初凝前进行第二次收面抹光。严禁超低、高抹面交活和顶面混凝土出现收缩裂缝现象。混凝土浇筑完后,及时对裸露面进行覆盖,待初凝后进行洒水养护。在墩台身混凝土的强度达到设计要求后,采用汽车吊由上而下进行模板及支架的拆除;拆除后继续洒水养护,养护时间不得小于14 d。

8.4 高墩台施工

8.4.1 高墩台施工特点及准备工作

高墩台施工的特点是施工难度最大,技术含量较高,对操作人员素质要求严格;其特高空作业,更容易产生安全隐患和发生各类安全事故。

高墩台施工准备工作如下:

①混凝土配合比设计。混凝土宜采用半干硬或低流动混凝土,要求和易性好,不易产生离析、泌水现象,坍落度应控制在3~5 cm范围内,混凝土出模强度宜控制在0.2~0.4 N/mm², 以保证混凝土出模后既能易于抹光表面,不致拉裂或带起,又能支承上部混凝土的自重,不致流淌、坍落或变形。

②滑模施工的组织设计。高墩台施工是一项综合性工艺,为此必须做好详细的施工组织计划,制定可靠的质量保证措施,设立完善的安全保证体系,以保证连续作业和施工质量。

③模板制作及滑模系统。模板装置由滑模系统、提升系统、操作平台系统部分组成。滑模系统由全钢模及提升架组成,钢模均使用定型大钢模板,模板中间采用螺栓连接。围圈应有一定的刚度,围圈接头应采用刚性连接,并上下错开布置附着在钢模板上连成整体,以防模板变形。提升系统由液压控制台、千斤顶、油路及支承杆组成。操作平台系统由外挑架及吊架组成,外挑架采用钢管连接,以增加整体刚度,外设防护栏杆,挂安全网。

④机具设备的选择。爬杆用材以前常用25 mm的圆钢,后因其承压能力小,较易发生弯曲而被同截面的48 mm×3.5 mm钢管取代。钢管位置一般取决于墩台的截面,爬杆应尽量处于混凝土的中心,其数量由起重计算确定,应做到受力均匀,提升同步并具有一定的安全储备,通常其间距为1.5~2.5 m。同时滑模提升也应做到垂直、均衡一致,各提升架之间的高差不大于

5 mm。为此浇筑混凝土时应严格保持均匀平衡，每层厚度要严格控制，混凝土布料也要对称，钢筋上料要按施工要求分成小批对称地堆放在平台上，以防止滑模在不均匀荷载作用下倾斜，并应随时对滑模的水平结构变形进行检查，以便及时调整加固。

8.4.2　滑升模板施工

滑升模板法施工时，模板固定在工作平台上，随墩身的施工而逐渐提升、逐段浇筑混凝土。滑升模板法施工具有施工进度快、混凝土质量好、安全可靠等优点，故广泛应用于高墩台、桥塔的施工。当桥梁跨越深谷时，必须采用高桥墩，这种情况下常采用滑升模板法进行墩身施工。

1)滑升模板的构造

滑升模板主要由工作平台、模板和提升设备三大部分组成。

工作平台是整个滑升模板的骨架，由顶架、操作平台、吊架、混凝土平台等组成。它既提供施工操作的场地，又把各组成部分连接在提升设备的顶杆上。其中顶架用以承受整个模板和操作平台的荷载，并传递给顶杆；操作平台提供施工操作场地；吊架位于整个滑升模板的下方，供施工人员对混凝土进行表面整饰和养生等操作。

模板悬挂在工作平台上，如果桥墩是空心墩，模板由内模和外模组成；如果桥墩向上收坡，可在模板上连接收坡丝杆，用于调节内外模板间距。提升设备由千斤顶和顶杆组成，千斤顶用于提供向上的提升力，把整个滑升模板设备向上提升；顶杆一端固定于墩台混凝土中，另一端穿过千斤顶，承受施工过程中的全部荷载。

2)滑升模板的施工

滑升模板的施工是一个连续、循环的过程，主要包括组装滑升模板、浇筑混凝土、滑升模板等工序。

(1)组装滑升模板

组装滑升模板大致步骤如下：

①在基础顶面定出桥墩中心线，垫好垫木。

②在垫木上安装工作平台的内钢环，再依次安装辐射梁、外钢环、立柱、顶杆、千斤顶等。

③提升设备，撤去垫木，安装模板就位。

④待模板滑升至一定高度后安装吊架。

设备组装完毕后，必须进行全面检查，及时纠正偏差。

(2)浇筑混凝土

滑升模板法施工宜浇筑低流动性或半干硬性混凝土，浇筑时应分层、分段、对称进行，分层厚度以 200~300 mm 为宜，浇筑后混凝土表面距模板上缘宜有不小于 100~150 mm 的距离。

混凝土脱模时的强度控制在 0.2~0.5 MPa，混凝土中可掺入适量早强剂，以加速提升。脱模后 8 h 左右开始养生。吊架上环绕墩身有带小孔的水管，用水管进行混凝土的湿法养护。

(3)滑升模板

滑升模板分为初次滑升阶段和正常滑升阶段。模板初次滑升的程序是：初次浇筑混凝土厚度为 600~700 mm，分 3 次浇筑，待强度达到滑升要求后，初次滑升 20~50 mm，再浇筑 300 mm 混凝土，滑升 100~150 mm。以后进入正常滑升阶段，每浇筑一层混凝土向上滑升同样高度。

滑升模板法施工要求连续作业，如施工过程出现暂停，必须每隔 1 h 左右将模板略为提升，避免混凝土和模板粘连。施工过程中还必须穿插进行钢筋绑扎、顶杆接长、预埋件的处理、混凝土表面整饰、检查中线等工作。滑升模板法施工是高空作业,施工人员应随时注意施工安全,严格执行高空作业安全制度。

8.4.3 翻板式模板施工

墩身模板采用液压自升平台翻模,内外模板共设三节,循环交替翻升。当第三节混凝土灌注完成后,提升工作平台,拆卸并提升第一节模板至第三节上方,安装、校正后,浇筑混凝土,依此周而复始。当临近墩顶连接处时,在墩身上预埋托架,支立墩帽模板,浇筑墩帽混凝土,混凝土浇筑用泵送入模,插入式振捣器振捣,用软塑管缠绕墩身喷水养护。

施工中因大风、大雨或其他原因必须停工时,充分做好停工处理。停工前将混凝土面摊平,振捣完毕,控制好工作平台提升高度,防止平台提升过高而影响其稳定性。复工时加强中线水平观测,新旧混凝土接缝按规定处理,再继续进行施工。

墩身翻模法施工工艺流程如图 8.5 所示。

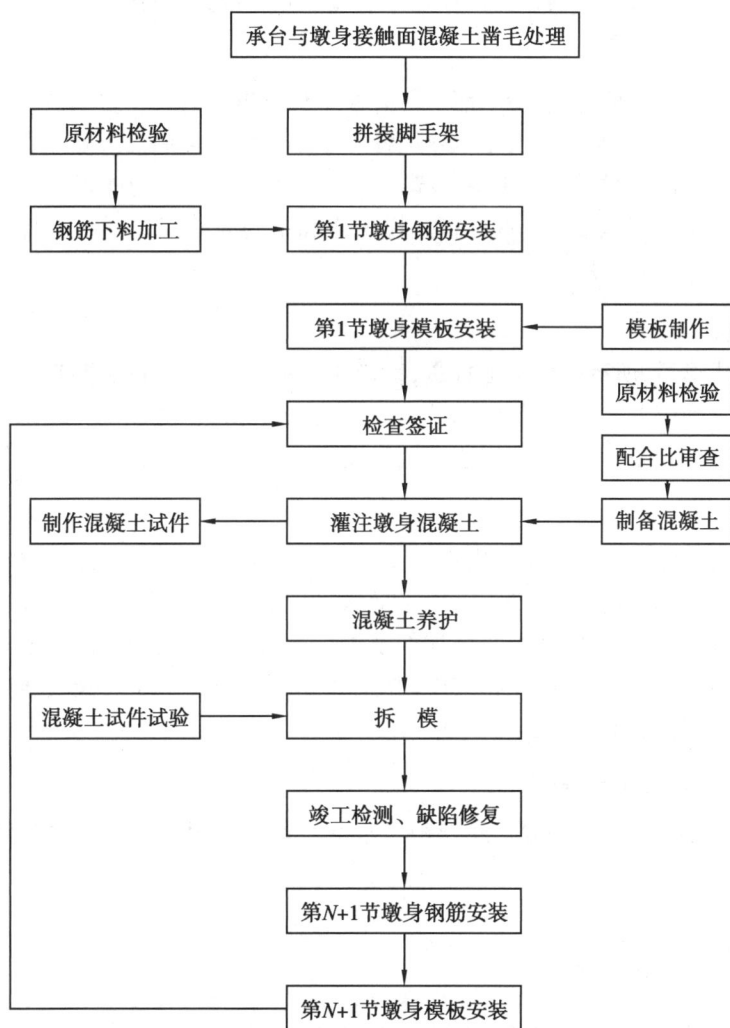

图 8.5 墩身翻模法施工工艺流程

1）墩身模板

模板分上、下两节，接缝采用对接接头，模板制作尺寸误差小于 2 mm，倾斜角偏差小于 1.5 mm，孔位误差小于 1 mm。为确保工程质量，在厂内统一加工。施工过程中，两节模板交替轮番往上安装，每一节都立在已浇筑混凝土的模板上。

圆形空心墩内模采用组合钢模拼装，内外模间设带内纹的对拉螺栓，以便利于拆模和避免墩身混凝土内形成孔洞。墩身内腔每隔一定高度便预设型钢作支撑梁，上面搭设门式脚手架作为装拆内模和浇筑混凝土工作平台之用。安装和拆卸模板，提升工作平台以及钢筋等物品的垂直运输均由塔吊完成。墩身外侧设施工电梯，用于人员的运送。

2）钢筋工艺

墩身竖向钢筋采用挤压套管连接方法。钢筋长度均为 9.0 m，但在高度上将一半数量的接头错开 4.5 m，这样每节混凝土外露钢筋有高低两层。施工时，先在长钢筋上点焊一道箍筋，并依靠已立好的内模将钢筋调整到正确位置，然后以此为定位筋安装接长钢筋。

3）拆模

在安装钢筋的同时，可以开始拆下面一节外模工作。拆模时用手拉葫芦将下面一节模板与上面一节模板上下挂紧，同时另设两条钢丝绳拴在上下节模板之间。拆除左右和上面的连接螺栓，下节模板脱落。脱模后放松，使拆下的模板由钢丝绳挂在上节的模板上。然后逐个将四周各模板拆卸并悬挂于上节模板上。这样将拆模工作和钢筋安装工作同时进行，节约了时间，也减少了对塔吊工作时间的占用。

4）模板位置调整

当模板组拼成形后，所有螺栓不必拧紧，留出少量松动余地。如模板前后方向偏斜可通过手拉葫芦调整至正确位置，左右偏斜的调整则在模板底边靠倾斜方向的一端塞加垫片实现。模板之间的缝隙塞有橡胶条，因而不会漏浆。调整完毕后，拧紧全部螺栓，即可浇筑混凝土。

5）混凝土施工

混凝土的垂直运输采用输送泵一次送到位。泵管则利用模板对拉螺栓留在墩身内的螺母安装固定架，由下而上固定在墩柱壁上。由于运送高度大，要求混凝土既要保持较大的流动性又要达到设计强度。因此对各种水泥、外加剂及配合比进行了多次实验，并依泵送情况随时调整。在振捣时，加强振捣确保混凝土密实度，真正做到内实外美。在混凝土强度达到设计或监理工程师的要求后拆模、养生。

6）施工中墩身施工测量控制

用极坐标定位法、铅垂线控制法、悬挂钢尺水准测量和三角高程间接法分别对墩身进行平面和标高定位。

8.4.4 爬升式模板施工

1）爬架设施

爬架设施主要由架体结构、提升设备、附着支撑结构和防倾、防坠装置等组成。利用少量不落地的附于墩身上的脚手架,以墩身为支承点,利用提升设备沿着墩身上下移动。

附着支撑结构:爬架的附着支撑结构采用导轨式。轨道用钢轨或普通槽钢背靠背焊接而成,利用埋设于钢筋混凝土墩身中的预埋件附着于墩壁上,每两根轨道两两互相平行,保证爬架上的连接器不用改变距离就可实现从墩底爬升到墩顶。

架体结构:每幅爬架用角钢焊接成钢骨架,各爬架既可以互相连接成整体,又可以单独爬升,保证爬升过程中既可以整体爬升,又可以个别调整。

连接器:连接器是爬架和轨道的连接部分,通过连接器实现爬架在轨道上爬行,连接器用厚钢板制作。

提升设备和升降装置:提升设备采用可移装的液压千斤顶,这种液压千斤顶油缸行程为450 mm,速度为200 mm/min,每走一个行程后,用穿销固定,使缸体恢复原位,然后开始另一个顶升行程。可用于单段或多段的提升。完成提升后,可拆移至另外一段架体。

防倾和防坠装置:为防止架体倾斜,每幅爬架架体上设置了两排共6幅连接器。为防止架体突然坠落,每幅架体的连接器下部都设置了FZ25型爬架防坠器,这样每幅架体上有6幅防坠器。

2) 模板

根据桥墩特点,制作大块全钢模板,每套模板分为3节,每节模板按6 m高制作,每次浇筑混凝土6 m高。为避免留下明显的接茬缝,拆模时不拆最上一层模板,留作下次立模的基础。

3) 作业台座

爬架上共有三层作业台座。最上一层作业台座为墩内爬架最上端互相连接起来搭设的台座,这层台座主要用来存放一些小型机具及工人在上绑扎钢筋及立模作业;中间一层作业台座为主要作业台座,这层作业台座是各爬架附着端互相连接起来形成的作业台座,工人在这层作业台座上可实现爬升模板、绑扎钢筋、立拆模、调整模板、临时存放模板、安拆对拉螺栓、检查防坠装置等作业;最下一层作业台座是吊挂在爬架下的作业台座,工人在该层作业台座上可实现安拆轨道、修补混凝土、检查爬架完好状态及防坠器等作业。

4) 安设轨道

利用埋于墩身内的预埋螺母,将轨道附在桥墩上,也可利用桥墩对拉螺栓将轨道固定于桥墩上。

5) 绑扎钢筋

钢筋在加工厂加工好后运至现场吊至墩位处进行绑扎,钢筋绑扎或焊接时的搭接长度符合施工规范要求,同一截面的接头数量不超过规定的数量,钢筋安装完后,周边钢筋交错绑扎上圆形混凝土垫块,以避免拆模后混凝土表面有垫块的痕迹。

6) 混凝土的灌注

混凝土在搅拌站集中拌和,通过混凝土搅拌运输车水平运输至墩台处,再由混凝土输送泵泵送入模,插入振动棒振捣密实。

7) 拆模及混凝土的养生

工人将模板一块一块的拆下,暂时放在中层操作台座上,最上一层模板不需拆除。拆模后马上需要进行混凝土的养生,当气温较高时,采用塑料薄膜包裹、膜内浇水养生。

8)爬架的爬升

墩身模板拆除,轨道附设后,进行爬架的爬升。利用可移装的液压千斤顶一端安于轨道上的销孔中,另外一端安于爬架上,一个行程可爬升约 450 mm。每走完一个行程后用穿销固定,使缸体恢复原位,然后开始另一个顶升行程。

9)模板的提升

操作工人利用爬架立柱上设置的手动导链将模板提起,然后立模。从基础到墩身,再到墩顶的整个施工过程中,每层模型应严格检查,复核断面和高程尺寸,确保墩位正确。

墩身爬升施工工艺流程如图 8.6 所示。

图 8.6 墩身爬升施工工艺流程

8.4.5 混凝土浇筑与养护

1)混凝土浇筑

混凝土浇筑应遵守相应的施工规范,特别应注意:混凝土在浇筑前应对施工中涉及的吸水性物件做相应的处理,以避免混凝土水分被吸收,影响混凝土的质量。混凝土应在初凝之前浇筑,且不能有离析现象,若有离析现象,则应重新搅拌才能浇筑,且浇筑过程也应避免产生离析现象。在浇筑立柱等结构物时,应在底部浇筑一层 50~100 mm 水泥砂浆(配合比与混凝土中的砂浆相同),这样可避免产生蜂窝麻面现象。混凝土浇筑时,应按结构要求分层进行,随浇随捣。一般结构的混凝土整体浇筑时,应尽可能连续进行,避免间断施工。混凝土浇筑后初期,应防止混凝土受振动或撞击。

2)混凝土养护

混凝土浇筑完毕后,为减少水分蒸发,应避免日光照射,且应防风吹和淋雨等,可用活动的三角形罩棚将混凝土板全部遮起来,等到混凝土板表面的泌水消失后,可采取用湿草帘或麻袋等物覆盖表面,并每天洒水 2~3 次,最短养护时间为7 d。天气突变时,要改变养护方式,防止起灰、起泡等现象。如风大时,要提前养护等。当天气温度下降时,应适当延迟拆模时间。

8.4.6 高墩台施工注意事项

1)高墩台垂直度的控制

高墩台垂直度允许偏差为墩台高度的 0.3%,且不超过 20 mm。为此,在正常的施工中,每滑升 1 m 就要进行一次中心校正,滑升中如发现偏扭,应查明原因,逐一纠正。方法一般是将偏扭一方的千斤顶相对提高 2~4 cm 后逐步纠正,每次纠正量不宜过大,以免产生明显的弯曲现象。

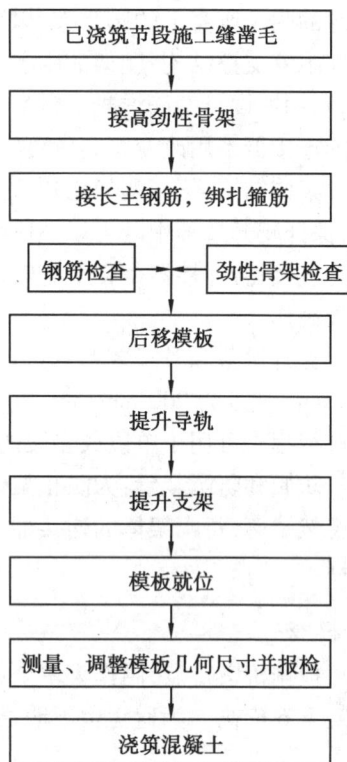

2）操作平台水平度的控制

控制操作平台的水平度是滑模施工的关键之一，如果操作平台发生倾斜，将导致墩台扭转和滑升困难。为避免平台倾斜，平台上材料堆放要均匀，并应注意混凝土浇筑是否顺利，还要经常进行观测和调整。具体做法是用水平仪观察各千斤顶高差，并在支承杆上划线标记千斤顶应滑升到的高度，在同一水平面上的千斤顶其高不宜大于 20 mm，相邻千斤顶高差不宜大于 10 mm。

3）模板安装准确度的控制

滑升模板经组装好直到施工完毕，中途一般不再拆装模板，组装前要检查起滑线以下已施工的基础或结构的标高和几何尺寸，并标出结构的设计轴线、边线和提升架的位置等。

4）爬杆弯曲度的控制

必须防止爬杆弯曲，否则会引起严重的质量和安全事故。爬杆负荷要经过计算确定，如果负荷过大或脱空距离过大时，就会引起爬杆弯曲，平台倾斜也会使爬杆弯曲，若爬杆弯曲程度不大，可用钢筋与墩台主筋焊接固定，以防再弯；若弯曲较大时，应切去弯曲部分，再补焊一截新杆；弯曲严重时，应切去上部，另换新杆，新杆与混凝土接触处应垫 10 mm 厚钢靴。

8.5　装配式墩台施工

装配式墩台是将高大的墩台沿垂直方向、按一定模数、水平分成若干构件，在桥址周围的预制场地上进行浇筑，通过车船运输至现场，起吊拼装。该技术将预制基础的承台全部埋入海（或江、河）床，能降低桥梁阻水率、缩短施工工期、减小环境影响，降低工程造价。

装配式墩台具有以下特点：

①装配式柱式墩是将桥墩分解成若干构件，如承台、柱、盖梁（墩帽）等，可以在预制场集中预制，再运送到现场装配成桥墩，能够有效减少周围外界干扰，但是对运输、起重机械设备要求较高。

②装配式墩台施工主要工序为预制构件、安装连接与混凝土填缝 3 部分，其中拼装接头是极其重要的一道工序，既要保证牢固、安全，又要结构简单、便于施工。

8.5.1　装配式柱式墩台施工注意事项

①墩台柱构件与基础顶面预留杆形基座应编号，并检查各个墩、台高度和基座标高是否符合设计要求；基口四周与柱边空隙不得小于 2 cm。

②墩台柱吊入基杯内就位时，应在纵、横方向测量，使柱身竖直度或倾斜度以及平面位置均符合设计要求；对重量大、细长的墩柱，需用风缆或撑木固定后，方可放吊钩。

③在墩台柱顶安装盖梁前，应先检查盖梁上预留槽眼位置是否符合设计要求，否则应先修凿。

④柱身与盖梁（墩帽）安装完毕并检查符合要求后，可在基杯空隙与盖梁槽眼处浇筑稀砂浆，待其硬化后，撤除楔子、支撑或风缆，再在楔子孔中灌填砂浆。

8.5.2 装配式柱式墩台预制

桥梁的下部墩身与承台在工厂进行一体预制。其中,承台为倒凹形结构,其上设有多个导向孔、多个排气补注孔和多个支撑垫板;多个导向孔均置于承台周缘,多个支撑垫板均置于承台内腔顶面周缘,多个排气补注孔均布于墩身与承台相交处周缘。承台位于水平防冲垫层上表面,墩身与承台围成的空腔下口为防冲垫层封闭,空腔内充有填芯混凝土。每个导向孔内固接有一导向桩,导向桩垂直穿过防冲垫层插入海(或江、河)床中。多个支撑桩与承载桩分布在预制基础下方,垂直穿过防冲垫层插入海(或江、河)床中,与防冲垫层、空腔内填芯混凝土固接。支撑桩或承载桩的桩顶有填芯混凝土,填芯混凝土顶面为桩顶设计标高,桩顶填芯混凝土高度为 5~30 m。其中,支撑桩的桩顶设支撑桩定位构件,支撑桩定位构件与承台内顶面的支撑垫板相对应,并经支撑桩定位构件与支撑垫板固接。

8.5.3 预应力装配式柱式墩台

预应力技术的发展也能应用在装配式墩台上,后张法预应力钢筋混凝土装配式墩台技术已逐渐成熟。除了安装时的连接接头处理技术之外,它的施工方法与装配式柱式墩台施工方法相似,节段预制构件之间的连接方式主要依赖预应力钢束。港珠澳大桥桥梁工程非通航孔桥采用预制墩台施工,浅水区非通航孔桥全桥 9 联,64 孔,共 62 个预制墩。墩身高于 27 m 范围属于高墩区,墩身分为 3 节;低于 27 m 范围属于低墩区,墩身分为两节,每墩设有 6 个预留孔(图 8.7)。

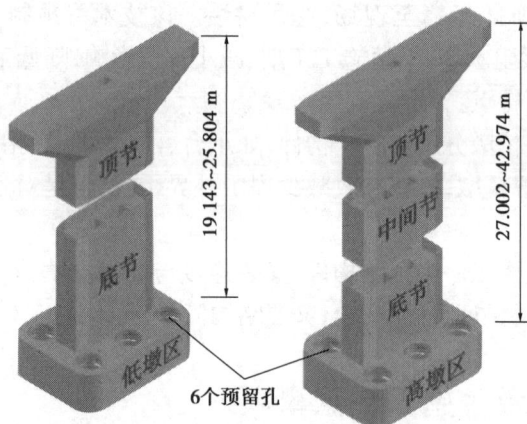

图 8.7 港珠澳大桥桥梁工程非通航孔桥预制墩台

后张法预应力钢筋混凝土装配式墩台采用的预应力钢材主要有高强度低松弛钢丝和冷拉Ⅳ级粗钢筋两种。后张法预应力钢筋混凝土装配式墩台的预应力张拉方式有以下两种:张拉位置可以在墩帽顶上张拉;也可以在墩台底的实体部位张拉(图 8.8)。工程中一般多采用墩帽顶上张拉,两者的区别如下:

(1)墩帽顶上张拉

①张拉操作人员及设备均处于高空作业,张拉操作虽然方便,但安全性较差;

②预应力钢束锚固端可以直接埋入承台,而不需要设置过渡段;

③在墩底截面受力最大位置可以发挥预应力钢束抗弯能力强的特点。

（2）墩底实心体张拉

①张拉操作人员和设备均为地面作业，安全方便；

②在墩底处要设置过渡段，既要满足预应力钢束张拉千斤顶安放要求，同时又要布置较多的受力钢筋，满足截面在运营阶段受力要求；

③过渡段构件中预应力钢束的张拉位置与竖向受力钢筋相互关系较为复杂。

预应力钢束的张拉要求、预应力管道内的压浆要求与预应力混凝土梁的要求一致。

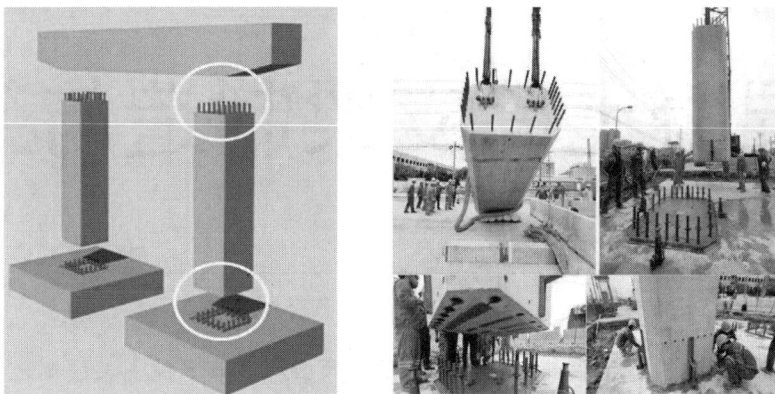

图 8.8 后张法预应力钢筋混凝土装配式墩台

本章小结

本章主要介绍了墩台模板类型，主要包括固定式模板、拼装模板、整体吊装模板等；高墩台施工工序与滑升模板施工、翻板式模板施工、爬升式模板施工等内容。

思考题与习题

8.1 模板有哪些类型？对模板有哪些技术要求？

8.2 简述组装滑升模板的步骤？

8.3 高墩台施工有哪些注意事项？

8.4 简述翻板式模板施工施工工序？

9 混凝土简支梁制造与架设

本章导读：

- **内容及要求**　主要介绍钢筋混凝土简支梁和预应力混凝土简支梁的制造与架设工艺；混凝土简支梁制造过程中模板与支撑结构的细部构造、钢筋的加工和安装要求、混凝土施工各环节的注意事项、预应力张拉的施工工艺；混凝土简支梁常用架设方法，包括陆地架设法、浮吊架设法和高空架设法。通过本章学习，应了解混凝土简支梁的制造工艺，包括模板与支撑的类型、构造及作用原理，钢筋的加工与安装，混凝土的拌和、运输、浇筑、振捣和养护；掌握预应力混凝土简支梁先张法和后张法的施工工艺，以及混凝土简支梁常用架设方法（陆地架设法、浮吊架设法和高空架设法）。

- **重点**　钢筋混凝土简支梁的制造工艺以及预应力混凝土简支梁的施工工艺；混凝土简支梁常用架设方法。

- **难点**　混凝土简支梁常用架设方法：陆地架设法、浮吊架设法和高空架设法。

9.1　概　述

简支梁属于静定结构，地基变形、温度变化、混凝土收缩徐变、张拉预应力等均不会在梁中产生附加内力，而且受力简单、设计计算方便、施工方便、工期短、造价低，且容易维修。由于上述特点，使得简支梁桥成为钢筋混凝土和预应力混凝土梁式桥体系中应用最早、使用最广泛的一种桥型。

混凝土梁式桥根据使用期间是否容许开裂又分为钢筋混凝土梁式桥与预应力混凝土梁式桥两大类。钢筋混凝土简支梁仅适用于小跨度的桥梁，为了提高简支梁的跨越能力，常采用预应力混凝土结构。

混凝土简支梁桥施工方法主要包括支架现浇和整孔架设安装法两大类。整孔架设安装法就是将一孔梁分成多片在工厂预制，然后运至桥位处进行现场架设的施工方法。根据施工工艺和安装方法的不同又具体分为陆地架设法、浮吊架设法和高空架设法。整孔架设安装法的特点是：上、下部结构可以平行施工，工期短；工厂生产易于组织管理，结构质量容易保证；混凝土收缩徐变的影响小。但是这种方法需要有预制场地和必要的运输、吊装设备。

支架现浇法施工无需预制场地，不需要大量的吊运设备。但是工期长，施工质量不易保证。

随着大型运、架设备的发展，整孔架设安装法得到了普遍的推广和应用，本章将对钢筋混凝土和预应力混凝土简支梁的制造工艺和常用的运输安装方法进行介绍。

9.2 钢筋混凝土简支梁制造

9.2.1 模板与支撑工程

1) 模板工程

模板是混凝土施工的必要条件，其作用是保证混凝土按照设计要求的形状、尺寸及位置成型和硬化，属于施工中的临时结构。模板主要由面板、纵横肋和支架组成，承受新浇混凝土的重量、侧压力、施工荷载及其他自然荷载（如风、雪、温度等）。模板不仅控制着梁体尺寸的精度和混凝土浇筑质量，而且对施工安全起到至关重要的作用，因此模板在设计制造时应遵循下列原则：

①具有足够的强度、刚度和稳定性，能安全可靠地承担施工中可能出现的各种荷载；

②保证结构的设计形状、尺寸及各部分相互之间位置的准确性；

③模板板面之间应平整，接缝严密，不漏浆，保证结构物外露面美观、线条流畅，可设倒角；

④结构简单，制作、装拆方便。

（1）模板的种类

梁桥施工中常用的模板有木模板、钢模板、钢木结合模板等。当就地施工单跨或各跨结构形式、尺寸各不相同的桥跨结构时，可采用木模；在预制工厂或大型桥梁施工中需要多次重复使用的节段模板，多采用钢模。从经济和节约材料方面考虑，一般可采用钢木结合模板。

①木模板。木模板一般由木质面板、肋木、立柱或由模板、直枋、横枋组成，如图 9.1 所示。面板厚度通常为 3～5 cm，板宽为 15～20 cm，肋木、立柱、直枋和横枋的尺寸应根据计算确定。木模板的优点是容易制作，但木材耗损大，成本较高。

木模板可在工厂或施工现场制作，木模板与混凝土接触的表面应平整、光滑，多次重复使用的木模板应在内侧加钉薄铁皮。面板的接缝可做成平缝、搭接缝或企口缝。当采用平缝时，应在拼缝处衬压塑料薄膜或水泥袋纸以防漏浆。木模板的转角处应加嵌条或做成斜角。重复使用的模板应始终保持其表面平整、形状准确、不漏浆、有足够的强度和刚度。

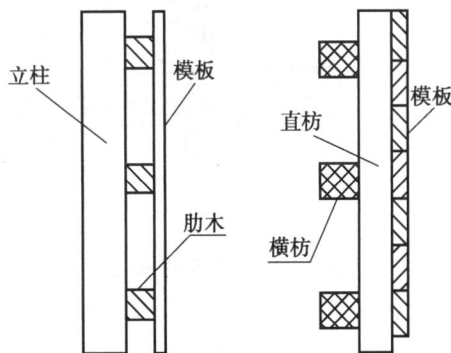

图 9.1 木模构造

②钢模板。钢模板是用厚度为 4~6 mm 的钢制面板代替木模中的木质面板,用角钢做成水平肋和竖向肋代替木模中的肋木和立柱。桥梁用钢模一般做成大型块件,长 3~8 cm。在拼装钢模板时,所有紧贴混凝土的接缝内部,都用止浆垫使接缝密闭不漏浆。钢模板宜采用标准化的组合模板,其造价虽高,但由于周转次数多,所以实际成本低,且结实耐用、接缝严密、能经受强力振捣、浇筑的构件表面光滑,所以目前钢模的采用日益增多。

③钢木结合模板。将钢模板中的钢制面板换成水平拼装的木质面板,用埋头螺栓连接在角钢竖肋上,在木面板上再钉一层薄铁皮,就成为钢木结合模板。这种模板节约木料,成本较低,同时具有较大的刚度和稳定性。

④土模。土模就是用土做成的预制混凝土构件的模型。土模法施工就是用成形的土岩层全部或部分代替现浇混凝土的支架、模板进行施工的方法。土模的优点是可以提高工效,保证质量,并能节约大量木材和铁件;缺点是用工较多,制作要求严格,预埋构件较难固定,雨季施工困难。

土胎模制作的场地必须坚实、平整,底模必须拍实找平,土胎模表面应光滑,尺寸准确,表面应涂隔离剂。

(2)常用模板的构造

梁桥桥跨结构由底模、侧模、端模和内模组成。底模支承在底座或支架上,侧模沿梁长置于构件的两侧,端模沿横向置于梁的端部,内模则是形成空心截面所必需的特殊模板。

①侧模。侧模沿梁长的分段长度根据起吊能力设置,每段可为 4~5 m,常在横隔梁处分隔,横隔梁间距较大时,还可在中间再分隔。对于小跨径梁则可为整体侧模。

图 9.2 为一木模板的构造。侧模由横向内框架、外框架和模板组成。框架由竖向、水平向及斜向的方木或木条组成(用铁钉、螺栓连接而成)。框架间距一般为 0.7~1.0 m,面板厚度 30~50 mm,可直接钉(支承)在框架上。内外侧模可用穿过梁体的螺栓连接,在梁的顶部用拉杆将外框架立柱拉紧。

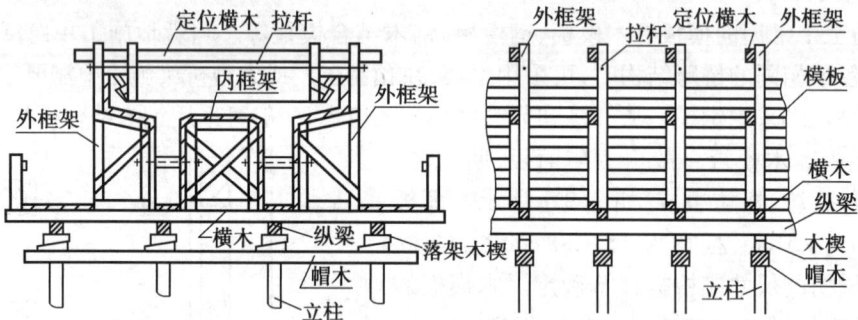

图 9.2　木模板构造

图 9.3 为一 T 型钢模板构造图。钢模板由角钢焊成支架,再由角钢或扁钢作横向和竖向加劲肋,将支架焊接成骨架,骨架内侧再焊 4~8 mm 钢板。支架间距 0.5~0.8 m,与所用钢板厚度有关。每一节钢模之间用螺栓或插销连接,支架顶部和底部配以拉杆或其他构造措施将两侧模板与底模牢固扣紧,成为整体。

图 9.4 为 16 m T 梁中段钢木结合模板。面板用 45 mm 厚木板,表面钉有镀锌铁皮。框架用角钢和槽钢组成,上部用小槽钢做拉杆相连,下部在底模以下用螺丝拉杆与底模挤紧。段与段之间,用螺栓穿过端部框架相连。接缝处嵌以橡胶或塑料泡沫以防漏浆。

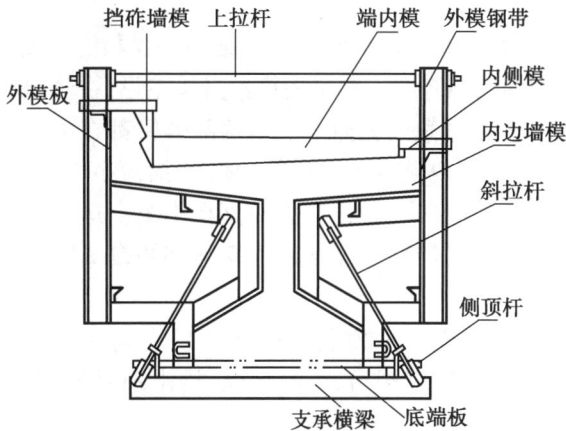

图 9.3　T型钢模板构造

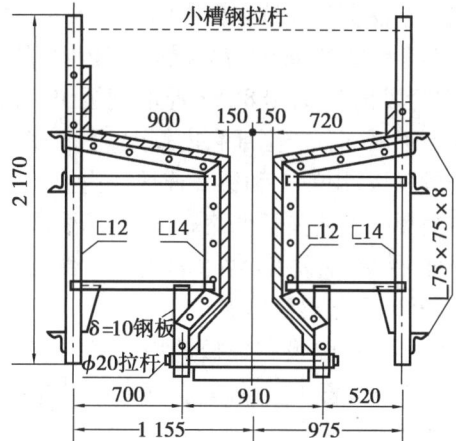

图 9.4　16 m T梁中段钢木结合模板

②内模。在混凝土空心板梁、箱型梁的模板中,均需要用内模来形成梁截面的内部空腔。内模无法使用外部支架,必须形成自支撑体系,且要特别考虑到立模和拆模的方便。

空心内模目前常采用四合式活动模板,并装有铁铰链,使面板可以转动。图 9.5 为装配式钢筋混凝土预制空心板的横截面构造。为了便于搬运装拆,按桥长分为两节,每节由 4 块单元体组成,每隔约 70 cm 设木骨架一道,且以扁铁条相连接,中间设活动支承板,支承板除一个角用铰链连接外,其余三个角均以活榫支撑,支承板中间开孔,用来适应拉条在立芯模和拆芯模时的活动范围。芯模在底板浇筑后架立,顶上用临时支架固定,在两侧混凝土浇筑高度达芯模的 2/3 时,可将顶上的临时支架拆除。

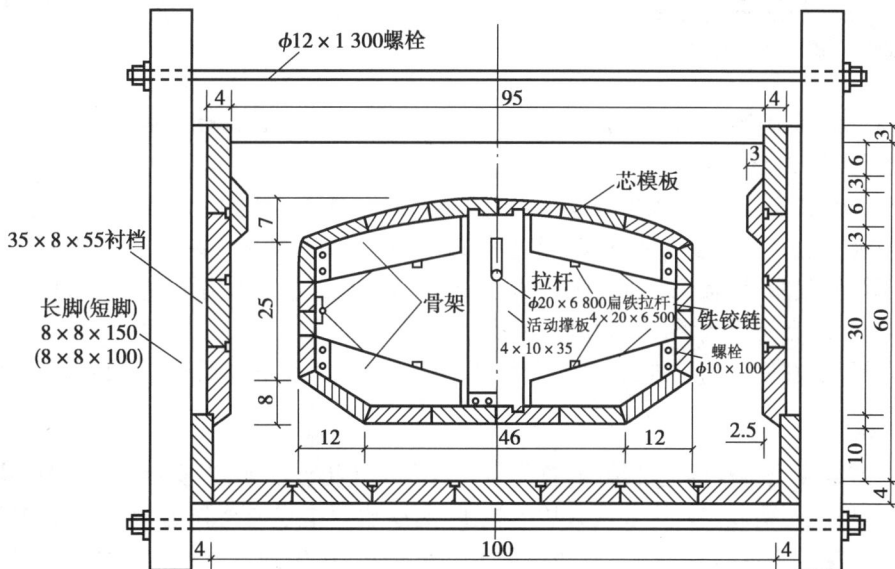

图 9.5　空心板横截面构造(尺寸单位:铁件为 mm;其他为 cm)

在实际工程中,内模常用整体抽拔方法拆除。立模前将内模在跨中分为两节,施工时将内模组装成整体,内模外侧包油毡或塑料薄膜,用铁丝捆扎后备用。在梁底板混凝土浇筑完毕后,安装内模和梁顶板的钢筋骨架,然后灌注梁肋和顶板混凝土。混凝土达到拆模强度后,从梁的两端用卷扬机分别拉拔出内模。

图 9.6 为 40 m 预应力混凝土箱形截面无砟无枕梁的中间段钢模板。全梁内外模板分为 8 段,中间段长 5 m,用 8 mm 厚的钢板作面板,并加焊横肋与竖肋。箱梁内模本身呈箱形,在竖向分为上下两部分。上部高度较大,下部较小,在竖向连接处做成斜面。上下两部分又都在中线处分成两块,用铰 1 和铰 2 连接。内模下部的顶面设有轻便轨道 3。拆除内模时,推入小车,旋动伸缩撑杆 4 使其长度缩短,使上部两侧内模绕铰 1 转动脱模,并将它们卸落在小车上运出梁体之外,然后将撑杆 4 换装到内模下部两侧连接角钢 5 上,借缩短撑杆使内模下部绕铰 2 转动脱模,然后滑移出梁体。

为了确保腹板和底板的厚度符合设计要求,可在内模与外模及内模与底模之间用直径 60 mm 的塑料管作横撑,并在其中穿以螺栓连接。梁体灌注完毕后,拆除螺栓,拔出塑料管,即形成通风孔。

箱形梁外模板及支架,如图 9.7 所示。

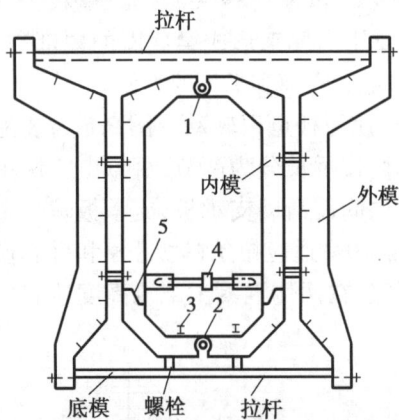

图 9.6　箱形截面梁中间段钢模板

图 9.7　箱形梁外模板及支架

(3)模板的制作与安装

模板在制作和安装时,必须保证模板接缝密合,如有缝隙,需塞堵严密,以防漏浆。建筑物外露面的模板应刨光并涂以石灰乳浆、肥皂水或润滑油等润滑剂。为减少施工现场的安装拆卸工作和便于周转使用,模板应尽量制成装配式组件或块件。模板应用内撑支撑,用螺栓拴紧。使用木内撑时,应在浇筑到该部位时及时将支撑撤去。

支架及模板,在使用前应进行检验,需保证坚固、稳定,其位置及尺寸符合设计要求。

2)支撑工程

就地浇筑混凝土梁桥的上部结构,首先应在桥孔位置搭设支架,以支承模板、钢筋浇筑的混凝土,以及其他施工荷载。对于装配式桥的施工,有时也要搭设支架作为吊装过程中的临时支承结构和施工操作平台。支架要承受桥梁的大部分恒重,不但控制着梁体尺寸的精度,还影响到施工的安全。因此,支架应符合下列要求:

①具有足够的强度、刚度和稳定性,能可靠地承受施工过程中可能产生的各项荷载;支架基础要可靠,构件结合要紧密,并要有足够的纵、横、斜连接杆件。

②对河道中的支架要充分考虑洪水和漂流物的影响。

③支架受荷后有变形和挠度,在安装前要进行计算,设置预拱度,使结构的外形尺寸和标高

符合设计要求。

④支架上要设置落架设备,落架时要对称、均匀,不应使主梁发生局部受力。

⑤构造和制作简便,装拆方便,能增加周转使用次数。

支架有满布式木支架、满布式钢管脚手架,如图9.8(a)所示;钢木混合的梁式支架,如图9.8(b)所示;梁柱式支架及万能杆件拼装支架与装配式公路钢桥桁节拼装支架,如图9.8(c)所示。

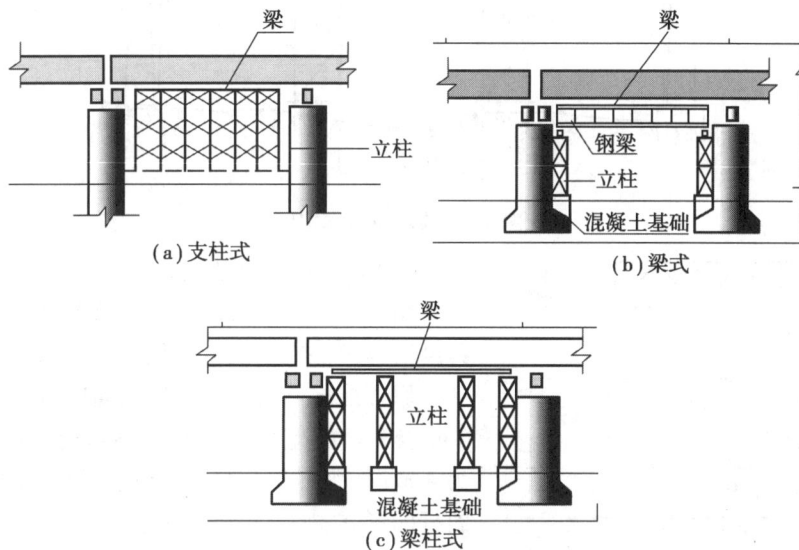

图 9.8   支架构造

（1）满布式支架

满布式支架如图9.9所示,常用于陆地或不通航的河道,或桥墩不高、桥位处水位不深的桥梁。其形式可根据支架所需跨径的大小等条件,采用排架式、人字撑式或八字撑式。排架式为最简单的满布式支架,主要由排架及纵梁等部件构成。其纵梁为抗弯构件,因此,跨度一般不大于4 m。人字撑式和八字撑式的支架构造较复杂,需在浇筑混凝土时适当安排浇筑程序和保持均匀、对称地进行,以防发生较大变形。这类支架的跨径可达8 m左右。

图 9.9   满布式支架

满布式支架的排架,可设置在枕木或桩基上,基础需坚实可靠,以保证排架的沉陷值不超过规定。当排架较高时,为保证支架横向的稳定,除在排架上设置撑杆外,尚需在排架两端外侧设置斜撑杆或斜立桩。

193

（2）钢木混合支架

为加大支架跨径，减少排架数量，支架的纵梁可采用工字钢，其跨径可达 10 m。但这种情况下，支架多改用木框架结构，以提高支架的承载力及稳定性。这类钢木混合支架的构造通常如图9.10 所示。

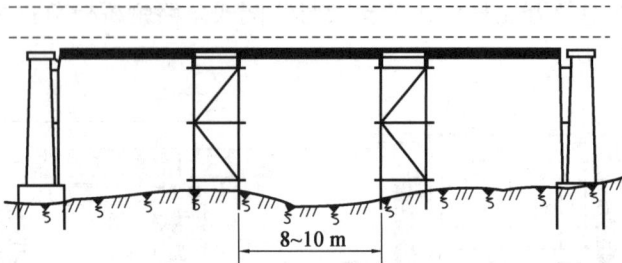

图 9.10　钢木混合支架

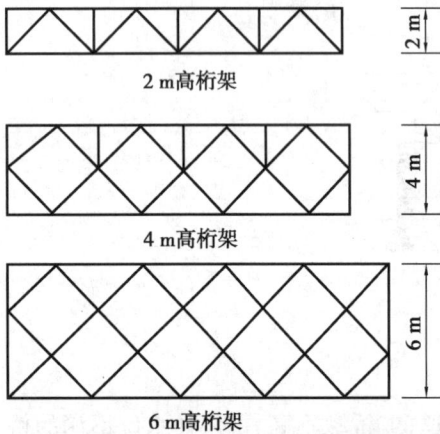

图 9.11　万能杆件拼装支架

（3）万能杆件拼装支架

用万能杆件可拼装成各种跨度和高度的支架，其跨度需与杆件本身长度成整倍数。

用万能杆件拼装的桁架的高度，可达 2，4，6 m 或 6 m 以上。当高度为 2 m 时，腹杆拼为三角形；高度为 4 m 时，腹杆拼为菱形；高度超过 6 m 时，则拼成多斜杆的形式，如图9.11 所示。

用万能杆件拼装墩架时，柱与柱之间的距离与桁架之间的距离相同。桩高除柱头及柱脚外应为 2 m 的倍数。

用万能杆件拼装的支架，在荷重作用下的变形较大，而且难以预计其数值，因此，应考虑预加压重，预压重力相当于灌筑的混凝土的重力。

（4）装配式公路钢桥桁节拼装支架

用装配式公路钢桥桁节可拼装成桁架梁和塔架。为加大桁架梁孔径和利用墩台作支撑，也可拼成八字斜撑以支撑桁架梁。桁架梁与桁架梁之间，应用抗风拉杆和木斜撑等进行横向联结，以保证桁架梁的稳定。

用装配式公路钢桥桁节拼装的支架，在荷重作用下的变形很大，应进行预压。

（5）轻型钢支架

桥下地面较平坦，有一定承载力的梁桥，为节省木料，宜采用轻型钢支架。轻型钢支架的梁和柱，以工字钢、槽钢或钢管为主要材料，斜撑、联结系等可采用角钢。构件应制成统一规格和标准；排架应预先拼装成片或组，并以混凝土、钢筋混凝土枕木或木板作为支承基底。为了防止冲刷，支承基底需埋入地面以下适当的深度。为适应桥下高度，排架下应垫以一定厚度的枕木或木楔等。为便于支架和模板的拆卸，纵梁支点处应设置木楔。

轻型钢支架构造示例，如图9.12 所示。

（6）墩台自承式支架

在墩台上留下承台式预埋件，上面安装横梁及架设适宜长度的工字钢或槽钢，即构成模板的支架。这种支架适用于跨径不大的梁桥,但支立时仍需考虑梁的预拱度、支架梁的伸缩以及支架和模板的卸落等所需条件。

(7)模板车式支架

这种支架适用于跨径不大,桥墩为立柱式的多跨梁桥的施工,形状如图9.13所示。在墩柱施工完毕后即可立即铺设轨道,拖进孔间,进行模板的安装,这种方法可简化安装工序和节省安装时间。

当上部构造混凝土浇筑完毕,强度达到要求后,模板车即可整体向前移动。但移动时需将斜撑取下,将插入式钢梁节段推入中间钢梁节段内,并将千斤顶放松。

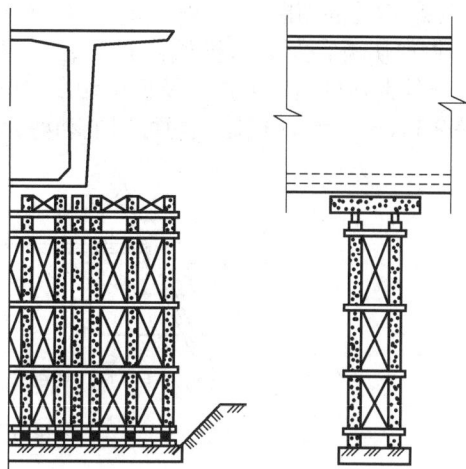

图 9.12　轻型钢支架

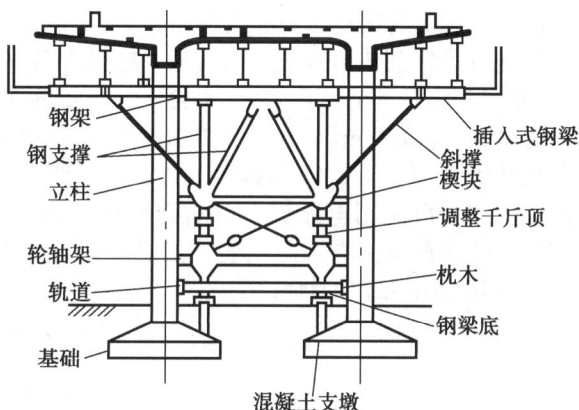

图 9.13　模板车式支架

9.2.2　钢筋的加工与安装

1)钢筋的加工

钢筋进场后,应检查出厂试验证明书。若无证明文件或对钢筋质量有疑问时应做拉力试验和冷弯试验。如需焊接时,需做可焊性试验。钢筋进场后,尚应注意妥善保管,所有进场钢筋应根据品种按批分别存放,同一片梁内,梁体主筋必须是同种钢号钢筋。钢筋加工的工序包括调直、切断、除锈、弯制、焊接或绑扎成型等。

(1)钢筋的调直

直径10 mm以下的细钢筋多卷成盘形,粗钢筋常弯成"发卡"形,以便运输和储存。因此运到工地的钢筋应先调直。调直方法有机械与人工两种,先将盘圆钢筋放开,裁成30~40 m的长度,然后用人力或电动绞车拉直,也可用钢筋调直机调直。

粗钢筋可放在工作台上用手锤敲直,也可用手工扳子或自动机床矫直。调直后的钢筋应平直,无局部曲折。

（2）钢筋的切断

钢筋切断有人工和机械两种方法。直径 25 mm 以上的钢筋,可用钢锯切断;直径 10 ~ 22 mm 的钢筋可用上下搭口及铁锤切断,如图 9.14(a)所示;10 mm 以下的钢筋可用剪刀剪断,如图9.14(b)所示。机械截切可用电动剪切机,太粗的钢筋可用气割法切断。

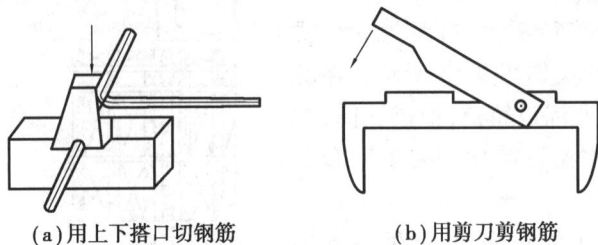

(a)用上下搭口切钢筋　　　　　　(b)用剪刀剪钢筋

图 9.14　用人工方法切断钢筋

（3）钢筋接长

钢筋加工中往往由于钢筋长度不够,或为了合理用料及长短搭配而接长钢筋。钢筋接长的方式有闪光接触对焊、电弧焊和绑扎搭接三种。应优先使用电焊,并以闪光接触对焊为主。闪光接触对焊接长钢筋,其优点是钢筋传力性能好,省钢料,能电焊各种钢筋,避免了钢筋的拥挤,故一般电焊均以采用闪光焊为宜。闪光接触对焊,可分不加预热的连续闪光和加预热的闪光两种方法。一般常用不加预热的连续闪光焊,若对焊机功率不足,不能用连续闪光焊时,对直径较粗的钢筋,可采用加预热的闪光焊。图 9.15 为接触对焊的接头形式。

在不能进行闪光接触焊时,可采用电弧焊(如搭接焊、帮条焊等)。在搭接焊中,采用单面焊缝或双面焊缝,应视施工情况而定。在预制钢筋骨架中多采用双面焊缝;在模板内焊合的钢筋,多采用单面焊缝。图 9.16 为电弧焊的接头形式。

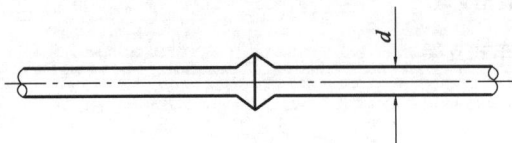

图 9.15　接触对焊接头

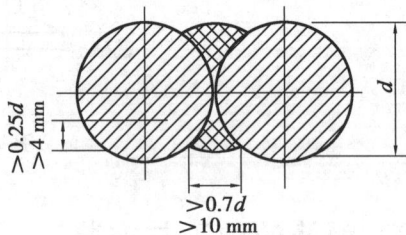

图 9.16　电弧焊接头

无论是闪光接触焊还是电弧焊,钢筋焊接完毕后,都应对接头进行外观检查,并进行机械性能试验。

当没有条件采用焊接时,接头可用铁丝绑扎搭接,但绑扎接头的质量差、费钢料,且钢筋直径不应超过 25 mm。其搭接长度见表 9.1。

表 9.1　钢筋搭接长度

钢筋种类　　混凝土标号 受力情况	15		≥20	
	受拉	受压	受拉	受压
Ⅰ 级钢筋	35d	25d	30d	20d
Ⅱ 级钢筋	40d	30d	35d	25d
Ⅲ 级钢筋	45d	35d	40d	30d

注:①位于受拉区的搭接长度不应小于 250 mm,位于受压区的搭接长度不应小于 200 mm;

②d 为钢筋直径。

（4）钢筋骨架焊接

在混凝土梁和板的制作过程中,一般需首先将梁的钢筋制成钢筋骨架,将板的钢筋制成钢筋网。钢筋骨架的焊接应采用电弧焊。先在牢固的工作台上焊成单片平面骨架,然后再将平面骨架焊成立体骨架,使骨架有足够刚性和不变形性,以便吊运。工作台如图 9.17 所示,台高一般为 30~40 cm,钢筋按照骨架的外框尺寸用角钢固定在台面上,每根斜筋的两侧也用角钢固定。

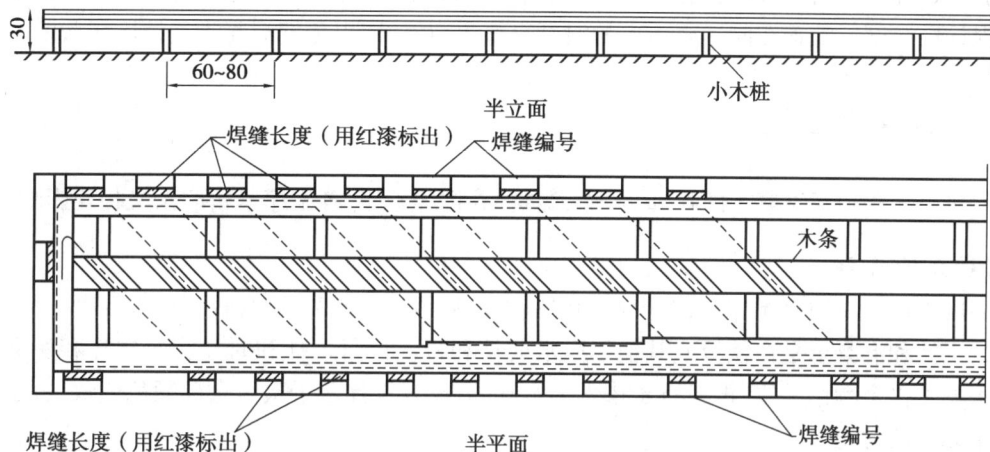

图 9.17　T 形梁钢筋单片骨架拼焊台

为了防止钢筋在焊接过程中由于温度变化造成的翘曲变形及焊缝内的收缩应力,钢筋骨架应采取合理的焊接工艺措施。钢筋应采用双面焊缝使骨架的变形尽可能均匀对称,若只能采用单面焊时,应在垂直骨架平面方向留预拱度。在施焊顺序上采用先点焊后跳焊,且在跳焊时采用分段跳焊和分层跳焊的方法,即从钢筋骨架中心向两端对称错开焊接,且先下部后上部,每条焊缝应一次焊成。在同一部位有多层钢筋焊接时,各道焊缝应互相交错跳焊。当多层钢筋直径不同时,可先焊两直径相同的,再焊直径不同的。钢筋施焊顺序如图 9.18 所示。

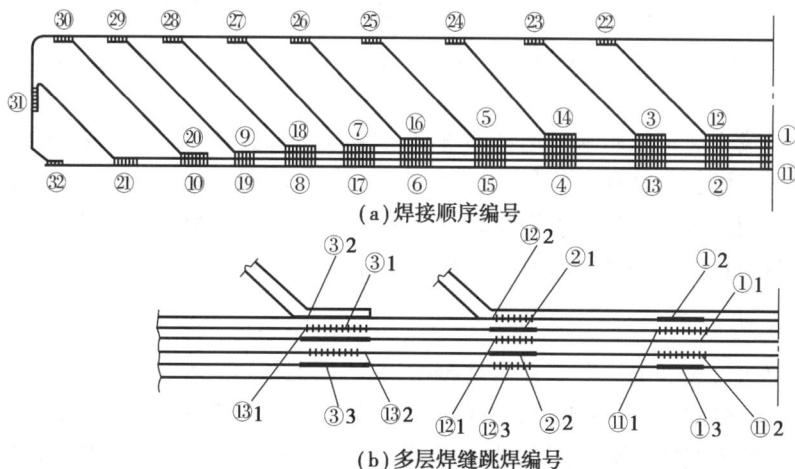

图 9.18　钢筋施焊顺序

2)钢筋的安装

在模板内安装钢筋之前,应详细检查模板各部分尺寸,并检查模板有无歪斜、裂缝及变形等。所有变形和尺寸不符之处应在安装钢筋之前予以修正。

安装钢筋时,应使其位置准确。应在钢筋下面垫以预制好的混凝土块,并用预埋在垫块中的铁丝绑扎在钢筋上,以保证底模板与钢筋间具有足够的保护层厚度。在钢筋与模板侧面之间、同一水平高度的相邻钢筋之间、上下层钢筋之间,也要绑垫混凝土块或短钢筋,以保证有足够的保护层厚度。配置在同一截面内的混凝土垫块应错开,以免把混凝土受拉区域截断。

9.2.3 混凝土工程

混凝土工程包括混凝土的拌和、运输、浇筑、养护等工序,各工序紧密联系又相互影响。

1)混凝土的拌和

混凝土通常应用机械拌和,对少量的混凝土可采用人工拌和,而且仅为塑性混凝土。

人工拌和混凝土是在铁板或其他不渗水的拌和板上进行。拌和时先将每次拌和所需的砂料和水泥干拌至颜色一致,再将石子掺入加水拌和,反复湿拌若干次至全部颜色一致,石子和水泥砂浆无分离为止。

预制场及较大工地的混凝土拌和,一般都采用固定式的拌和台。混凝土拌和前,应先测定砂石料的含水率,调整配合比,计算配料单,校正磅秤和检查搅拌机运转情况。混凝土拌和时间一般为 3 min 左右,以石子表面包满砂浆,拌和颜色均匀为标准。在整个施工过程中,应注意拌和速度与混凝土浇捣速度的密切配合,随时检查混凝土的坍落度,并严格控制水灰比。

2)混凝土的运输

混凝土运输路线的选择应使从混凝土搅拌机至灌筑地点之间的距离力求最短,在运输过程中应保证混凝土拌合物不发生离析或灰浆流失现象,塌落度前后相差不得超过30%。混凝土拌合物从搅拌地点运至灌筑地点所延续时间一般不宜超过下列规定:当混凝土温度为 20 ~ 30 ℃时,不超过 1 h;当混凝土温度为 10~19 ℃时,不超过 75 min;当混凝土温度为 5~9 ℃时,不超过 90 min。

混凝土的运输方法可采用水平运输和垂直运输两种。水平运输工具常见的有独轮手推车和双轮手推车、可用人力和机械牵引的窄轨倾斗车、水平运输带、自动倾卸卡车和缆索起重机。缆索起重机既能用于水平运输又可用于垂直运输,能跨越江河。垂直运输工具常见的有悬臂起重机、井字架起重设备以及各种移动式工程起重机械。

3)混凝土的浇筑

混凝土的浇筑方法和顺序对工程质量影响很大。为保证混凝土在垂直浇筑过程中不发生离析现象,浇筑无筋或少筋混凝土时,混凝土拌合物的自由倾落高度不宜超过 2 m。当倾落高度超过 2 m 时,应用滑槽或串筒输送;当倾落高度超过 10 m 时,串筒内应附设减速设备,如图 9.19所示。浇筑钢筋较密的混凝土时,自由倾落高度最好不超过 30 cm,以免因钢筋碰撞而导致石子与砂浆分离。

简支梁桥上部结构混凝土的浇筑,一般应由墩台两端开始向跨中方向同时进行。当从两端同时浇筑有困难时,也可从一端开始,但浇筑至跨径 1/3 处(稍偏靠跨径中央)有弯起钢筋的地方停止,然后从另一端开始,直至浇筑完成。当梁体平面面积过大,浇筑能力不能满足时,可采用斜向分段、水平分层的方法连续灌注,如图 9.20 所示。每层混凝土的浇筑厚度应根据拌和能力、运输距离、浇筑速度,选择为 15~25 cm。混凝土浇筑应依照次序,逐层连续浇完,不得任意中断,并应在前层混凝土开始凝固前即将次层混凝土拌合物浇捣完毕。如因故必须间歇时,应不超过表 9.2 所列的间歇时间。

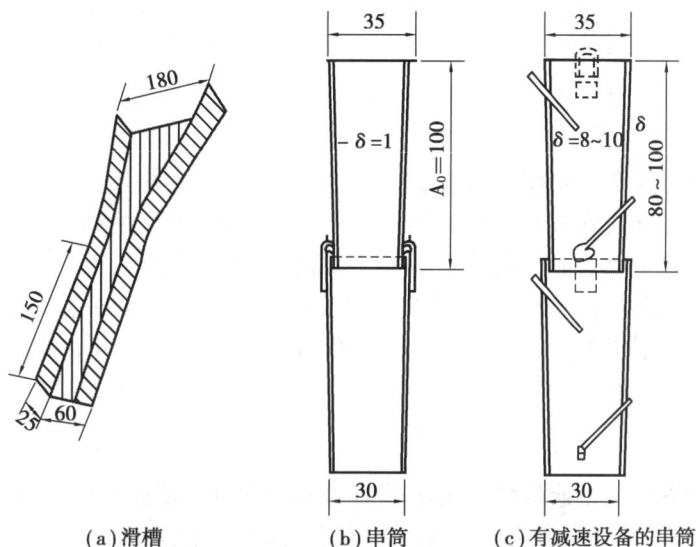

(a)滑槽　　　　　　(b)串筒　　　　(c)有减速设备的串筒

图 9.19　垂直输送混凝土设备(尺寸单位:cm;厚度单位:mm)

表 9.2　浇筑混凝土允许间歇时间

混凝土入模温度(℃)		20~30	10~19	5~9
允许间歇时间(h)	普通水泥	1.5	2.0	2.5
	矿渣、火山质水泥	2.0	2.5	—

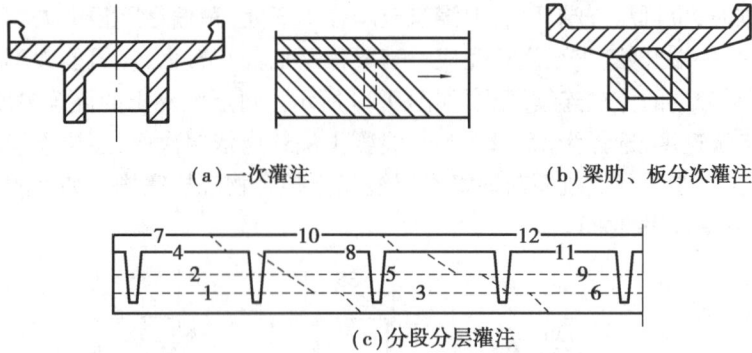

(a)一次灌注   (b)梁肋、板分次灌注

(c)分段分层灌注

图 9.20　混凝土浇筑顺序

当间歇时间超过表 9.2 所列数值时,或分段浇筑的接头,均应按工作缝处理。在工作缝位置须待下层混凝土强度达到 1.2 MPa(钢筋混凝土为 2.5 MPa)后,方可浇筑上层混凝土。在浇筑混凝土前应凿除施工缝处下层混凝土表面的水泥砂浆和松弱层。经凿毛处理的混凝土表面,应用水冲洗干净,且不得留有积水。在浇筑新混凝土前,垂直缝应刷一层净水泥浆,水平缝应在全部连接面上铺上一层厚为 1~2 cm 的水泥砂浆,或铺一层厚约 30 mm 的混凝土,其粗集料宜比新浇筑混凝土减少 10%。

4)混凝土的养护

混凝土的合理养护是保证其硬化充分,并防止由于早期过度收缩而产生表面裂缝的必要条件。一般情况下,对塑性混凝土应在浇筑后 12 h 以内,对干硬性混凝土应在浇筑后 1~2 h 内用湿麻袋、草帘或湿砂遮盖,并经常洒水,洒水次数的多少以能保持混凝土表面经常的足够的润湿状态为度。在常温下(15~25 ℃),用普通水泥拌制的混凝土养护时间不得少于 7 d;用矾土水泥拌制的不得少于 3 d;用矿渣水泥、火山灰质水泥拌制的或在施工中掺用塑化剂的不得少于 14 d;干燥、炎热天气应适当延长;气温低于+5 ℃时,应覆盖保温,不得浇水。

在桥梁预制厂,常采用养护罩蒸汽法养护,即在大气压力下,温度 60 ℃ 以下,相对湿度 90%~100% 条件下的养护方法。蒸汽养护可加速制梁台座和模板的周转,使用矾土水泥的混凝土不能使用蒸汽养护。

9.3　预应力混凝土简支梁制造

由于普通混凝土抗拉强度低,容易在混凝土收缩徐变、温度变化或较低的荷载作用下即发生开裂,故通过对梁体施加预应力的方法来提高其抗裂性和耐久性,并减轻自重,增大跨度。工程上对梁体施加预应力一般通过张拉钢筋来实现,将张拉后的高强度钢筋锚固在混凝土构件内,利用其弹性回缩对混凝土施加预压力。在混凝土浇筑前张拉钢筋的称为"先张法",如图 9.21 所示;在混凝土硬化后张拉钢筋的称为"后张法",如图 9.22 所示。

9.3.1　先张法施工工艺

先张法制作预应力混凝土构件,多在预制场的台座上进行。先张法施工时首先支立模板,绑扎钢筋骨架,并在张拉台座或钢模上张拉预应力钢筋,达到要求的张拉控制应力后,用夹具临

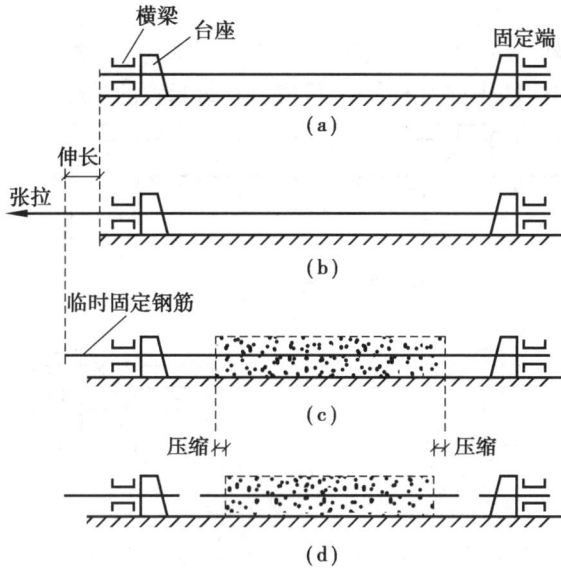

图 9.21　先张法示意图

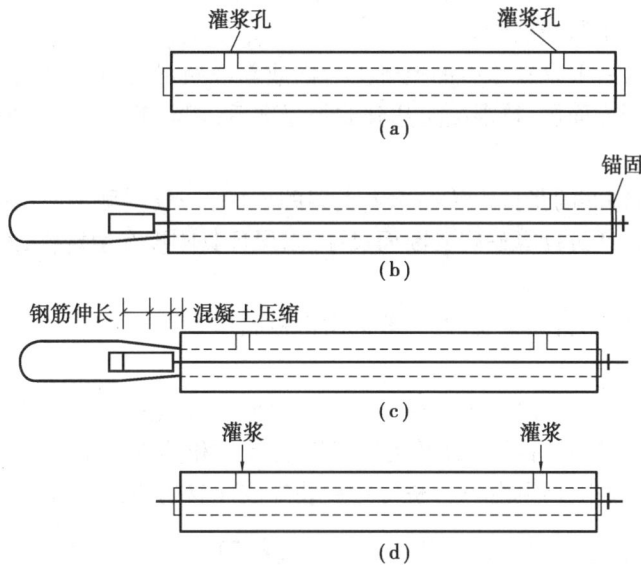

图 9.22　后张法示意图

时锚固在台座两端,然后浇筑梁体混凝土并进行养护,达到要求的混凝土强度后(一般为设计强度的 70% ~ 80%)放松预应力筋,在钢筋回缩过程中利用钢筋与混凝土之间的黏结力获得预压力。先张法施工工序较多,下面仅重点介绍张拉台座、预应力筋的下料、预应力筋张拉、混凝土浇筑和预应力筋放张等几个特殊的工序。

1)张拉台座

台座在先张法构件生产中是主要的承力构件,它必须具有足够的承载能力、刚度和稳定性,以免因台座的变形、倾覆和滑移而引起预应力损失,以确保先张法生产构件的质量。台座的形式很多,因地制宜,但一般可分为墩式台座和槽式台座两种。

（1）墩式台座

墩式台座由承力支架、台面、横梁和定位板 4 部分组成，其长度宜为 50~150 m，如图 9.23 所示。台座的承载力应根据构件张拉力的大小，可按台座每米宽的承载力为 200~500 kN 设计台座。

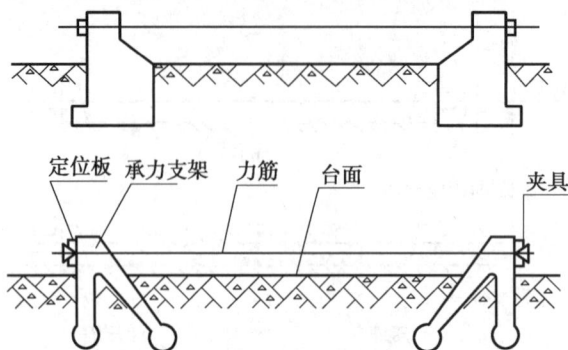

定位板　承力支架　力筋　台面　　　　　　夹具

图 9.23　墩式台座

承力支架是台座的重要部分，在设计和建造时应保证承受预应力钢筋的全部张拉力，而不产生变形和位移。台面是制作构件的底模，要求平整、光滑，一般可在夯实平整的基土上浇铺并按规定留出伸缩缝。台面伸缩缝可根据当地温差和经验设置，一般均为 10 m 设置一道。也可采用预应力滑动台面，不留伸缩缝。

预应力滑动台面，一般是在原有的混凝土台面或新浇筑的混凝土基层上刷隔离剂，张拉预应力钢丝后，浇筑混凝土面层，待混凝土达到放张强度后，切断钢丝台面就发生滑动。这种台面使用效果良好。

横梁是将预应力钢筋的张拉力传给承力支架的构件，一般用型钢或混凝土制作，并根据横梁的跨度、张拉力大小通过计算确定其断面尺寸，以保证其刚度和稳定性，避免受力后产生变形和翘曲。

定位板是固定预应力钢筋位置的，一般都用钢板制作。

（2）槽式台座

槽式台座由钢筋混凝土压杆、上下横梁及台面组成。台座的长度一般不超过 50 m，承载力可大于 1 000 kN，如图 9.24 所示。为了便于浇筑混凝土和蒸汽养护，槽式台座一般均低于地面。在施工现场还可利用已预制的柱、桩等构件装配成简易的槽式台座。

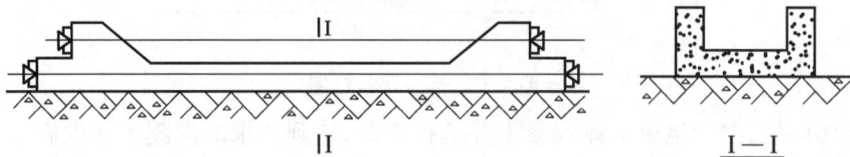

图 9.24　槽式台座

按压杆的受力原理，槽式台座可分为轴心压柱式、偏心压柱式、墩柱式和梭形等几种。其主要特点是在台座两侧设传力柱，承受水平张拉荷载。

若张拉荷载合力中心与压柱的中心重合，则为轴心压柱式台座，如图 9.25 所示。这种台座受力明确、承载力大、工程量小、节约材料，但传力柱较高，对施工操作造成不便，需将传力柱顶降至与地面同一标高，形成地槽形式，适用于小型预制场。

若将压柱标高降至接近地面,并在压柱端部设牛腿,将水平张拉荷载通过牛腿传至立柱,使立柱处于偏心受压状态,则称其为偏心压柱式台座,如图9.26所示。这种台座承载力大,但在偏心作用下会使压柱截面增大,配筋增加,且易造成台座倾覆,故常在台座端部增设平衡重结构,如平衡梁或平衡板,适用于固定预制场。

墩柱式台座将牛腿和端节压柱分开,中间设置传力铰。牛腿下伸与重力墩连成整体。压杆由偏心受压转为轴心受压,使压柱高度降低,具有结构合理、承载能力大、施工方便、降低材料消耗等优点。

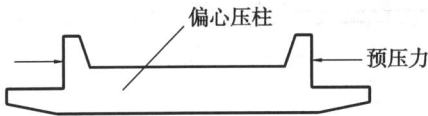

图 9.25　轴心压柱式台座示意图

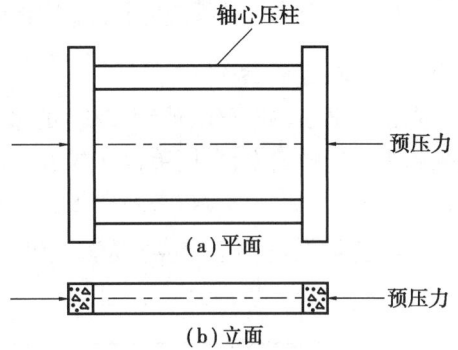

图 9.26　偏心压柱式台座示意图

梭形台座为整体偏心压柱结构,采用牛腿承受张拉荷载,传力柱在端节处向内弯折,在端节处用较短的端横梁连成整体。压柱处于双向偏心受压状态。梭形台座具有整体性好和可免除大型钢端横梁等优点。该台座为整体式结构,只适用于固定预制工厂。

2)预应力钢筋的下料

预应力钢筋的下料长度应按照构件长度和材料的试验数据确定,如图9.27所示。其计算公式(按1端张拉)为:

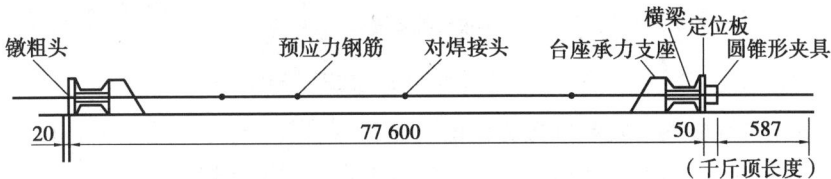

图 9.27　长线台座预应力钢筋下料长度示意图(尺寸单位:mm)

$$L = \frac{L_0}{1 + \delta_1 - \delta_2} + n_1 L_1 + L_2 \tag{9.1}$$

式中　L——下料长度;

　　　δ_1——钢筋冷拉时的冷拉率(对 L 而言),$\delta_1 = 3\%$;

　　　δ_2——钢筋弹性回缩率(对 L 而言),$\delta_2 = 0.3\%$;

　　　n_1——对焊接头的数量,$n = 8$;

　　　L_1——每个对焊接头的预留量,$L_1 = 1.5$ cm;

　　　L_2——镦粗头的预留量,$L_2 = 2$ cm;

　　　L_0——钢筋的要求长度,$L_0 = L_t + L_3 + L_4 = (7\,750 + 5 + 58.7)$ cm $= 7\,813.7$ cm。

其中:

　　　L_t——长线台座的长度(包括横梁、定位板在内),$L_t = 7\,750$ cm;

　　　L_3——夹具长度,$L_3 = 5$ cm;

L_4——张拉机具所需的长度(按具体情况而定)，$L_4 = 58.7$ cm。

3）预应力钢筋的张拉

先张法钢筋(或钢丝、或钢绞线)的张拉主要利用千斤顶进行。张拉方法按预应力筋数量、间距和张拉力的大小，采用单根张拉和多根张拉，如图 9.28 所示。当采用多根张拉时，为使其每根预应力筋的应力一致，必须在张拉前调整初应力，初应力值一般为张拉值的 10%。

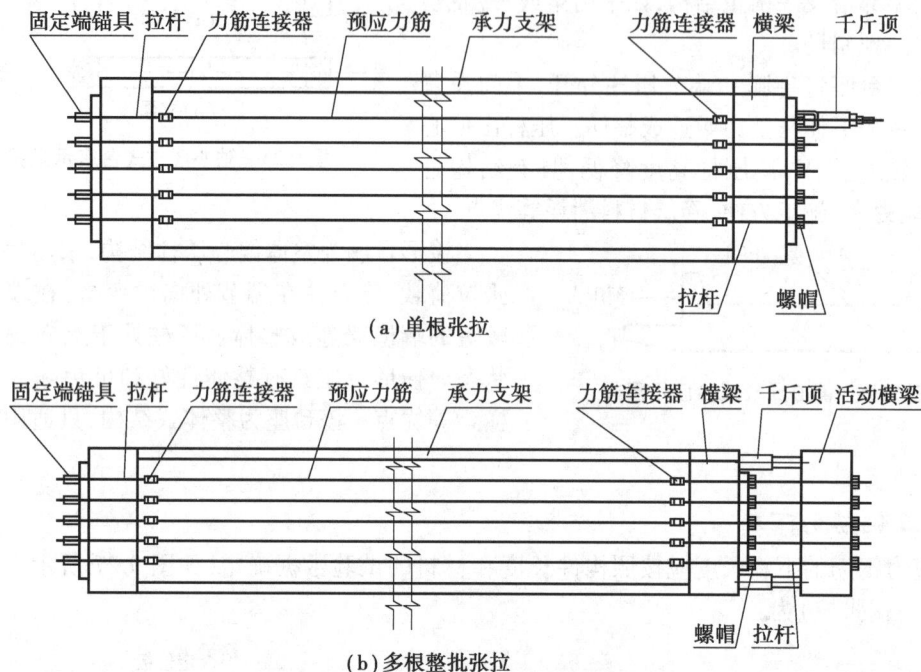

（a）单根张拉

（b）多根整批张拉

图 9.28　先张法钢筋张拉工艺布置

张拉前，应先在端横梁上安装预应力筋的定位钢板，同时检查其孔位和孔径是否符合设计要求。安装定位板时，要保证最下层和最外侧预应力筋的混凝土保护层厚度。长线同时生产几根梁时，梁与梁间的钢筋可用连接器临时串联。

为了减少预应力筋的松弛损失，可采用超张拉的方法进行张拉。先张法的张拉程序如无设计规定时，可按表 9.3 的程序进行。

表 9.3　先张法的张拉程序

预应力筋种类	张拉程序
钢　筋	$0 \rightarrow$ 初应力 $\rightarrow 105\%\sigma_k \xrightarrow{\text{持荷 2 min}} 90\%\sigma_k \rightarrow \sigma_k$
钢　丝	$0 \rightarrow 105\%\sigma_k \xrightarrow{\text{持荷 2 min}} 0 \rightarrow \sigma_k$
钢绞线	$0 \rightarrow 103\%\sigma_k$

注：σ_k 为张拉控制应力。

根据张拉应力、张拉预应力筋的总面积和千斤顶的活塞面积，可计算各张拉阶段高压油泵上的压力表值＝张拉应力×预应力筋面积/活塞面积。

4) 预应力钢筋的放松

预应力筋放张时混凝土强度应达到设计规定值,设计未规定时,不得低于设计强度的75%。预应力筋的放张顺序应符合设计要求,设计未规定时,应分阶段、对称、相互交错地放张。放张之前,应将限制位移的侧模、翼缘模板或内模拆除。

预应力筋的放松速度不宜过快,应尽量使构件受力对称均匀。当采用单根放松时,每根预应力筋严禁一次放完,以免最后放松的预应力筋自行崩断。常用的放松方法有下列两种:

(1)千斤顶放松

在台座固定端的承力支架与横梁之间,张拉前预先安放千斤顶,如图9.29所示。待混凝土达到规定的放松强度后,两个千斤顶同时回程,使拉紧

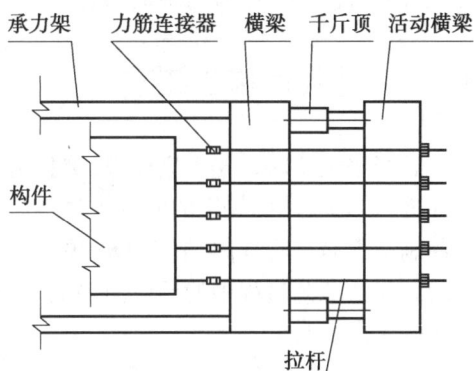

图9.29 千斤顶放松张拉力的布置

的预应力筋徐徐回缩,张拉力被放松。当逐根放张预应力筋时,应严格按有利于梁受力的次序分阶段地进行。

(2)砂箱放松

以砂箱代替千斤顶,如图9.30所示。使用时从进砂口灌满烘干的砂子,加上压力压紧。待混凝土达到规定的放松强度后,打开出砂口,砂子慢慢流出,预应力筋徐徐回缩,张拉力被放松。

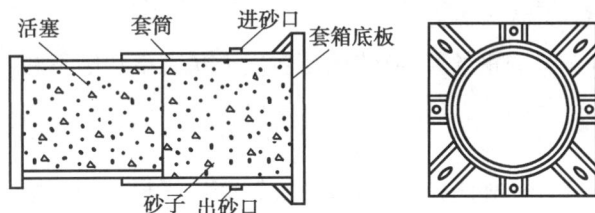

图9.30 砂箱

(3)滑楔放松

以钢制滑楔代替砂箱,如图9.31所示。滑楔由三块钢楔块组成,中间一块上装有螺栓。使用时将螺栓拧进螺杆就使三个楔块连成整体。将螺栓慢慢往上拧松,由于钢丝的回缩力,随着中间楔块的向上滑移,张拉力被放松。

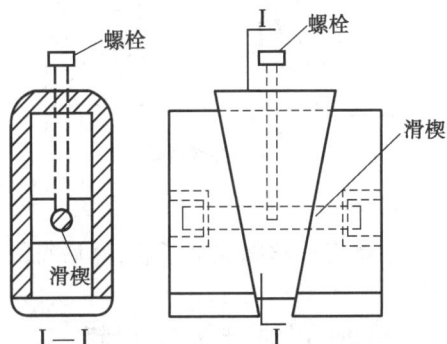

图9.31 钢制滑楔

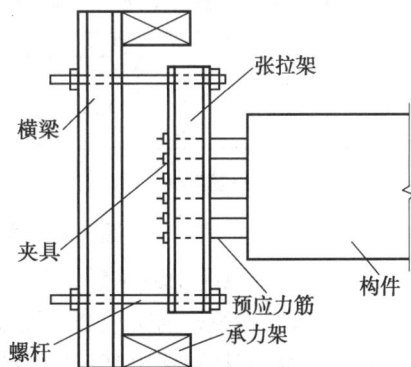

图9.32 螺杆、张拉架放张示意图

（4）螺杆、张拉架放松

在台座的固定端，设置锚固预应力筋的螺杆和张拉架，如图 9.32 所示。拧松螺杆上的螺母，钢筋慢慢回缩，张拉力被放松。

9.3.2 后张法施工工艺

后张法施工时首先支立模板，绑扎钢筋骨架，并用制孔器预留预应力筋孔道，浇筑梁体混凝土并进行养护，达到规定的混凝土强度后，在预留孔道内插入预应力筋进行张拉，达到要求的张拉控制应力后进行锚固，放松千斤顶，在钢筋回缩过程中利用锚具反力获得预压力。下面重点介绍后张法工艺流程中的预应力筋的下料及编束、预留孔道、预应力筋张拉和孔道压浆等几个特殊的工序。

1）预应力钢筋的下料及编束

（1）下料

钢丝下料时，应根据锚具类型、张拉设备条件确定下料长度。其计算公式为：

$$L = L_0 + n(L_1 + 0.15) \tag{9.2}$$

式中　L——下料长度；

　　　L_0——梁的管道加两端锚具长度；

　　　L_1——千斤顶支承端到夹具外缘距离（包括缺口垫圈厚 0.053 m）；

　　　n——张拉端数目（1 或 2 个）。

对于采用锥形螺杆锚具的钢丝束，应使钢筋在应力状态下切断下料，以保证每根钢丝下料长度相等。

（2）编束

为使成束预应力筋在穿孔和张拉时不致紊乱，钢筋应逐根排列理顺，编孔成束。成束方法是先用梳丝板将其理顺，如图 9.33（a）所示；然后每隔 1~1.5 m 衬以弹簧衬圈，如图 9.33（b）所示；将钢丝沿衬管均匀排列，并在各衬管处用 22 号铁丝缠绕 20~30 道。在露出梁端管道外的钢丝束内各加一个临时衬管，以便在安装千斤顶时，保持各根钢丝正确就位，不致彼此交错。当千斤顶对位后，立即将临时衬管拆除。这种编束方法对防锈、压浆有利，但操作较麻烦。

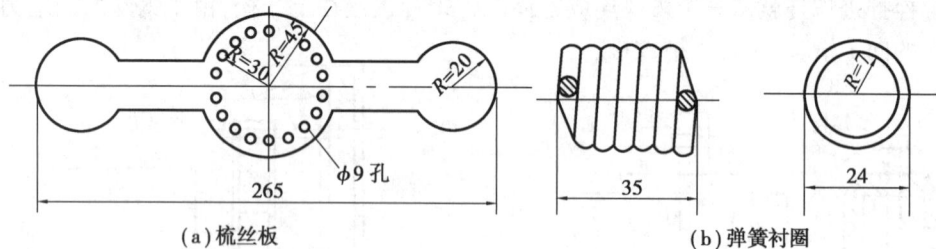

图 9.33　编束（尺寸单位：mm）

（a）梳丝板　　　　（b）弹簧衬圈

另一种编束方式是每隔 1.0~1.5 m 先用 18~20 号铅丝将铁丝编成帘子状，然后每隔 1.5 m 设置一个螺旋衬圈，并将编好的帘子绕衬圈围成圆束。

绑扎好的钢丝束，应挂牌标出其长度和设计编号，并按编号分批堆放，以防错乱。

当采用环销锚具时，钢丝宜先绑扎成小束，再绑扎成大束。绑扎完毕后，在钢丝束的两端按分丝的要求,将钢丝束分成内外两层,并分别用铅丝编结成帘状或做出明确的标识,以防内外层钢丝交错张拉。

2)预留孔道

对于后张法预应力混凝土梁,在张拉钢筋之前,需首先在预应力筋设计位置,采用制孔器在梁体成型后期间形成孔道,以便待混凝土达到预设强度后穿入预应力钢筋进行张拉。预留孔道需要首先选择制孔器的种类,然后进行制孔器的安装、抽拔及通孔检查工作。

(1)制孔器的种类

按照制孔的方式,制孔器可分为预埋式制孔器和抽拔式制孔器两类。

预埋式制孔器主要有铁皮管、铝合金波纹管和塑料波纹管。铁皮管一般采用薄铁皮卷制而成,径向接头可采用咬口,轴向接头则用点焊,按设计位置,在浇筑混凝土前,直接固定在钢筋骨架上。这种制孔器制作时费人工、速度慢、易漏浆;采用由制管机卷制而成的铝合金波纹管,可以得到较大的横向刚度,与构件混凝土的黏结也较好,较常采用;近年来,塑料波纹管以其抗腐蚀性好、能防止氯离子浸入、可防电流腐蚀、强度高、耐疲劳性好等优点,也在工程中得到了越来越广泛的应用。预埋式制孔器在梁体制成后均将留在梁内,不再取出。

抽拔式制孔器则利用制孔器预先安放在预应力筋设计位置上,待混凝土达到抽拔要求后将其拔出,在构件内形成孔道,这样制孔器可以周转使用。常用的抽拔式制孔器有橡胶管制孔器、金属伸缩管制孔器和钢管制孔器。橡胶管制孔器是用橡胶夹两层钢丝编织而成的,为了加强刚度及控制其位置的准确,可在管内插入钢筋芯棒;当用充水橡胶管时,管内的压力不低于5 000 kPa。金属伸缩管制孔器是用金属丝编织成的可伸缩的软管套,内用橡胶衬管和钢筋芯棒进行加劲,并用铁皮管作接头,具有压缩时直径增大而拉伸时直径减小的特性。钢管制孔器用表面光滑平整的钢管焊接而成,抽拔力大,但不能弯曲,因此仅适用于直线形孔道。

(2)制孔器的安装

安装制孔器时,可先将外管沿梁体长度方向顺序穿越各定位钢筋的"#"字网眼,然后在梁中部安装好外管接头,并固定外管,最后穿入钢筋芯棒。外管接头布置在跨中附近,但不宜在同一断面上(同一断面是指顺制孔器长度方向为1 m的范围内)。

(3)制孔器的抽拔

制孔器可由人工或机械逐根或分批进行抽拔。抽拔的顺序是先抽芯棒,后拔胶管;先拔下层胶管,后拔上层胶管;先拔早浇筑的半根梁,后拔晚浇筑的半根梁。混凝土浇筑后应及时抽拔制孔器,过早抽拔,混凝土可能塌陷而堵塞孔道;过迟抽拔,可能拔断胶管。因此,制孔器的抽拔要在混凝土初凝之后与终凝之前进行,一般以混凝土抗压强度达400~800 kPa时为宜。抽拔完毕后,应用通孔器检查孔道。

3)预应力钢筋的张拉

预应力钢筋的张拉是预应力梁制造的关键工序,必须严格按照有关的施工规范和操作规则进行。预应力钢筋应按设计规定的张拉孔号顺序分批由两端同时对称进行张拉,以防过大的偏心压力导致梁体出现较大的侧弯与扭转现象。如设备不足时,可先在一端张拉完毕后,再在另一端补足预应力值。

后张法预应力钢筋的张拉操作方法和张拉程序与配用的锚具及千斤顶的类型有关。一般情况下,张拉钢丝束可配用锥形锚具或环销锚具、锥锚式千斤顶;张拉粗钢筋可配用螺丝端杆锚具、拉杆式千斤顶;张拉钢筋束或钢绞线可配用 JM-12 型锚具、穿心式千斤顶;张拉钢绞线还可配用星形锚具、穿心式千斤顶。

采用锥形锚具钢丝束的张拉程序一般为:

第一阶段:将钢丝束张拉至设计控制应力,随即放松至 0,如此进行数个循环,以降低摩阻力,并使钢丝应力趋于均匀;然后将千斤顶充油,使预应力筋产生 $0.1\sigma_k$ 的初应力值,并记录伸长量和滑丝情况。

第二阶段:将钢束超张拉至最大限值 $1.05\sigma_k$,测量钢丝伸长量,持荷 5 min,复查伸长量,然后退至 σ_k,并保持此拉力约 30 min,以消除预应力筋应力的大部分松弛损失。随后将千斤顶回油至钢筋应力稍大于控制应力,以抵消锚口应力损失。超张拉完成后顶压锚塞,先从一端顶锚,此时钢筋因内缩而发生预应力损失,因此,应在另一端补足预应力损失,再进行另一端的顶锚。锚塞顶压完毕后张拉程序完成。

其他型式锚具的张拉程序可按表 9.4 的程序进行。

表 9.4 后张法的张拉程序

锚具类型	张拉程序
环销锚	$0 \rightarrow 105\%\sigma_k \xrightarrow{\text{持荷 5 min}} 0$ 初应力 $\rightarrow 105\%\sigma_k \rightarrow \sigma_k$
星形锚	$0 \rightarrow$ 初应力 $\rightarrow 105\%\sigma_k \rightarrow$ 初应力 $\rightarrow 105\%\sigma_k \rightarrow$ 初应力 $\rightarrow 105\%\sigma_k$
其他锚具	$0 \rightarrow$ 初应力 $\rightarrow 105\%\sigma_k \xrightarrow{\text{持荷 5min}} \sigma_k$(张拉钢筋和钢绞线)

4)孔道压浆

为了使孔道内预应力钢筋不受锈蚀,并与混凝土结成整体,当预应力筋张拉完毕后,应尽快进行孔道压浆。

孔道压浆用专门的压浆泵进行,压入的灰浆应在预应力筋全长范围内填满钢束内部及周围的所有空隙,对压浆的要求为密实、饱满。

压浆用的水泥应采用标号不低于 425 号的硅酸盐水泥,灰浆的水灰比应控制为 0.4~0.45。钢筋束和钢丝束采用纯水泥浆灌入,不成束的预应力筋及孔道较大者,也可在水泥浆内掺入一定数量的细砂。水泥浆自调至压入孔道的间隔时间不得大于 40 min。在使用前应始终使水泥浆处于搅动状态,以防沉淀。

压浆前先用清水冲洗孔道,使之湿润。同时检查灌浆孔、排气孔是否畅通。压浆工艺有一次压浆法和二次压浆法。不太长的直线形孔道宜用一次压浆法,较长的孔道或曲线形孔道以二次压浆法为好。孔道冲洗完毕后,从压浆嘴慢慢压入水泥浆,使空气从另一端的排气孔排出,直至有水泥浆流出为止,关闭压浆和出浆口的阀门。

9.4 简支梁的架设

预制梁(板)的安装是预制装配式混凝土梁桥施工中的关键步骤,一般包括起吊、纵移、横移、落梁(板)就位等工序。铁路桥梁通常采用专用架桥机架设;道路桥梁质量相对较轻,除专用架桥机外,另有多种灵活、简便的架设方法,应结合施工现场条件、工程规模、桥梁跨径、工期条件、架设安装的机械设备条件等具体情况,以安全可靠、经济简单和加快施工速度等为原则,合理选择架梁的方法。

从架设的工艺来分,预制梁(板)的架设方法有陆地架梁、浮吊架梁和利用安装导梁、塔架、缆索的高空架梁法等方法。

9.4.1　陆地架设法

1)移动式支架架梁法

本方法是在架设孔的地面上,顺桥轴线方向铺设轨道,其上设置可移动支架,预制梁的前架搭在支架上。通过移动支架将梁移运到要求的位置后,再用龙门架或人字扒杆吊装;或者在桥墩上设枕木垛,用千斤顶卸下,再将梁横移就位,如图9.34所示。

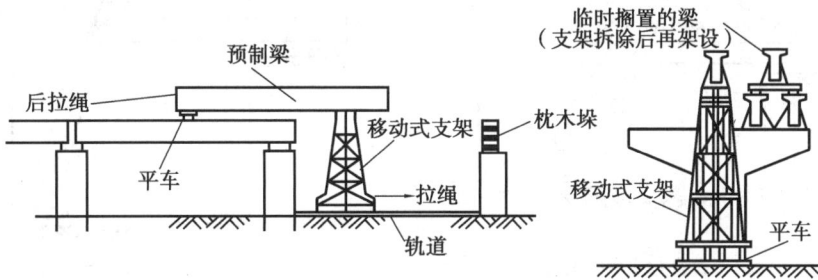

图9.34　移动式支架架设法

利用移动支架架设,设备较简单,但可安装重型的预制梁;无动力设备时,可使用手架卷扬机或绞盘移动支架进行架设。但不宜在桥孔下有水、地基过于松软的情况下使用,一般也不适宜桥墩过高的场合,因为这时为保证架设安全,支架必须高大,因此这种架设方法不够经济。

2)摆动式支架架梁法

本方法是将预制梁(板)沿路基牵引到桥台上并稍悬出一段,悬出距离根据梁的截面尺寸和配筋确定。从桥孔中心河床上悬出的梁(板)端底下设置人字扒杆或木支架,如图9.35所示,前方用牵引绞车牵引梁(板)端,此时支架随之摆动而到对岸。为防止摆动过快,应在梁(板)的后端用制动绞车牵引制动。

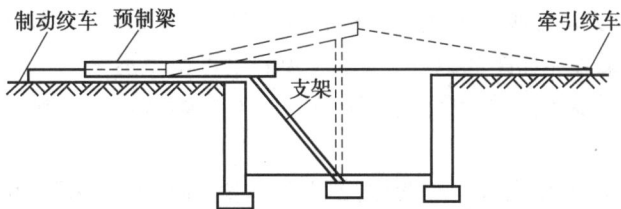

图9.35　摆动式支架架设法

摆动式支架架梁法较适宜于桥梁高跨比稍大的场合。当河中有水时也可用此法架梁,但需在水中设一个简单小墩,以供设立木支架用。

3)自行式吊机架梁法

自行式吊机架梁法是采用本身带有动力的一台吊机或两台吊机,或吊机和绞车配合进行预制梁架设的方法。当预制梁质量不大,而吊机又有相当的起重能力,河床坚实无水或少水,允许吊机行驶、停搁时,可用一台吊机架设安装,如图9.36(a)所示。对跨径不大的预制梁,吊机起重臂跨径在10 m以上且起重能力超过梁重的1.5倍时,吊机可搁放在桥台后跨基上架设安装,或搁放在一孔已安装好的桥面上,架设安装一次孔的梁(板)。用两台吊机架梁法是用两台自行式吊机各吊住梁(板)的一端,将梁(板)吊起并架设安装,此法应注意两吊机的相互配合。

吊机和绞车配合架梁,如图9.36(b)所示。预制梁一端用拖履、滚筒支垫,另一端用吊机吊起,前方用绞车或绞盘牵引预制梁前进。梁前进时,吊机起重臂随之转动。梁前端就位后,吊机行驶到后端,提起梁后端取出拖履、滚筒,再将梁放下就位。

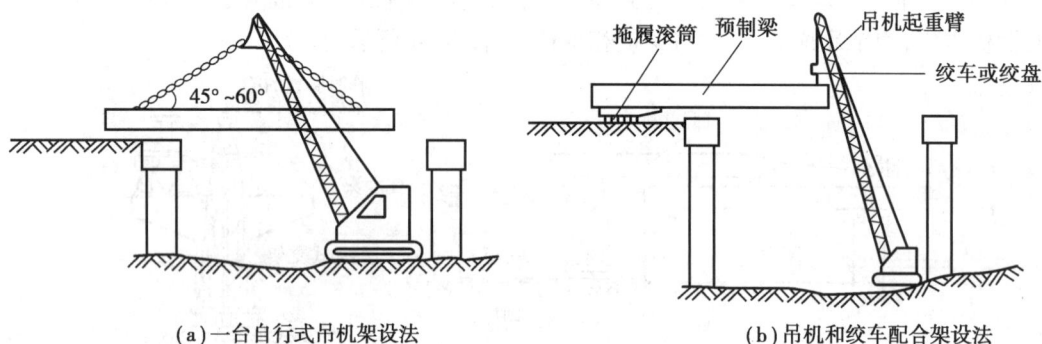

(a)一台自行式吊机架设法   (b)吊机和绞车配合架设法

图9.36 自行式吊机架梁法

自行式吊机架梁法架设迅速,可缩短工期,不需要架设桥梁用的临时动力设备,在中小跨径的预制梁(板)的架设安装中得到了越来越多的应用。

4)跨墩或墩侧龙门架架梁法

本方法是以胶轮平板拖车、轨道平车或跨墩龙门架将预制梁运送到桥孔,然后用跨墩龙门架或墩侧高低脚龙门架将梁吊起,再横移到梁设计位置,然后落梁就位完成架梁工作。

搁置龙门架脚的轨道基础要按承受最大反力时能保证安全的原则进行加固处理。河滩上如有浅水,可在水中填筑临时路堤,水稍深时可考虑修建临时便桥,在便桥上铺设轨道。此法应与其他架设方法进行技术经济比较以决定取舍。

用本方法架梁的优点是架设安装速度较快,河滩无水时也较经济,而且架设时不需要特别复杂的技术工艺,作业人员较少。但龙门吊机的设备费用一般较高,尤其在高桥墩的情况时。

跨墩龙门架的架梁程序如图9.37(a)所示。预制梁可由轨道平车运送至桥孔,如两台龙门架吊机自行且能达到同步运行时,也可利用跨墩龙门架将梁吊着运送到桥孔,再吊起横移落梁就位。

墩侧高低脚龙门架,其架设程序与跨墩龙门架基本相同,如图9.37(b)所示。但预制梁必须用轨道平车或胶轮平车拖板运送至桥孔。第一孔各片梁安装完毕后,将1号墩的龙门架拆除运送到3号墩安装使用,以后如此循环使用。为了加快预制梁吊起横移就位速度,可准备三台高低脚龙门架,设置在1、2、3号墩侧。待第一跨各梁安装完毕,可即安装第二跨,与此同时,将1号墩龙门架运送到4号墩安装。这种高低脚龙门架较跨墩龙门架可减少一条轨道,一条腿的高度也可降低,但增加运、拆、装龙门架的工作量,并需要多准备一台龙门架。

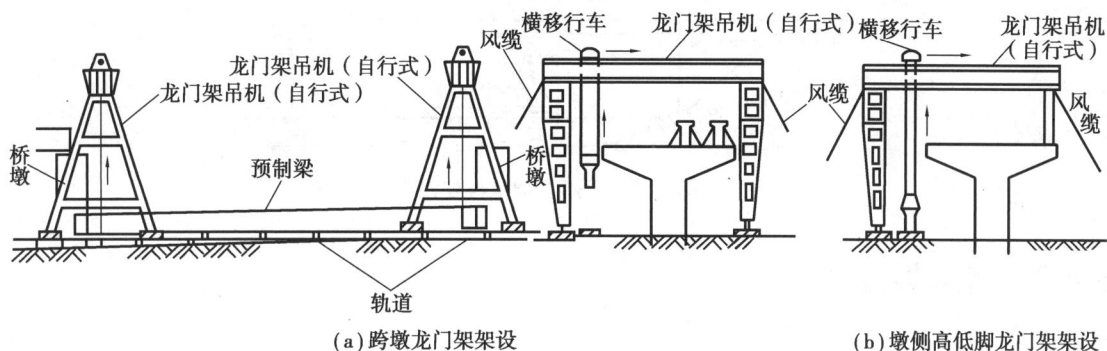

（a）跨墩龙门架架设　　　　　　　　　　　（b）墩侧高低脚龙门架架设

图 9.37　龙门架架设法

9.4.2　浮吊架设法

浮运架梁法是将预制梁用各种方法移装到浮船上，并浮运到架设孔以后就位安装。采用浮运架梁法时，河流需有适当的水深，水深需根据梁重而定，一般宜大于 2 m；水位平稳或涨落有规律如潮汐河流；流速及风力不大；河岸能修建适宜的预制架装卸码头；具有坚固适用的船只。浮运架梁法的优点是桥跨中不需设临时支架，可以用一套浮运设备架设安装多跨同跨径的预制梁，较为经济，且架梁时浮运设备停留在桥孔的时间很少，不影响河流通航。

浮运架梁法采用如下两种方法：

1）预制梁装船浮运架梁法

将预制梁装载在一艘或两艘浮船中的支架枕木垛上，使梁底高度高于墩台支座顶面 0.2～0.3 m，然后将浮船拖运至架设孔，充水入浮船，使浮船吃水加深，降低梁底高度使预制架安装就位。在有潮汐的河流或港湾上建桥时，可利用潮汐水位的涨落来调节架底标高以安装就位。若潮汐的水位高差不够，可在浮船中配合排水、充水解决。因此浮船应配备足够的水泵，以保证及时有效地排水和充水。

预制梁较短、质量较轻时，可装架在一架浮船上。如预制梁较长且又重时，可装载在两艘浮船上或以多艘浮船连成两组使用。不论浮船多少，预制梁的支承处不宜多于两处，并由荷载分布确定。预制梁支承处两端伸出长度应考虑浮船进入架设孔便利，同时应考虑因两端伸出在支承外产生的负弯矩，在浇筑梁体时适当加固，防止由负弯矩而产生的裂纹、损坏发生。

2）浮船支架拖拉架梁法

本方法是将预制梁的一端纵向拖拉滚移到岸边的浮船支架上，再用与移动式支架架梁法相同的方法沿桥轴线拖拉浮船至对岸，预制梁也相应拖拉至对岸，当梁前端抵达安装位置后用龙门架或人字扒杆安装就位，如图 9.38 所示。

预制梁装船的方法，应根据梁的长度、质量、河岸的情况，选用不同的方法。对于河边有垂直驳岸、预制梁不太长又不太重时，可采用大起重量、大伸幅的轮胎式或履带式吊机将梁从岸上吊装到浮船上，或用大起重量、大伸幅的浮吊将梁从岸上吊装到浮船上。必须建栈桥码头时，可用栈桥码头将预制梁纵向拖拉上船，也可用栈桥码头横移预制梁上船，但此时必须与河岸垂直修建两座栈桥，其间距等于预制梁的长度。

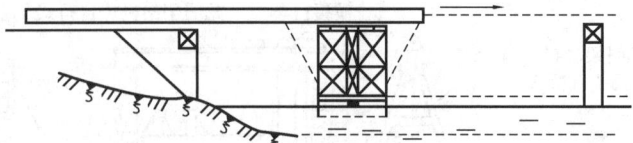

图 9.38　浮船支架拖拉架设

9.4.3　高空架设法

1)联合架桥机架梁(蝴蝶架架梁法)

联合架桥机架梁是以龙门吊机和一根两跨长的钢导梁为主体,配合运梁平车和托架(即蝴蝶架),使预制梁从导梁上通过桥孔,由龙门吊机吊装就位的方法。钢导梁由贝雷梁装配。梁顶面铺设运梁平车和托架行走的轨道。龙门吊机由工字梁组成,并在上下翼缘处及接头的地方用钢板加固。龙门吊机顶横梁上设有吊梁用的行走小车。为了不影响架梁的净空位置,其立柱做成拐脚式(俗称拐脚龙门架)。龙门吊机的横梁标高,由两根预制梁叠起的高度加平车及起吊设备高确定。蝴蝶架是专门用来托运龙门吊机转移的,它由角钢组成,如图 9.39 所示。整个蝴蝶架放在平车上,可沿导梁顶面轨道行走。其施工步骤如下:

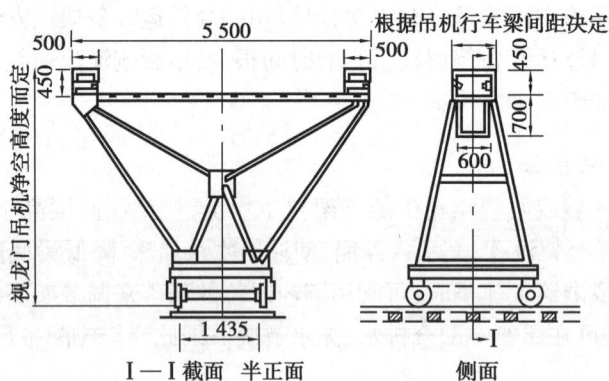

图 9.39　蝴蝶架(尺寸单位:cm)

(1)准备工作

①台背填土分两次填筑,先填至台顶支承垫块的高度。

②在台后组拼双孔连续钢导梁,使之通过桥台胸墙中的缺口,滑移到第一孔与第二孔。滑移滚子设在梁下墩台顶上。滑移工作用设在对岸的绞车来完成。

③补好胸墙缺口,再填筑台背路堤,并在路堤中间铺轨,轨道与梁上的轨道相衔接。

④用蝴蝶架把吊机运送至墩台上,再用蝴蝶架上的千斤顶将吊机降落到墩顶支承垫块上,然后用螺栓固定。

(2)架设就位

用平车将预制梁沿轨道运到龙门架下面,用龙门架将预制梁起吊、横移和下落就位。由于最后安装的两根梁位置为导梁所占据,所以需先由龙门架将其暂放在已经安好的梁上,待导梁移往下一跨后,再由龙门架将最后二根梁放到导梁让出来的设计位置上。全跨预制梁就位后,即可焊接横隔梁使其成整体,并于其上铺设钢轨,再用蝴蝶架把龙门架移至下一跨内。重复上述程序,继续进行安装。

2) 自行式吊机桥上架梁法

在预制梁跨径不大、质量较轻且梁能运抵桥头引道上时,可直接用自行式伸臂吊车(汽车吊或履带吊)来架梁。但是,对于架桥孔的主梁,当横向尚未连成整体时,必须核算吊车通行和架梁工作时的承载能力。此种架梁方法简单方便,几乎不需要任何辅助设备,如图9.40所示。

3) 扒杆纵向"钓鱼"架梁法

本方法是用立在安装孔墩台上的一副人字扒杆,配合运梁设备,以绞车互相牵吊,在梁下无支架、导梁支托的情况下,把梁悬空吊过桥孔,再横移落梁、就位安装的架梁法,适用于吊装小跨径的钢筋混凝土板梁,施工布置如图9.41所示。

架梁前先在前方桥墩或桥台上面立一副人字扒杆,其位置要离开梁的位置。在扒杆顶上拴一滑车组,在梁的前端和后方安设牵引和制动装置的绞车三部,在桥头路基上和梁底面装设滑动或滚动装置。两端墩台帽石上搭枕木垛,后方枕

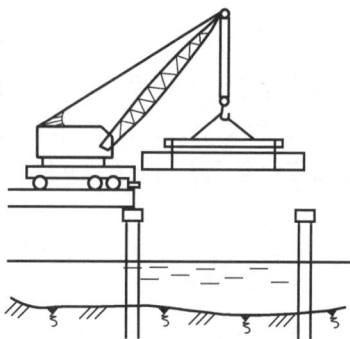

图9.40　自行式吊车桥上架梁法

木垛的高度与桥台的前墙齐平,前方的枕木垛可矮一些,但两墩台间枕木顶面的坡度应不大于3%。

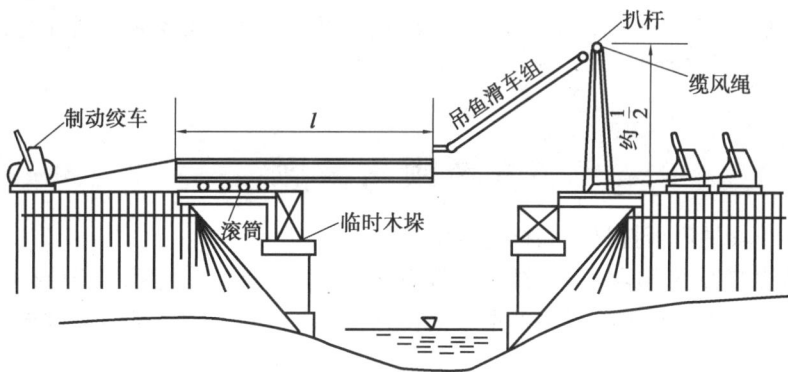

图9.41　钓鱼法

拖拉梁时先绞紧前面的牵引绞车,同时放松后面的制动绞车,使梁等速前进。当梁的前端悬空后,就逐渐绞紧扒杆上的吊鱼滑车组,将梁端提起。当梁的前端伸出一半后,后端就会翘起,这时可绞紧拖拉绞车和吊鱼滑车组,将低头梁端逐渐提起,然后放松制动绞车,梁即前进一步。梁前进后,前端又要低头。再重复上述办法至梁到达前方墩台为止。

用千斤顶将梁后端顶起,拆除木垛。前端用扒杆落梁,后端用千斤顶落梁,前后两端不能同时进行,而且两端高差亦不宜相差太多,最后将梁落在设计位置上。如果不用千斤顶落梁,可在后端安一台人字扒杆。采用这种方法落梁时,墩台不需搭枕木垛。

若架梁时同时采用两副人字扒杆,则称为"双钓鱼法",其架梁如图9.42所示。

用本方法架梁时,必须以预制梁的质量和墩台间跨径为基础,在竖立扒杆、放倒扒杆、转移扒杆或架梁或吊梁横移等各个工作阶段,对扒杆、牵引绳、控制绳、卷扬机、锚碇和其他附属零件进行受力分析和应力计算,以确保设备的安全。还需对各阶段的操作安全性进行检查。

本方法不受架设孔墩台高度和桥孔下地基、河流水文等条件影响;不需要导梁、龙门吊机等

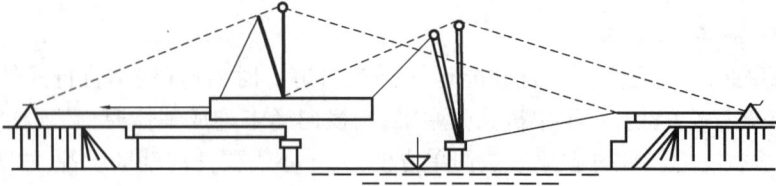

图 9.42 扒杆纵向"钓鱼"架梁法

重型吊装设备而可架设 30~40 m 以下跨度的桥梁;扒杆的安装移动简单,梁在悬吊状态时横移容易,且也较安全,故总的架设速度快。但本方法需要技术熟练的起重工,且不宜用于不能设置缆索锚碇和梁上方有障碍物处。

本章小结

本章主要内容包括概述、钢筋混凝土简支梁制造、预应力混凝土简支梁制造、混凝土简支梁架设共 4 部分内容。第 1 部分主要介绍了混凝土简支梁的特点以及应用和发展情况;第 2 部分主要介绍了钢筋混凝土简支梁的制造过程,包括模板与支撑的类型、构造及作用原理,钢筋的加工与安装,混凝土的拌和、运输、浇筑、振捣和养护;第 3 部分主要介绍了预应力钢筋混凝土简支梁先张法和后张法的施工工艺;第 4 部分主要介绍混凝土简支梁的架设方法,包括陆地架设法、浮吊架设法和高空架设法。通过本章内容的学习,可对混凝土简支梁的制造工艺流程和常用的架设方法有较为深入的了解。

思考题与习题

9.1 混凝土梁的模板按材料和构造分别分为哪几种?

9.2 就地浇筑混凝土梁桥上部结构的常用支架有哪几种?分别适用于什么情况?

9.3 钢筋的加工包括哪些工序?钢筋接长有哪些方法?焊接钢筋骨架在施焊顺序上应注意哪些问题?

9.4 混凝土浇筑前应进行哪些检查?简支梁桥上部构造混凝土的浇筑顺序应注意哪些问题?

9.5 简述先张法和后张法施工工艺。

9.6 混凝土简支梁常用的架设方法有哪些?分别适用于什么情况?

10 混凝土连续梁施工

本章导读：

- **内容及要求**　主要介绍预应力混凝土连续梁常用的施工方法,包括悬臂施工、逐孔施工以及顶推施工;混凝土连续梁施工监控的相关知识。通过本章学习,应了解预应力混凝土连续梁桥施工监控的特点和主要工作内容;理解和掌握预应力混凝土连续梁常用的施工方法,包括悬臂施工法、逐孔施工法和顶推施工法;悬臂浇筑施工和悬臂拼装施工主要施工工艺、施工所用挂篮的构造、悬臂合龙段施工应该注意的问题;逐孔拼装法和移动模架法施工的施工工艺以及所用的主要施工设备;单点顶推和多点顶推的施工特点。
- **重点**　预应力混凝土连续梁悬臂施工、逐孔施工和顶推施工的施工工艺特点以及主要施工设备。
- **难点**　预应力混凝土连续梁悬臂施工合龙段施工质量控制。

10.1　概　述

预应力混凝土连续梁桥由于跨越能力大、施工方法灵活、适应性强、结构刚度大、抗地震能力强、通车平顺性好以及造型美观等特点,目前在世界各地已得到广泛应用。

回顾混凝土连续梁的发展,可以清楚地看到,施工技术的发展对桥梁的跨径、桥梁的成型、截面形式等方面起着重要的作用,最早的混凝土连续梁桥多采用支架就地浇筑,桥梁跨径不大,多为 30～40 m,这种施工方法施工工期长,且耗用大量木材。因此,建造连续梁数量很少,到 20 世纪 60 年代初期悬臂施工方法从钢桥引入预应力混凝土桥后,使预应力混凝土连续梁桥得到迅速发展,它用挂篮或吊机对称悬臂施工,施工不受河流、通航的影响。因此预应力混凝土连续梁在桥梁方案的竞争中常常取胜。

由于预应力混凝土连续梁桥在施工中常出现体系转换,因此施工阶段的应力与变形必须在结构设计中予以考虑。不同的施工方法,在各阶段的内力也不同,有时结构的控制设计出现在施工阶段。所以,对连续梁桥,施工和设计是不能也无法截然分开的,结构设计必须考虑施工的方法、施工内力与变形,而施工方法的选择应符合设计的要求,设计与施工是相互制约、相互配合的。

目前,预应力混凝土连续梁的施工方法有很多,除有就地浇筑施工、悬臂对称施工、顶推法施工外,还有逐孔施工法、移动模架法等施工方法。满堂支架就地浇筑施工方法既可应用于简支梁,也可应用于连续梁,其支架与模板的构造、混凝土及钢筋工程等均在第 9 章进行了介绍,本章仅介绍就地浇筑施工方法以外的工程中常用的悬臂施工、逐孔施工和顶推施工。

10.2 悬臂施工

悬臂施工法也称为分段施工法。悬臂施工法就是从已建桥墩开始,对称逐段地沿桥跨方向向两边延伸施工,并通过预应力筋的张拉将新建节段与已有节段集成为整体。悬臂施工过程中不需满设支架,为了承受施工荷载产生的不平衡弯矩,需首先将墩和梁临时固结,施工时首先形成两端带悬臂的 T 形刚架,待合龙后才成为连续梁,因此施工过程中存在体系转换。

预应力混凝土桥梁采用悬臂施工法是从钢桥悬臂安装发展而来的。悬臂施工法最早主要用于修建预应力 T 形刚构桥,由于悬臂施工方法的优越性,后来被推广应用于预应力混凝土悬臂梁桥、连续梁桥、斜腿刚构桥、桁架桥、拱桥及斜拉桥等。随着桥梁事业的发展,近年来悬臂施工法在国内外大跨径预应力混凝土桥梁中得到了广泛采用。据资料统计,国内外 1952 年以来100 m 以上大跨径桥梁中,采用悬臂浇筑法施工的占 80% 左右,采用悬臂拼装法施工的占 20% 左右。

悬臂施工法的主要特点是:

①在跨间不需要搭设支架。在施工过程中,施工机具和人员的质量全部由墩台和已建的梁段承受,随着施工的进展,悬臂逐渐延伸,机具设备也逐步移置于梁端,始终无须用支架自下对梁做支撑。

②能减少施工设备,简化施工工序。应用悬臂施工法易于做到施工时的受力与桥梁建成后的受力尽量一致。

③多孔结构可同时施工,加快施工速度。

④悬臂施工法充分利用预应力混凝土悬臂结构承受负弯矩能力强的特点,将跨中正弯矩转移为支点负弯矩,使桥梁的跨越能力提高。

⑤悬臂施工可节省施工费用,降低工程造价。

10.2.1 悬臂法施工工序

悬臂法施工工序不同,体系转换的方式也不一样。基本工序有如下三种:

1)逐跨连续悬臂施工

如图 10.1 所示,此方法的步骤是:首先从 B 墩开始进行悬臂施工→岸跨边段合龙,B 墩临时固结释放后形成单悬臂梁→从 C 墩开始进行悬臂施工→BC 跨中间合龙,释放 C 墩临时固结,形成带悬臂的两跨连续梁→从 D 墩开始进行悬臂施工→CD 跨中间合龙,释放 D 墩临时固结,形成带悬臂的三跨连续梁→岸跨边段合龙,完成 4 跨一联的连续梁施工。

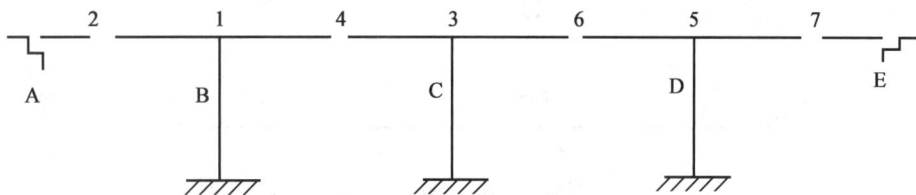

图 10.1　逐跨连续悬臂施工的程序

逐跨连续悬臂施工可以利用已建结构在桥面上运输,故机具设备、材料、预制节段的运输简捷。此外每完成一个新的悬臂并在跨中合龙后,结构稳定性和刚度不断加强。因此常在多跨连续梁或较长的大跨桥上使用。

2)T 构—单悬臂一连续施工

如图 10.2 所示,此方法的步骤是:首先从 B 墩开始进行悬臂施工→岸跨边段合龙,释放 B 墩临时固结,形成单悬臂梁→C 墩进行悬臂施工→岸跨边段合龙,释放 C 墩临时固结,形成单悬臂梁→BC 跨中段合龙,完成 3 跨连续梁的施工。

此方法可使结构稳定,受力对称,并便于结构内力调整,常在跨数为 3 跨、5 跨的连续梁中采用。

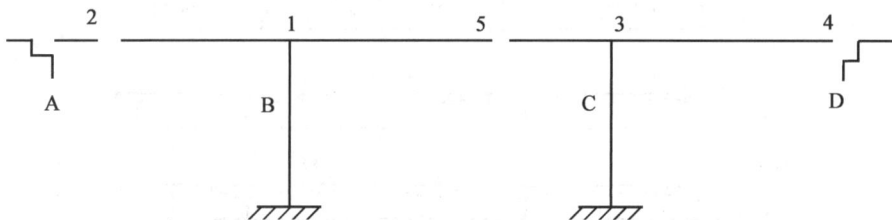

图 10.2　T 构—悬臂梁一连续施工程序

3)T 构—双悬臂一连续施工

如图 10.3 所示,此方法的步骤是:首先从 B 墩开始进行悬臂施工→再从 C 墩开始进行悬臂施工→BC 跨中间合龙,并释放 B、C 墩的临时固结,形成双悬臂梁→A 端岸跨边段合龙→D 端岸跨边段合龙,完成 3 跨连续梁的施工。

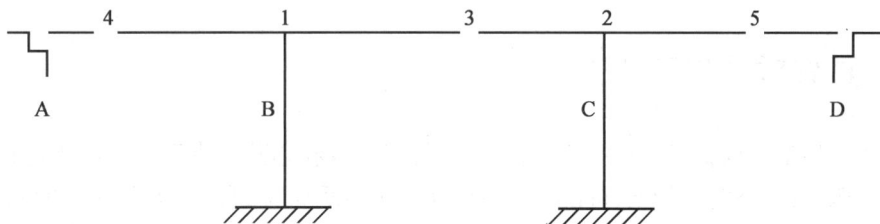

图 10.3　T 构—双悬臂一连续施工程序

此方法在结构呈双悬臂状态时,一端施力将引起另一端产生较大的位移,因此稳定性差,且费用昂贵,故较少采用。

上述三种悬臂施工的程序是施工的基本方法,对于某一具体桥梁的施工程序可选择其中一种,也可兼顾各程序优点综合选用合适的程序,如图 10.4 所示的 7 跨一联连续梁桥,它的施工过程既有单悬臂又有双悬臂,4 个合龙段最后合龙形成 7 跨一联的连续梁桥。

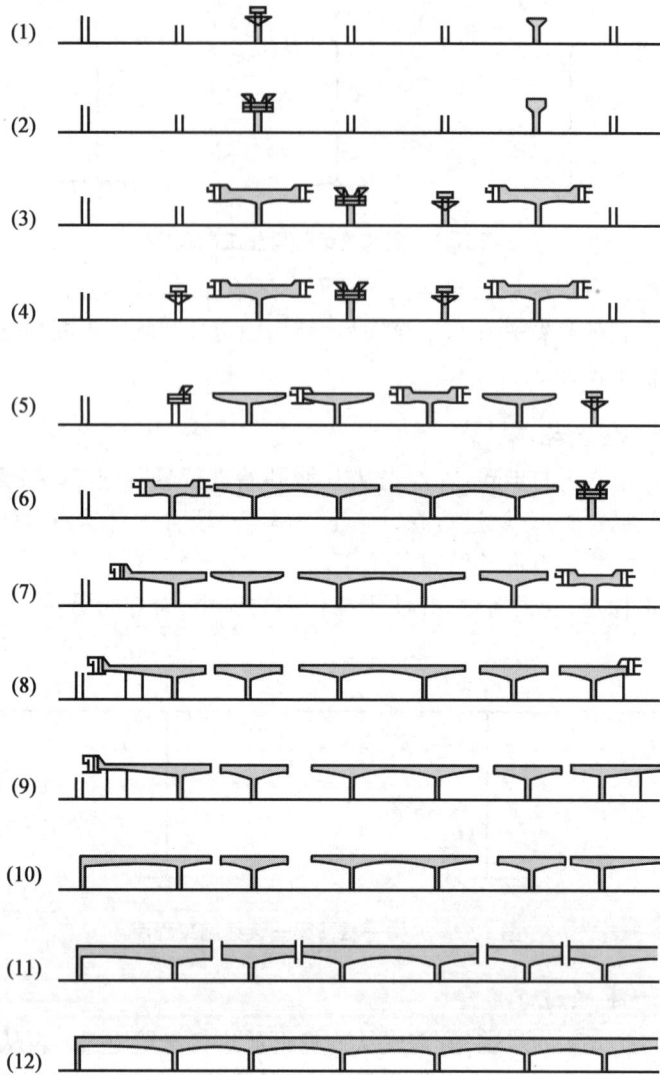

图 10.4 悬臂施工的程序实例

10.2.2 悬臂对称施工

悬臂对称施工根据施工方法的不同,可分为悬臂浇筑和悬臂拼装两类。悬臂浇筑是在桥墩两侧利用挂篮,对称浇筑混凝土,待混凝土达到张拉强度后张拉预应力筋,而后移动挂篮继续下一段的悬臂浇筑。悬臂拼装是利用吊机将预制块在桥墩两侧对称吊装,张拉预应力筋后使悬臂不断接长。下面对这两种方法分别进行介绍。

1) 悬臂浇筑

悬臂浇筑法采用移动式挂篮作为主要施工设备,以桥墩为中心,对称向两岸利用挂篮浇筑梁段混凝土,待混凝土达到要求强度后,张拉预应力束,再移动挂篮,进行下一节段的施工。悬臂浇筑施工的主要优点为:使用少量施工机具,免去设置支架,不须占用很大的预制场地;可以很方便地跨越深谷,逐段浇筑易于调整和控制梁段位置,提高施工精度;主要作业设在顶棚的挂篮内进行,施工可不受外界气温影响,便于施工。主要缺点为:墩与上部结构不能平行进行,施工周期较长,而且混凝土加载龄期短,混凝土收缩、徐变对预应力影响较大。

根据挂篮和施工方法的不同,悬臂浇筑又分为挂篮悬臂浇筑施工法、移动桁式吊悬臂浇筑施工法、分段悬臂浇筑施工法、渐近施工法和挂篮-导梁悬臂浇筑施工法等。现仅对常用的挂篮悬臂浇筑施工法加以介绍,其余可参考相关文献。

(1)施工工艺流程

挂篮悬臂浇筑施工又称为迪维达克施工法。施工前需首先将梁体进行施工设计分段,然后依照设计节段长度在桥墩两侧以挂篮为机具对称悬臂施工,通常的分段方式如图10.5所示。

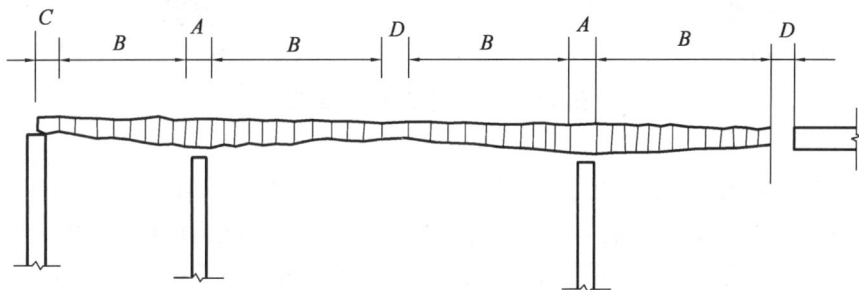

图 10.5 悬臂浇筑分段示意图

①A 段为墩顶 0 号段,一般在墩旁设支架现浇,如图 10.6 所示,其上可提供挂篮的安装和材料的堆放场地,因此长度按两个挂篮的纵向安装长度而定,一般为 5~10 m,若场地不够也可将悬臂根部梁段与 0 号段一同浇筑。0 号段是悬臂浇筑施工的中心段,又是体系转换的控制段,受力复杂,预应力孔道最多,需精心施工。

②B 段为 0 号段两侧利用挂篮分段对称悬臂施工部分,根据挂篮的承载能力和预应力筋的布置要求,一般每 2~5 m 分成一个节段。

③C 段为边跨合龙段,根据桥梁分跨比例一般为 2~3 个悬臂节段长,且因近桥台处桥高较低,因此 C 段均在支架上现浇完成。

④D 段为中跨合龙段,是悬臂施工的关键部位,应尽量短,一般 1.5~2.0 m 为宜,有多个中跨合龙段时,需选择最优合龙顺序,以使结构体系转换后内力最合理。

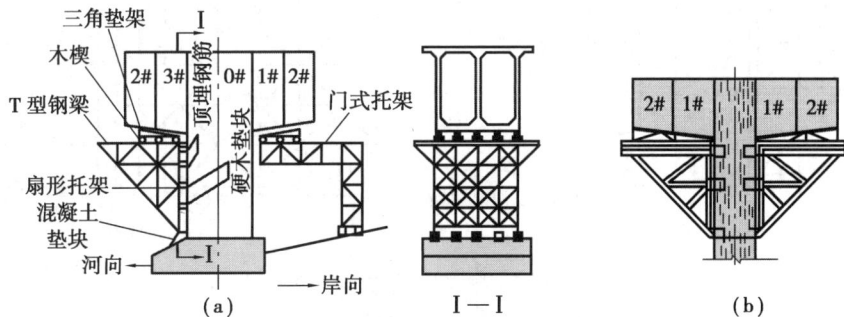

图 10.6 悬臂根部梁段现浇施工的支架

挂篮悬臂施工时需首先在已建桥墩顶部现浇 0 号段,张拉预应力筋后在其上安装两个悬臂端挂篮,若墩顶位置不够,可将两侧挂篮的承重梁先连在一起,如图 10.7(a)所示;安装完毕即可以挂篮为施工机具浇筑对称的 1 号和 1′号,这两个节段通过张拉预应力筋和 0 号段连成整体;之后两个挂篮解体,如图 10.7(b)所示,各自前移,进行下一节段施工,浇筑一段,前进一段,直至悬臂完成;接下来即可根据设计工序在支架上进行 C 段的边跨合龙或 D 段的中跨合龙,最终成为连续梁体系。

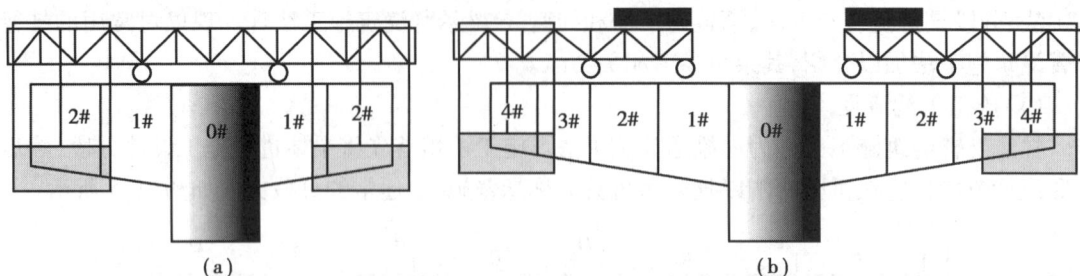

图 10.7　用挂篮悬臂浇筑施工

（2）0 号块施工

0 号块结构复杂,预埋件、钢筋、各向预应力钢束及其孔道、锚具密集交错,端面与待浇段密切相连,必须精心施工。0 号块施工工序包括托架施工、墩梁临时锚固、0 号块模板和支架设置、预应力管道设置和预应力混凝土的施工。下面仅对其托架施工和墩梁临时锚固措施进行详细介绍。

• 托架施工

采用悬臂浇筑法施工时,墩顶 0 号块梁段采用在托架上立模现浇,并在施工过程中设置临时梁墩锚固,使 0 号块梁段能承受两侧悬臂施工时产生的不平衡力矩。施工托架可根据承台形式、墩身高度和地形情况,分别支承在承台、墩身或地面上。它们可采用万能杆件、贝雷桁架（或装配式公路钢桁架）、六四军用桁架及型钢等组成,也可采用钢筋混凝土构件作临时支撑。

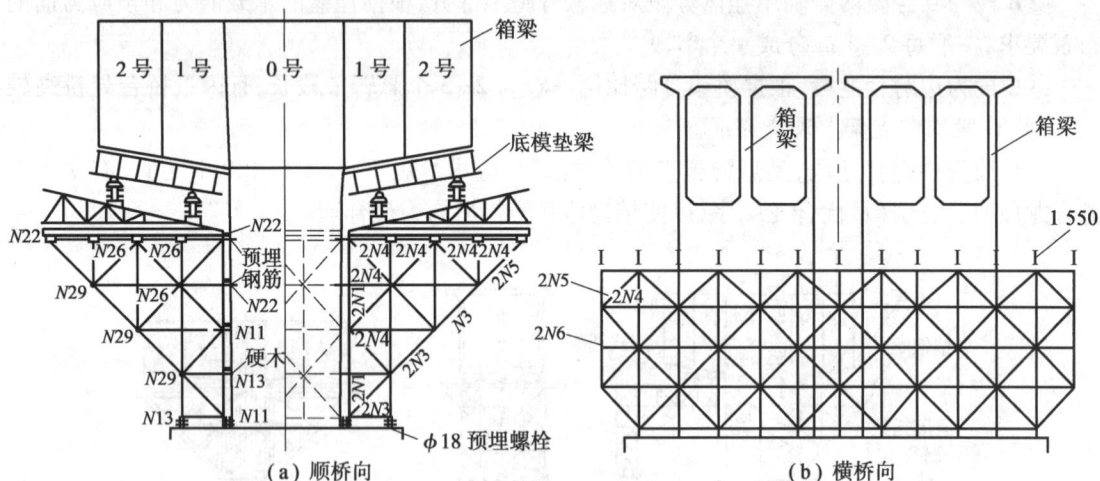

图 10.8　扇形托架（单位:mm）

常用施工托架有扇形托架,如图 10.8 所示;高墩托架,如图 10.9 所示;墩顶预埋牛腿托架平台,如图 10.10 所示;临时墩及型钢结构支承平台,如图 10.11 所示。托架的顶面尺寸,依拼装挂篮的需要和拟浇梁段的长度而定,横桥间的宽度一般应比箱梁底板宽出 1.5~2.0 m,以便设立箱梁边肋的外侧模板。托架顶面（或增设垫梁）应与箱梁底面纵向线形的变化一致。托架可在现场整体拼装,亦可分部在邻近场地或船上拼装再运吊就位整体组装。托架总长度按拼装挂篮的需要而决定。横桥托架宽度要考虑箱梁外侧主模的要求。托架顶面应与箱梁底面纵向线形一致。

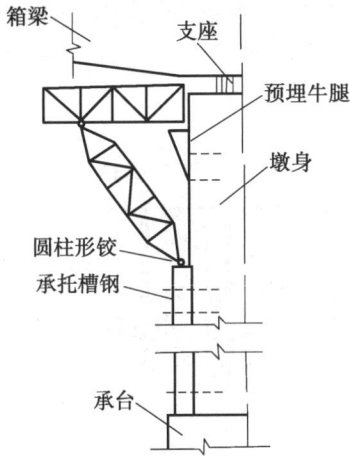

图 10.9　高墩托架

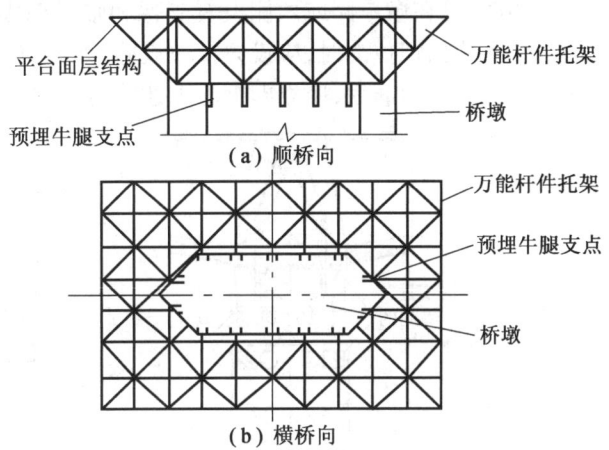

图 10.10　墩顶预埋牛腿托架平台

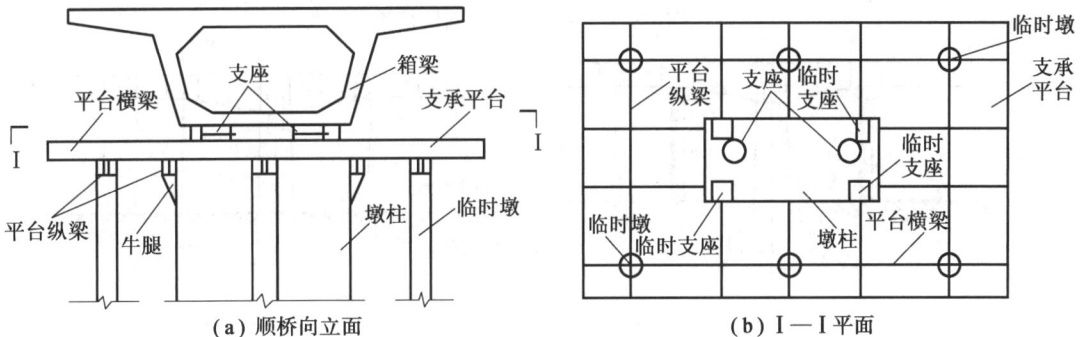

图 10.11　临时墩及型钢结构支承平台

由于考虑到在托架上浇筑梁段 0 号块混凝土,托架变形对梁体质量影响很大,在做托架设计时,除考虑托架强度要求外,还应考虑托架的刚度和整体性。由于托架弹性、杆件连接处有缝隙、地基有沉降等因素影响,可能使托架下沉,引起混凝土梁段出现裂缝,因此采用万能杆件、贝雷梁、板梁、型钢等做托架时,在混凝土浇筑以前,可采取预压、抛高或调整等措施,以减少托架变形,并检验托架是否安全。

浇筑 0 号块混凝土时,若墩身较低,可采用在扇形托架或临时墩及型钢结构支承平台顶面上立模板、搭支架进行浇筑,如图 10.8 和图 10.11 所示;若墩身较高,可采用在高墩托架顶面上立模板、搭支架进行浇筑,如图 10.9 所示,也可由墩顶放置的型钢和墩身预埋的牛腿作贝雷梁的支承形成 0 号块的施工托架,在托架上立模板、搭支架,浇筑混凝土。0 号段混凝土视其结构形式及高度,一般分 2~3 层浇筑,先底板,再腹板,后顶板。

● 临时锚固措施

无论采用哪种工序,都需在悬臂施工前首先将桥墩与墩顶处梁段(称为 0 号段)临时固结,以承受施工过程中产生的不平衡弯矩。具体措施可采用预应力双排锚杆将墩梁临时锚固,如图

10.12 所示。通常锚杆的下端预埋在墩内,锚杆从混凝土中穿过并锚在梁顶。锚杆的数量由施工弯矩计算确定。为便于拆除,在临时支座间设置 20 mm 厚的硫磺砂浆垫层,并在临时支承附近布设千斤顶,便于施工中的微调。如果桥墩太高,悬臂太长,单靠墩梁临时锚固不足以承受不平衡弯矩时,可在墩单侧或两侧设置支架和临时锚固共同承受施工弯矩,如图 10.13 所示。当临时支承可能出现拉力时,应设置抗拉设施,如图 10.14 所示。随着悬臂施工进程,当单孔合龙并张拉锚固预应力筋后,应立即拆除上述临时锚固。

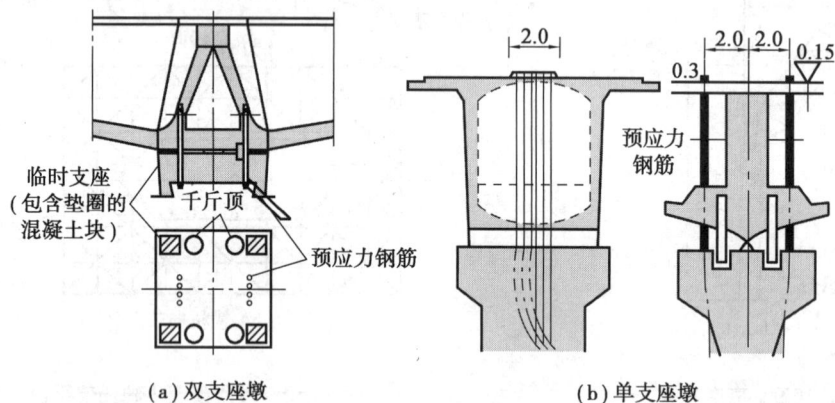

（a）双支座墩　　　　　　　　　　　　（b）单支座墩

图 10.12　墩臂的临时锚固措施

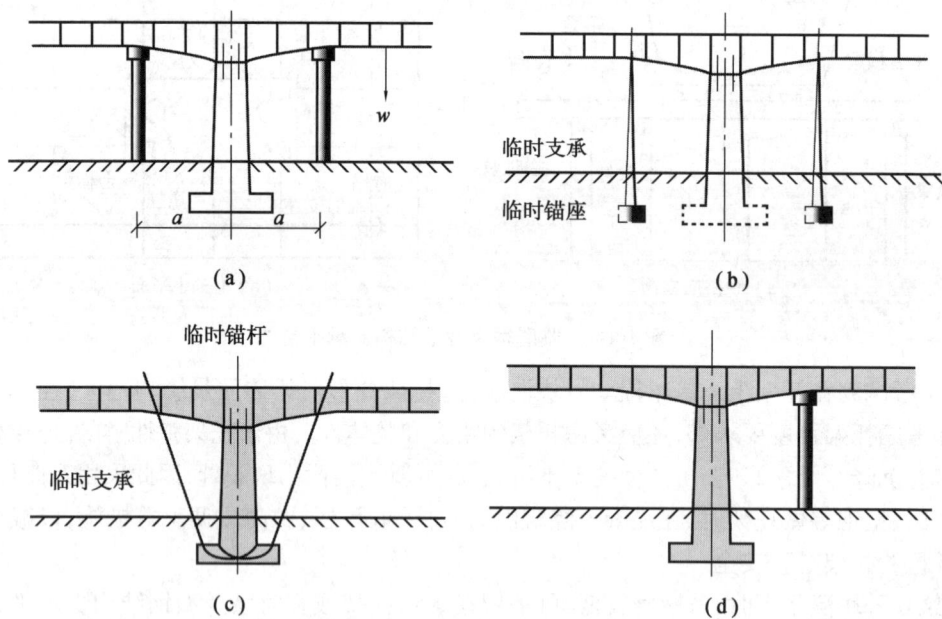

图 10.13　墩旁临时支架的构造

（3）挂篮施工

挂篮是悬臂施工的关键设备。挂篮的主要功能是支撑模板,承受新浇混凝土质量,由工作平台提供张拉、灌浆的场地,调整标高。因此挂篮不仅要求有足够的强度保证,还要有足够的刚度及稳定性,并且结构简便、自重轻,便于装、拆,移动灵活,便于调整标高等。

● 挂篮的构造

目前,挂篮的形式有很多,按使用材料可分为制式杆件(万能杆件、军用梁、贝雷梁等)组拼的挂篮和由型钢加工而成的挂篮;按受力原理可分为垂直吊杆式(包括三角形挂篮和菱形挂篮)、斜拉式(包括三角斜拉式和预应力斜拉式)和刚性模板式;按抗倾覆平衡方式可分为压重式、锚固式和半压重半锚固式三种;按移动方式可分为滚动式、滑动式和组合式三种。下面以义乌经发大桥菱形挂篮为例说明挂篮的构造和功能,如图10.15所示。

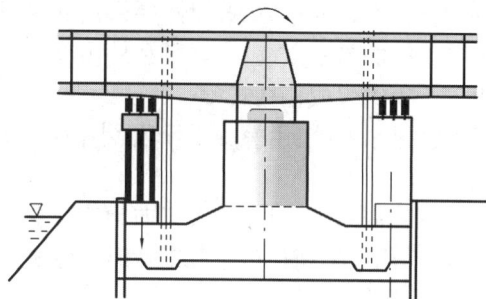

图 10.14 具有抗拉、抗压功能的临时支座

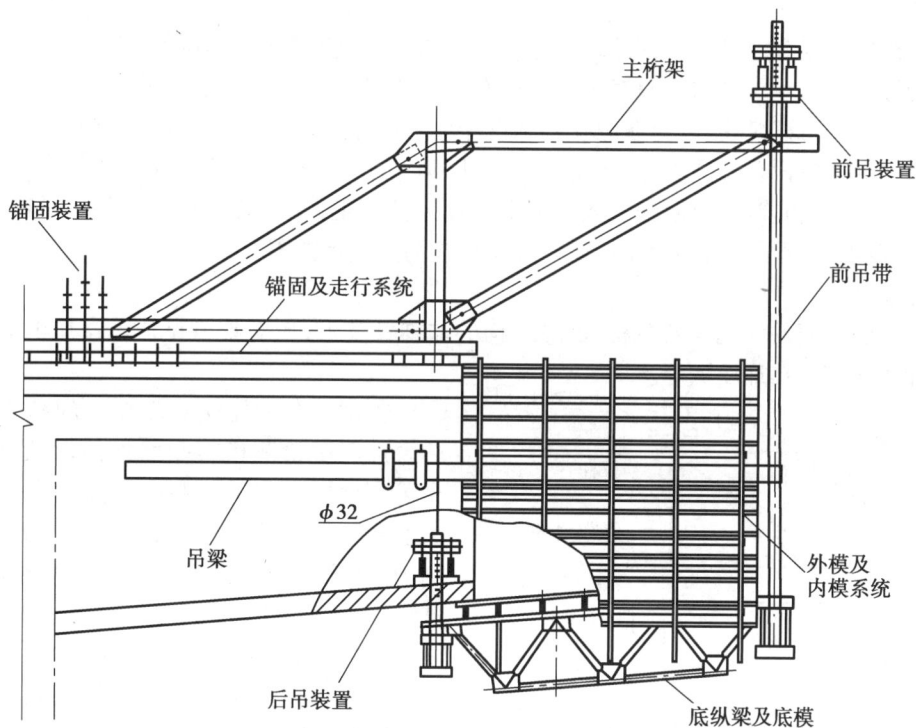

图 10.15 挂篮构造示意图

菱形挂篮主要由承重系统、走行系统、模板系统、悬吊系统、锚固系统和张拉操作平台组成。

①承重系统:挂篮的承重系统由两榀菱形主桁架组成,桁架主要杆件由2片槽钢组焊而成,槽钢的截面由结构分析确定,各杆件间的联结全部为销结,每2根主桁杆件由1个销子联结。主桁架承受施工设备和新浇节段混凝土的全部重量,并通过支点和锚固装置将荷载传到已施工完成的梁身上。

②走行系统:由钢枕、滑道及上滑板构成,其中钢枕为槽钢加1块钢板焊接而成,滑道为2根槽钢组焊而成,上滑板为厚钢板,牵引动力采用电动卷扬机。

③内外模板系统:内模分顶模和内侧模,由型钢组焊成模架;内模工作时由滑梁支承在内吊梁上,脱模时松开内吊梁,滑梁落在内吊梁上,即可滑行前移,顶模板为组合钢模板,侧模板还有部分木模组成,以适应梁高的变化;外模板由侧模板和底模构成,侧模由外吊梁悬吊,模板为型

钢和钢板组焊的整体钢模板,底模由底纵梁、底横梁及模板组成,通过底横梁的前后吊带悬挂在挂篮主桁的前吊点、已浇梁段和外吊梁上,随主桁一起前移,底纵梁由型钢组焊成桁架,底横梁由工字钢组焊成格构式梁。

④悬吊系统:由螺旋千斤顶、小横梁、吊带及精轧螺纹钢组成,用于悬挂模板系统,调整模板的标高。

⑤锚固系统:对双向及三向预应力梁,可借助梁腹板的竖向预应力钢筋将滑道锚固在梁的顶板上,用以平衡挂篮空载走行时的倾覆力矩;对无竖向预应力筋的梁,可通过施工中的预埋钢筋或预留孔洞来解决。

⑥张拉操作平台:悬挂于主桁上,提供立模、扎筋、灌筑混凝土、张拉预应力束及移动挂篮的工作面。

• 挂篮安装

挂篮组拼后,应全面检查安装质量,并做载重试验,以测定其各部位的变形量,并设法消除其永久变形。在起步长度内梁段浇筑完成并获得要求的强度后,在墩顶拼装挂篮。有条件时,应在地面上先进行试拼装,以便在墩顶熟练有序地开展挂篮拼装工作。拼装时应对称进行。挂篮的操作平台下应设置安全网,防止物件坠落,以确保施工安全。挂篮应呈全封闭形式,四周设围护,其下应有专用扶梯,以便施工人员上下挂篮。挂篮走行时,需在挂篮尾部压平衡重,以防倾覆。浇筑混凝土梁段时,必须在挂篮尾部将挂篮与梁进行锚固。

• 挂篮试压

为了检验挂篮的性能和安全,并消除结构的非弹性变形,应对挂篮试压。试压的方法常用试验台加压法和水箱加压法等。

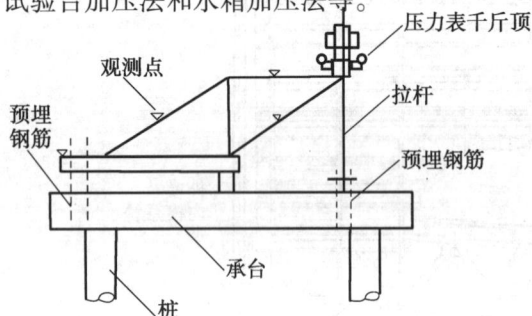

图 10.16 菱形挂篮试验台试压示意图

①试验台加压法。新加工的挂篮可用试验台加压法检测桁架受力性能和状况。试验台可利用桥台或承台和在岸边梁中预埋的拉力筋锚住主桁梁后端,前端按最大荷载计算值施力,并记录千斤顶逐级加压变化情况,给出挂篮弹性变形和非弹性变形参数,用作控制悬浇高程的依据,如图 10.16 所示。

②水箱加压法。对就地待浇混凝土的挂篮,可用水箱试压法检测挂篮的性能和状况。加压的水箱一般设于前吊点处,后吊杆穿过紧靠墩顶梁段边的底篮和纵桁梁,锚固于横桁梁上,或穿过已浇箱梁中的预留孔,锚于梁体,在后吊杆的上端装设带压力表的千斤顶,反压挂篮上横桁梁,计算前后施加力后分级分别进行注水和顶压,记录全过程挂篮变化情况即可求得控制数据,如图 10.17 所示。

• 浇筑混凝土时消除挂篮变形的措施

每个悬浇段的混凝土一般可二次或二次浇筑完成(混凝土数量少的也可采用一次浇筑完成),为了使后浇混凝土不引起先浇混凝土的开裂,需要消除后浇混凝土引起挂篮的变形。一般需采取如下几种措施:

①箱梁混凝土一次浇筑法。箱梁混凝土的浇筑采用一次浇筑,并在底板混凝土凝固前全部浇筑完毕,也就是要求挂篮的变形全部发生在混凝土塑性状态之间,避免裂纹的产生,但需要在浇筑混凝土前预留准确的下沉量。

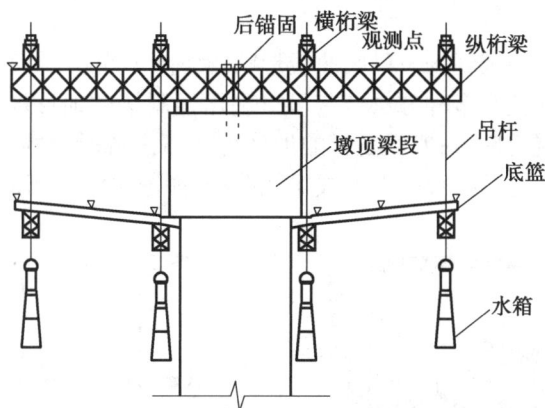

图 10.17　挂篮水箱法试压示意图

②水箱法。水箱法的布置如图 10.17 所示,浇筑混凝土前先在水箱中注入相当于混凝土质量的水,在混凝土浇筑过程中,逐步放水使挂篮的负荷和挠度基本不变。

③抬高挂篮的后支点法。浇筑混凝土前将模板前端设计标高抬高 10~30 mm,预留第一次浇筑混凝土的下沉量,同时用螺旋式千斤顶顶起挂篮后支点,使之高于滑道或钢轨顶面(一般顶高 20~30 mm)。在浇筑第一次混凝土时千斤顶不动,浇筑混凝土质量使挂篮的下沉量与模板的抬高量相抵消。

在浇筑第二次混凝土时,将千斤顶分次下降,并随即收紧后锚系的螺栓,使挂篮后支点逐步贴近滑道面或轨道面。随着后支点的下降,以前支点为轴的挂篮前端必然上升一数值,此数值应正好与第二次混凝土质量使挂篮所产生的挠度相抵消,保证箱梁模板不发生下沉变形。此法需用设备很少,较水箱法简单,但需顶起量合适。顶起量应由实测确定。

斜拉式挂篮因其总变形小,一般可在浇筑混凝土前预留下沉量,不必在浇筑过程中进行调整。也可试用某桥的施工实践,将挂篮底模承重横梁采用直径 1~1.2 m 的加劲钢管,管内与水泵及卸水管连通,使加卸载控制灵活。在梁段混凝土浇筑过程中,逐渐卸水,保持挂篮的负荷和挠度基本不变。

2)悬臂拼装

悬臂拼装是在工厂或桥位附近将梁体沿轴线划分成适当长度的块件进行预制,然后将预制块件运至架设地点,用活动吊机起吊后向墩柱两侧对称均衡拼装,通过张拉预应力筋,逐段接长的施工方法。悬臂拼装施工的优点是:墩和上部结构可同时进行施工,施工周期较现浇法施工要短;梁体塑性变形小,可减小由此产生的预应力损失;块件集中预制,质量易于保证;和悬臂浇筑法一样,可不用或少用支架,施工不受通航或桥下交通的影响,适于深谷、水流急的情况。缺点是:需占用较大的预制场地,须用较大的运输和起吊设备。悬臂拼装法的基本工序为:梁节段预制、移位、运输、起吊拼装以及施加预应力。

(1)节段预制

预制节段的长度取决于运输、吊装设备的能力,一般采用的块件长度为 1.4~6.0 m,块件重量为 140~1 700 kN。预制节段要求尺寸准确、拼装接缝密贴、预留孔道对接要顺畅。目前节段预制常采用长线预制、短线预制和卧式预制三种方法。箱梁块件通常采用长线浇筑或短线浇筑的预制方法桁架梁段则采用卧式预制方法。

●长线预制

长线预制是在工厂或施工现场按梁底曲线形状制作固定底座,在底座上安装底模进行的施工方法。形成梁底缘的底座有多种方法。它可以利用预制场的地形堆筑土胎,经加固夯实后,铺砂石层并在其上做混凝土底板;盛产石料的地区可用石砌成所需的梁底缘形状;地质较差的预制场,可采用短桩基础,之后搭设排架形成梁底曲线,如图 10.18 所示。

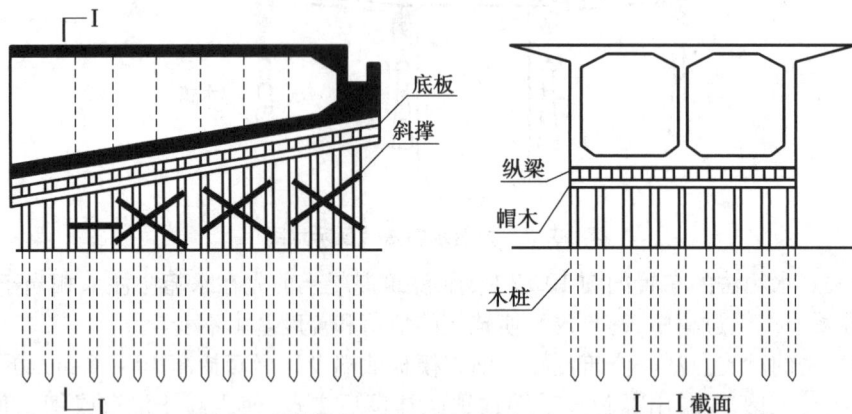

图 10.18　地质较差时台座形式

箱梁节段的预制在底板上进行。模板常采用钢模,每段一块,以便于装拆使用。为保证预制块件的尺寸、接缝密贴及预留孔道的对接顺畅,长线预制常采用间隔浇筑法预制块件,可采用先浇筑奇数节段,再浇筑偶数节段的方法,也可采用分阶段的预制方法,使先浇筑节段混凝土的端面成为后浇筑相邻节段时的端模,如图 10.19 所示。当节段混凝土强度达到设计强度 70% 以上之后,方可吊出预制场地。

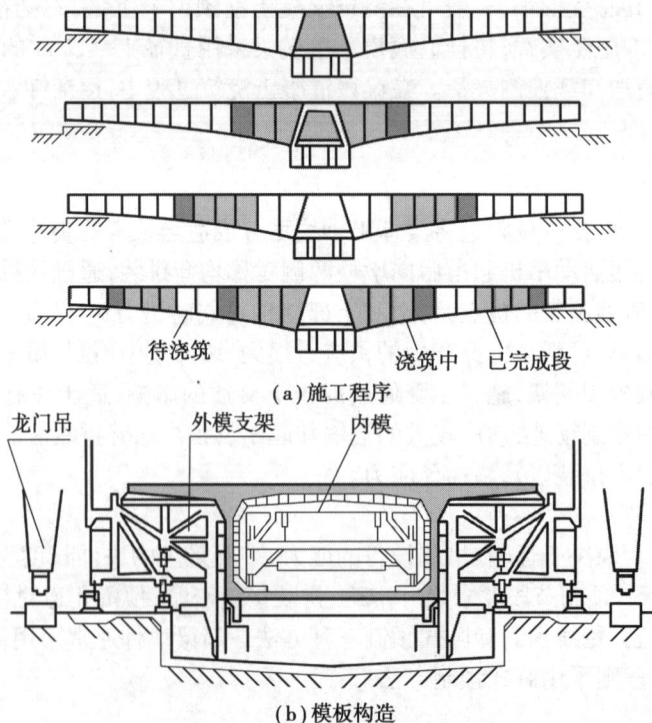

(a)施工程序

(b)模板构造

图 10.19　长线法预制节段的顺序和模板构造

长线预制法底模长度最小为桥梁跨径的一半,因此需要较大的施工场地,并要求操作设备能在预制场移动,所以长线预制宜在具有固定梁底缘形状的多跨桥上采用,以提高设备的使用效率。

- 短线预制

短线预制节段由可调整外部及内部模板的台车与端模架完成,如图 10.20 所示。预制时第一段混凝土浇筑完成后,在其相对位置上安装下一段模板,并利用第一节段的端面作为第二节段的端模完成混凝土的浇筑工作。

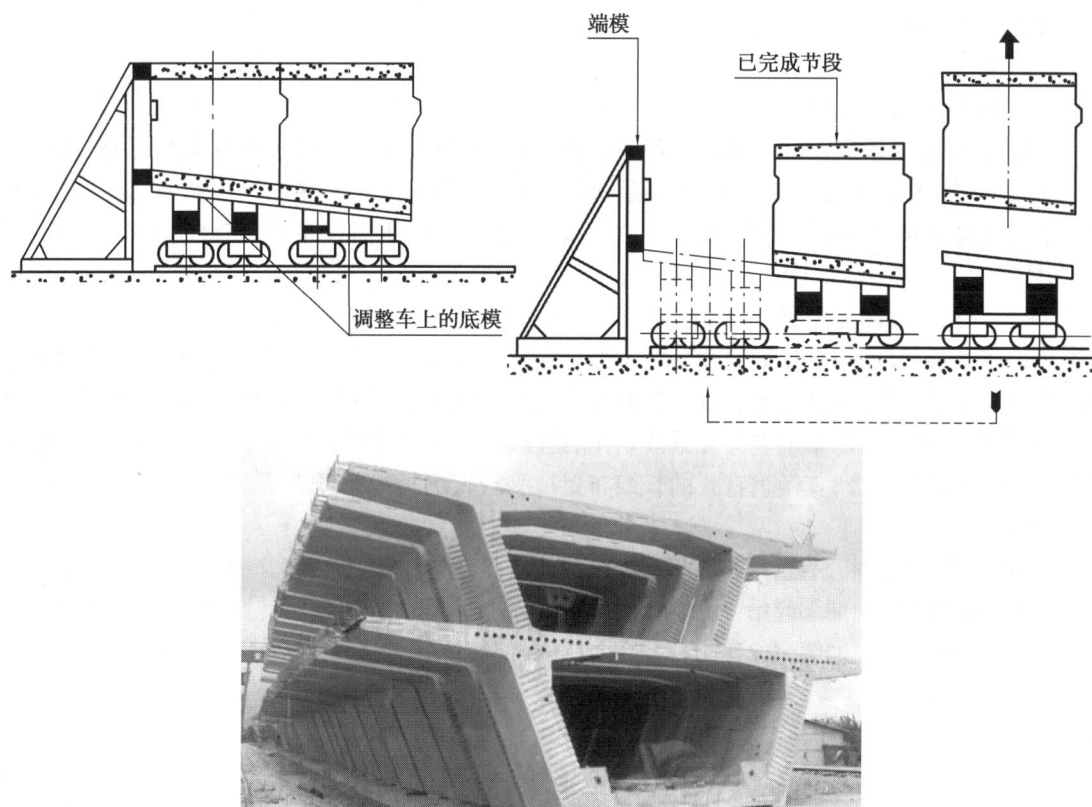

图 10.20　短线法预制节段

短线预制节段的拼装面常做成企口缝,腹板企口缝用于调整高程,顶板企口缝可控制节段的水平位置,使拼装迅速就位,并能提高结构的抗剪能力。也有的在预制节段的底板处设预埋件,用以固定拼装时的临时筋(可用临时预应力或用花篮螺栓绞紧)。

短线预制适合工厂节段预制,设备可周转使用,每条生产线平均 5 d 可生产 4 块,但节段的尺寸和相对位置的调整要复杂一些。

- 卧式预制

桁架梁的预制节段,常采用卧式预制。

卧式预制要有一个较大的地坪。地坪的高低要经过测量,并有足够的强度,不致产生不均匀沉陷。对相同的节段还可以在已预制完成的节段上安装模板进行叠制,两层构件间常用塑料布或涂机油等方法分隔。桁架梁预制节段的起吊、翻身工作要求操作细致,并注意选择吊点和吊装机具。

无论是箱梁或桁架构件的预制,都要求相邻构件之间接触密贴,故必须以前面浇筑块件的端面作为后来浇筑构件的端模,同时必须采用隔离剂(薄膜、废机油、皂类等)使块件出坑时互相容易从接缝处脱离。这种构件预制方法,国外一般叫作"配合浇筑"法。

- 定位器和孔道形成器

设置定位器的目的是使预制梁块在拼装时能准确而迅速地安装就位。有的定位器不仅能起到固定位置的作用,而且能承受剪力。这种定位装置称为抗剪楔或防滑楔。

块件预制时除注意预埋定位器装置外,尚须注意校正预埋孔道形成器和吊点装置(吊环或竖向预应力粗钢筋)等位置。

(2)梁段移运和存放

- 移运前的准备工作

移运前应在梁段顶面标定纵轴线和测控点,测定梁段施工中顶板上测控点的标高,以作悬拼时分析梁高、转角及扭转的依据,便于悬拼时监控;拆模后应及时注明梁段所属墩号、梁段编号、吊拼方向及混凝土浇筑日期;准备存放场地,检查吊运的机具设备;对与浇筑梁段现场同条件养护的试件试压,以确保梁段吊运强度。

- 预制和存放场地布置

预制场地主要设施有预制台座、龙门吊、存梁台、拌和站。布设时应便于梁段的移动和吊运,便于模板、钢筋及混凝土的运输。按照台座与河流及桥位的关系,场地布局可分为平行式、垂直式和沿河式。场内布置应综合梁段制作、运输、起吊方式选择。用缆索起重机运输,宜做平行式布置;用驳船运输,宜做垂直式的长线布置或平行式的短线布置。

- 梁段吊点设置

吊点一般设在腹板附近,可在翼板上腹板两侧留孔,用钢丝绳与钢棒穿插起吊,如图10.21(a)所示;或直接用钢丝绳捆绑起吊,如图10.21(b)所示;也可在腹板上预留孔穿过底板,用精轧螺纹钢穿过底板锚固起吊,如图10.21(c)所示;或在腹板上埋设吊环起吊,如图10.21(d)所示。

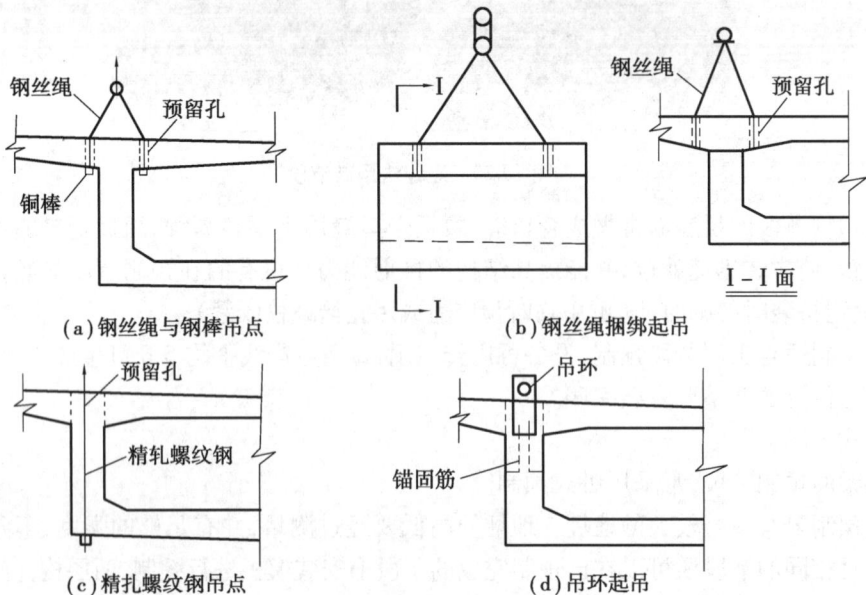

(a)钢丝绳与钢棒吊点　　　　(b)钢丝绳捆绑起吊

(c)精轧螺纹钢吊点　　　　(d)吊环起吊

图10.21　梁段布点设置方式

吊点设置应绝对可靠,考虑动载和冲击,安全系数宜大于 5。对(a)、(c)、(d)三种设置方式,由于底板等自重经腹板传至吊点,腹板将承受拉力,应先张拉一部分腹板竖向预应力筋。为改善吊梁的受力状态,应尽量降低吊点的高度,宜采用如图 10.22 所示的连接吊具。

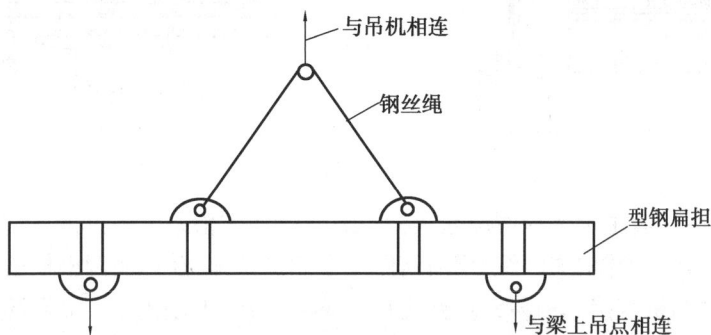

图 10.22　连接吊具示意图

（3）梁段运输

梁段运输有水、陆、栈桥及缆吊等各种形式。箱梁块件自预制底座上出坑后,一般先存放于存梁场。拼装时块件由存梁场至桥位处的运输方式,一般可分为场内运输、块件装船和浮运三个阶段。

● 场内运输

当存梁场或预制台座设置在岸边,又有大型悬臂浮吊时,可用浮吊直接从存梁场或预制台座将节段吊放到运梁驳船上浮运。当预制底座垂直于河岸时,存梁场往往设于底座轴线的延长线上,此时,节段的出坑和运输一般由预制场上的龙门吊机担任,节段上船也可用预制场的龙门吊机。当预制底座平行于河岸时,场内运输应另备运梁平车进行。栈桥上也必须另设起重吊机,供吊运节段驳船。节段的运输,当预制场与栈桥距离较远时,应首先考虑采用平车运输。

● 块件装船

块件装船在专用码头上进行。码头的主要设施是施工栈桥和块件装船吊机。栈桥的长度应保证在最低施工水位时驳船能进港起运。栈桥的高度要考虑在最高施工水位时栈桥主梁不应被水淹。栈桥宽度要考虑到运梁驳船两侧与栈桥之间需有不少于 0.5 m 的安全距离。栈桥起重机的起重能力和主要尺寸(净高和跨度)应与预制场上的相同。

● 浮运

浮运船只应根据块件重量和高度来选择。为了保证浮运安全,应设法降低浮运重心,需置放在甲板面上时,要在舱内压重。开口舱面的船应尽量将块件置于船舱底板。

（4）悬拼方法

预制块件的悬臂拼装可根据现场布置和设备条件采用不同的方法来实现。常用的悬拼机具有自行式吊车、门式吊车、浮吊、缆索起重机、移动式悬臂吊机、桁式吊等。当靠岸边的桥跨不高且可在陆地或便桥上施工时,可采用自行式吊车、门式吊车来拼装;对于河中桥孔,也可采用水上浮吊进行安装;如果桥墩很高,或水流湍急而不便在陆上、水上施工时,就可利用各种吊机进行高空悬拼施工。

● 移动式悬臂吊机拼装

悬臂吊机由承重系统、走行系统、起重系统、锚固系统和工作吊篮等部分组成,如图 10.23 所示。

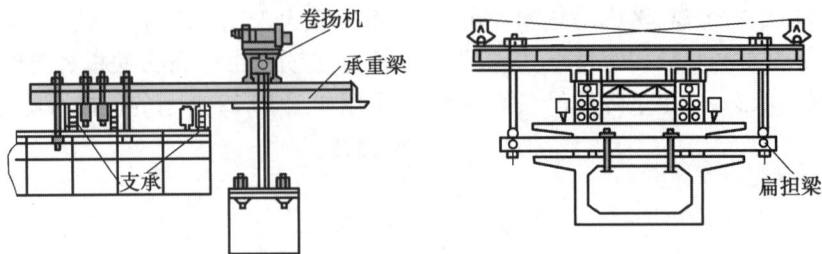

图 10.23　悬臂吊机构造

①承重系统:由纵向主桁架和横向起重桁组成。纵向主桁架可用贝雷片、万能杆件、大型型钢等拼制,一般由若干桁片构成两组,用横向联结系联成整体,前后用两根横梁支承。横向起重桁是供安装起重卷扬机直接起吊箱梁块件之用的构件。纵向主桁的外荷载就是通过横向起重桁传递给它的。横向起重桁支承在轨道平车上,轨道平车搁置于铺设在纵向主桁上弦的轨道上。起重卷扬机安置在横向起重桁上弦。

②走行系统:吊机的整体纵移可采用钢管滚筒,在木走板上滚移,由电动卷扬机牵引。牵引绳通过转向滑车系于纵向主桁前支点的牵引钩上。横向起重桁架的行走采用轨道平车,用倒链滑车牵引。

③起重系统:一般是由 5 t 电动卷扬机、吊梁扁担及滑车组等组成。起重系统的作用是将由驳船浮运到桥位处的块件,提升到拼装高度以备拼装。滑车组要根据起吊块件的质量来选用。

④锚固系统:包括锚固装置和平衡重,设置的目的是防止主桁架在起吊块件时倾覆翻转,保持其稳定状态。对于拼装墩柱附近块件的双悬臂吊机,可用锚固横梁及吊杆将吊机锚固于 0 号块上,对称起吊箱梁块件,不需要设置平衡重。单悬臂吊机起吊块件时,也可不设平衡重而将吊机锚固在块件吊环上或竖向预应力筋的螺丝端杆上。

⑤工作吊篮:工作吊篮悬挂于纵向主桁前端的吊篮横梁上,吊篮横梁由轨道平车支承以便工作吊篮的纵向移动。工作吊篮供预应力钢丝穿束、千斤顶张拉、压注灰浆等操作之用。可设上、下两层,上层供操作顶板钢束用,下层供操作肋板钢束用;也可只设一层,此时,工作吊篮可用倒链滑车调整高度。

采用移动式悬臂吊机拼装时,首先将拼装好的吊机锚固在已拼好的梁段上,然后采用起重系统将运送至架设地点的预制梁段起吊,向墩柱两侧对称均衡拼装,在工作吊篮上进行接缝处理和预应力筋的张拉,完成当前节段施工后解除后锚固,通过走行系统移动到当前节段的前端,准备进行下一节段的悬臂拼装施工。

- 移动式桁式吊悬臂拼装

桁式吊中的移动桁式吊在悬臂拼装中较常采用。它由钢桁承重梁、两个(中间、尾部)移动支架、一个带有调节千斤顶的铰接支架及沿桁梁下弦轨道可移动的起重平车等部分组成。桁架长度稍大于安装桥孔的跨度,起重平车可使被吊块件做横向、竖向移动及平面内转动,移动支架可使安装块件从其中间通过。桁式吊的构造如图 10.24 所示。目前,我国桁式吊的起重量在90~127 t。

桁式吊悬臂拼装的施工工序为:将中间支架移至已成悬臂梁的悬臂端;将前端支架临时支承在墩身外侧托架上;调节三个支点,使其按两跨连续梁工作;起吊、运输、安装墩顶 0 号块,在已安装 0 号块顶部设置辅助临时支架;调整临时支架高度,使中间支点和前端支点悬空,利用后

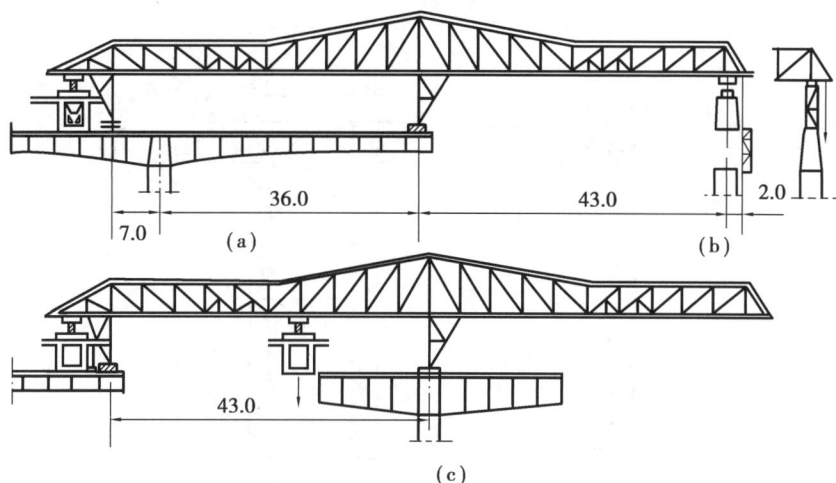

图 10.24　移动式桁式吊悬臂拼装(单位:cm)

支点和辅助支架移动吊机使中间支点移至墩顶 0 号块,调节支点使临时支架压力传递给中间支架,拆除临时支架,在 0 号块两侧对称逐块拼装和张拉预应力筋,直至合龙。

●缆索起重机(缆吊)拼装法

缆吊无须考虑桥位状况,且吊运结合,机动灵活,作业空间大,利用率和工作效率很高,但其缺点是一次性投入大,设计跨度和起吊能力有限,一般起吊能力不宜大于 500 kN。目前我国使用缆吊悬拼连续梁都是由两个独立单箱单室并列组合的桥型,为了充分利用缆吊的空间特性,特将预制场及存梁区布设在缆吊作用面内。缆吊进行拼合作业时增加风缆和临时手拉葫芦,以控制梁段即位的精度。缆机运吊结合的优势,大大缩短了采用其他运吊方式所需的转运时间,可以将梁段从预制场直接吊至悬拼结合面。

缆吊悬拼可采用伸臂吊机、缆索吊机、龙门吊机、人字扒杆、汽车吊、履带吊、浮吊等起重机具进行拼装。根据吊机的类型和桥孔处具体条件确定。缆索起重机塔柱如图 10.25 所示。

(5)悬拼接缝形式及悬臂拼装程序

●悬拼接缝形式

悬臂拼装时,梁段间的接缝形式分为湿接缝、胶接缝和干接缝,如图 10.26 所示。

湿接缝通常用于拼装与墩柱连接的第一对块件(1 号块),缝宽 10~20 cm,块件间有钢筋焊接,待拼装梁段的位置调整正确后,用高标号砂浆或小石子混凝土填实接缝,如图 10.26(a)所示。采用湿接缝的原因是 1 号块是 T 形刚构两侧悬臂箱梁的基准块件,悬拼施工时,防止上翘和下挠的关键在于 1 号块定位的准确度,因此,必须采用各种定位方法确保 1 号块定位的精度。定位后的 1 号块可由吊机悬吊支承,也可用下面的临时托架支承。在拼装过程中,如拼装上翘的误差很大,难以用其他办法补救时,也可以增设一道湿接缝来调整。但应注意,增设的湿接缝宽度必须用凿打块件端面的办法来提供。

胶接缝如图 10.26(b)、(d)、(e)、(f)所示,是在悬臂端面上涂厚约 0.8 mm 的环氧树脂薄层,使接缝密贴,胶接缝可提高接缝的不透水性,较干接缝有较大的抗剪能力,这种方法目前在悬拼施工中较常采用。胶接缝可做成平缝,如图 10.26(f)所示;单阶形,如图 10.26(d)所示;单齿形,如图 10.26(e)所示;多齿形,如图 10.26(b)所示。齿形及单阶形的胶接缝常用于块件间摩阻力和黏结力不足以抵抗梁体剪力的情况,其中以单阶形接缝施工较为方便。

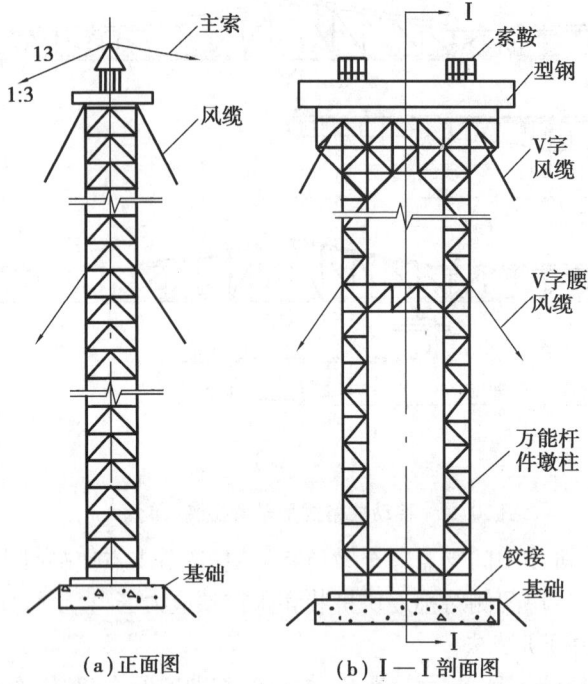

（a）正面图　　　　　　（b）Ⅰ—Ⅰ剖面图

图 10.25　　缆索起重机塔柱

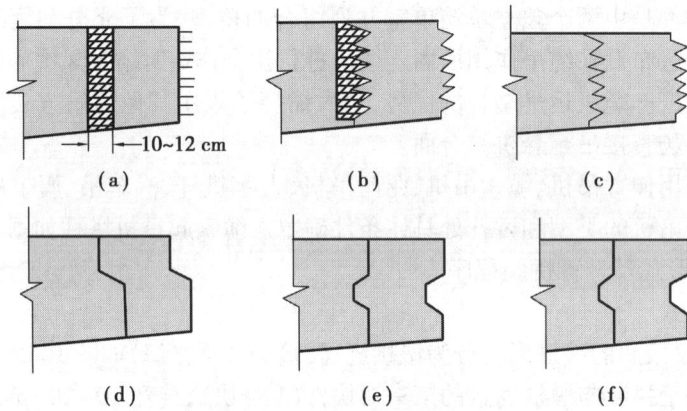

（a）　　　　　　　　（b）　　　　　　　　（c）

（d）　　　　　　　　（e）　　　　　　　　（f）

图 10.26　　悬拼接缝形式

干接缝即在接缝间不加任何填料,由于担心接缝渗水会导致钢筋锈蚀、降低结构的耐久性,以往很少采用。若用体外预应力混凝土,接缝采用干接缝则不会引起钢筋锈蚀,施工比较方便。

在实际拼装中,为调整悬臂位置,也有采用半干接缝的,如图 10.26(c)所示。拼装时,已拼块件的顶板和底板作为拼装安装块件的支托,而在腹板端面上有形成骨架的伸出钢筋,待浇筑混凝土后使块件组合成整体。在工程实践中,常在每一拼装悬臂内设置一个半干接缝以调整悬臂位置。

● 悬臂拼装程序

1 号块件和 0 号块之间的拼装程序一般为:

①块件定位,测量中线及高程;

②接头钢筋焊接及安放制孔器(非暗管结构的箱梁,无此要求);

③安放湿接缝模板;

④浇筑湿接缝混凝土(用高标号砂浆或小石子混凝土);

⑤湿接缝混凝土养护,脱模;

⑥穿 1 号块预应力箱(束),张拉,锚固。

其他块件之间的拼装程序一般为:

①利用悬拼吊机将块件提升,内移就位,进行试拼;

②移开块件,与已拼块件保持约 0.4 m 的间距;

③穿束;

④涂胶(双面涂胶);

⑤块件合龙定位(利用定位器并施加一定压力),测量中线及高程,检查块件出坑前所作跨缝弹线是否吻合;

⑥张拉预应力筋(束),观察块件是否滑移,锚固。

10.2.3 合龙段施工注意事项

当悬臂施工各 T 构完成后,两悬臂之间需有一段梁体将各相邻 T 构连成整体,完成体系转换,最终形成连续梁结构。合龙段施工是悬臂施工技术的重要环节,在混凝土刚浇筑完成至张拉预应力钢筋完毕期间,由于昼夜温差的变化、新浇混凝土的早期收缩、已成梁段混凝土产生的收缩和徐变、新浇混凝土水化热、结构体系的变化、施工荷载及外力变化等原因,在结构中要产生变形和内力,这对尚未达到强度的合龙段混凝土质量有直接影响。例如广西红水河铁路斜拉桥,主跨 96 m 两个 T 构施工完成后,两悬臂端之间距离为 1.4 m,在昼夜温差影响下,伸缩力达 1 289 kN,伸缩量达 5~6 mm,可见若合龙段设计不合理,施工措施不利,势必引起合龙段混凝土的压碎或开裂,其后果是非常严重的。

为保证桥梁工程质量,从合龙段混凝土开始灌筑至达到设计强度并张拉部分预应力钢筋之前,既保持新浇混凝土不承受任何外力,又要使合龙段所连接的梁体在各种因素影响下变形协调,为此,应从以下两个方面采取措施:

1)结构设计

①在满足施工需要的前提下尽量缩短合龙段的长度,以减小现浇混凝土数量,缩短合龙混凝土浇筑时间。据国内外施工实践,合龙段长度以采用 1.5~2.0 m 为宜。

②合龙段的混凝土应选用早强、高强、微膨胀混凝土,以使混凝土尽早达到设计强度,及早施加预应力,完成合龙段的施工。

③合理选择合龙顺序,使合龙段施工中及合龙后体系转换时产生的内力较小,且又满足工期的需要。

④加强合龙段的配筋。

2)施工设计

为了保证结构按设计要求合龙,往往在合龙段设置临时劲性支撑,以保证合龙前后结构变形协调。临时支撑分为下述两大类:

（1）体内支撑法

①用劲性钢管作为合龙段支撑。这种方法是在合龙段内用厚壁钢管安装在箱梁顶、底板的某些预应力孔道位置上，钢管两端加法兰以增加支承面，并在钢管对应的预应力筋孔道内张拉部分预应力筋，以共同承受和传递合龙段在混凝土施工和养生期间的内力，待合龙段混凝土达到设计强度并张拉预应力筋后，放松钢管内临时束或补足到设计应力，成为永久索，最后拆除支承处临时支座，实现体系转换。其构造如图 10.27 所示。

这种方法的不足是钢管不能回收，由于钢管的作用，减小了合龙后所张拉预应力筋对混凝土的有效预应力值。

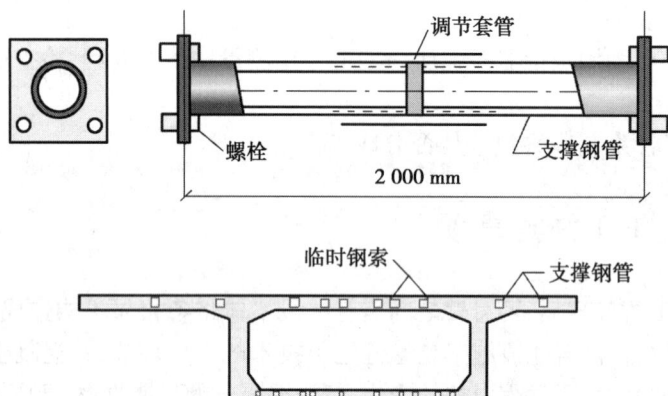

图 10.27　支撑钢管构造及临时力筋布置

②采用预制钢筋混凝土短柱支撑。在合龙段的上、下部设置预制钢筋混凝土短柱，短柱做成空心（与合龙段预应力孔道相吻合），短柱两端预理带孔钢板，以便与已完成悬臂端预埋钢板焊接。施工程序与劲性钢管支撑相同，这种方法能节省钢材，且可避免钢管对预应力的影响。

（2）体外支撑法

在箱梁顶面及底板上方，预先设置若干牛腿，然后在两悬臂端相应位置的牛腿上安装临时型钢支撑，以传递合龙段混凝土的压应力，在预应力管道中张拉部分预应力钢筋，以承受合龙段施工时悬臂两端的拉力，待合龙段混凝土达到张拉强度后，张拉连续束，之后即可解除临时型钢支撑，实现体系转换。其构造如图 10.28 所示。

这种方法钢材可以回收，但需设置专门的牛腿，牛腿位置往往与合龙用的托架模板有干扰，须特殊处理。

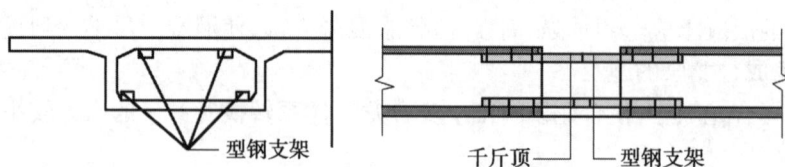

图 10.28　临时劲性钢管的布置

3）施工措施

合龙段设计及构造除应注意以上几方面外，在施工过程中还应采取以下措施：

①采取低温合龙。为避免新浇混凝土早期受到较大拉力作用，合龙段混凝土浇筑时间，应选在当天气温最低时刻，使气温最高时混凝土本身已能承受部分应力。

②加强混凝土养护，使新浇箱梁混凝土在达到设计强度前处于潮湿状态，以减小箱梁顶面因日照不均所造成的温差。

③为防止合龙段两边悬臂端因降温而产生上翘，在合龙段施工时应在两悬臂端增加压重。

④及时张拉。在合龙段混凝土强度达到设计强度的 80% 时，应及时张拉预应力连续束，解除临时支座，实现体系转换，以策安全。

⑤支撑合龙段混凝土重的吊架，应具有较大的竖向刚度，以保证合龙段混凝土施工时两悬臂端不致因升温产生过大的挠度。

4)合龙段构造实例

黄石长江公路大桥为 5 跨(162.5 m+3×245 m+162.5 m)预应力混凝土连续刚构桥，主桥由 4 个单 T、2 个边跨现浇段及 5 个合龙段组成，4、5 号 T 构于 1994 年 11 月 8 日成功合龙，为该桥首次体系转换。

合龙段长 3 m。合龙段施工利用挂篮作合龙吊架。为防止悬臂端梁上翘，在悬臂端砌筑水池作平衡重，浇筑合龙段混凝土的同时排放水池中的水，每次排放水的重量控制为：水重/混凝土重 = 1.05。

合龙段与悬臂间临时固定采用劲性骨架和张拉临时束。劲性骨架由 2×40b 槽钢和上下各 3 块 320×8 钢板缀板组合而成。为加强压杆的稳定，另增设 5 道 325×375×8 钢板加劲肋，劲性骨架与两悬臂端面预埋的 8 块 500×450×20 钢板周边焊接。劲性骨架如图 10.29 所示。

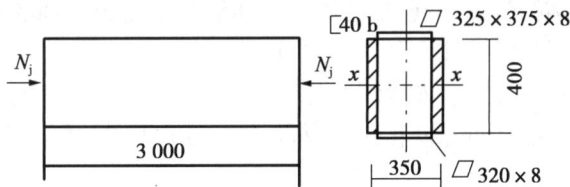

图 10.29　劲性骨架(单位:mm)

为防止降温至一定程度时劲性骨架受拉，在劲性骨架内施加了临时预应力，临时预应力筋孔道不灌浆。

混凝土安排在清晨稍低于设计温度 17 ℃时开盘浇筑，在接近 17 ℃时浇完，升温条件下养生，以防混凝土开裂。混凝土的浇筑速度每小时 10~15 m³，3~4 h 内浇完。混凝土浇筑过程中指定专人放水，以保证平衡施工。

该合龙段经实测，合龙悬臂标高偏差 8 mm，轴线偏差 1 cm，满足两悬臂标高允许偏差3 cm，轴线偏差 1 cm 的设计要求。

10.2.4　悬臂法施工质量控制

1)结构体系转化控制

采用悬臂施工方法，一般会出现施工过程的体系转换问题。对于预应力混凝土连续梁桥，采用悬臂施工时，结构的受力为 T 形刚构状态。一侧端部合龙就位，更换支座后，呈单悬臂梁状态。两跨以上悬臂梁合龙后，呈连续梁的受力状态。因此，为适应这一体系转换，需要注意以下几点：

①结构由双悬臂状态转换成单悬臂受力状态时,梁体某些部位的弯矩方向发生转换。所以在拆除梁墩锚固前,应按设计要求,张拉部分或全部布置在梁体下缘的正弯矩预应力束,对活动支座还需保证解除临时固结后的结构稳定,如控制和采取措施限制单悬臂梁发生过大纵向水平位移。

②梁墩临时锚固的放松,应均衡对称进行,确保逐渐均匀地释放。在放松前应测量各梁段高程。在放松过程中,应注意各梁段的高程变化,如有异常情况,应立即停止作业,找出原因,以确保施工安全。

③对转换为超静定结构的连续梁桥,需考虑钢束张拉、支座变形、温度变化等因素引起结构的次内力。若按设计要求,需进行内力调整时,应以高程、反力等多因素控制,相互校核。如出入较大时,应分析原因。

④在结构体系转换中,临时固结解除后,将梁落于正式支座上,并按高程调整支座高度及反力。支座反力的调整,应以高程控制为主,反力作为校核。

2)施工线形质量控制

悬臂施工的大跨径桥梁,由于受许多因素的影响,施工中的实际结构状态可能会偏离预定的目标,这种偏差较大时将影响结构的使用。为了使悬臂施工状态尽可能达到预定的目标,必须在施工过程中逐段进行跟踪控制和调整。施工线形控制是桥梁悬臂施工中的一个难点,控制不好,两端合龙时,梁底高程误差会大大超出允许范围(公路桥梁挠度允许误差为 20 mm,轴线允许偏位 10 mm),既对结构受力不利,也会因梁底曲线产生转折点而影响美观,形成永久性缺陷。为此,一般采用计算程序采用以下步骤进行跟踪控制:

①将施工中实际结构状态信息如量测的标高、钢束张拉力、温度变化、截面应力,以及设计参数的实测值,如混凝土、钢材的容量和弹性模量、构件几何尺寸、施工荷载、混凝土的徐变系数等输入计算机程序。

②通过对各种量测信息的综合处理,分析得到结构的实测标高与理论标高的误差。

③对状态进行判断,决定是否要采取有效措施来纠正已偏离目标的结构状态。可采用调整浇筑梁段的标高,改变预应力束的张拉次序,改变张拉力等方法实现。

通过上述每个节段反复循环地跟踪控制调整,使结构与预定目标始终控制在很小误差范围内,最后合龙时可达到理想目标。

10.3 逐孔施工

逐孔施工法是中等跨径预应力混凝土连续梁桥较常采用的一种施工方法之一,逐孔施工时不再在一联各跨内同时施工,而是在支架上逐孔现浇施工,或是用临时支承组拼预制节段逐孔施工,也可以是预制梁的逐孔架设施工,逐孔施工过程中会不断产生体系转换。

10.3.1 逐孔拼装法

逐孔拼装法施工是将每孔梁分成若干节段,首先进行节段的预制和运输,然后使用移动支架造桥机上的吊机将梁段起吊,并依靠移动支架临时支撑节段自重,待一定长度的梁段安装就位后,张拉预应力筋,完成一孔梁的施工,之后将支架移至下一孔继续进行施工。各梁段接缝拼装时可采用湿接缝和胶接缝。

移动支架造桥机包括悬吊吊机、承重系统、支撑系统和走行系统,适用于预应力混凝土简支或连续箱梁的现场节段拼装,其吊机、支架及导梁可纵向移动。移动支架造桥机分为上行式和下行式两种,预制节段由移动支架临时悬吊固定的为上行式,由移动支架在下方支撑(通常在支撑与节段两侧翼缘处)的为下行式,如图 10.30 所示。

(a)上行式　　　　　　　　　　　　　　　(b)下行式

图 10.30　移动支架造桥机

10.3.2　移动模架法

逐孔现浇施工就是只在一跨内设置支架和模板,在支架上只浇筑这一节段混凝土,待预应力筋张拉完毕后,将支架移动到下一孔继续施工,这样,最少只需要一套模板周转使用,施工费用小,但施工周期相对较长。在支架上逐孔现浇和满堂支架施工是不同的,满堂支架施工一次落架即形成连续梁,不存在体系转换,而逐孔现浇施工时,随着施工的进行,结构体系是在不断发生变化的。逐孔现浇施工时必然会留有施工缝,为避免接缝强度不够,其位置应设在弯矩较小的部位,一般取离桥墩 $L/5$ 处(L 为梁的跨径)。

逐孔现浇施工可采用移动模架完成。移动模架造桥机是一种自带模板,利用箱梁支承,对桥梁进行现场浇筑的施工机械。其主要特点:施工质量好,施工操作简便,成本低廉等。在国外,已广泛地被采用在公路桥、铁路桥的连续梁施工中,是较为先进的施工方法。国内已开始在高速公路、铁路客运专线上使用。移动模架造桥机主要由支腿机构、支承桁梁、内外模板、主梁提升机构等组成,其外模、底模和支架及导梁可纵向移动,如用于连续梁可一次浇筑数孔,减少移支架次数,加快制梁进度;其内模则可收缩后从箱室内逐节退出,可完成由移动支架到浇筑成型等一系列施工。

移动造桥机也分为上行式和下行式两种,如图 10.31 所示。

移动造桥机制梁的主要施工工艺为:

①安装墩旁托架,安装造桥机,上、下游移动模架同步横移合龙;

②调整底、外模及梁底预拱度;

③安装支座,吊放底板和腹板钢筋骨架;

④安装内模,吊放顶板钢筋骨架;

(a)上行式　　　　　　　　　　　(b)下行式

图 10.31　移动模架造桥机

⑤浇筑梁体混凝土,养护;

⑥张拉、脱模、模架横移分开;

⑦利用造桥机辅助门吊,倒换、安装前方墩旁托架;

⑧造桥机纵移过墩到位,同步横移合龙模架;

⑨进入下一孔梁的循环。

10.4　顶推施工

顶推施工法是在沿桥轴方向的台后设置预制场地,分节段预制梁体,并用纵向预应力筋将预制节段与已完成的梁段联成整体,然后通过水平千斤顶施力,将梁体向前顶推出预制场地,之后继续在预制场进行下一节段梁的预制,直至全桥完成。

顶推法于 1962 年首次在奥地利的阿格尔桥上使用,该桥为四孔—联预应力混凝土连续梁桥,全长 280 m,最大跨径 85 m,梁高 4.5 m,箱形截面;该桥分节段预制,每段 8.5 m,采用 0.5 m 的湿接缝;该桥在施工时待全桥组拼完成后一次顶推完成。我国最早采用顶推法建造的桥梁为 1977 年建成的预应力混凝土铁路连续梁桥——西延线狄家河桥,该桥分跨为 4×40 m,截面为等截面箱梁,顶推时逐段预制,逐段顶推,全桥分 4 个阶段拼装和顶推。

10.4.1　顶推施工特点

顶推施工有以下特点:

①顶推施工时,主梁节段预制,连续作业,结构整体性较好。由于不需大型起重设备,所以节段长度可根据预制场地条件及分段的合理位置选用,一般取 10~20 m。

②梁节段在预制场预制,避免高空作业,同时模板和设备可多次周转使用。

③顶推法宜在等截面梁上使用,但当桥跨过大时,选用等截面会造成材料的不经济,也增加施工难度,因此顶推法应以中等跨径的连续梁为宜,推荐的顶推跨径为 40~50 m,桥梁的总长也以 500~600 m 为宜。

④顶推施工平稳、安全、无噪声,可以在深水、山谷中采用,也可在曲率相同的弯桥上使用。

⑤顶推时,梁的受力状态变化较大,施工时的应力状态与运营时的应力状态相差较大,因此

在截面设计和预应力筋布置时要同时满足施工与运营荷载的要求。在施工时也可采取加设临时墩、导梁和其他措施,以减少施工应力。

10.4.2 单点顶推与多点顶推

按顶推施力方法分为单点顶推和多点顶推。

1)单点顶推

单点顶推即在全桥纵向只设一个或一组顶推装置,顶推装置一般设在预制场侧的桥台或桥墩上,而在前方各墩上设置滑移装置。单点顶推在国外也称为 TL 顶推法。我国首次采用顶推法施工的西延线狄家河桥就是采用水平千斤顶和竖向千斤顶联用单点顶推法,水平千斤顶采用 H200 顶推专用千斤顶,顶推速度为 5 ~ 7 cm/min,水平最大顶推力 2 000 kN;竖向千斤顶采用 V314 型千斤顶,垂直顶力 3 140 kN。其顶推设备布置如图 10.32 所示。

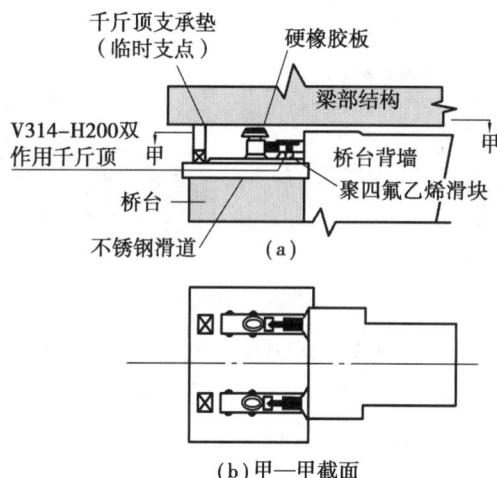

图 10.32 顶推设备布置

2)多点顶推

多点顶推即在每个墩台上均设置一对小吨位水平千斤顶,将集中顶推力分散至各墩上,在所有墩及临时墩上均设置滑移支承。为保证各墩上千斤顶同步工作,所有顶进千斤顶通过中心控制室控制千斤顶的出力等级。

多点顶推通常采用拉杆式顶推装置,拉杆多采用高强粗钢筋,也有用高强钢丝束作拉杆的。如广东九江桥北岸引桥成功地采用了高强钢丝束作拉杆、单孔三瓣夹片锚固体系,完成了 13×50 m PC 连续箱梁的顶推施工。采用钢丝束作拉杆,其长度可自由选择,中间没有接头,制作简单,使用方便,九江桥仅此一项就省材料费 5 万元。

3)单点顶推与多点顶推的比较

和单点顶推相比,多点顶推由于将集中力分散至各墩,能减小对墩台的冲击影响,但都存在从静摩擦(水平推力大)到动摩擦(摩擦力小)的多次反复变化,可能使墩台多次受到前后两个方向的冲击力。多点顶推不需大型的顶推设备,顶推时对桥墩的水平推力较小,便于结构采用柔性墩。若多点顶推采用连续顶推,更能提高顶推速度,但连续顶推需一联梁预制完毕后一顶推,因此要占用较大的预制场地。

10.4.3 顶推法施工中的临时措施

1）顶推时的横向导向

为了使顶推能正确就位,施工中的横向导向是不可少的。通常在桥墩台上主梁的两侧各安置一个横向水平千斤顶,千斤顶的高度与主梁的底板位置平齐,由墩(台)上的支架固定位置。在千斤顶的顶杆与主梁侧向外缘之间放置滑块,顶推时千斤顶的顶杆与滑块的聚四氟乙烯板形成滑动面,顶推时由专人负责不断更换滑块。横向导向设置如图 10.33 所示。

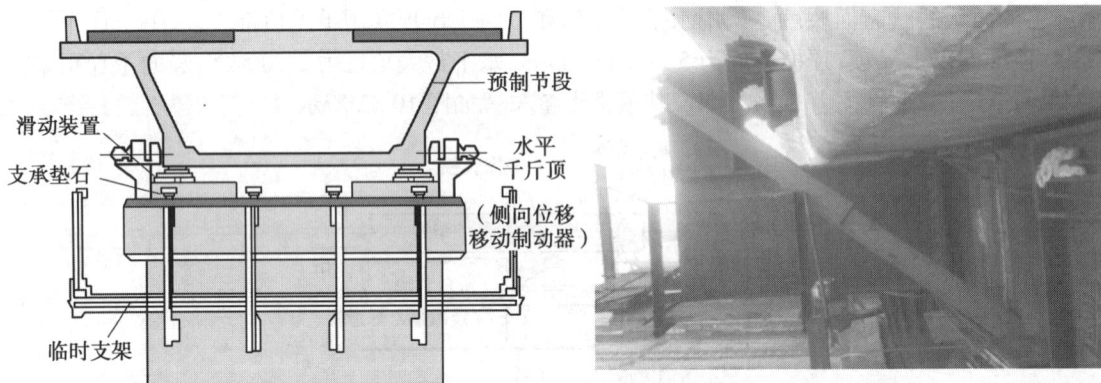

图 10.33　顶推施工的横向导向设施

横向导向千斤顶在顶推施工中一般只控制两个位置,一个是在预制梁段刚刚离开预制场的部位,另一个设置在顶推施工的最前端桥墩上,因此梁前端的导向位置将随着顶推梁的前进而不断更换位置。施工中如发现梁的位置有误而需要纠偏时,必须在梁的顶推过程中进行。对于曲线桥,由于超高而形成的单面横坡,横向导向装置可以只在外侧设置。

2）导梁

顶推过程中梁各截面正负弯矩交替出现,其弯矩包络图与使用荷载作用下弯矩包络图相差较大,为减小施工过程的内力,防止梁顶推过程中倾覆,常用一些临时措施如导梁、临时墩等,以减小顶推跨径,保证施工安全。

导梁设置在主梁的前端,为等截面或变截面的钢桁梁或钢板梁,主梁前端装预埋件与钢导梁拴接。导梁在外形上,底缘与箱梁底应在同一平台上,前端底缘呈向上圆弧形,以便于顶推时顺利通过桥墩。

导梁的结构需通过计算,从受力状态分析,导梁的控制内力是导梁与箱梁连接处的最大正、负弯矩和下弦杆(或下缘)承受的最大支点反力。国内外实践经验表明:导梁的长度一般为顶推跨径的 0.6~0.7 倍,较长的导梁可以减少主梁悬臂负弯矩,但过长的导梁也会导致导梁与箱梁接头处负弯矩和支反力的相应增加,合理的导梁长度应是主梁最大悬臂负弯矩与使用状态支点负弯矩基本接近。对于导梁的刚度宜选主梁刚度的 1/9~1/5,导梁的刚度在满足稳定和强度条件下,选用较小的刚度及变刚度的导梁,将在顶推时减小最大悬臂状态的负弯矩,使负弯矩的两个峰值比较接近。此外,在设计中要考虑动力系数,使结构中有足够的安全储备。

我国西延线狄家河桥(4×40 m)导梁由拼装式桁架杆件组成,全长 30.8 m,自重仅 1.1 t/m,远远小于梁段质量,大大降低了梁的悬臂弯矩。

3)临时墩

单向顶推最适宜建造跨度为 40~60 m 的多跨连续梁,当跨度更大时,就需要在桥墩间设置临时支墩。临时墩由于仅在施工中使用,在符合要求前提下,应便于装拆,造价要低。临时支墩常采用混凝土薄壁空心墩、混凝土预制板或轻便钢组成的框架临时墩,如图 10.34 所示。临时墩的基础可采用打桩或混凝土井架浅基础,依据地质和水深情况确定。为了减小临时墩承受的水平力和增加临时墩的稳定性,在顶推前可将临时墩与永久墩用钢丝绳拉紧。通常临时墩上不设顶推装置而仅设置滑移装置。

图 10.34 临时墩

委内瑞拉卡罗尼河公路桥,设计方案为 4 孔 96 m 加 2 孔 48 m 预应力混凝土连续梁,顶推法施工,为减小顶推施工过程中的悬臂弯矩,设置了临时支墩,使梁顶推时最大伸臂长度由原来的 96 m 减小到 48 m。顶推过程如图 10.35 所示。

4)拉索、托架及斜拉索

用拉索加劲主梁,用以抵消顶推时的悬臂弯矩,这样的临时设施已在法国和意大利建桥中使用并获得成功。如法国的波里弗桥,$L = 286.4$ m,分跨为 35.7 m + 5×43 m + 35.7 m,$B = 13.34$ m,采用单箱截面,导梁长 25 m,同时采用拉索,无临时墩。采用拉索加劲的一般布置,如图 10.36 所示。

拉索系统由钢制塔架、连接构件、竖向千斤顶和钢索组成,设置在主梁的前端,牵拉的范围为 2 倍顶推跨径左右,塔架支承在主梁的混凝土固定块上,用钢铰连接,并在该处的箱梁截面进行加固,以承受塔架的竖向集中力。在顶推过程中,箱梁内力不断变化,因此要根据不同阶段的受力状态调节索力,这项工作由设在塔架下端的两个竖向千斤顶来完成。

在桥墩上设托架用以减小顶推跨径和梁的受力。如西德维纳河桥主跨 231 m,分跨为 33 m + 51 m + 63 m + 33 m,导梁长 30 m,该桥在主墩的每侧设有长 10.4 m 的托架,使顶推跨径减小为 42.2 m,施工后托架和主梁联成整体,形成连续撑架桥。我国万江桥主跨 135 m,分跨为 40 m + 54 m + 40 m,导梁长 24 m,该桥在主墩的每侧设有 12 m 长的托架,使顶推跨径减小为 30 m,施工后托架作为桥墩的一部分,缩短了桥梁跨径,但增加了梁的支座,结构体系也从三跨连续梁变得复杂一些。

斜拉索在顶推时用于加固桥墩,特别对于具有较大的纵坡和较高桥墩的情况下,采用斜拉索可以减小桥墩的水平力,增加稳定性。法国在具有 4%~6% 纵坡的连续梁顶推施工中使用了这种加固桥墩的临时设施,如图 10.37 所示。当采用向上坡方向顶推时,顶推力大于摩擦力,桥墩需要在墩后设拉索;当采用下坡方向顶推时,顶推力很小,甚至需要制动装置控制梁向前滑移,此时摩擦力使墩产生向后的水平力,需在墩前设拉索。这种加固方法宜在水不太深或跨山谷的桥梁上采用。

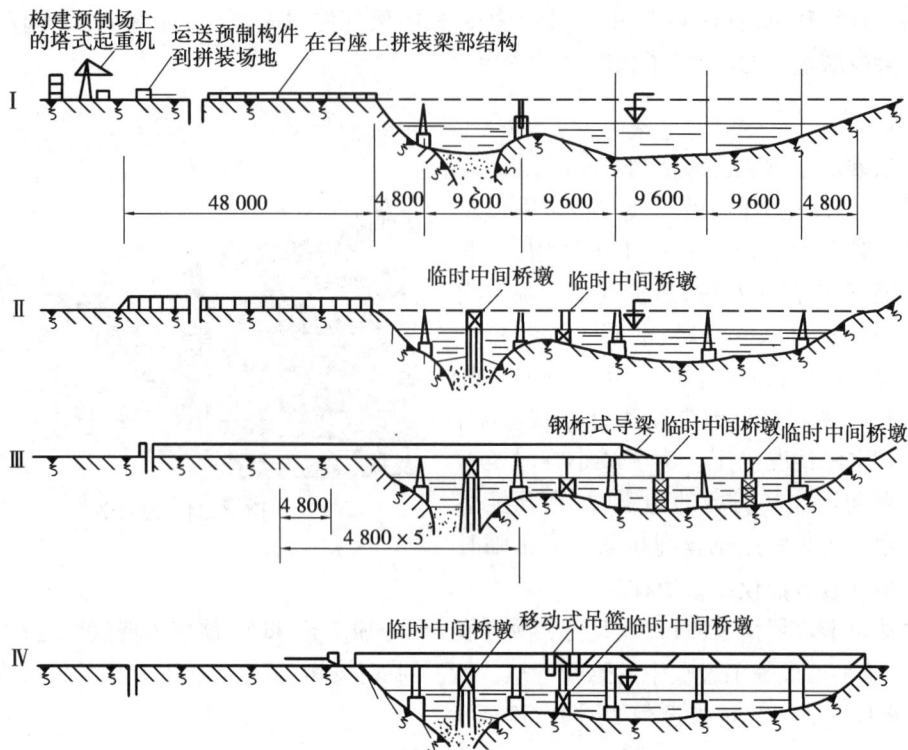

图 10.35　卡罗尼河桥梁部结构顶推过程示意图

Ⅰ—建造永久性桥墩和在引道上拼装梁部结构；Ⅱ—建造临时性中间墩和安设直线形的集中的强大钢索；
Ⅲ—在永久性桥墩和临时性中间墩上顶推梁部结构；Ⅳ—向上或向下调整强大钢索的位置，拆除临时中间墩

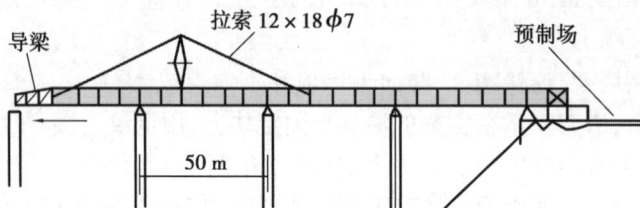

图 10.36　用拉索加劲的顶推法施工

10.4.4　智能顶推

近年来，随着电子信息技术的飞速发展，一系列工程应用软件和电子设备与现有施工工艺相结合，创造出各式各样的新工艺，工程建造走向智能化。"智能顶推"就是其中的一种新的施工工艺。

智能顶推系统一般具有如下优点：

①集成化和智能化程度高，可实现一个总控系统对多个顶推单元进行三维控制，一键完成竖向升降、纵向水平顶推和横向动态纠偏同步工作，并具有三维自平衡功能。

②既可直线顶推，又可曲线顶推，能够满足各种复杂工况的要求。

③控制精度高，同步性好，可实现毫米级的误差控制，有效保证了顶推线形的精确控制。

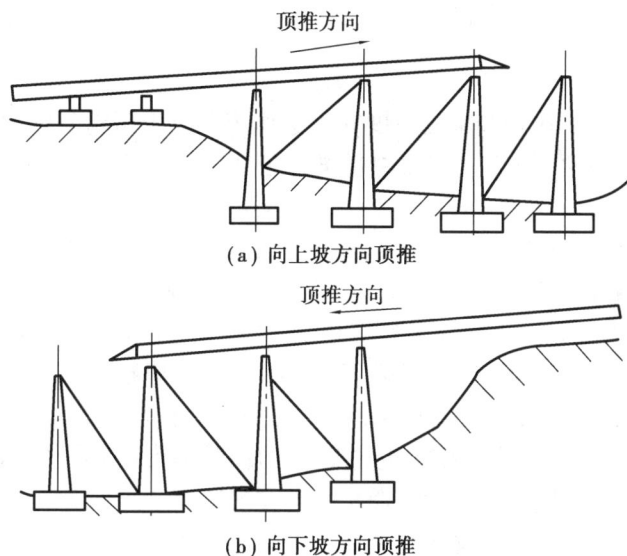

图 10.37　采用斜拉索加固桥墩

④可通过支座反力矫正、应力实时校核、同步控制、动态纠偏等一系列科学控制手段,保证顶推过程梁体偏移及时调整,不至于因"大顶大推"、应力集中导致梁体或墩身开裂,攻克了混凝土梁"十顶九裂"的难题,实现结构零损伤。

⑤可实时进行各项数据采集分析,形成作业所需的数据指标,并对顶推过程进行实时监控。

⑥系统结构简单,工作空间小,附属设施投入少,人工成本低。

在广梅汕铁路厦汕联络线特大桥预应力混凝土连续箱梁顶推施工中,集成液压传动技术、自动控制技术、超声波传感技术、计算机软件等多学科技术开发而成的智能步履式顶推系统,能够实现自动化三向顶推精密控制,成功、安全、精确地将近 2 400 t 的"巨无霸"提前计划 4 天顶推就位,梁端中线误差仅 1 mm,梁中中线误差仅 3 mm,梁尾中线误差仅 3 mm,以毫米级的误差和快速的顶推效率展现了该智能步履式顶推系统的先进性和可靠性。

10.4.5　顶推施工中的注意事项

顶推施工主要包括预制场地准备、梁体节段预制和拼装、安装顶推装置和滑移装置、顶推梁体、落梁就位、施加预应力等。为了使主梁顶推顺利进行,施工中应注意以下几个问题:

1)主梁的节段长度划分和预制场布置

顶推施工的主梁节段类型主要有两种:一种是在梁周线的预制场地上连续现浇制作逐段顶推;另一种是在工厂制成预制块件,运送到桥位连接后进行顶推。主梁的节段长度划分主要考虑段间的连接处不要设在连续梁受力最大的支点与跨中截面。同时要考虑制作加工容易,尽量减少分段,缩短工期。因此,一般常取节段长 10~30 mm 为宜。同时根据连续梁反弯点的位置,参考国外有关设计规范,连续梁的顶推节段长度应使每跨梁不多于 2 个接缝。

预制场是预制梁和顶推过渡的场地,包括主梁节段的浇制平台和模板,钢筋和钢索的加工场地,混凝土搅拌站以及砂、石、水泥的堆放和运输路线用场地。预制场一般设在桥台后,长度需要有预制节段长的 3 倍以上。如果路堤已经施工结束,可把钢筋加工、材料堆放场地安排得更合理一些。

2) 节段的预制工作

节段的预制对桥梁施工质量和施工速度起决定作用。由于预制工作固定在一个位置上进行周期性生产,所以完全可以仿照工厂预制桥梁的条件设临时厂房、吊车,使施工不受气候影响,减轻劳动强度,提高工效。

箱梁模板由底模、侧模和内模组成。一般来说,采用顶推法施工多选用等截面梁,模板可以多次周转使用。因此宜使用钢模板,以保证预制梁尺寸的准确性。

底模板安置在预制平台上,平台的平整度必须严格控制,因为顶推时的微小高差就会引起梁内力的变化,而且梁底不平整将直接影响顶推工作。通常预制平台要有一个整体的框架基础,要求总下沉量不超过 5 mm,其上是型钢和钢板制作的底模和在腹板位置的底模滑道,在底模和基础之间设置卸落设备,要求底模的重量要大于底模与梁底混凝土的黏结力,当千斤顶及木楔的卸落设备放下时,底模要自动脱模,将节段落在滑道上。

节段预制的模板构造与是否为全断面浇筑有关,图 10.38 为二次预制的模板构造图。

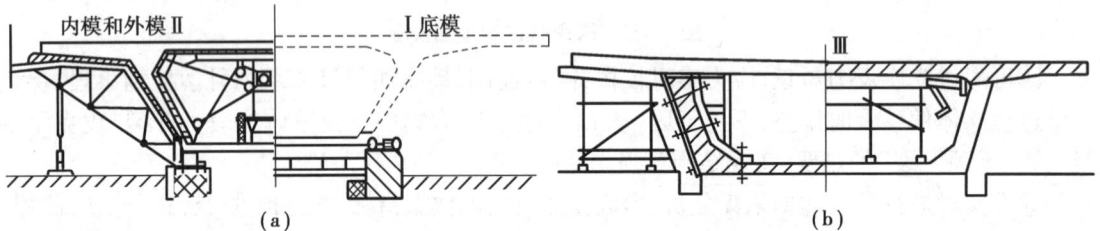

图 10.38 二次预制的模板构造图

桥梁采用顶推施工时,其工期主要取决于梁体预制周期。根据统计资料得知,梁段预制工作量占上部结构总工作量的 55% ~ 65%,加快预制工作的速度对缩短工期具有十分重要的意义。为缩短预制周期,在预制时可考虑采取如下措施:

①组织专业化施工队;

②采用墩头锚、套管连接器,前期钢束采用直束,加快张拉速度;

③在混凝土中加入减水剂,提高混凝土的早期强度,增加施工和易性,是加快施工速度的有效措施;

④采用大型模板,提高机械化和装配化的程度。

3) 预应力钢束的张拉

顶推施工的预应力混凝土连续梁桥有三种预应力钢束:一种是兼顾营运与施工要求所需的钢束;第二是为施工阶段要求配置的钢束;第三是在施工完成之后,为满足营运阶段需要而增加的钢束。

这三类预应力钢束的构造布置特点:对于兼顾营运与施工要求的力筋,通常采用墩头锚,并用连接器接长,为了不使接头集中在同一截面,钢束的长度取用两个主梁节段的长度,交错排列,使一半数量的钢束通过某一接头位置,而另一半钢束在该截面接头;对于施工需要而临时配置的力筋,一般选用短索,在施工完成后拆除;为便于施工,此两类顶推施工中所需钢束常采用直索,布置在截面的上下缘,对梁施加一个近似于中心受压的预应力;为满足营运阶段需要而增设的钢束有直索和弯索,锚在箱梁内的齿板上。

三种钢束应严格按照设计规定进行布置、张拉、接长和拆除,不得随意增加或漏拆,更不得漏张拉。钢束张拉时应注意:张拉顺序宜采用先临时束后永久束、先长束后短束、先直束后弯束;为防止因水平扭矩而产生附加内力,顶底板钢束应上下交替、左右对称地进行;对主梁顶推就位后需拆除的临时钢束,张拉后不应灌浆,锚具外露多余钢材不必切除;对梁段间需连接的永久束,应在节段间留出适当供连接器连接的空间。

4)注意施工中的稳定问题

顶推过程中的稳定问题包括倾覆稳定和滑动稳定。

（1）主梁顶推时的倾覆稳定

施工时可能发生倾覆失稳的最不利状态发生在顶推初期,导梁或箱梁尚未进入前方桥墩,呈最大悬臂状态时。要求在最不利状态下的倾覆安全系数不小于1.3。当不能保证有足够的安全系数时,应考虑采用加大稳定段长度或在跨间增设临时墩的措施。

（2）主梁顶推时的滑动稳定

在顶推初期,由于顶推滑动装置的摩擦系数很小,抗滑能力很弱,当梁受到一个不大的水平力时,很可能发生滑动失稳,特别是地震区的桥梁和具有较大纵坡的桥梁,更要注意计算各阶段的滑动稳定,安全系数应不小于1.2。

5)注意施工挠度控制

随着顶推施工进行,桥梁结构的受力体系不断变化,主梁挠度也发生相应的变化。主梁挠度的大小将直接影响施工是否能正常进行,所以要随时根据设计提供的挠度数值校核施工精度,并调整施工时梁的高程。当计算结果与施工观测结果出现较大不符时,必须查明原因,确定对策,以保证施工顺利进行。

10.5　连续梁桥施工监控

10.5.1　连续梁桥施工监控的特点

桥梁施工控制的任务就是对桥梁施工过程实施监控,确保在施工过程中桥梁结构的内力和变形始终处于容许的安全范围内,确保成桥状态(包括成桥线形与成桥结构内力)符合设计要求。

连续梁桥多采用分阶段悬臂浇筑施工,逐段向前推进。在每个不同的施工阶段,或者是结构形式不同、或者是受力体系有所转换、或者是施工荷载发生了变化,而对施工过程中每个阶段的几何线性和内力状况分析计算,是桥梁分段施工控制中的基本要求。分段施工桥梁的工程控制目的就是在确保施工过程中结构安全的前提下,使成桥的几何线性和内力状况最大限度地逼近设计要求。为了实现工程控制的最终目的,有必要在分段施工过程中预测和监控变形情况和受力状态,这就要求采用精确合理的结构分析方法来计算确定分段施工过程中每个阶段受力和变形方面的理想状态,以便了解每个施工阶段的结构行为以及几何线性和内力状况随施工过程变化的全部信息。分段施工中的结构分析必须在正确描述整个施工过程中的荷载作用以及真实反映不同体型中的受力性能的前提下,确定各个施工阶段的结构理想状态,并对实际结构体系在最不利条件下的稳定性、安全性(强度)和适用性(刚度)进行验算。

顶推法施工是连续梁施工又一常用的施工方法,虽然顶推施工连续梁的结构设计阶段已经考虑了顶推过程的影响,但设计中的分析是在理想状态下进行的。施工过程中由于各种因素的影响,结构参数会有所改变,结构的实际受力状态也会与设计时有所不同。施工控制中,应根据已掌握的桥梁实际参数,对顶推施工过程进行模拟分析,预测出施工过程中梁体、支墩的内力及变形状态,必要时需对施工方案进行调整,指导施工与施工控制。顶推施工监测与调整的内容包括:预制平台变形及平整度监测、临时支墩变形监测、顶推同步性与施力监测、主梁轴线位置监测、主梁应力监测、导梁端部标高监测、落梁阶段的监测等。

10.5.2　连续梁桥施工监控的工作内容

不同类型的桥梁其施工控制内容不一定完全相同,针对混凝土连续梁桥,从总体上讲,其施工监控大体包括以下几个方面:

1)几何监控

不论采用什么施工方法,桥梁结构在施工过程中总要产生变形,并且结构变形受到诸多因素的影响,极易使桥梁结构在施工过程中的实际位置状态(立面标高、平面位置)偏离预期状态,使桥梁难以合龙,或成桥线形形状与设计要求不符,所以必须对桥梁实施监控,使其结构在施工中的实际位置状态与预期状态之间的误差在容许范围和成桥线形状态符合设计要求。

误差容许值是评判施工监控结果的标准。为了保证控制总目标的实现,每道工序的几何控制误差允许范围需要事先研究确定出来,以保证该工序的误差容许值和最终误差结果的容许值符合设计要求。最终结果的误差容许值与桥梁的规模、跨径大小、技术难度等有关,目前还没有统一的规定,需要根据具体的桥梁控制需要具体确定。

2)应力监控

桥梁施工过程中以及成桥状态的受力情况是否与设计相符是施工监控需要明确的问题。通常通过对结构应力的监测来了解实际应力状态,若发现实际应力状态与理论(计算)应力状态的差别超限就要进行原因查找和调控,使之在允许范围之内。结构应力的好坏不像变形控制那样易于发现,若应力控制不力将会给结构造成危害,严重者将发生结构破坏。所以,它比变形控制显得更重要,必须对结构应力实施严格监控。对应力的控制项目和精度还没有明确的规定,需根据实际情况确定。

3)稳定控制

目前,稳定控制无法直接量测而作为间接控制项目。一般情况下,更注重的是桥梁建成后的稳定计算。虽然,世界上曾有过不少因施工过程中发生失稳,而造成全桥破坏的例子(最典型的是加拿大魁北克桥),但由于没有可靠的监测手段而主要通过应力、变形情况来综合评定。

4)安全监控

桥梁施工过程中安全监控是桥梁施工控制的重要内容,只有保证了施工过程中的结构安全,才谈得上其他控制与桥梁的建成。其实,桥梁施工安全控制是上述变形控制、应力控制、稳定控制的综合体现,上述各项得到了控制,安全也就得到了控制(由于桥梁施工质量问题引起的安全问题除外)。由于结构形式不同,直接影响施工安全的因素也不一样,施工控制需根据实际情况确定其安全控制重点。

众多发达国家已将施工控制纳入常规施工管理工作中,控制方法已从人工测量、分析和预报,发展到自动监控、分析预报和自动调整的计算机自动控制,并已形成了较完善的桥梁施工控制系统。由于影响桥梁施工的因素太多、太复杂,同时,不断涌现出新型的、跨径更大的桥梁工程,也对桥梁施工控制提出了更高要求。

本章小结

本章主要内容包括混凝土连续梁概述、悬臂施工、逐孔施工、顶推施工、连续梁施工监控共5部分内容。第1部分主要介绍了混凝土连续梁的特点以及应用和发展情况;第2部分主要介绍了悬臂施工中悬臂浇筑施工和悬臂拼装施工,包括主要的施工工艺、施工所用挂篮的构造、悬臂合龙段施工应该注意的问题以及悬臂施工质量控制;第3部分主要介绍逐孔拼装法和移动模架法的施工工艺以及所用的主要施工设备;第4部分主要介绍顶推施工中单点顶推和多点顶推,对其中的施工特点、施工中的临时措施以及施工中的注意事项进行了详细介绍。通过本章内容的学习,可对预应力混凝土连续梁常用的施工方法以及施工要点有比较深入的了解。

思考题与习题

10.1　预应力混凝土连续梁常用的施工方法有哪些?

10.2　简述悬臂施工法的基本施工工序。

10.3　悬臂施工中,如何从施工方面保证连续梁合龙段的施工质量?

10.4　简述移动模架造桥机制梁的主要施工工艺。

10.5　简述顶推施工法施工的主要特点。

10.6　试对比顶推施工中的单点顶推和多点顶推的优缺点。

10.7　挂篮在连续梁施工中起什么作用? 一般挂篮由哪些主要部分组成?

11 拱桥施工

本章导读：

• **内容及要求**　主要介绍拱桥结构常用的施工方法，包括就地砌筑与就地浇筑施工、悬臂施工、转体施工以及钢管混凝土拱桥施工监控的相关知识。通过本章学习，应了解钢管混凝土拱桥施工监控的特点以及常用的控制计算方法；理解和掌握拱桥施工中就地砌筑与就地浇筑施工中施工阶段划分以及不同阶段施工所应注意的问题；悬臂施工中塔架斜拉索法和斜吊式悬浇法两种施工方法的施工工艺特点；钢管混凝土拱桥施工中拱肋安装、拱肋钢管内混凝土灌注等主要施工工艺；转体施工中平面内转体施工和竖直面内转体施工两种转体施工的施工特点和适用条件。

• **重点**　拱桥就地砌筑与就地浇筑施工、悬臂施工、转体施工三种常用的施工方法的工艺特点以及所采用的施工设备。

• **难点**　就地砌筑与就地浇筑施工中施工阶段划分以及拱架卸落中应该注意的问题；钢管混凝土拱桥转体施工的工艺特点。

11.1　概　述

拱桥是比较常见的具有我国民族传统特点的桥梁结构形式，条件适当时，拱桥是十分经济、合理、坚劲和美观的结构。几百年前修建的拱桥，至今尚能承受现代公路荷载的事例并不鲜见，我国隋代修建的赵州桥至今保存完好。20 世纪 30 年代修建的澳大利亚悉尼海港钢拱桥，跨度 503 m，初步设计方案比较时其上部结构用钢量仅为伸臂梁的 60%，由此可见拱桥的优越性。

拱桥结构形式多样，按照主拱圈（板、肋、箱）所使用的建筑材料，可分为圬工拱桥、钢筋混凝土拱桥和钢拱桥等；按照拱上建筑的形式，可分为实腹式拱桥和空腹式拱桥；按照主拱圈所采用的拱轴线形式，可将拱桥分为圆弧拱桥、抛物线拱桥和悬链线拱桥等；按照桥面的位置，可分为上承式拱桥、下承式拱桥和中承式拱桥；按照有无水平推力，可分为有推力拱桥和无推力拱桥等。

拱桥的受力特点是在竖向荷载作用下，拱脚支承处不仅产生竖向反力，而且还会产生水平推力。由于这个水平推力的存在，使拱肋的跨中弯矩与相同跨径的梁式桥相比小了许多。尤其是当拱桥的线形设计较为合理的情况下，拱肋截面以承受压力作用为主，可忽略弯矩及剪力作用的影响。拱桥受压为主的力学特性，使众多抗拉性能较差而抗压性能较好的砌体材料（石料、混凝土、砖等）得以应用于拱桥的建造中。

拱桥除了具有跨越能力较大，能就地取材，大量节省钢材和水泥，耐久性好，养护、维修费用少的优点外，还具有外形美观、构造简单、施工方便的优点。

但是拱桥因自重较大，对地基条件要求高；必须具有坚实的下部结构承受拱脚的水平推力，用砖、石建成的圬工拱桥则更加增大水平推力、加大下部结构工程量；在连续多孔的大、中跨度桥梁中，为防止一孔破坏而影响全桥的安全，还需要设置单向推力墩或采取特殊的措施等；与梁式桥相比，上承式拱桥的建筑高度较高，当用于城市立交桥及平原区的桥梁时受到较大限制。

对于拱桥上述优缺点，在建桥时还应结合桥址处的地质、地理特点及其他环境因素，进行多方面、多方案的综合比较，谨慎地决定选择哪种形式的桥梁。一般来说，在地质条件较好的山区，中、小跨径拱桥是最具竞争力的；在地质条件较差或平原地区，也常选择无推力拱的方案；在跨径100~600 m范围的中、大跨桥梁中，拱桥也具有较强的竞争力。

11.2 就地砌筑与浇筑施工

11.2.1 拱 架

拱架是有支架施工必不可少的辅助结构，在拱桥建造期间，用以支承全部或部分主拱及拱上结构的质量，并保证主拱圈的形状符合设计要求。故要求拱架既要有足够的强度、刚度和稳定性，又要求构造简单、制作容易、节省材料，并能重复使用，以加快施工进度，减少施工费用。

拱架的形式和构造随拱桥跨度的大小、材料供应情况、机具设备条件和桥址环境，采用不同的结构形式。

1) 满布式拱架

满布式拱架一般有拱架（拱架上部，即拱盔）、支架（拱架下部，包括基础）和拱架卸落设备，如图11.1和图11.2所示。拱架是直接支撑拱圈质量的部分，在其顶部用弓形垫木形成拱圈底部曲线，支架是支撑拱架的部分，其构造同一般脚手架，在拱架与支架间应设置卸落设备，以备施工完毕后拱架卸载拆除。

拱架种类繁多，按材料分有木拱架、钢管拱架和"土牛拱胎"等形式。

木拱架制作简单、架设方便，但耗用木材较多。

钢管拱架多为常备式构件，一次投资较大，但能多次重复使用。对大中跨度拱桥，可采用碗扣式、扣件式钢管拱架，这些钢管拱架一般不再分支架和拱盔部分，而是两者形成一体。

在跨度小，钢、木材缺乏地区，条件许可时可采用简单经济的"土牛拱胎"代替拱架，即在桥下用土、砂或卵石等填筑一个土胎（俗称"土牛"），然后在其上砌筑拱圈，砌成之后将填土清除即可。

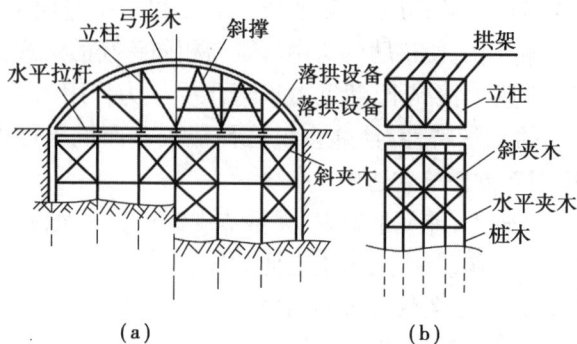

图 11.1　满布式拱架的构造

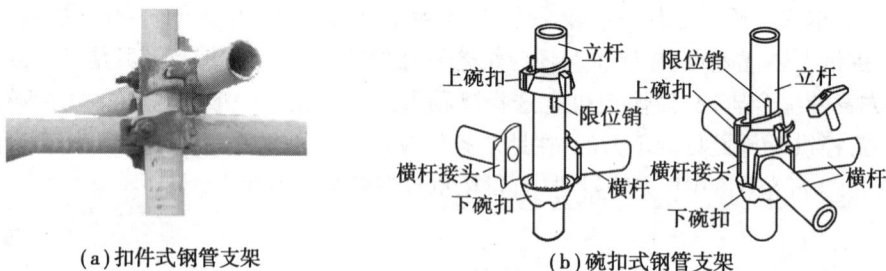

图 11.2　钢管支架

2)墩架式拱架

这种拱架的上部与满布式拱架相同,其下部是用少数框架式支架加斜撑来代替众多数目的立柱,既能减少支架材料,又能在桥下留出适当的空间,方便交通。图 11.3 是比较适合中等跨度拱桥施工的墩架式拱架形式之一。工字梁的跨度可达 12~15 m,墩架可用制式器材做成。制式器材包括钢管支架、贝雷梁、万能杆件、军用墩、军用梁等。

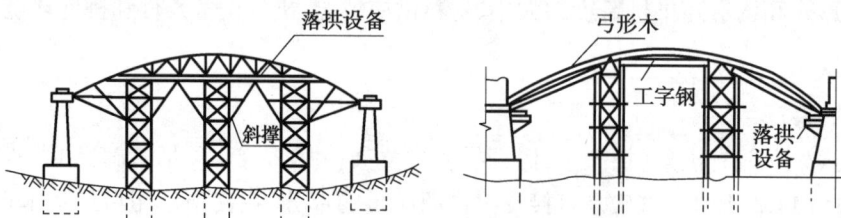

图 11.3　墩架式拱架的构造

洛(阳)三(门峡)灵(宝)高速公路许沟特大桥主孔为等截面悬链线箱形无铰拱,横截面为三室箱,拱轴系数 $M=1.543$,净跨径为 220 m,净矢高为 40 m。图 11.4 为该桥现浇支架施工的照片。支墩采用 65 式铁路军用墩,最高 36.6 m,梁部采用双层 64 式铁路军用梁,跨度均为 20 m,横向共 8 片。在梁墩支架上部,采用碗扣式支架形成拱弧。纵系梁等由万能杆件组拼而成。

图 11.4 大跨度拱桥现浇支架的构造

3) 钢拱架

我国现有常备式钢拱架有工字梁拱式拱架和桁架式拱架两种。另外,还可以用其他制式构件组拼拱式拱架。图 11.5 即为 64 式铁路军用梁拼装的拱式拱架。

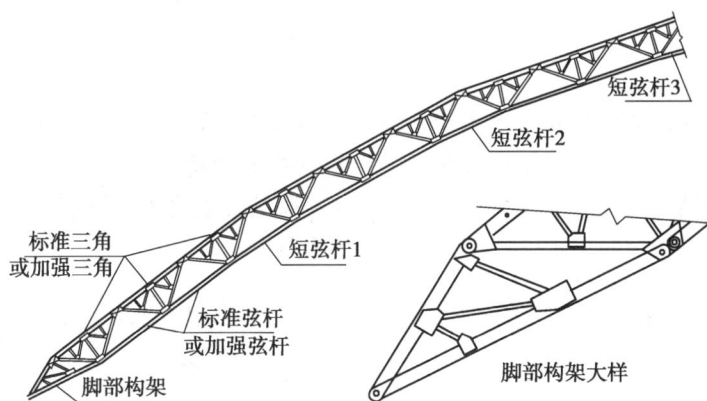

(a) 单层梁组拼拱式拱架,一般适用于跨度比较小的拱桥

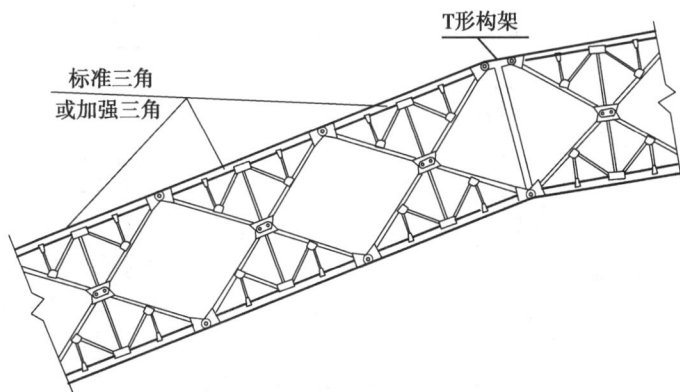

(b) 双层梁组拼拱式拱架,一般适用于跨度比较大的拱桥

图 11.5 64 式军用梁拼装拱式拱架

（1）工字梁拱式拱架

该拱架由基本节、楔形插节、拱顶铰和拱脚铰等基本构件组成。选配不同的基本节段及相互间插入 1~2 个楔形插节的方法，可使拱架适用于多种拱度和跨度的拱桥施工，如图 11.6 所示。这种拱架可用于建造跨度 40 m 以下的石拱桥。

工字梁拱架可做成三铰拱或两铰拱。落架设备可置于拱顶或拱脚。若置于拱顶，则拱顶铰改用落架设备。

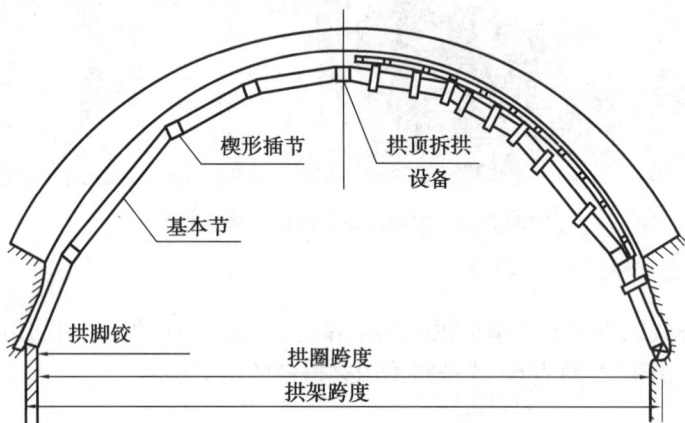

图 11.6　工字梁拱式拱架的构造

（2）桁架式拱架

常备拼装桁架式拱架由多榀拱形桁架构成。榀与榀之间的距离可为 0.4 m 或 1.9 m。桁架榀数视桥跨宽度和质量决定。拱架一般采用三铰拱。拱架由标准节、拱顶节、拱脚节和联结杆等以钢销或螺栓联结而成，如图 11.7 所示。可用变换联结杆长度的方法，调整拱架的曲度和跨度。当拟建拱桥跨度很大时（如大于 180 m），可用两层拱架。

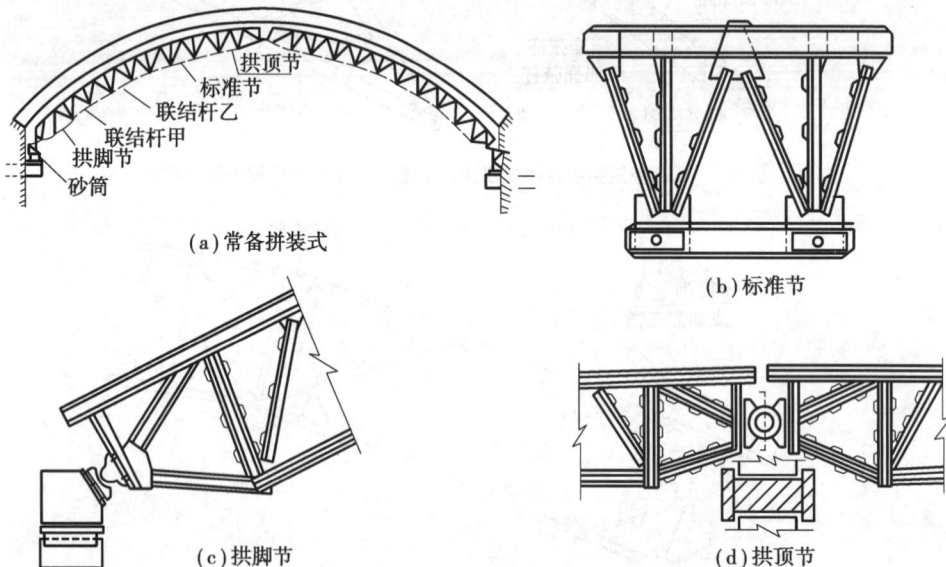

(a) 常备拼装式

(b) 标准节

(c) 拱脚节

(d) 拱顶节

图 11.7　桁架拱式拱架的构造

除常备拼装桁架式拱架外，尚有贝雷梁拼装式拱架、铁路军用梁拼装的拱式拱架和万能杆件拼装式拱架等不同结构类型，但其构造原理基本相同。

11.2.2　拱桥的就地砌筑施工

拱桥的有支架施工不论是就地浇筑施工还是在拱架上砌筑拱圈,一般分为三个阶段进行:第一阶段施工拱圈或拱肋混凝土;第二阶段施工拱上建筑;第三阶段施工桥面系。

在拱架上砌筑的拱桥主要是石拱桥和混凝土预制块拱桥。石拱桥按材料规格不同,可分为粗料石拱、块石拱和浆砌片石拱。

1)拱圈放样与备料

拱桥的拱石要按照拱圈的设计尺寸进行加工。为了能合理划分拱石,保证结构尺寸准确,通常要在样台上将拱圈按1:1的比例放出大样,然后用木板或锌铁皮在样台上按分块大小制成样板,进行编号,以利加工。

放样工作必须在平坦结实的样台上进行,一座拱桥的样台使用时间一般较长,故应保证在施工期间不发生超过容许的变形。样台宜选择在桥位附近的平台上,先用碎石或卵石夯实,再铺一层2~3 cm厚的水泥砂浆,也可采用三合土地坪。由于拱圈大多左右对称,为节约用地,一般只需准备能放出半跨的地坪即可。

拱石分块的大小以加工能力和运输条件而定。对拱石加工的尺寸规定与误差要求以及砂浆、小石子混凝土配比和使用的规定,应按有关设计、施工规范办理。

2)拱圈的砌筑

(1)连续砌筑

跨径小于16 m,当采用满布式拱架施工时,可以从两拱脚同时向拱顶依次砌筑,在拱顶合龙;跨径小于10 m,当采用拱式拱架施工时,应在砌筑拱脚的同时,预压拱顶及拱跨的1/4部位。预加压力砌筑是在砌筑前在拱架上预压一定质量,以防止或减少拱架非弹性下沉的砌筑方法。它能有效地预防拱圈产生不正常的变形和开裂。预压物可采用拱石,随撤随砌,也可采用砂袋等其他材料。

拱圈砌筑时,常在拱顶预留一龙口,最后在拱顶合龙。为防止拱圈因温度变化而产生过大的附加应力,拱圈合龙应在设计要求的温度范围内进行。设计无明确规定时,宜选择气温在10~15 ℃时进行。封顶应在拱圈砌缝砂浆强度达到设计规定强度后进行。

(2)分段砌筑

对跨径为16~25 m的拱桥采用满布式拱架施工时,或跨径为10~25 m的拱桥采用拱式拱架施工时,可采用半跨分成三段的分段对称砌筑方法,如图11.8所示。

分段砌筑时,各段间留空隙,空隙宽3~4 cm。空缝处砌石要规则,为保证砌筑过程中不改变空缝形状和尺寸,同时也为拱石传力,空缝可用铁条或水泥砂浆预制块作为垫块,待各段拱石砌完后填塞空缝。填塞空缝应在两半跨对称进行,各空缝同时进行,或从拱脚依次向拱顶填塞。因用力夯填空缝会使拱圈拱起,故此法仅在下跨径使用。当采用填塞空缝砂浆使拱合龙时,应注意选择最后填塞空缝的合龙温度。为加快施工,并使拱架受力均匀,各段也可交叉、平行砌筑。

砌筑大跨径拱圈时,在拱脚至$L/4$(L为跨径)段,当其倾斜角大于拱石与模板间的摩擦角时,拱段下端必须设置端模板并用撑木支撑(称为闭合楔)。闭合楔应设置在拱脚挠度转折点

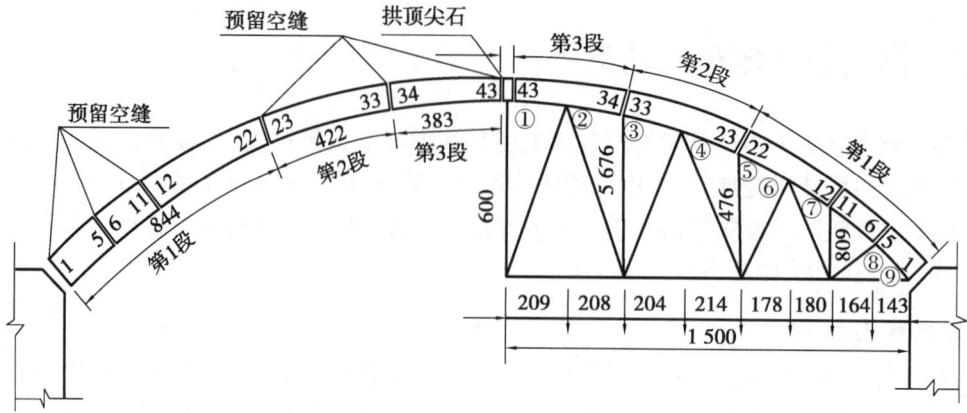

图 11.8　拱圈的分段砌筑(尺寸单位:cm)

处,宽约 1 m,砌筑闭合楔时,必须拆除三脚架,可分 2~3 次进行。先拆一部分,随即用拱石填砌,一般先在桥宽的中部填砌,然后再拆第二部分,每次所拆闭合楔支撑必须在前一部分填砌的圬工砌缝砂浆充分凝固后进行,如图 11.9 所示。

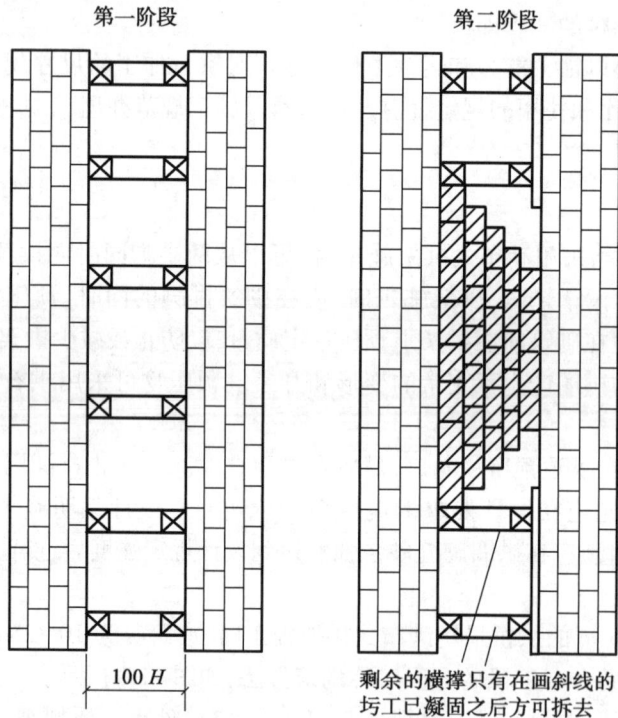

图 11.9　闭合楔的填砌顺序

(3)分环分段砌筑

较大跨径的拱桥,当拱圈设计尺寸较厚,由三层以上拱石组成时,可将拱圈分成几环砌筑,砌一环合龙一环。当下环砌筑完成并养生数日后,砌缝砂浆达到一定强度时,再砌筑上环。上、下环间拱石应犬牙交错,每环可分段砌筑。当跨径大于 25 m 时,每段长度一般不超过 8 m。

(4)多跨连拱的砌筑

多跨连拱的拱圈砌筑时,重点考虑与邻孔的对称均匀,以避免桥墩承受过大的单顶推力。

因此,当为拱式拱架时,应适当安排各孔的砌筑程序;当采用满布式支架时,应适当安排各孔拱架的卸落程序。

3) 拱上建筑施工

拱上建筑的施工,应在拱顶砌(灌)筑完后,全桥合龙,拱圈达到设计强度的 30% 后进行。拱上建筑的施工,应对称均衡地进行,避免使主拱圈产生过大的不均匀变形。实腹式拱上结构,应由拱脚向拱顶对称灌筑。当侧墙灌筑好后,再填筑拱腹填料。空腹式拱桥一般是在横墙(或刚架)灌筑完成后卸落拱架,然后再对称均衡地砌筑腹拱圈,以免由于主拱圈不均匀下沉而使腹拱圈开裂。

在多跨连续拱桥中,当桥墩不是按单向推力墩设计时,仍应注意相邻跨间的对称均衡施工,避免桥墩承受过大的单向推力。

11.2.3　拱桥就地浇筑施工

在支架上就地浇筑拱桥的施工与在拱架上砌筑施工基本相同,即首先依次浇筑主拱圈或拱肋混凝土,拱上立柱、联系梁及横梁等,最后浇筑桥面系。

主拱圈混凝土的浇筑方法同砌筑施工,可分为连续浇筑法、分段浇筑法和分环、分段浇筑法。主要根据桥梁跨径选定合适的施工方案。

1) 连续浇筑法

跨径小于 16 m 的拱圈或拱肋混凝土,按拱圈的全宽和全厚,自两端拱脚向拱顶对称地连续灌筑,并且在拱脚处混凝土初凝前全部完成。否则,须在拱脚处预留隔缝,并最后灌筑隔缝混凝土。

2) 分段浇筑法

一般当拱的跨度大于或等于 16 m 时,为避免因拱架不均匀变形而导致拱圈产生裂缝,以及为减小混凝土的收缩应力,应利用分段灌筑法施工。分段的长度为 6.0~15.0 m,视灌筑能力、拱架结构和跨度大小而定。分段位置应以能使拱架受力对称、均匀和变形小为原则,宜设在拱架受力反弯点、拱架及 $L/4$ 等处。

各分段点应预留间隔槽,其宽度一般为 0.5~1.0 m,如有钢筋接头时,其宽度尚应满足钢筋接头的需要。为缩短拱圈合龙和拱架拆除的时间,间隔缝内混凝土的强度可采用比拱圈高一个等级的半干硬混凝土。

填充间隔缝混凝土,应在拱圈分段混凝土强度达到 70% 设计强度后进行,且应由两拱脚向拱顶对称进行,最后填充拱顶和两拱脚间隔缝。封拱合龙温度一般宜接近当地的年平均温度。

3) 分环、分段浇筑法

浇筑大跨径拱圈混凝土时,宜采用分环(层)分段法浇筑。等底板分段灌筑合龙后,再灌筑上面一环(腹板和顶板,或仅为腹板和隔板),此时可以考虑合龙后的底板与拱架共同受力。其施工顺序如图 11.10 所示。

对有些大跨径的拱桥,有时也采用分段和分环综合的方法。

对于大跨度拱桥,为控制拱圈灌筑过程中的拱架变形而拟订合理的拱圈灌筑顺序时,最好先画出拱架的挠度影响线。根据影响线和拱圈灌筑的原则即可拟订比较合理的拱圈灌筑顺序。

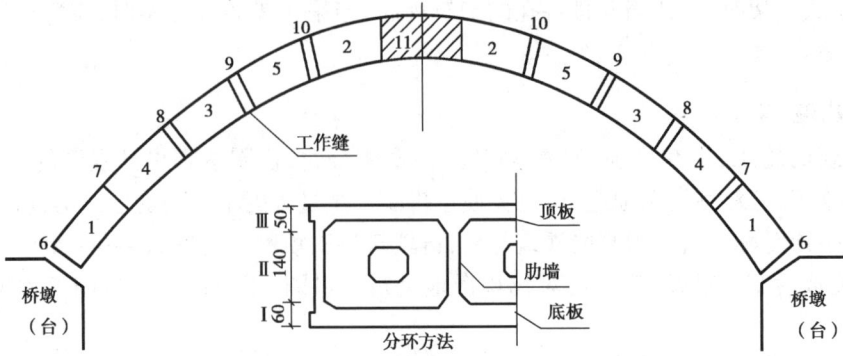

图 11.10　拱圈灌注顺序

11.3　悬臂施工

悬臂浇筑法属于无支架施工方法,是将拱圈、立柱、临时斜杆(拉杆或压杆)、上拉杆(可利用行车道梁或临时上拉杆)组成桁架,并用拉杆或缆索将其锚固于台后,然后向跨中逐节悬臂施工,最后在拱顶合龙。根据拱肋和上部结构的制作方式,分为塔架斜拉索法和斜吊式悬浇法两种。

11.3.1　塔架斜拉索法

此法是在大跨径钢筋混凝土拱桥施工中较早采用的方法,其施工要点是:在拱脚墩(台)处安装临时的钢或钢筋混凝土塔架,斜拉索锚固于岸边的锚碇,经过塔架将拱圈(拱肋)用挂篮浇筑一段系吊一段,从拱脚开始逐段向拱顶悬臂浇筑,直至拱顶合龙。

塔架的高度和受力根据拱的跨径、矢跨比等确定;斜拉索可用预应力钢筋或钢束,其截面积和长度根据所系吊的拱段长度和位置确定。用设在已经浇筑完成的节段上的挂篮逐段悬臂浇筑拱圈(拱肋)混凝土,应从两拱脚开始对称地进行,最后在拱顶合龙。图 11.11 为塔架、斜拉索及挂篮浇筑拱圈的施工示意图。

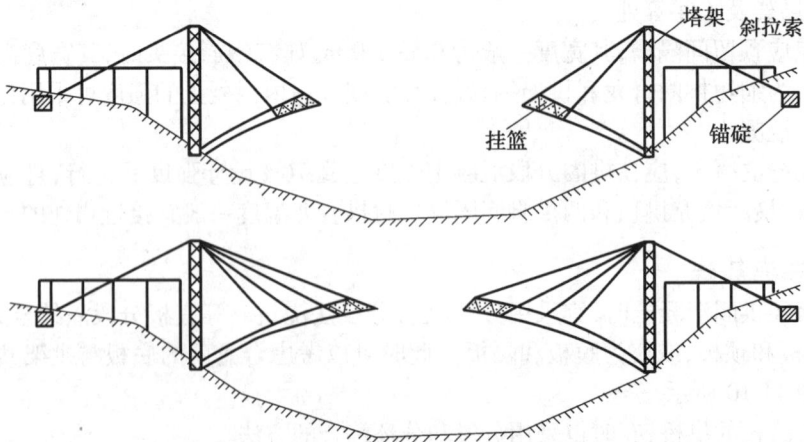

图 11.11　塔架、斜拉索及挂篮浇筑拱圈施工示意图

11.3.2　斜吊式悬浇法

斜吊式悬浇法是借助专用挂篮,结合使用斜吊钢筋将拱圈、拱上立柱和桥面板等构成临时桁架的悬臂浇筑方法。施工时,用预应力筋临时作为桁架的斜吊杆,将桁架锚固于墩(台)上,作用于斜吊杆的力通过布置在桥面板上的临时拉杆传至岸边的地锚或墩(台)上。其施工过程如图 11.12 所示。

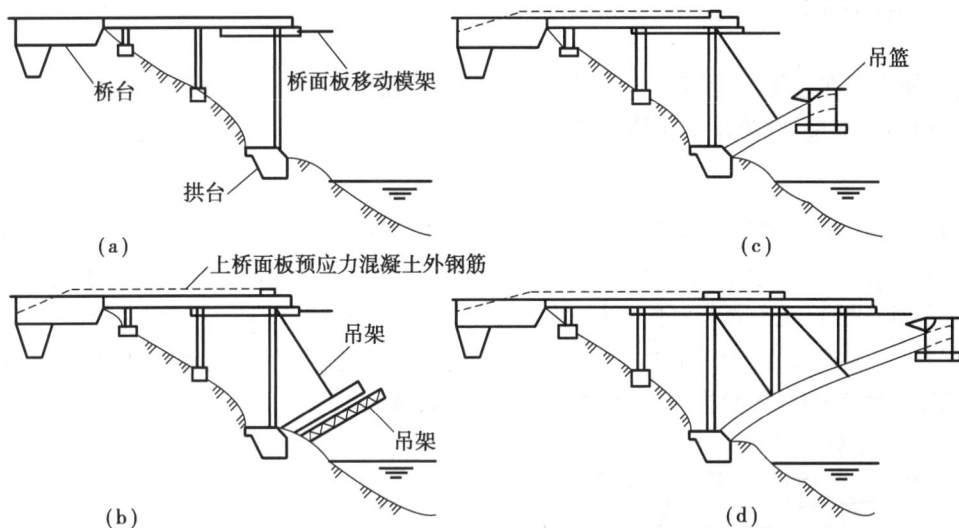

图 11.12　斜吊式悬臂浇筑施工示意图

首先进行边孔施工,如图 11.12(a)所示;然后在桥面板上设置临时拉杆,在吊架上浇筑第一段拱圈混凝土,如图 11.12(b)所示;待其达到要求强度后,撤去吊架,已浇筑拱段直接系吊于斜吊杆上,然后在其端部安装吊篮,如图 11.12(c)所示;用吊篮逐段悬臂浇筑拱圈,当浇筑位置越过相应的立柱之后,随即浇筑立柱混凝土,并完成该立柱上桥面板的施工,用吊篮继续向前悬臂浇筑拱圈,越过下一个立柱后,安装上一跨桥面板的临时拉杆及斜吊杆,如图 11.12(d)所示。吊篮每前进一个行程,必须将临时拉杆收紧一次,如此循环,一边用斜吊杆构成桁架,一边向前悬臂浇筑拱圈,直至拱顶附近,撤去吊篮,再用吊架浇筑拱顶混凝土合龙。

为加快施工进度,桥面板混凝土宜采用移动模架浇筑,斜吊杆可以用钢丝束或预应力粗钢筋。用这种方法修建大跨径拱桥时,施工误差对整体工程质量的影响很大。因此,对施工测量、材料、混凝土浇筑等方面必须进行严格的控制和检查。施工技术管理方面值得重视的问题包括斜吊杆的拉力控制、斜吊杆的锚固和地锚地基反力的控制、预拱度的控制、混凝土应力的控制等几个方面。

11.4　拱架卸落

拱圈砌筑或浇筑完毕,达到一定强度后方可拆除拱架。拱圈合龙后,拱架应保留的最短时间与跨径大小、施工期间的气候、养护方式等因素有关。对于石拱桥,一般跨径在 20 m 以内保留 20 昼夜,跨径大于 20 m 保留 30 昼夜;对于混凝土拱桥,按设计强度要求,根据混凝土试块抗压强度试验的情况确定,因施工要求必须提早拆除拱架时,应适当提高混凝土(或砂浆)的强度等级或采取其他措施。

应根据结构形式、承受的荷载大小及需要的卸落量,在拱架适当部位设置相应的木楔、木马、砂筒或千斤顶等卸落设备,以便于拱架的拆卸。拱架的拆除期限应根据结构物特点、混凝土所达到的强度来决定,在混凝土强度达到设计强度的 85% 之后,方可拆除拱架。

11.4.1 落架设备

为了使拱圈在卸架时能够逐渐、平稳地均匀受力,在拱架的上部和下部之间需要设置落架设备,常用的有木楔、砂筒及千斤顶三种。

1)木楔

木楔分为简单木楔和复式木楔两种。简单木楔如图 11.13 所示。图 11.13(a)由两块带 1:6~1:10 斜面的楔块组成,构造简单,但松降时须用小锤敲击,故降落不均匀,常用于跨径小于 10 m 的拱架。图 11.13(b)为双向木楔,大木楔分上下两块,滑动斜面为 1:4;在大木楔斜面正交方向装有小木楔两片(滑动斜面为 1:20)以控制楔块向下滑动,其优点是不用铁件,卸落方便,承载能力较图 11.13(a)大,曾用于跨径 30 m 的满布式拱架。

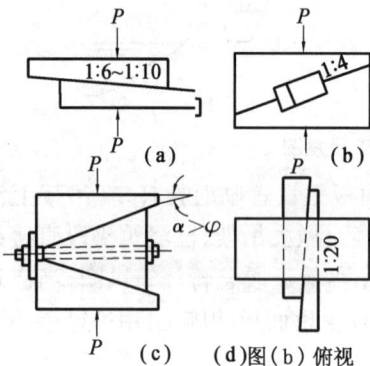

图 11.13　木楔

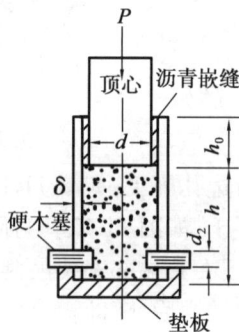

图 11.14　砂筒

组合木楔如图 11.13(c)所示,由三块楔木与螺栓组成,构造简单而完善,可用于较大跨径的满布式拱架和拱式拱架。楔块的斜角 α 应大于楔块间的摩擦角 φ,拧松螺栓后,拱架即均匀降落。螺栓中的内力 z 按式(11.1)计算:

$$z = 2P \tan(\alpha - \varphi) \tag{11.1}$$

式中　P——作用于木楔的荷载。

2)砂筒

图 11.14 所示为一种较完善的落架设备,降落均匀,构造简单且承载能力较大,用于 50 m 以上的满布式拱架和 30 m 以上的拱式拱架。

砂筒一般用钢板制造,筒内装入烘干的砂(直径不大于 2 mm),上部插入顶心,在顶心和筒壁间应填以沥青防潮。拔出筒底泄砂孔木塞,砂即流出,拱脚支点降低,即可脱架。根据流出砂子的数量,即可测定拱架降落高度。

顶心直径可根据砂的容许承压应力确定:$d = \sqrt{\dfrac{4p}{\pi[\sigma]}}$,其中 $[\sigma]$ 为砂的容许压应力,取 10 MPa。砂筒的内径 $d_1 = d+2$ cm。筒壁的厚度可近似地按干砂作用在壁上的侧压力强度与其所受的竖直压力强度相等的假定计算,即在砂筒的竖直剖面上,筒壁所受的环向拉力为:

$$Q = \frac{\sigma d_1 h}{2} \tag{11.2}$$

其中,$\sigma = \dfrac{4P}{\pi d^2}$,筒壁应力又可表示为:$\sigma = \dfrac{Q}{(h + h_0 - d_2)\delta}$,由此可以得出筒壁的厚度为:

$$\delta = \frac{Q}{(h + h_0 - d_2)[\sigma_1]} \tag{11.3}$$

式中 $[\sigma_1]$——砂筒材料的允许拉应力。

3) 千斤顶

千斤顶随时可以调整升降程度,采用千斤顶卸落拱架常与调整内力同时进行。一般在拱顶预留放置千斤顶的缺口,用千斤顶消除混凝土的收缩、徐变以及弹性压缩的内力和使拱圈脱离拱脚。其方法是在两半拱的拱顶部预留安放千斤顶的壁龛形缺口,待拱圈混凝土达到强度后,在缺口上安好千斤顶;当千斤顶供油时,则对两半拱施加推力,使两半拱既分开又抬高,随后进行封顶合龙。由于千斤顶施力时,拱被抬升而脱离拱架,因此拱架很容易拆除。

11.4.2 落架程序

拱架在圬工灌砌期间,支承拱圈的全部质量,须待圬工凝固后方可拆除。为使拱架所支承的质量逐渐转移到由拱自身来承受,切忌将拱架突然拆除,或仅将其某一部分拆除。为此在安装拱架时,必须预先将落架设备安放在适当位置,如在立柱斜撑式拱架中,安放在拱盔立柱下面;在带梁的拱架中安放在梁的支点;在拱式拱架中则安放在拱铰的位置上。

1) 落架次序

当落架设备松降时,拱因逐渐支承荷载而产生下降,但拱架却因卸除荷载恢复弹性变形而相对上升。因此落架设备需要松降多少才能使拱架脱离拱圈,必须预先计算。设 h 为落架设备所需的总降落高度,则:

$$h = y + \delta + c \tag{11.4}$$

式中 y——安放落架设备处拱在自重下的挠度;

δ——拱架的弹性变形;

c——拆除拱架所需的净空,为 30~150 mm。

为了保证拱在落架时不受损坏,拱架应缓慢均匀而平顺地降落,以便使拱架所支撑的桥跨质量逐渐转移给拱圈自身来承担,为此要研究落架的次序。

一般的落架程序是:对于满布式拱架的中小跨径拱桥,可从拱顶开始,逐渐向拱脚对称卸落;对于大跨径拱圈,为了避免拱圈发生"M"形的变形,也有从两边 $L/4$ 处逐次对称地向拱脚和拱顶均匀地卸落。落架时宜在白天气温较高时进行,这样的条件对卸落拱架工作较方便。

图 11.15 示出了有中间支承的拱架的典型落架次序。图 11.15 (a) 表示降落高度,跨中总

降落高度是最大的,故降落工作常从拱顶开始。落架工作共分三个阶段 12 次降落才完成,如图 11.15 (b)所示,第一阶段降落完成后的图形为 e—a—e,第二阶段则为 e—a'—e,第三阶段为 e—a"—e。图 11.15 (c)表示每次降落的位置和高度。

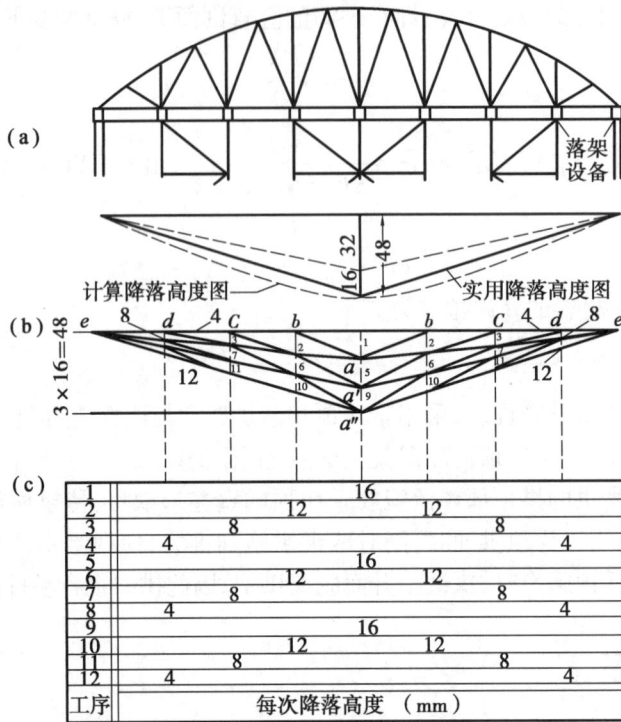

图 11.15　有中间支承的拱架降落

2) 卸架程序设计

卸落拱架应按提前拟订的卸落程序进行,分几个循环卸完。卸落量开始宜小,以后逐渐增大。在纵向应对称均衡卸落,在横向应同时一起卸落。在确定卸落程序时应按以下要求进行:

①在卸落前应在卸架设备上画好每次卸落量的标记。

②落地式拱架卸落时,可从拱顶向拱脚依次循环卸落;拱式拱架可在两支座处同时均匀卸落。

③多孔拱桥卸架时,若桥墩允许承受单孔施工荷载,可单孔卸落,否则应多孔同时卸落,或各连续孔分阶段卸落。

④在卸落拱架时应设专人用仪器观测拱圈挠度和墩台变化情况,并详细记录。另设专人观察是否有裂缝现象。

⑤不允许用猛烈地敲打和强扭等方法进行卸落拱架。拱架拆除后,应维修整理,分类妥善存放。

另外,对于石拱桥的拱架卸落时,对其拱架卸落时间具有专门要求:

①浆砌石拱桥,须待砂浆强度达到设计强度标准值的 85%,如设计上另有规定,应按照设计规定执行。

②跨径小于 10 m 的小拱桥,宜在拱上建筑全部完成后卸架;中等跨径的实腹式拱,宜在护

拱砌完后卸架;大跨径空腹式拱,宜在拱上小拱横墙砌好(未砌小拱圈)后卸架。

③当需要进行裸拱卸架时,应对裸拱进行截面强度及稳定性验算,并采取必要的稳定措施。

11.5　钢管混凝土拱桥施工

11.5.1　钢管混凝土结构特点及其在拱桥中的应用

钢管混凝土本质上属于套箍混凝土,因此除具有一般套箍混凝土的强度高、塑性好、质量轻、耐疲劳、耐冲击外,尚具有以下独特优点:

①钢管本身就是耐侧压的模板,因此浇筑混凝土时,可省去支模、拆模等工序,并可适应先进的泵送混凝土工艺。

②钢管本身起钢筋的作用,它兼有纵向钢筋和横向箍筋的作用,既能受压,又能受拉。

③钢管本身又是劲性承重骨架,在施工阶段可起劲性钢骨架的作用,在使用阶段又是主要的承重结构,因此可以节省脚手架、缩短工期、减少施工用地、降低工程造价。

在受压构件中采用钢管混凝土,可大幅度节省材料。理论分析和工程实践都表明,钢管混凝土与钢结构相比在保持结构自重力相近和承载能力相同的条件下,可节省钢材约50%,焊接工作量显著减少;与普通钢筋混凝土相比,在保持钢材用量相当和承载能力相同的条件下,可减少构件横截面积50%,混凝土和水泥用量以及构件自重也相应大幅度降低。

拱桥是一种造型优美的桥型,它的主要特点是能充分发挥材料的受压性能,如前所述,钢管混凝土的特点是在钢管内填充混凝土,由于钢管的套箍作用,使混凝土处于三向受压状态,从而显著提高混凝土的抗压强度。钢管兼有纵向主筋和横向套箍的作用,同时可作为施工模板,方便混凝土浇筑,施工过程中,钢管可作为劲性承重骨架,其焊接工作简单、吊装质量轻,从而能简化施工工艺,缩短施工工期。因此,将钢管混凝土结构应用于拱桥同时解决了拱桥材料高强化和拱圈施工轻型化的两大问题。

另外,钢管混凝土拱桥断面尺寸较小,使结构感到很轻巧,钢管外壁涂以色彩美丽的油漆,使拱桥建筑造型极佳。由于上述这些特点,使得钢管混凝土拱桥在全国各地很快得到了推广应用。其中较知名的有:浙江省金华市双龙大桥,桥梁跨径为 168 m,桥面宽 28 m,结构为中承式箱肋拱;广西邕宁邕江大桥,桥梁跨径为 312 m,桥面宽 18 m,结构为中承式箱肋拱;重庆市万州区万州长江大桥,桥梁跨径为 420 m,桥面宽 20 m,结构为上承式箱形拱。

11.5.2　拱肋安装和拱肋混凝土浇筑

1)拱肋安装

我国已建成的钢管混凝土拱桥中,钢管拱肋的安装采用最多的施工方法为少支架或无支架缆索吊装或转体施工。转体施工方法将在后面的内容中进行详细介绍,缆索吊装跨越能力大,水平和垂直运输机动灵活,适应性强,施工比较稳妥,是大跨径拱桥施工中广泛采用的方案,但缆索设备费用很大。

图 11.16 为缆索吊装施工示意图,由塔架、主索、牵引索、起重索、起重小车(行车)和风缆等

构成。塔架立于桥台上或桥头高地,四面用风缆固定。主索即起重小车的轨索,用数根粗钢索构成,支承于塔架顶部的索鞍上,并用地垄锚固,一般用两组主索,如塔架可移动,也可用一组主索。牵引索牵引起重小车,使其能沿主索移动,起重索用于使起重小车的动滑轮组升降,牵引和起重均用绞车。此外还有扣索,用于悬挂分索器,使主索、起重索和牵引索不致相互干扰及下垂。有关缆索吊详细构造、计算及安装可参阅有关资料。

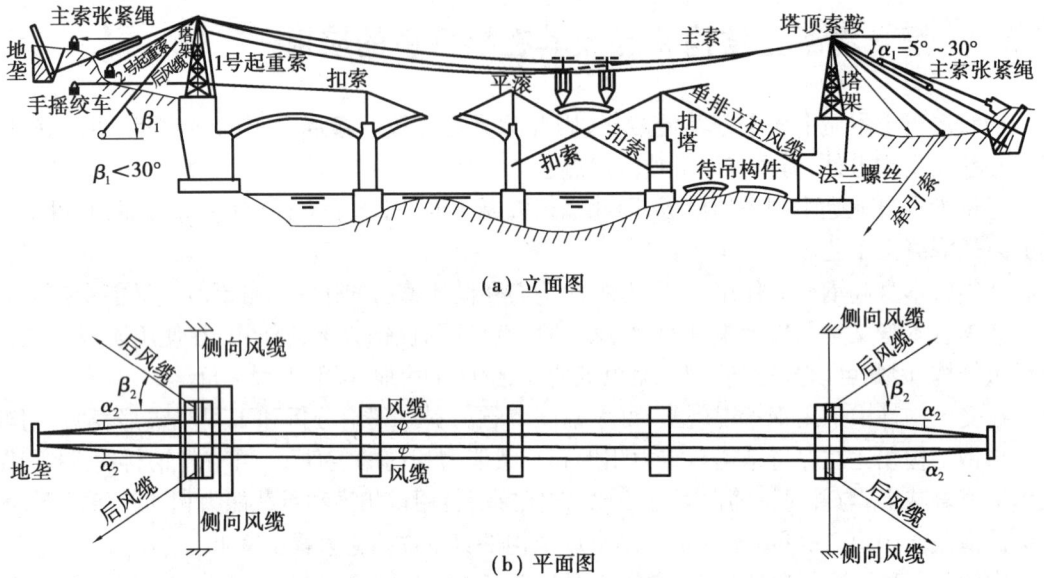

（a）立面图

（b）平面图

图 11.16　缆索吊装布置示意图

　　钢管拱肋的吊装架设具体做法与其他拱肋的架设相似,只是钢管混凝土拱肋吊装架设方案用于较大跨度,它可根据吊机能力把钢管拱肋合成几大段进行分段对称吊装,并随时用扣索和缆风绳锚固,稳定在桥位上,最后合龙。如净跨度 150 m 四川宜宾马鸣溪金沙江大桥,为钢筋混凝土箱拱,分 5 段吊装,吊重 700 kN;广西邕宁邕江大桥,主跨 312 m 的钢管混凝土劲性骨架箱肋拱,每根拱肋的钢管骨架分 9 段吊装,吊重 590 kN;重庆万州长江大桥,跨径 420 m 的钢管混凝土劲性骨架上承式拱桥,分 36 段吊装,吊重 612.5 kN。

　　钢管拱桥成拱过程中,宜同时安装横向联结系,一般情况下,未安装联结系的节段不大于一个。钢管拱节段间的焊接宜按安装顺序同步进行,并应对称施焊。施焊前,需保证节段间有可靠的临时连接,并有效地控制焊缝间隙;施焊时,结构应处于无受载应力状态。合龙口的焊接或栓接作业应选择在结构温度相对稳定的时间内尽快完成。

2) 拱肋混凝土浇筑

　　(1)拱肋钢管内混凝土的灌注

　　钢管混凝土拱桥钢管内的混凝土优先采用泵送顶升法灌注,对小跨径的钢管混凝土拱桥也可采用浇筑捣固法。

　　拱肋钢管内混凝土一般采用微膨胀混凝土,要有一定的流动性,混凝土中所用的各种外掺剂,如减水剂、微膨胀剂、粉煤灰等品种的选用和掺用量均应通过试验确定。泵送混凝土坍落度一般为 18~22 cm。

　　泵送顶升法采用混凝土输送泵将混凝土从低处向高处顶升,当加载程序是从拱脚往拱顶一次浇筑时,从两端拱脚向拱顶泵送,拱顶附近开排气孔。当拱肋钢管较长时,可采用"分仓法"进行泵送顶压,每隔仓段顶部设排气孔,如图 11.17 所示。

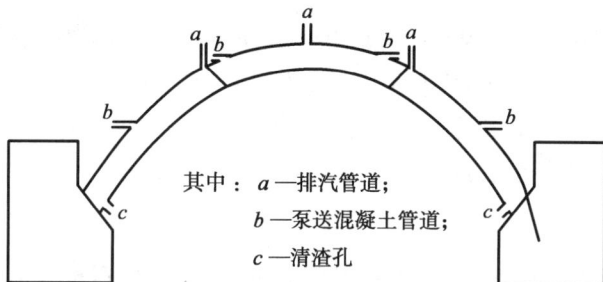

其中：a—排汽管道；
b—泵送混凝土管道；
c—清渣孔

图 11.17　主拱肋混凝土灌注分仓示意图

对于单管拱肋钢管,只要同时对称灌注即可,组合截面应先灌注上、下缀板仓,由跨中自拱脚同时浇筑,然后依次灌注下层内侧钢管、下层外侧钢管、上层内侧钢管、上层外侧钢管、拱脚实腹段,如图 11.18 所示。

泵送混凝土时两边泵送速度应加强协调,尽量对称顶升,特别是接近拱顶时要注意避免一边上升过快越过拱顶,引起钢管骨架的纵向振动。

人工浇灌时,混凝土从浇筑段的上端灌入,但混凝土落差不宜太大以免混凝土离析。在钢管上开浇灌孔,孔径一般为 $\phi 200$ mm,通过漏斗下料,振动可用插入式振动棒振捣,为此应在钢管上开设振捣孔。一般振捣孔和浇灌孔相隔设置,振捣孔直径视振动棒大小而定,一般为150 mm,浇灌孔开孔距离不应大于振动器的有效工作范围和 2~3 m 的水平距离。

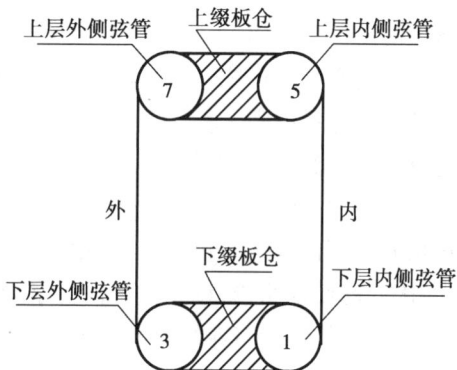

图 11.18　主拱肋断面混凝土灌注顺序

混凝土通过振动孔和浇灌孔时可稍溢出,需要首先在开口盖板原位点焊,使混凝土强度达到设计强度的 50%后,再按设计要求进行补焊。

混凝土在灌注时,钢管内混凝土温度控制在 60 ℃以下,以免微膨胀混凝土失效。

管内混凝土填充密实度检测可采用人工敲击与超声波检测相结合的方法。检测发现钢管混凝土拱肋脱黏(角度)率大于20%或脱黏空隙厚度大于 3 mm 时,应对脱黏处进行钻孔压浆补强处理。当缺陷较小时,压环氧树脂；当缺陷较大时,可压高标号砂浆,压浆后将钻孔补强焊牢。

(2)钢管作为劲性骨架外包混凝土的灌注

用钢管作为劲性骨架的大跨度拱桥近年修建较多,如四川内江新龙坳大桥主跨净跨117.8 m、江西德兴钢矿太白大桥净跨 130 m、广西邕宁邕江大桥计算跨径 312 m,均为钢管混凝土劲性骨架桥,架设后管外包混凝土形成箱形拱肋。重庆万州长江大桥主桥净跨 420 m,为钢管劲性骨架,该桥为世界同类桥中跨度最大者。

钢管劲性骨架已形成一个稳定的整体结构,为吊装模板及施工脚手架提供了方便,可以按照设计要求的加载程序分段、分层地灌注拱圈混凝土,并进行拱上结构施工。

11.5.3 中承式和下承式系杆施工

系杆经常用于拱梁组合体系和刚架系杆拱中。钢管混凝土拱梁组合体系中的系杆为预应力混凝土梁,与钢筋混凝土拱梁体系中的系杆基本相同,可参照混凝土梁的施工进行。

钢管混凝土刚架系杆拱中采用的系杆为预应力拉索,大多采用高强度低松弛的扭绞型钢绞线(或平行钢丝束)柔性系杆。在此主要介绍柔性系杆的施工。

1) 施工准备

①穿索:张拉前系杆索体必须穿入两拱趾索孔内,并且确保每根索体各就其位,不打绞,索体平直。

②千斤顶:配套油表要经过标定合格,千斤顶要先空打排气后方能使用。

③油泵:注入 2/3 油缸容积的优质液压油,保证缸体内干净无杂物,并定期补充,电器和线路部分处于良好状态。

2) 张拉

①依次安装工作锚、限位板、千斤顶、工具锚。安装限位板时其止口应由锚板定位,千斤顶的前端止口应对准限位板,工具锚与工作锚对正,工具锚和工作锚间钢绞线不得打绞,工具夹片上注意要均匀涂抹退锚灵。

②张拉按 20% 逐级加载进行每次张拉,张拉过程应匀速施加张拉力,每次张拉应精确量测伸长量并作好记录。张拉过程中,由于钢丝束较多,相互影响较大,特别是前期张拉的索力损失很大,因此需反复张拉,调整索力保持索力一致。

③张拉时,应严格兼顾拱脚回零的原则,专人负责测量并依拱脚的偏差值施加张拉力值,防止端横梁或横向风撑变形开裂。

④张拉完毕后,切断露出夹片外的钢绞线,并做防腐和封锚处理。

11.5.4 钢管混凝土劲性骨架

劲性骨架施工法是特大跨度混凝土拱桥有效的施工方法之一。在我国用这种方法施工的桁架式劲性骨架拱跨度达 240 m,钢管混凝土劲性骨架拱桥跨度达 420 m。

这种施工方法是用劲性材料(如型钢、钢管等)在桥位上先用无支架方法架设以形成钢骨架拱,然后围绕骨架浇筑混凝土,即把劲性骨架作为混凝土的钢筋骨架,埋入混凝土中。该施工方法的特点是省去另造施工用拱架,且拱的整体性能好,拱轴线形较易控制,但整体用钢量较大。

图 11.19 是跨度 420 m 重庆万州长江大桥劲性拱架(钢管)用缆索吊吊装,形成骨架后外包混凝土而成。

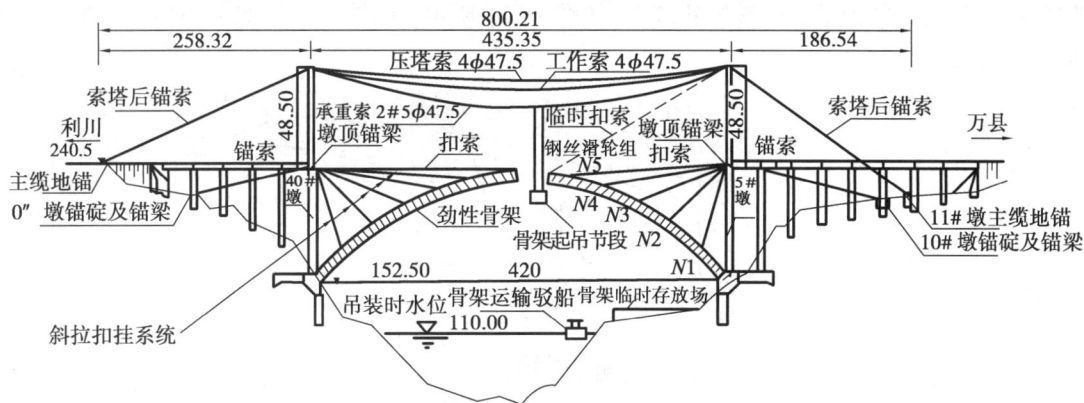

图 11.19　劲性骨架吊装

11.6　转体施工

　　转体法施工是将拱圈或整个上部结构分为两个半跨,分别在两岸或桥孔下方利用有利地形做简单支架浇筑或装配半拱结构,并预先设置好旋转装置,然后将两半跨拱体转动至桥轴线位置或设计标高,合龙成拱。它适用于各类单孔拱桥的施工,也可用于梁桥、斜拉桥和斜腿刚构桥等各种不同类型桥梁的施工中。转体法施工可减少大量的高空作业,施工安全、质量可靠,节省较多的临时支架,并可大幅度地减少对桥下交通的干扰,是具有明显技术、经济效益的一种桥梁施工方法。转体法施工有平面转体、竖向转体和平竖结合转体三种。

11.6.1　平面内转体施工

　　平面内转体施工是按照拱桥设计标高,分别在两岸利用地形做简单支架(或土牛拱胎),现浇或者拼装半拱,结构混凝土达到设计强度后,借助设置于桥台底部的旋转设备和动力装置在水平面内将其转动至桥轴线处合龙成拱。平面转体可分为有平衡重转体和无平衡重转体两种。

1)有平衡重转体

　　有平衡重转体是以桥台作为转体用拉杆(拉索)的锚碇反力墙,通过平衡重稳定转动体系并调整重心位置,平衡重大小根据转动体系的质量确定。平衡重太大时不经济,而且转动困难,因此,采用有平衡重转体施工的拱桥跨径不宜太大,一般在 100 m 以下。

　　有平衡重转体施工的转动体系一般包括底盘、上转盘、锚扣系统、桥台背墙及平衡重、拱体结构、拉杆(拉索)等,如图 11.20 所示。其中常用的转动装置有两种:一种是以四氟乙烯作为滑板的环道承重转体,如图 11.20(a)所示;另一种是以球面转轴支承辅助以滚轮的轴心承重转体,如图 11.20(b)所示。

　　有平衡重转体施工的主要步骤为:转盘制作→布置牵引系统的锚碇和滑轮→试转上转盘→浇筑背墙及拱体结构→设置锚扣系统,并张拉使拱体结构脱架→转体与合龙→封闭转盘及拱顶→放松锚扣系统。

　　2001 年年底建成的水柏铁路北盘江大桥为 236 m 上承式钢管混凝土提篮拱桥,钢管拱桁架采用有平衡重单铰平面内转体法施工,如图 11.21 所示,转体施工质量达 104 000 kN,当时居世界同类转体首位。

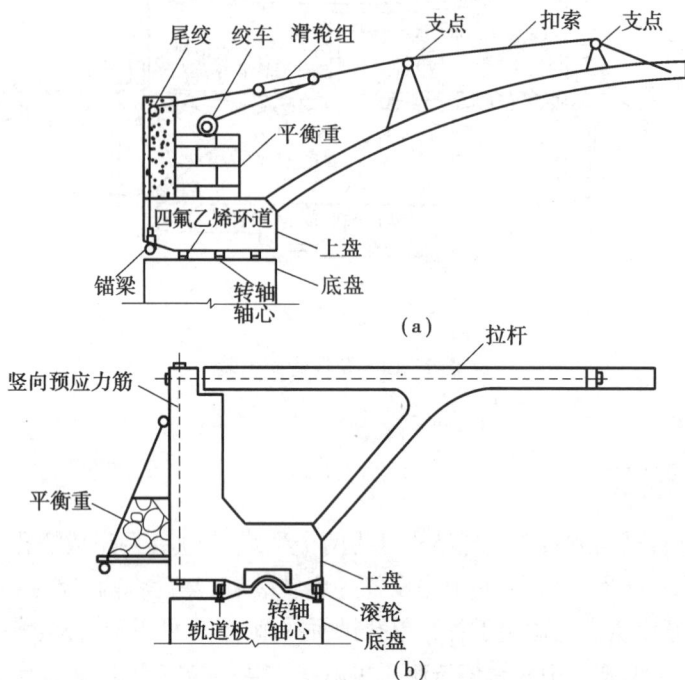

图 11.20　有平衡重转体构造

图 11.21　北盘江大桥转体施工

2)无平衡重转体

无平衡重转体施工以两岸山体岩石来锚固半跨拱体结构,借助拱肋处立柱下端转盘和上转轴使拱体做平面转动。由于取消了平衡重,使转动体系质量减轻,并节省坞工数量,这种方法仅适合于山区地质条件良好的情况。其施工体系包括以下几个部分,如图 11.22 所示。

①锚固体系由锚碇、尾索、支撑、锚梁(或锚块)及立柱组成。锚碇可设于引道或其他适当位置的边坡岩层中。支撑和尾索一般为两个不同方向,形成三角形稳定体系,稳定锚梁和立柱

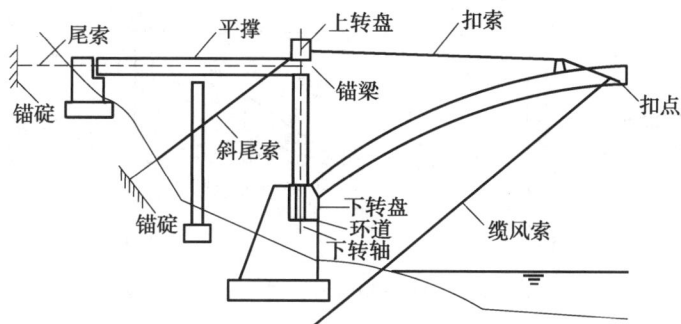

图 11.22 无平衡重转体构造

顶部的上转轴使其为一固定点。当拱体设计为双肋,并采取对称同步平转施工时,斜向支撑可省去。

②转动体系由拱体、上转轴、下转轴、下转盘、下环道和扣索组成。

③位控体系包括缆风索与扣点、转盘牵引系统。

无平衡重转体施工的主要步骤如下:

①转动体系施工可按下列程序进行:安装下转轴、浇筑下环道、安装转盘、浇筑转盘混凝土、安装拱脚铰、浇筑铰脚混凝土、拼装、浇筑拱体、穿扣索、安装上转轴等。

②锚碇系统施工:包括锚碇施工、轴向及斜向平撑安装、尾索与扣索张拉等。

③拱体转动、合龙,封闭转盘及拱顶,松扣。

11.6.2 竖直面转体施工

1)竖直面内转体施工法

竖直面内转体施工特点是施工占地少,预制可采用滑模工艺,工期短、造价低。需注意的是在预制过程中尽量保持位置垂直,以减少新浇筑混凝土重力对尚未结硬的混凝土产生弯矩,并在浇筑一定高度后设置水平拉杆,以避免由于拱形曲率的影响而产生较大的弯矩和变形。如果跨径较大,则竖向转动不易控制,因此这种施工方法适宜在中小跨径拱桥中使用。

当桥位处无水或水较浅时,可以将拱肋分成两个半跨放在桥孔下面预制。如果桥位处水较深,可以在桥位附近预制,然后浮运至桥轴线处,再用起吊设备和旋转装置绕拱脚进行竖向转体施工。这种方法较适宜于钢管混凝土拱桥的施工,因为钢管混凝土拱肋是先将空心钢管成拱以后再灌筑混凝土,故在旋转起吊时,钢管自重轻而强度高,易于操作。

图 11.23 是应用扒杆吊装系统对钢管拱肋进行竖向转体施工的示意图。其主要施工过程是:将拱肋从拱顶分成两个半拱在地面胎架上预制完成,经过对焊接质量、几何尺寸、拱轴线形等验收合格后,由竖立在两个主墩顶部的两套扒杆分别将其旋转拉起,在空中对接合龙,其中拱脚旋转装置可采用钢制临时铰。

2)平竖结合转体施工法

拱桥采用转体施工时,由于受到河岸地形条件的限制,可能遇到既不能按设计标高预制半拱,也不能在竖向平面内预制半拱的情况。这时,可以结合桥位地形情况在适当位置预制后,既经过平转又经过竖转使拱体就位合龙,这种平竖结合转体的基本方法与前述相似,但其转轴构造较为复杂。

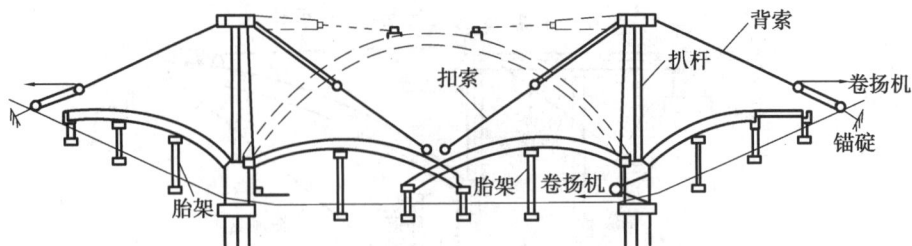

图 11.23　俯卧预制竖向转体施工示意图

11.7　钢管混凝土拱桥施工监测

11.7.1　钢管混凝土拱桥施工监控的目的

钢管混凝土拱桥是一种自架设体系结构,最显著的特点是先用无支架缆索吊装或转体施工法架设成空钢管拱桥,在此基础上浇筑混凝土,安装桥道系并浇筑桥面铺装,形成钢管混凝土拱桥。它与其他自架设体系桥梁(如斜拉桥)不同,结构的线形和应力不能在成拱后再作调整,也不能像混凝土连续梁桥或连续刚构桥那样在节段标高浇筑阶段可作适当调整,钢管混凝土拱桥在整个施工过程中轴线调整是非常有限的。而不同的施工方法、材料性能、施工(加载)程序又直接影响成桥后的线形和受力,同时施工现状与设计的假定总存在差异,必须在施工中采集必要的数据,通过计算、识别和过滤给予调整,确保桥梁在成桥后的结构受力和线形满足设计要求。因此,为了保证钢管混凝土拱桥施工的安全和施工质量,使桥梁各阶段的结构状态(内力状态和几何线形)最大限度地接近设计期望,需要进行桥梁施工监测与控制。

11.7.2　钢管混凝土拱桥的常用控制计算方法

1)正装计算法

随着施工阶段的不断向前推进,桥梁的结构形式、受力状态、边界条件和荷载情况也随之不断地发生改变。前一阶段的结构状态是本阶段结构分析的基础,将这种按施工阶段前后次序进行结构计算分析的方法称为正装分析法。这个方法的特点是能够较好地模拟整个桥梁结构的实际施工过程,同时可以计算得到整个桥梁结构在各个施工阶段的受力与位移情况,对于其他方面的问题如混凝土收缩、徐变和结构非线性等问题,该方法也能较好地解决。尽管如此,正装分析法仍然存在着一些问题,因此在利用正装分析法进行结构分析时需要注意以下几点:

①在计算之前要明确桥梁结构的初始状态,也就是由设计的最终成桥状态逐步倒退到施工起始的状态,把这个状态作为正装计算的初始状态。

②施工方案的改变将影响成桥结构的受力状态,因此在正装计算之前,必须制订详细的施工方案,只有按照施工方案中确定的施工加载顺序进行结构分析,才能得到结构中间阶段或最终成桥状态的实际变形和受力状态。

③伴随着施工阶段的不断前进,结构形式、边界条件、荷载形式在不断地改变,前期结构将

发生徐变,其几何位置也在改变,后期结构的力学性能与前期结构的施工情况有密切联系,本阶段的结构分析必须以前一阶段的计算结果为基础,前一阶段结构位移是本阶段确定轴线的基础,以前各施工阶段结构受力状态是本阶段结构时差、材料非线性计算的基础。

④在计算分析的过程中要严格计入桥梁结构的几何非线性效应。

⑤混凝土的收缩、徐变等一些随时间变化的变量,应在各个施工阶段中逐一加入。

2)倒装计算法

倒装计算法与正装计算法正好相反,它是沿着施工顺序的反方向进行结构分析的一种方法,这种方法可以很好地计算出钢管混凝土拱桥拱肋的预拱度。而且,只有按照倒装分析法计算出的桥梁结构在各施工阶段的受力状态与线形状态去指导施工,才能使桥梁的成桥状态满足设计的要求。

倒装计算的目的就是要获得桥梁结构在各个施工阶段的理想受力和线形状态。一般来说桥梁的设计只给出了最终成桥状态,但是桥梁结构在施工中各个阶段的状态并没有明确给出,而要想得到在施工过程中桥梁结构的中间状态,就要利用倒装分析法,从设计成桥状态开始,逐步地倒装计算到各个施工阶段的桥梁中间状态。利用倒装分析法来确定桥梁结构在各个施工阶段的理想状态也需要注意一些问题:

①倒装计算时结构的初始内力和线形必须由正装分析来确定。

②拆除单元后,单元上的等效荷载应由拆前两单元内力的反力作用在拆后的剩余主体上模拟。

③拆除单元这一过程,用被拆除单元连接处的内力反方向作用在剩余结构连接处加以模拟。本阶段结束时,结构的受力状态用本阶段荷载作用下的结构受力与前一阶段的结构受力状态叠加而得,即认为在这种情况下叠加原理成立。

④拆除构件应满足零应力条件,剩余主体结构新的出现接缝面应力等于此阶段对该接缝面施加的预加应力。

倒装计算也有一定的局限性,这主要指以下几方面:

①对于几何非线性十分明显的大跨度桥梁(如悬索桥),若按倒退计算的结果进行前进施工,桥梁结构将偏离预定的成桥状态,这需要进行专门处理。

②原则上,倒退分析无法进行混凝土收缩、徐变计算,因为混凝土的收缩徐变与结构的历程有密切关系,而在倒退分析时,考虑结构的时差效应是有一定困难的。

倒退分析同样适合各种桥型的安装计算,尤其适用以悬臂施工为主的大跨度连续梁桥、刚构桥和斜拉桥。

3)无应力状态法

利用构件或单元的无应力长度和曲率保持不变的原理进行仿真分析计算的方法,称为无应力状态法。这种方法适用于大跨度拱桥和悬索桥的施工控制。因为桥梁结构在施工中或建成后,不论结构温度如何变化,位移如何变化,以及荷载如何变化,各构件的无应力长度和曲率都是保持恒定不变的。这种方法可以用来确定钢管混凝土拱桥钢管的初始下料长度,但不太适合用于预测、控制桥梁结构当前和未来所处的实际状态。

在钢管混凝土施工控制中,由于桥梁结构的非线性问题和混凝土的收缩、徐变问题,无论是采用倒装分析法还是采用无应力状态法,都不会与正装分析法的结果完全闭合,因此在施工控制中,一般将倒装分析法或无应力状态法与正装分析法交替使用,循环迭代直到计算闭合为止。

以上三种方法均为理想状态分析,而在实际施工过程中还要受到其他外界各种因素的影响,还需要进行实时控制分析,它包括以下内容:

①温差效应分析。理想状态的分析对应某一特定的理想环境温度,而实际施工控制中的温度与理想环境温度存在差异。

②反馈控制分析。基本思想就是根据结构理想状态、现场实测状态和误差进行分析,制订出可调变量的最佳方案,使结构的实际状态趋于理想状态,它属于控制理论的范畴。

③理想状态修正分析。设计时的理想状态因各种误差的存在,不能作为施工过程中的状态,必须进行修正。修正前的理想状态为原定理想状态,修正后的状态称为随后理想状态,修正分析的目的就是进行参数识别,即在施工过程中通过对实测预拱度(或挠度)、应力等信息的处理,求出符合实际结构的设计参数,然后计算出新的施工控制值。

本章小结

本章主要内容包括拱桥施工概述、就地砌筑与浇筑施工、悬臂施工、拱架卸落、钢管混凝土拱桥施工、转体施工、钢管混凝土拱桥施工监控共7部分内容。第1部分主要介绍了拱桥的结构特点以及应用和发展情况;第2部分主要介绍就地砌筑与就地浇筑施工中所用拱架的类型、就地砌筑与就地浇筑的施工阶段划分以及不同阶段施工所应注意的问题;第3部分主要介绍悬臂施工中塔架斜拉索法和斜吊式悬浇法的施工工艺以及施工特点;第4部分主要介绍拱桥施工中拱架卸落常用施工设备以及落架程序;第5部分主要介绍钢管混凝土拱桥施工中拱肋安装、拱肋钢管内混凝土的灌注等主要施工工艺;第6部分主要介绍平面内转体和竖直面内转体的施工工艺特点以及各自的适用条件;第7部分介绍了钢管混凝土拱桥施工监控的特点以及常用的控制计算方法。通过本章内容的学习,可对拱桥结构常用的施工方法及施工要点有较为系统的了解。

思考题与习题

11.1 按照结构体系划分,拱桥的类型都有哪些?

11.2 拱桥就地砌筑和就地浇筑施工对施工拱架有哪些要求?

11.3 常用的拱架卸落设备有几类,试分别列出。

11.4 试述钢管混凝土结构的特点。

11.5 简述无平衡重转体施工的主要步骤。

11.6 竖直面内转体施工需要注意的问题有哪些?

12 桥面及附属工程施工

本章导读：

- **内容及要求**　主要介绍桥面及附属工程各组成部分的施工技术及质量标准,包括桥梁支座的种类及其安装方法;伸缩装置的类型、特点及其安装方法;桥面铺装层的组成及其施工工艺流程;其他附属设施如泄水管、桥面防水、防护设施及桥头搭板等组成部分的安装与施工方法。通过本章学习,要求学生了解桥面构造及各附属部分的作用;了解桥梁支座、伸缩装置、桥面铺装、桥面排水及人行道、缘石、栏杆、护栏、照明灯具等其他附属设施的施工技术;重点掌握桥梁支座、伸缩装置和桥面铺装的施工方法和质量检查标准;熟悉桥面附属设施的安装与施工方法。
- **重点**　各种类型桥梁支座的安装方法;伸缩装置的类型、特点及安装方法;桥面铺装层的施工工艺流程。
- **难点**　桥面及附属工程施工的质量检查标准。

　　桥面构造直接与车辆、行人接触,对桥梁的主要结构起保护作用,使桥梁能正常使用。同时,桥面构造多属外露部位,其选择是否合理、布置是否恰当直接影响桥梁的使用功能、布局和美观。由于桥面构造工程量小,项目复杂,在施工中又多在主体工程结束之后进行,往往在施工中得不到应有的重视,从而造成桥梁使用中的弊病或过早地进行维修、养护,甚至会中断交通,因此必须了解桥面构造各部件的工作性能,并对其进行认真设计和施工。

　　桥面及附属工程主要包括:桥梁支座、伸缩装置、桥面铺装、桥面排水等结构及人行道、缘石、栏杆、护栏、照明灯具等其他附属设施。本章主要讲述桥面及附属工程的各个组成部分的施工技术及质量标准。

12.1　支座施工

　　支座处于桥梁上、下部构造接点的重要位置,它的可靠程度直接影响桥梁结构的安全度和耐久性。因此除了确保支座的设计选型合理,及加工质量符合技术标准外,正确的施工与安装是支座应用成功与否的关键所在。目前国内外桥梁工程中常用的支座形式有板式橡胶支座、盆式橡胶支座、钢支座等,在支座受拉或抗震要求较强的地区还要设置满足特殊要求的特殊支座等。

12.1.1　板式橡胶支座

板式橡胶支座是由若干层橡胶片和薄钢板为刚性加劲物叠合而成,如图 12.1 所示。它的活动机理是利用橡胶的不均匀弹性压缩实现转角,利用其剪切变形实现水平位移。由此可见,板式橡胶支座一般无固定支座与活动支座的区别,所有纵向水平力和位移由各个支座均匀分配。如有必要设置固定支座,可采用厚度不同的橡胶板来调节各支座传递的水平力和水平位移。

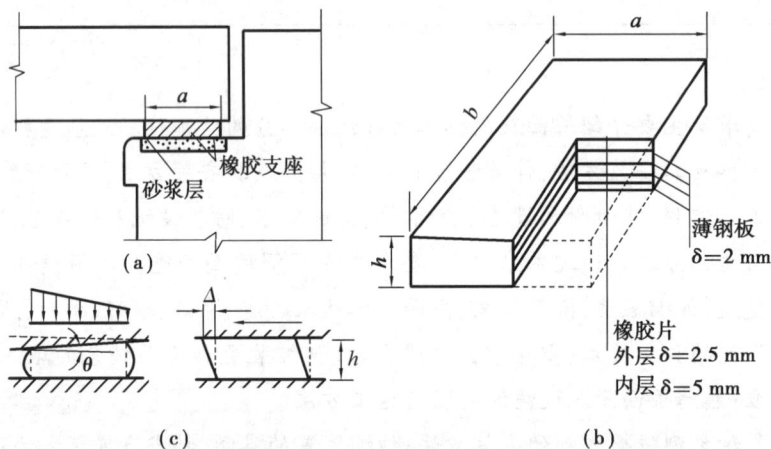

图 12.1　板式橡胶支座

板式橡胶支座有长方形和圆形等形状,长方形应用较普遍;而圆形支座由于其在各个方向上有着相同的特性,可以适应桥梁在各个方向的位移和转动,常用在环形立交桥、弯桥等桥梁上。

板式橡胶支座安装时,应注意下列事项:

①板式橡胶支座在安装前,应检查产品合格证书中有关技术性能指标,如不满足要求不得使用。

②支座下设置的支承垫石混凝土强度应符合设计要求,顶面要求标高准确、表面平整,在平坡情况下同一片梁两端支承垫石水平面应尽量处于同一平面内,其相对误差不得超过 3 mm,避免支座发生偏歪、不均匀受力和脱空现象。

③支座安装前,应将墩、台支座垫石处清理干净,用干硬性水泥砂浆抹平,并使其顶面标高符合设计要求。

④将设计图上标明的支座中心位置标在支承垫石及橡胶支座上,橡胶支座准确安放在支承垫石上,要求支座中心线同支承垫石中心线相重合。

⑤当墩、台两端标高不同,顺桥向有纵坡时,支座安装方法应按设计规定办理。

⑥安放支座前,抹平的水泥砂浆必须达到设计强度,并保持清洁和粗糙。梁、板吊装时,梁、

板就位应准确且应与支座密贴,就位不准确或支座与梁板不密贴时,必须吊起,采取措施垫钢板并使支座位置限制在允许偏差内,不得用撬棍移动梁、板。

12.1.2　盆式橡胶支座

盆式橡胶支座是由钢构件与橡胶组合而成的新型桥梁支座,它具有承载能力大、水平位移量大、转动灵活等特点,适用于支座承载力为 1 000 kN 以上的大跨度桥梁。

图 12.2 所示盆式橡胶支座是由氯丁橡胶板、钢盆、聚四氟乙烯板、不锈钢板、中间衬板、钢紧箍圈、橡胶密封圈等组成。其工作原理是:利用设置在钢盆内的橡胶块实现对上部结构的承压和转动,利用中间钢板上的四氟板与顶面上不锈钢板之间的平面滑动适应桥梁较大的水平位移。由于弹性橡胶块在钢盆内处于三向约束状态,因此可获得较大的承载能力。盆式橡胶支座按其工作特征可以分为固定支座、多向活动支座和单向活动支座三种。

盆式橡胶支座施工时支座规格和质量应符合设计要求,支座组装时其底面与顶面(埋置于墩顶和梁底面)的钢垫板必须埋置密实。垫板与支座间平整密贴,支座四周不得有 0.3 mm 以上的缝隙,严格保持清洁。活动支座的聚四氟乙烯板和不锈钢板不得有刮伤、撞伤。氯丁橡胶板块密封在钢盆内,要排除空气,保持紧密。

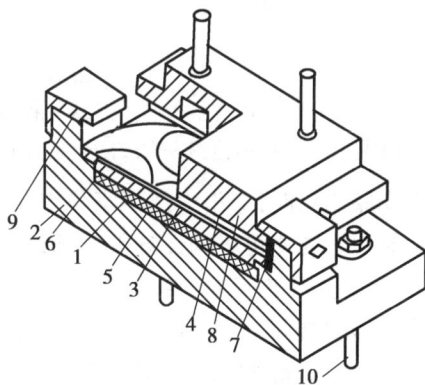

图 12.2　盆式橡胶支座

1—素橡胶板;2—钢盆;3—聚四氟乙烯滑板;4—不锈钢板;
5—中间衬板;6—紧箍圈;7—橡胶密封垫圈;8—上摆;
9—上、下支座连接板;10—锚栓

活动支座安装前用丙酮或酒精仔细擦洗各相对滑移面,擦净后在四氟滑板的储油槽内注满硅脂类润滑剂,并注意硅脂保洁。

盆式橡胶支座的顶板和底板可用焊接或锚固螺栓拴接在梁体底面和墩台顶面的预埋钢板上;采用焊接时,应防止烧坏混凝土;安装锚固螺栓时,其外露螺杆的高度不得大于螺母的厚度;现浇梁底部预埋的钢板或滑板,应根据浇筑时的温度、预应力张拉、混凝土收缩与徐变对梁长的影响,设置相对于设计支承中心的预偏值。

12.1.3　球形钢支座

为适应多向转动且转动量较大的情况,可选择使用球形钢支座,它具有受力均匀、转动量大且各向转动性能一致等优点,特别适用于弯桥、坡桥、斜桥、宽桥及大跨径桥。由于球形钢支座不再使用橡胶承压,不存在橡胶变硬或老化等不良影响,因此特别适用于低温地区。

球形钢支座主要由下支座凹板、中间球形钢衬板、上支座滑板、不锈钢位移板、聚四氟乙烯滑板(平面和球面各一块,简称四氟板)及橡胶密封圈和防尘罩等部件组成,如图 12.3 所示。球形支座有固定支座、单向活动支座或多向活动支座之分。目前球形支座已在国内独柱支承的连续弯箱梁结构、双柱支撑的连续 T 构及大跨度斜拉桥中获得广泛应用。

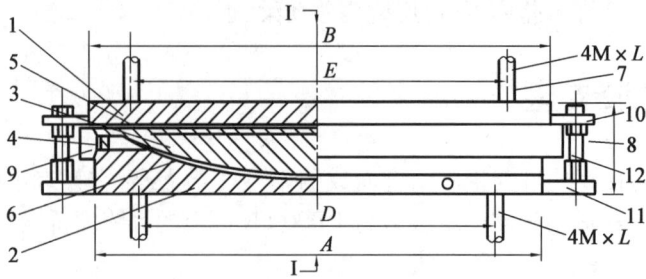

图 12.3　球形钢支座

1—上支座板;2—下支座板;3—钢衬板;4—钢挡圈;5—平面聚四氟乙烯板;6—球面聚四氟乙烯板;
7—锚固螺栓;8—连接螺栓;9—橡胶防尘条;10—上支座连接板;11—下支座连接板;12—防尘围板

球形钢支座出厂时,应由生产厂家将支座调平,并拧紧连接螺栓,以防止支座在安装过程中发生转动和倾覆。支座可根据设计需要预设转角及位移,但施工单位应在订货前提出预设转角及位移量的要求,由生产厂家在装配时预先调整好。

球形钢支座安装前方可开箱,并检查装箱清单,包括配件清单、检验报告复印件、支座产品合格证书及支座安装养护细则。施工单位开箱后,不得任意转动连接螺栓,并不得任意拆卸支座。

球形钢支座安装高度应符合设计要求,要保证支座平面的水平及平整。支座支承面四角高差不得大于 2 mm。球形钢支座安装过程中应注意以下事项:

①支座开箱并检查清单及合格证。

②安装支座板及地脚螺栓:在下支座板四周用钢楔块调整支座水平,并使下支座板底面高符合设计要求,找出支座纵、横向中线位置,使之符合设计要求。用环氧砂浆灌注地脚螺栓孔及支座底面垫层。

③环氧砂浆硬化后,拆除支座四角临时钢楔块,并用环氧砂浆填满抽出楔块的位置。

④在梁体安装完毕后,或现浇混凝土梁体形成整体并达到设计强度后,在张拉梁体预应力之前,拆除上、下支座连接板,以防止约束梁体正常转角位移。

⑤拆除上、下支座连接板后,检查支座外观,并及时安装支座外防尘罩。

⑥当支座与梁体及墩台采用焊接连接时,应先将支座准确定位后,用对称间断焊接,将下支座板与墩台上预埋钢板焊接,焊接时应防止烧伤支座及混凝土。

另外,支座在试运营期一年后应进行检查,清除支座附近的杂物及灰尘,并用棉丝仔细擦除不锈钢表面的灰尘。

12.1.4　特殊形式支座

1)聚四氟乙烯滑板式橡胶支座

聚四氟乙烯滑板式橡胶支座是按照支座平面尺寸大小,在普通板式橡胶支座上黏附一层聚四氟乙烯板(厚 2~4 mm)而成,如图 12.4 所示。它除具有普通板式橡胶支座的优点外,还能利用聚四氟乙烯板与梁底不锈钢之间的低摩擦系数,使得桥梁上部构造的水平位移不受限制。聚四氟乙烯滑板式橡胶支座适应于较大跨度的简支梁桥、桥面连续的公路桥梁和连续桥梁。除作为桥梁支座使用外,聚四氟乙烯滑板式橡胶支座还被大量用作滑块使用,它可以在顶推施工的桥梁上用作施工工具,也可以用来作移动重物滑道。

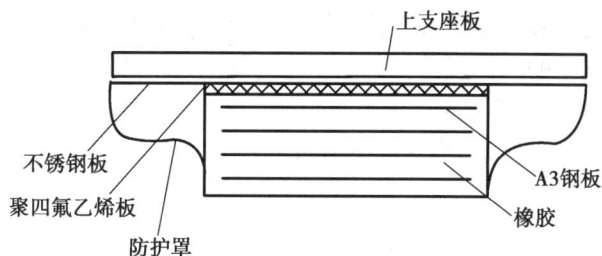

图 12.4　聚四氟乙烯板式橡胶支座

四氟板表面应设置贮油槽,支座四周设置防尘设施,在安装时应注意以下事项:

①墩台上设置的支承垫石,其标高应考虑预埋的支座下钢板厚度,或在支承垫石上预留一定深度的凹槽,将支座下钢板用环氧树脂砂浆黏结于凹槽内。

②在支座的下钢板上及四氟滑板式橡胶支座上标出支座位置中心线,两者中心线相重合放置,为防止施工时移位,应设置临时固定措施。安装时宜在与年平均气温相差不大时进行。

③梁底预埋有支座上钢板,与四氟滑板式支座密贴接触的不锈钢板嵌入梁底上钢板内,或用不锈钢沉头螺钉固定在上钢板上,并标出不锈钢板中心线位置。安装支座时,不锈钢板、四氟板表面均应清洁、干净,在四氟滑板表面涂上硅脂油,落梁时要求平稳、准确、无振动,梁与支座密贴,不得脱空。

④支座正确就位后,拆除临时固定装置,采取安装防尘围裙措施。

2)球冠圆形板式橡胶支座

球冠圆板式橡胶支座是一种改进后的圆形板式支座,如图 12.5 所示,其中间层橡胶和钢板布置与圆形板式橡胶支座完全相同,而在支座顶面用纯橡胶制成球形表面,球面中心橡胶最大厚度 4~10 mm。球形圆板橡胶支座传力均匀,可明显改善或避免支座底面产生偏压、脱空等不良现象,特别适应于纵横坡度较大(3%~5%)的立交桥及高架桥。道路桥涵在纵坡较大时,不宜使用带球冠或带坡形的板式橡胶支座。

球形圆板式橡胶支座的安装注意事项同板式橡胶支座。

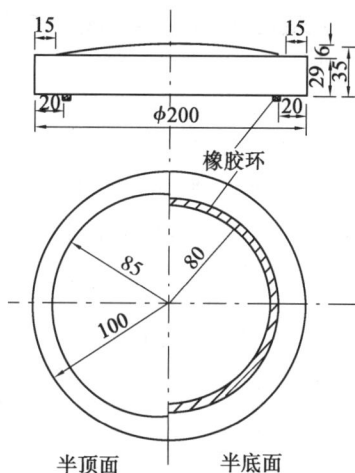

图 12.5　球冠圆形板式橡胶支座(尺寸单位:mm)

3)拉力支座

桥梁中有的支座在运营荷载作用下,因结构布置等原因,支点有时会出现"负反力",这就要求设置拉力支座。所谓拉力支座,是既能承受压力又能承受拉力的支座,连续梁桥、悬臂梁桥、斜桥以及小半径曲线桥的支座都可能需要拉力支座。

板式橡胶支座、盆式支座和球形支座都可以做成拉压支座的形式。对于固定支座,则可在盆式橡胶支座中心穿一根预应力钢筋,钢筋套在喇叭状的套管内,可允许预应力筋有微小位移。此外,也可在靠近支座的两侧,上部结构的转动轴线上布置预应力筋,使支座能承受拉力。活动拉力支座,可以采用销接的摆动支座。当活动量不是很大时,可选用柱中心加预应力的混凝土柔性柱。柔性柱的上下端可做成固结或铰接,柱内需要配置受弯钢筋。此外,活动拉力支座也可考虑选用在盆式橡胶支座的两侧设置具有活动量的预应力钢筋。

图 12.6 所示的板式橡胶拉压支座适用于拉力较小的桥梁,对于拉力较大的桥梁,则用盆式拉压支座或球形抗拉钢支座。但是,当支座拉力超过 1 000 kN 时,采用上述结构就不经济了。

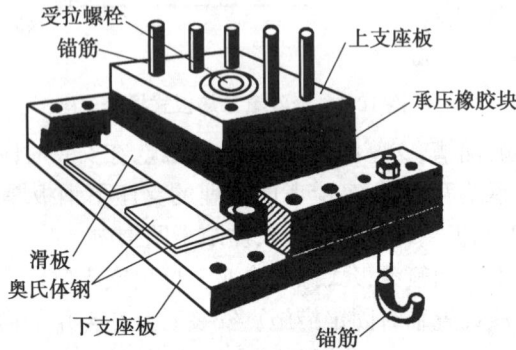

图 12.6 板式橡胶拉压支座

4)减震支座

地震地区的桥梁支座不仅应满足支撑要求,同时应具有减震、防震等多种功能。新研制的减震支座利用阻尼和摩擦耗能,使桥梁的阻尼增大,消减最大地震峰值,减缓强烈地震的动力反应和冲击作用。当在全桥布置减震支座时,由于减震器的水平联动作用,对减小边墩受力有利。

地震地区的桥梁应使用具有抗震和减震功能的支座。目前国内主要的减隔震支座、抗震支座的类型有抗震铅芯橡胶支座(图 12.7)、高阻尼橡胶支座和抗震型球形支座等。各种减震支座有着相似的功能和作用,即在竖直方向可以支承桥跨结构的荷载,在水平方向则具有良好的柔性,以满足较大的变位,使桥梁结构的振动长周期化;同时利用滞回阻尼吸收耗散振动能量,提高桥梁结构的阻尼,从而达到减小地震力的作用。

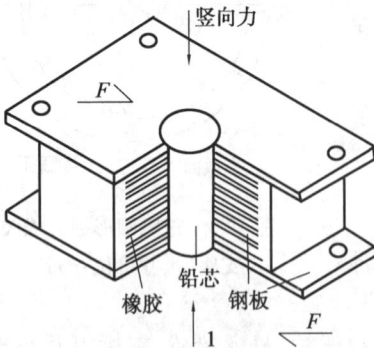

图 12.7 抗震铅芯橡胶支座减震支座

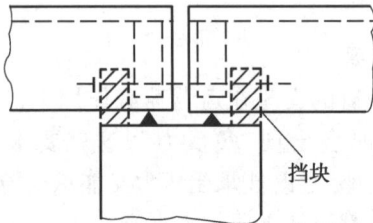

图 12.8 挡块限制位移示意图

支座的抗震措施是在构造上采取一定的措施,限制地震时的位移量,防止落梁和桥跨结构的相互冲击。常用的构造措施有设置限位挡块(图12.8)、限位螺栓(图12.9),或将支座的下底板卡住。对于钢筋混凝土梁桥和预应力混凝土梁桥,当墩顶较宽时,可采用连接螺栓和嵌塞将桥跨结构联为一体,如图12.10所示。连接螺栓与端横梁之间以及嵌塞与端横梁之间均应设置氯丁橡胶或海绵胶垫,使梁体在温度变化或混凝土收缩时能自由伸缩,而在地震时又能起抗震作用。此外还可在墩台支座上设置阻尼制动装置,如设抗震榫或地震油压制动缸等,使地震时水平力能均匀分布到所有墩台。

支座安装的质量标准如表12.1所示。

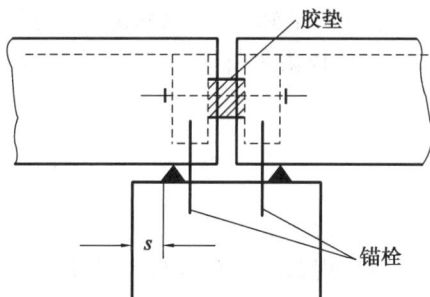

图12.9 锚栓限制位移示意图   图12.10 桥跨结构的抗震连接

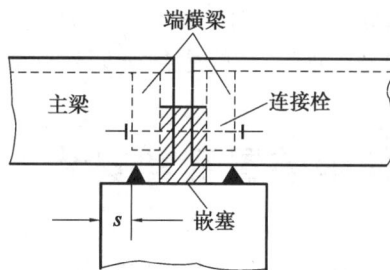

表12.1 支座安装规定值或允许偏差

项次	检查项目		规定值或允许偏差
1	支座中心与主梁中线(mm)		2
2	支座顺桥向偏位(mm)		10
3	高程(mm)		符合设计规定,未规定时±5
4	支座四角高差(mm)	承压力≤500 kN	<1
		承压力>500 kN	<2
5	支座上下各部件纵轴线(mm)		必须对正
6	活动支座	顺桥向最大位移(mm)	±250
		双向活动支座横桥向最大位移(mm)	±25
		横轴线错位距离(mm)	根据安装时的温度与年平均最高、最低温差计算确定
		支座上下挡块最大偏差的交叉角(′)	必须平行,<5

12.1.5 支座的养护与更换

桥梁支座在遭受损坏、作用不能充分发挥时,将会使桥梁上、下部结构受到不利影响,也容易对结构物产生重大障碍,因此必须经常维护,损坏时要及时进行更换或修补。

支座的各部分应保持完整、清洁,要扫除垃圾,冬季清除积雪和冰块,保证梁跨自由伸缩;在滚动支座滚动面上要定期涂一薄层润滑油,在涂油之前,必须先用钢丝刷或揩布把滚动面擦干净。为了防锈,支座各部分除钢辊和滚动面外其余要涂刷油漆保护,对固定支座应检查锚栓紧固程序,支座垫板要平整紧密,及时拧紧接合螺栓。

常用的支座更换方法是采用大吨位、低高度液压千斤顶通过液压泵站控制千斤顶整体顶升全断面或同一墩台顶面梁体进行支座更换。首先在墩台两侧搭设工作平台,清除墩台顶杂物后平稳放置经标定检验合格后的千斤顶,千斤顶上、下面用钢垫板垫平,使其全面受力,用高压油管连接千斤顶、高压油表、高压泵站等,每片支座处设置一个百分表,以检查梁体升高情况,相邻梁体顶升高差值应控制在 1 mm 以内,顶升均匀缓慢进行,随时检查升高位移的均匀性,并及时进行调整,在顶升过程中还要及时用楔形块顶升梁体防止意外。待顶升高度超过支座高度时,采用环形钳取出损坏支座。取出前对原有支座的位置进行测量标记,然后将新支座安装就位,并检查位置是否正确,高低是否合适,然后取出千斤顶,将梁体落梁就位。

12.2　伸缩装置及其安装

在气温变化、混凝土徐变及收缩、汽车动荷载作用、桥梁墩台的沉降及梁体长度变化等因素影响下,桥梁构造会产生变形,从而使梁端产生位移。为适用这种位移并保持桥上行驶车辆的平顺性,保证行车安全舒适,就需要在桥面上的两梁端之间以及梁端与桥台背墙之间设置伸缩缝(亦称为变形缝)。桥梁伸缩装置是桥梁梁端之间的重要连接部件,对桥梁端部伸缩及防水性能起重要作用,其质量和性能将直接影响整座桥梁的耐久性。

伸缩装置的构造应满足下列要求:

①在平行、垂直于桥梁轴线的两个方向,均能自由伸缩;

②装置本身及其与结构的连接牢固可靠;

③车辆驶过时应平顺,无突跳与噪声;

④可防止雨水和垃圾泥土渗入阻塞;

⑤安装、检查、养护、清污均简易方便。

需要强调的是,在设置伸缩装置处,栏杆与桥面铺装都需要断开。

12.2.1　伸缩装置的分类

到目前为止,我国公路桥梁和城市桥梁工程上使用的伸缩装置种类很多,要把这些伸缩装置很明确地加以划分是相当困难的。常见的桥梁伸缩缝按结构和材料组成可分为梳型钢板伸缩装置、橡胶伸缩装置、模数式伸缩装置、弹塑体材料填充式伸缩装置、复合改性沥青填充式伸缩装置等几类。

1)梳型钢板伸缩装置

梳型钢板伸缩装置设计允许伸缩量 40~1 000 mm,适用于各种不同梁体结构、不同跨度的新建桥梁和老桥改建,伸缩量大,使用范围广。装置整体结构高度 30~40 mm,不用改变原梁端结构,浅埋设就能达到有效的锚固强度。另外由于结构的特殊处理,梳齿伸缩间隙位于单侧梁的端面上,同时梳型底面有不锈钢滑板垫层,灰渣和硬物只能留在表面,这样能借助梳型钢板的伸缩过程和车辆行驶的作用,自动将灰渣、硬物排出伸缩间隙,从而不会造成堵塞,不需人工清理,不影响梁体的正常伸缩。梳型钢板伸缩缝还具有极好的防水、防尘性能。

图 12.11 为梳型钢板伸缩装置的构造示例,它是将钢板做成梳齿状,跨越伸缩缝间隙后搭在另一端预埋钢板上,伸缩量达 40 mm 以上。这种装置结构本身刚度较大,抗冲击力强,因此在中、大跨桥梁中广泛采用。其缺点是防水性稍差,影响使用效果,也较费钢材。

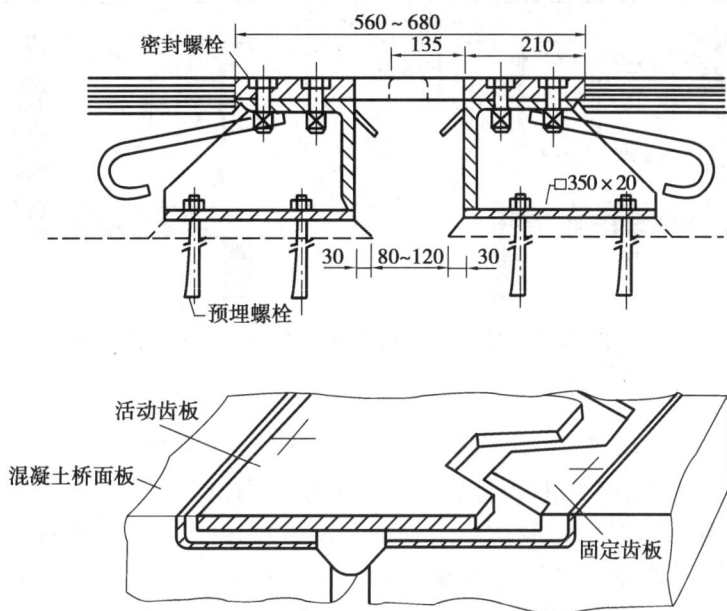

图 12.11　梳型钢板伸缩装置构造(尺寸单位:mm)

2)橡胶伸缩装置

橡胶伸缩装置是以橡胶带作为跨缝材料,可分为橡胶带(板)伸缩缝和组合伸缩缝两类,图 12.12 所示为橡胶带伸缩缝。国内通常使用氯丁橡胶制成具有两个或三个圆孔的伸缩缝橡胶带。当梁架好后,在梁端面预埋件上焊上角钢(角钢之间净距较橡胶带小 0.01 m),涂上胶后,将此橡胶带嵌入即可。橡胶带富有弹性,易于胶粘,因此它能满足变形与防水的要求,它又是厂制成品,使用亦很方便。这种伸缩缝构造虽然不复杂,但目前还不适应较大变形量要求,仅用于伸缩量 20~60 mm,一般用于低等级道路中小桥梁。

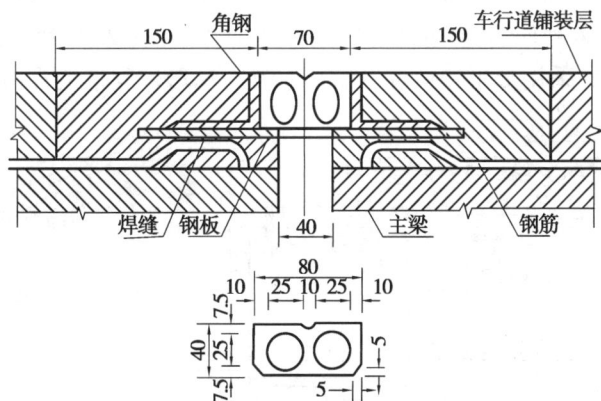

图 12.12　橡胶带伸缩缝(尺寸单位:mm)

在变形量较大的大跨度桥上,也可以采用橡胶和钢板组合而成的组合伸缩缝,它是由 9 mm

厚的 V 形橡胶型材与型钢组成的伸缩缝,可以根据变形量的要求组合成单联和多联的承载伸缩缝。图 12.13 所示是一个四联伸缩缝,它的最大变形量为 240 mm。

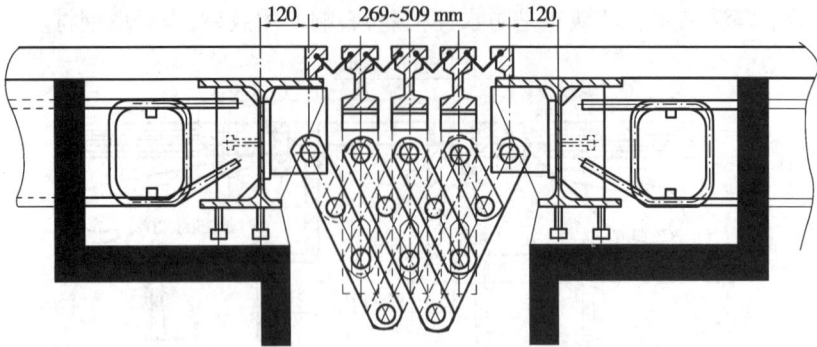

图 12.13　四联 V 形橡胶型材与型钢组合伸缩缝

3)数模式伸缩装置

数模式伸缩装置是由边梁、中梁、横梁、位移控制系统、密封橡胶带等构件组成的系列伸缩装置。该伸缩装置的承重结构和位移控制系统分开,两者受力时互不干扰,分工明确,这样既保证受力时安全,又能达到位移均匀,使所有中梁在一个位移控制箱内均支承在同一根垂直横梁上,这样对大位移量伸缩装置非常有利,减少了横梁数量,使位移控制箱体积减小到最小范围,节约了钢材,还克服了斜向支承式伸缩装置要求加工和组装精度相当高的苛刻条件,否则四联杆结构极易出现自锁现象,影响伸缩自由和不易保证位移均匀的弊病。该结构各连接处均采用既能转动又能滑动结构。所以,对弯、坡、斜、宽桥梁适应能力强,可满足各种桥梁结构使用要求。

模数支承式伸缩装置是主要在高等级道路桥梁上采用的一种伸缩装置,其伸缩量大,功能比较完善,但结构较为复杂。它的主要部分是由异型钢与各种截面形式的橡胶条组成的犹如手风琴式的伸缩体(图 12.14 和图 12.15),配上横梁、位移控制系统以及弹簧支承系统,每个伸缩体的伸缩量为 60~100 mm。需要伸缩量更大时,可以用两个以上的伸缩体,中间用若干根中梁隔开。中梁支承在下设横梁(顺桥向)上,其作用是承受大部分车轮压力。为了保证伸缩时中梁始终处于正确位置并做同步水平位移,应将中梁底部连接在连杆式或弹簧式的控制系统上。当伸缩体做成 60 mm、80 mm、100 mm 三种型号时,视中梁根数不同,可以组合成宽度为 60 mm、80 mm、100 mm 倍数的各种伸缩缝,也即可以按模数变化。图 12.16 为德国毛勒(Maurer)模数式伸缩装置鸟形构造,它采用 Z 形边梁和工字形中梁与鸟形橡胶带组合构造。

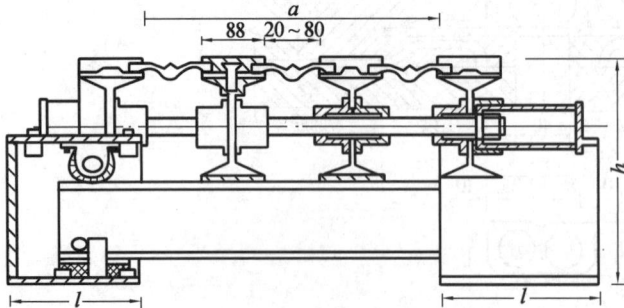

图 12.14　SG 型(模数式)伸缩缝

图 12.15　GQF-XF320 型伸缩装置

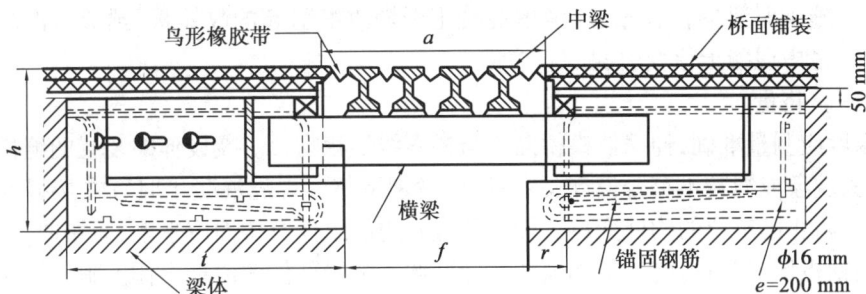

图 12.16　毛勒伸缩装置鸟形构造

4)弹塑性体材料填充式伸缩装置

伸缩体由高黏弹塑性材料和碎石结合而成,填充于伸缩缝内,称为填充式弹塑体材料伸缩装置。弹塑体直接平铺在桥梁接缝处,与前后的桥面或路面铺装形成连续体,桥面平整无缝,行车比有缝的桥更平稳、舒适、无噪声、振动小,且具有便于维护、清扫、除雪等优点。它适用于伸缩量小于 50 mm 的中、小跨径桥梁工程,适应温度为−25~60 ℃。另外这种装置构造简单,不需装设专门的伸缩构件和在梁端预埋锚固钢筋,施工方便快速,铺装冷却后即可开放交通。弹性缝能吸收各方面的变形和振动,而且阻尼性高,对桥梁减震有利,可满足弯桥、坡桥、斜桥、宽桥的纵、横、竖三个方向的伸缩与变形。因接缝和桥面铺装连成一体,故密封防水性好,且耐酸碱腐蚀。旧桥更换伸缩缝,可半边施工,对交通繁忙路段不中断交通。

5)复合改性沥青填充式伸缩装置

伸缩体由复合改性沥青及碎石混合而成,填充于伸缩缝内,称为复合改性沥青填充式伸缩装置。它适用于伸缩量小于 50 mm 的中、小跨径道路桥梁工程,适用温度为−30~70 ℃。复合改性沥青应符合产品有关规定,其加热熔化温度要控制在 170 ℃以内。

不管采用哪种伸缩装置,都要满足自由伸缩、平坦牢固、施工方便、排水防水、承担荷载、维修方便、经济价廉等要求。

12.2.2　伸缩装置的安装

伸缩缝装置安装按照施工顺序可分为:先装缝后铺路和先铺路后装缝两种工艺。先铺路后装缝的安装工艺为:首先在桥梁伸缩缝处先行铺筑沥青路面,待压路机充分压实达到通车条件后,再切除伸缩缝部位的路面并安装伸缩缝装置。这一工艺较先装缝后铺路工艺更能保证伸缩缝装置的平顺,能克服临近伸缩缝装置两侧的不易密实的问题。

1)梳型钢板伸缩装置

梳型钢板伸缩装置所用钢材的力学性能应符合有关规定。

采用梳型钢板伸缩装置安装时的间隙,应按安装时的梁体温度决定,一般可按式(12.1)计算:

$$\Delta_1 = l - l_1 + l_2 \tag{12.1}$$

式中　Δ_1——安装时的梳型板间隙;

　　　l——梁的总伸缩量;

l_1——施工时梁的伸长量,应考虑混凝土干燥收缩引起的收缩量,预应力混凝土梁还应考虑混凝土徐变引起的收缩量;

l_2——富裕量。

梁体温度应测量准确,伸缩体横桥向应与桥面线形相吻合。装设伸缩装置的缝槽应清洁干净,如有顶头现象或缝宽不符合设计要求时,应凿剔平整。现浇混凝土时宜在接缝伸缩开放状态下浇筑,应防止已定位的构件变位。伸缩装置两边的组件及桥面应平顺,无扭曲。

对梳型钢板伸缩装置,施工前必须认真做好伸缩装置部位的清理工作。施工中应加强锚固系统的锚固,防止锚固焊点开焊、螺栓松动、螺帽脱落,并注意养护。

2)橡胶伸缩装置

根据桥梁跨径大小或连续梁(包括桥面连续的简支梁)的每联长度,可分别选用纯橡胶式、板式、组合式橡胶伸缩装置。采用橡胶伸缩装置时,材料的规格、性能应符合设计要求。对于板式橡胶伸缩装置,应有成品解剖检验证明。安装时,应根据气温高低,对橡胶伸缩体进行必要的预压缩。气温在 5 ℃以下时,不得进行橡胶伸缩装置施工。

当采用后嵌式橡胶伸缩体时,应在桥面混凝土干燥收缩完成且徐变也大部分完成后再进行安装。橡胶伸缩装置安装时应注意下列事项:

①应检查桥面板端部预留空间尺寸、钢筋,若为沥青混凝土桥面铺装,宜采用后开槽工艺安装伸缩装置,以提高与桥面的顺适度。

②根据安装时的环境温度计算橡胶板伸缩装置的模板宽度与螺栓间距。将准备好的加强钢筋与螺栓焊接就位,然后浇筑混凝土与养生。

③将混凝土表面清洁后,涂防水胶粘材料。利用调正压缩的工具,将伸缩装置安装就位。橡胶伸缩装置应符合现行《公路桥梁橡胶伸缩装置》(JT/T 327)标准的规定。伸缩装置的位置、构造应按设计规定办理。安装各种伸缩装置时,定位值均应通过计算确定。梁体温度应测量准确,伸缩体横桥向应与桥面线形相吻合。装设伸缩装置的缝槽应清洁干净,如有顶头现象或缝宽不符合设计要求时,应凿剔平整。现浇混凝土时宜在接缝伸缩开放状态下浇筑,应防止已定位的构件变位。伸缩装置两边的组件及桥面应平顺,无扭曲。

3)数模式伸缩装置

数模式伸缩装置中所用异形钢梁沿长度方向的直线度应满足 1.5 mm/m,全长应满足 10 mm/10 m 的要求。伸缩装置钢构件外观应光洁、平整,不允许变形扭曲。伸缩装置必须在工厂进行组装;组装钢构件应进行有效的防护处理;吊装位置应用明显颜色标明;出厂时应附有效的产品质量合格证明文件。在运输中应避免阳光直接暴晒、雨淋雪浸,并应保持清洁,防止变形,且不能与其他物质相接触,注意防火。

数模式伸缩装置施工安装时注意事项:

①应按照设计文件核对预留槽尺寸,预埋锚固筋若不符合设计要求,必须首先处理,满足设计要求后方可安装伸缩装置。

②伸缩装置安装之前,应按照安装时的气温调整安装时的定位值,用专用卡具将其固定。

③安装时,伸缩装置的中心线与桥梁中心线重合,并使其顶面标高与设计标高相吻合,按桥面横坡定位、焊接固定。

④浇筑混凝土前将间隙填塞,防止浇筑混凝土把间隙堵死,影响梁体伸缩,并防止混凝土渗

入数模式伸缩装置位移控制箱内,也不允许将混凝土嵌填在密封橡胶带缝中及表面上,如果发生此现象,应立即清除,然后进行正常养护。

⑤待伸缩装置两侧混凝土强度满足设计要求后,方可开放交通。

4）弹塑体材料填充式伸缩装置

弹塑体材料物理性能应符合产品有关规定,产品应附有效的合格证书。弹塑体材料加热熔化温度应按要求严格控制。主层石料压碎值不大于30%,扁平及细长石料含量少于15%~20%,石料使用前应清洗干净。其加热温度控制在100~150 ℃。风力大于3级,气温低于10 ℃及雨天不宜施工。施工可采用分段分层浇灌铺筑法,亦可采用分段分层拌和铺筑法。

5）复合改性沥青填充式伸缩装置

复合改性沥青应符合产品有关规定,其加热熔化温度要控制在170 ℃以内。粗石料(14~19 mm)和细石料(6~10 mm)应满足下列要求:

①强度>100 MPa;

②相对密度2.6~3.2;

③磨耗值($L.A$)<30;

④磨光值($P.S.V$)>42;

⑤压碎值($A.C.V$)<20;

⑥扁平细长颗粒含量<15%。

嵌入桥梁伸缩缝空隙中的T形钢板厚度3~5 mm,长度为1 m左右。伸缩装置安装质量标准如表12.2所示。

表 12.2　伸缩装置安装允许偏差

项　次	项　目		规定值或允许偏差
1	长度(mm)		符合设计要求
2	宽缝(mm)		符合设计要求
3	与桥面高差(mm)		2
4	纵坡(%)	大型	±0.5
		一般	±0.2
5	横向平整度(mm)		3

注:项次2应按安装时的气温折算。

12.3　桥面铺装层施工

桥面铺装即行车道铺装,亦称桥面保护层,它是车轮直接作用的部分。桥面铺装的功能是保护属于主梁整体部分的桥面板,防止车辆轮胎或履带直接磨耗行车道板,保护主梁免受雨水侵蚀,并对车辆轮重的集中荷载起分布作用。因此,桥面铺装要满足抗车辙、行车舒适、抗滑、不透水(和桥面板一起作用时)、刚度好等要求。

桥面铺装结构自桥面板表面而上的组成依次是:水泥混凝土找平层(装配式桥梁是必需的)、防水层(视桥型、环境不同而不同,有的桥可不设防水层)、桥面铺装面层,如图12.17所示。

目前的桥面铺装面层主要有水泥混凝土、沥青混凝土、沥青表面处治、泥结碎石和复合式桥面铺装等多种形式。水泥混凝土和沥青混凝土桥面铺装用得较广，能满足各项要求。沥青表面处治和泥结碎石桥面铺装,耐久性较差,仅在中级或低级公路桥梁上使用。据不完全统计,在国外以沥青混凝土作为铺装的面层较多,国内也大致如此。

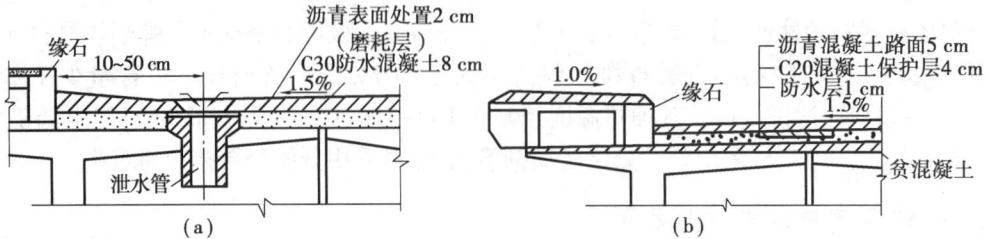

图 12.17　桥面铺装构造示例

(a)沥青表面处治铺装;(b)沥青混凝土桥面铺装

装配式钢筋混凝土、预应力混凝土梁桥采用水泥混凝土或沥青混凝土铺装,其厚度为 6~8 cm。水泥混凝土铺装的造价低、耐磨性能好,适合重载交通,但养生期长,日后修补较麻烦。沥青混凝土桥面铺装质量较轻,维修养护方便,在铺筑后只等几个小时就能通车运营但易老化和变形。

桥面铺装一般不作受力计算,如在施工中能确保铺装层与行车道板紧密结合成整体,则铺装层的混凝土(除去作为车轮磨耗部分可取 0.01~0.02 m 厚外)还可以计算在行车道的厚度内和行车道板共同受力。为使铺装层具有足够的强度和良好的整体性(能起联系各主梁共同受力的作用),一般宜在混凝土中设置直径为 4~6 mm 的钢筋网。

12.3.1　水泥混凝土桥面铺装

水泥混凝土桥面铺装是以水泥与水合成的水泥浆为结合料,碎(砾)石为集料,砂为细集料,经过拌和、摊铺、振捣和养护所修筑的桥面铺装。水泥混凝土桥面铺装直接铺设在防水层或桥面板上,层厚为 6~8 cm,其混凝土强度等级应尽量与桥面板的混凝土标号接近,铺设时应避免两次成形。装配式桥梁的水泥混凝土铺装层内宜配置 $\phi 6@20$ 双向钢筋网,有超重车通过时,则采用 $\phi 8@20$ 双向钢筋网。

1)施工准备

(1)材料

①冷轧带肋钢筋网片。工厂化制造的冷轧带肋钢筋网片的品种、级别、规格应符合设计要求,进厂应有产品合格证、出厂质量证明书和试验报告单,进场后应抽取试件做力学性能试验,其质量应符合现行国家标准《冷轧带肋钢筋》(GB 13788)的规定。钢筋网片必须具有足够的刚度和稳定性。钢筋网焊点应符合设计规定,并符合国家现行标准《公路桥涵施工技术规范》(JTG/T F50)的规定。

②普通钢筋。钢筋的品种、级别、规格应符合设计要求,进厂应有出厂质量证明书和试验报告单,进场后应抽取试件做力学性能试验,其质量应符合现行国家标准《钢筋混凝土用热轧带肋钢筋》(GB 1499)的规定。

③水泥。水泥宜采用 32.5 级以上的硅酸盐水泥或普通硅酸盐水泥。水泥进场应有产品合格证和出厂检验报告,进场后应对强度、安定性及其他必要的性能指标进行取样复试,其质量必须符合现行国家标准《硅酸盐水泥、普通硅酸盐水泥》(GB 175)等的规定。

④石子。石子应采用坚硬的碎石或砾石粒径 5~20 mm,连续级配,含泥量不大于 1%。进场应有法定检测单位出具的碱活性报告,进场后应按产地、类别、加工方法和规格等不同情况分批进行检验,其质量应符合国家现行标准《公路桥涵施工技术规范》(JTG/T F50)的规定。

⑤砂。砂宜采用洁净、坚硬、符合规定级配的河砂,河砂不易得时,也可用山砂或用硬质岩石加工的机制砂。砂的细度模数宜在 2.5 以上的中砂或粗砂,含泥量不大于 3%。进场应有法定检测单位出具的碱活性报告,进场后应按国家现行标准《公路工程集料试验规程》(JTJ 058)的规定进行取样试验合格,其质量应符合国家现行标准《公路桥涵施工技术规范》(JTG/T F50)的规定。

⑥掺合料。掺合料可采用质量指标符合表 12.3 规定的 Ⅰ、Ⅱ 级粉煤灰,进场应有合格证明书及法定检测单位出具的碱含量报告,进场后应取样复试,其质量应符合现行国家标准《用于水泥和混凝土中的粉煤灰》(GB 1596)的规定。

表 12.3　粉煤灰分级和质量指标

粉煤灰等级	细度(45 μm 气流筛筛余量)(%)	烧失量(%)	需水量(%)	SO₃ 含量(%)
Ⅰ	≤12	≤5	≤95	≤3
Ⅱ	≤20	≤8	≤105	≤3

⑦外加剂。外加剂应有产品说明书、出厂检验报告及合格证,有害物质含量检测报告应由有相应资质等级的检测部门出具。进场应取样复试合格,并应检验外加剂与水泥的适应性。外加剂的质量和应用技术应符合现行国家标准《混凝土外加剂》(GB 8076)和《混凝土外加剂应用技术规范》(GB 50119)的规定。有害物质含量和碱含量应由法定检测单位出具,掺量通过试验确定。

⑧水。水宜采用饮用水。当采用其他水源时,其水质应符合国家现行标准《混凝土用水标准》(JGJ 63)的规定。

(2)机具

①混凝土铺装机具:混凝土罐车(预拌)、自卸翻斗车(现场拌制)、汽车吊、料斗、振捣棒、平板振捣器、振捣梁、振捣梁行车轨道、操作平台、混凝土泵车。

②浮浆清理机具:凿毛锤、空压机、高压水枪、铁锹、扫帚。

③材料加工机具:钢筋剪刀、弯曲机械、冷拉机械、电焊机、木工机械、电锤、手锤、大锤。

④养护、拉毛、切缝机具:钢抹子、木抹子、排笔、切缝机。

⑤计量检测用具:水准仪、全站仪、钢卷尺、3 m 靠尺、塞尺等。

2)技术准备

施工前要对图纸进行会审,编制的施工方案已经审批完毕,并对施工作业人员进行详细交底。桥面梁、板顶面要清理凿毛,同时对梁、板板面高程复测完毕,对最小厚度不能满足设计要求的地方,应会同设计人员进行桥面设计高程的调整和测量放样。

3）工艺流程

水泥混凝土桥面铺装的工艺流程如图 12.18 所示。

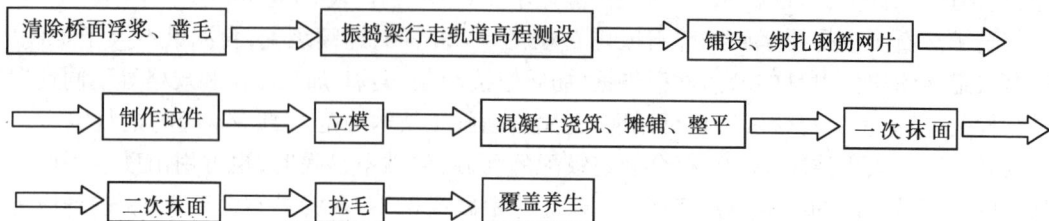

清除桥面浮浆、凿毛 ➡ 振捣梁行走轨道高程测设 ➡ 铺设、绑扎钢筋网片 ➡

➡ 制作试件 ➡ 立模 ➡ 混凝土浇筑、摊铺、整平 ➡ 一次抹面 ➡

➡ 二次抹面 ➡ 拉毛 ➡ 覆盖养生

图 12.18 水泥混凝土桥面铺装的工艺流程

（1）清除桥面浮浆、凿毛

先采用凿毛锤对桥梁板顶面进行人工凿毛，去除浮浆皮和松散的混凝土，再对每片梁进行检查、补凿。剔凿后的桥梁顶面验收前采用空压机吹扫，若采用高压水枪冲洗时，须用空压机将水吹干。

（2）振捣梁行走轨道高程测设

轨道可采用钢管和槽钢架设。轨道沿桥面横向铺设间距不大于 3 m，铺设面两侧轨道支立位置距每次浇筑铺装作业面外侧 300 mm 左右。轨道纵向定位后弹墨线，每 2 m 设置高程控制点。在控制点处用电锤钻孔，打入钢筋，锚固深 60~80 mm，外露 30 mm。设定钢管顶面高程与桥面设计高程一致，用水准仪在锚固钢筋上测放，然后焊接顶托，架立钢管。为保证轨道刚度，将轨道支撑加密，支撑间距不宜大于 2 000 mm。

（3）铺设、绑扎钢筋网片

成品钢筋网片大小应在订货前根据每次铺筑宽度和长度确定，确保网片伸入中央隔离带宽度满足设计要求，并应考虑运输和施工方便。成品钢筋网片要严格按照图纸要求铺设，横、纵向搭接部位对应放置，搭接长度为 30d，采用 10# 火烧丝全接点绑扎，扎丝头朝下。现场绑扎成型的钢筋网片，其横、纵向钢筋按设计要求排放，钢筋的交叉点应用火烧丝绑扎结实，必要时可用点焊焊牢，绑扎接头的搭接长度应符合设计及规范要求。钢筋网片的下保护层采用塑料耐压垫块或同标号砂浆垫块支垫，呈梅花形均匀布设，确保保护层厚度及网片架立刚度符合设计及规范要求。对采用双层钢筋网时，两层钢筋网片之间要设置足够的定位撑筋。

（4）立模

模板安装前桥梁顶面要经过精确测量，确保铺装层浇筑宽度、桥面高程、横纵坡度。模板可根据混凝土铺装层厚度选用木模或钢模两种材质。木模板应选用质地坚实、变形小、无腐蚀、无扭曲、无裂纹的木料，侧模板厚度宜为 50 mm 宽木条，端模可采用 100 mm×100 mm 方木。模板坐在砂浆找平层上，后背用槽钢、钢管架做三角背撑。模板间连接要严密合缝，缝隙中填塞海绵条防止漏浆。铺装混凝土浇筑前，模板内侧要涂刷隔离剂。

（5）拌制、运输混凝土

混凝土应按批准后的配合比进行拌制，各项原材料的质量应符合设计要求。施工配合比按照现场骨料实际含水量进行确定。混凝土应采用强制式搅拌机拌制，严格控制搅拌时间。场内短距离运输混凝土时,可采用不漏浆、不吸水、有顶盖且易于料的自卸的翻斗车运输。当运距较远时,宜采用混凝土搅拌车运输。

（6）混凝土浇筑、摊铺、整平

①混凝土浇筑前准备。混凝土浇筑前,应对支架、模板、钢筋网片和预埋件进行查核,清除作业面杂物后,将梁体表面用水湿润,但不得有积水。

②混凝土浇筑要连续。宜从下坡向上坡进行,混凝土浇筑自由下落高度不宜大于 2 m。进行人工局部布料、摊铺时,应用锹反扣,严禁抛掷和搂耙,靠边角处应先用插入式振捣器顺序振捣,辅助布料。

③混凝土的振捣。一次插入振捣时间不宜少于 20 s,使得骨料分布均匀后,再用平板振捣器纵横交错全面振捣,振捣面重合 100~200 mm,一次振捣时间不宜少于 30 s。然后用振捣梁沿导轨进行全幅振捣,直至水泥浆上浮表面。

④混凝土的整平。采用振捣梁操作时,设专人控制行驶速度、铲料和填料,确保铺装面饱满、密实。垂直下料与整平作业面控制在 2 m 左右。振捣梁行走轨道随浇筑、振捣、整平的进度及时拆除,清洗干净后前移。

⑤施工缝的处理。桥面混凝土应连续浇筑不留施工缝。若留施工缝时,横缝宜留伸缩缝处,纵缝应设在标线下面。

⑥伸缩缝处的浇灌。浇筑前可采用无机料做填缝垫平处理,桥面铺装混凝土浇筑作业时连续通过。

⑦试件制作及实验。混凝土强度实验项目包括抗压强度实验、抗折强度实验、碱含量实验、抗渗实验。施工实验频率为同一配合比同一原材料混凝土每一工作班至少应制作两组,见证取样频率为施工实验总次数的 30%。

（7）一次抹面

振捣梁作业完毕,作业面上架立钢管焊制的马登支架操作平台,人工采用木抹进行第一次抹面,用短木抹子找边和对桥上排水口、毛孔井进行修饰抹平。第一次抹面应将混凝土表面的水泥浆排出。

（8）二次抹面

混凝土初凝后、终凝前,采用钢抹子进行二次抹面。施工人员可在作业面上平铺木板作为操作台,操作时应先用 3 m 刮杠找平,再用钢抹子收面。

（9）养生

混凝土拉毛成型后,采用塑料布或保水材料覆盖,开始养生时不宜洒水过多,可采用喷雾器洒水,防止混凝土表面起皮,待混凝土终凝后,再浸水养生,养生期在 7 d 以上。

4）季节性施工

（1）冬期施工

混凝土的抗折强度尚未达到 1.0 MPa 或抗压强度尚未达到 5.0 MPa 时,成型铺装面要采取保温材料覆盖,不得受冻。混凝土搅拌站应在迎风面搭设围挡防风,设立防寒棚。混凝土拌合物的入模温度不应低于 5 ℃,当气温在 0 ℃ 以下或混凝土拌合物的浇筑温度低于 5 ℃ 时,应将水加热搅拌(砂、石料不加热);如水加热仍达不到要求时,应将水和砂、石料都加热。加热搅拌时,水泥应最后投入。加热温度应使混凝土拌合物温度不超过40 ℃。混凝土拌合物的运输、摊铺、振捣、做面等工序,应紧密衔接,缩短工序间隔时间,减少热量损失。冬期作业面采用综合蓄热法施工养护。混凝土浇筑完后的前两天内,应每隔6 h测一次温度,7 d内每昼夜应至少测两次温度。混凝土终凝后,要采用保温材料覆盖保护。

(2)暑期施工

雨天不宜进行混凝土浇筑作业。若需在雨天施工时,要采取必要的防护措施。暑期气温过高时,混凝土浇筑应尽可能安排在夜间施工,若必须在白天浇筑混凝土时,应采取降温措施。

5)外观鉴定

铺装层表面不得有松散、浮浆、掉皮、空鼓和严重开裂现象;表面平整,排水良好;膨胀缝直顺,灌缝密实,顶面与混凝土面齐平。

6)成品保护

桥面铺装抹面时,要在工作面上架设操作架,避免在成品混凝土铺装面上留下脚印,确保平整度。混凝土初凝后,应及时覆盖养生,避免产生收缩裂缝。养生期间,桥面铺装层要严禁车辆通行和搁置重物。

7)施工注意事项

①水泥混凝土桥面铺装的厚度应符合设计规定,其使用材料、铺装层结构、混凝土强度、防水层设置等均应符合设计要求。

②水泥混凝土桥面铺装必须在横向连接钢板焊接工作完成后,才可进行桥面铺装工作,以免后焊的钢板引起桥面水泥混凝土在接缝处发生裂纹。浇筑桥面水泥混凝土前应使预制桥面板表面粗糙,清洗干净,按设计要求铺设纵向接缝钢筋网或桥面钢筋网,然后浇筑。水泥混凝土桥面铺装如设计为防水混凝土,施工时应按照有关规定办理。

③水泥混凝土桥面铺装,表面应采取防滑措施,宜分两次进行,第二次抹平后,沿横坡方向拉毛或采用机具压槽,拉毛和压槽深度应为1~2 mm。

12.3.2　沥青混凝土桥面铺装

沥青混凝土桥面铺装是按级配原理选配原料,加入适量的沥青均匀拌和,并经摊铺与压实而成的桥面铺装。由黏结层、防水层、保护层及沥青面层组成,总厚度宜为6~10 cm,铺设方式分为单层式和双层式两种。高速公路、一级公路的沥青桥面铺装为双层式,下层为3~4 cm中粒式沥青混凝土整平层,表面层的厚度与级配类型可与其相邻桥头引线相同,但不宜小于2.5 cm。多雨潮湿地区、纵坡大于5%或设计车速大于50 km/h的大、中型高架桥和立交桥的桥面应铺设抗滑表面层。

沥青混凝土铺装前应对桥面进行检查,桥面应平整、粗糙、干燥、整洁。桥面横坡应符合要求,不符合时应予处理。铺筑前应洒布粘层沥青,石油沥青洒布量为0.3~0.5 L/m²。

沥青混凝土的配合比设计、铺筑、碾压等施工程序,应符合现行《公路沥青路面施工技术规范》(JTG F40—2004)的有关规定。

12.3.3 复合式桥面铺装

复合式桥面铺装上层为沥青桥面铺装,下层为水泥混凝土桥面铺装。其施工要求分别同水泥混凝土和沥青混凝土铺装层。

12.3.4 桥面铺装质量检测

特大桥桥面铺装应按专项设计施工。桥面铺装施工允许偏差如表 12.4 所示。

表 12.4　混凝土桥面铺装施工允许偏差

项　次	检查项目		规定值或允许偏差	
1	强度或压实度		符合设计要求	
2	厚度(mm)		+10,−5	
3	平整度		沥青混凝土	水泥混凝土
	高速公路一级公路	IRI(m/km)	2.5	3.0
		σ(mm)	1.5	1.8
	其他公路	IRI(m/km)	4.2	
		σ(mm)	2.5	
		最大间隙 h(mm)	5	
4	横坡(%)	水泥混凝土面层	±0.15	
		沥青混凝土面层	±0.3	
5	抗滑构造深度		符合设计要求	

注:①桥长不足 100 m 时,按 100 m 处理;
②高速公路、一级公路上的小桥(中桥视情况)可按路面进行质量控制。

12.4 其他附属设施的施工

12.4.1 泄水管的施工

为了迅速排除桥面积水,防止雨水积滞于桥面并渗入梁体而影响桥梁的耐久性,在桥梁设计时要有一个完整的排水系统。在桥面上除设置纵横坡排水外,常常需要设置一定数量的泄水管。

通常当桥面纵坡大于 2%,而桥长小于 50 m 时,一般能保证从桥头引道上排水,桥上就可以不设泄水管。此时,可在引道两侧设置流水槽,以免雨水冲刷引道路基。当桥面纵坡大于 2%,而桥长大于 50 m 时,为防止雨水积滞,桥面就需要设置泄水管,每隔 12~15 m 设置 1 个。当桥面纵坡小于 2% 时,泄水管就需要设置更密一些,一般每隔 6~8 m 设置 1 个。

泄水管的过水面积通常每平方米桥面上不小于 $2×10^{-4}~3×10^{-4}$ m²,泄水管可沿行车道两侧左右对称排列,也可交错排列。泄水管离缘石的距离为 0.10~0.50 m。

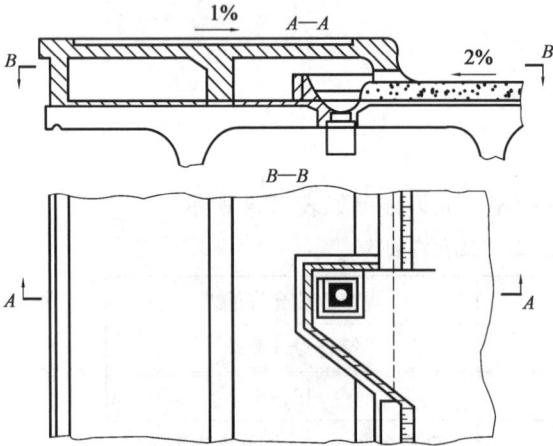

图 12.19　在人行道下设置泄水管

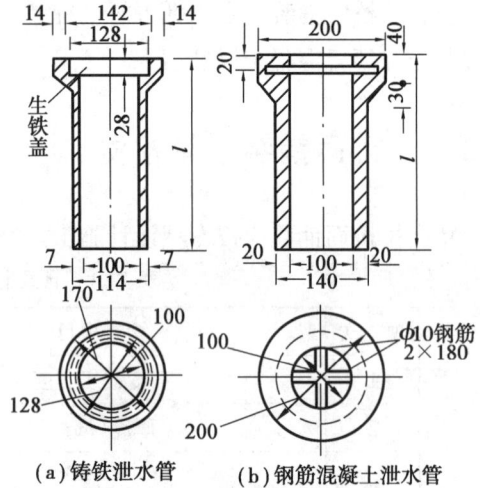

（a）铸铁泄水管　　（b）钢筋混凝土泄水管

图 12.20　金属与钢筋混凝土泄水管

（尺寸单位:mm）

泄水管也可布置在人行道下面(图 12.19),桥面水通过设在缘石或人行道构件侧面的进水孔流入泄水孔,并在泄水孔的三个周边设置相应的聚水槽,起到聚水、导流和拦截作用。为防止大块垃圾进入堵塞泄水道,在进水的入口处设置金属栅门。

常用的泄水管有金属泄水管、钢筋混凝土泄水管、横向排水管道、封闭式排水系统等多种形式。

图 12.20(a)所示为一种构造比较完备的铸铁泄水管,适用于具有防水层的铺装结构。泄水管的内径一般为 0.10~0.15 m,管子下端应伸出行车道板底面以下至少 0.15~0.20 m,以防渗湿主梁梁肋表面。安设泄水管,与防水层的结合处要做得特别仔细,防水层的边缘要紧夹在管子顶缘与泄水漏斗之间,以便防水层的渗水能通过漏斗上的过水孔流入管内。这种铸铁泄水管,使用效果好,但结构较为复杂。根据具体情况,可以做简化改进,例如采用钢管和钢板的焊接构造等。

图 12.20(b)所示为钢筋混凝土泄水管,适用于不设防水层而采用防水混凝土的铺装构造上。在制作时,可将金属栅板直接作为钢筋混凝土管的端模板,并在栅板上焊上短钢筋锚固于混凝土中,比较简单,可以节省钢材。

泄水管的施工应按设计要求执行。泄水管应伸出结构物底面 100~150 mm。桥下有道路、铁路、航道等不宜直接排水的情况下,可将泄水管通过纵向及竖向排水管道直接引向地面,或按设计文件要求办理。要求管道要有良好的固定装置,如锚锭轨及抱箍等预埋件。

对于一些跨径不大、不设人行道的小桥,有时为了简化构造和节省材料,可以直接在行车道两侧的安全带或路缘石上预留横向孔道,用铁管或塑料管等将水排出桥外,管口要伸出构件外

0.02~0.03 m,以便滴水。这种做法虽简便,但因孔道坡度平缓,易于淤塞。

对于城市桥梁、立交桥及高速公路上的桥梁,应该避免泄水管挂在桥下,这样既影响桥的外观,又有碍公共卫生。应设置完整封闭的排水系统,将排水管道沿墩台接至地面排水系统,如图12.21所示。

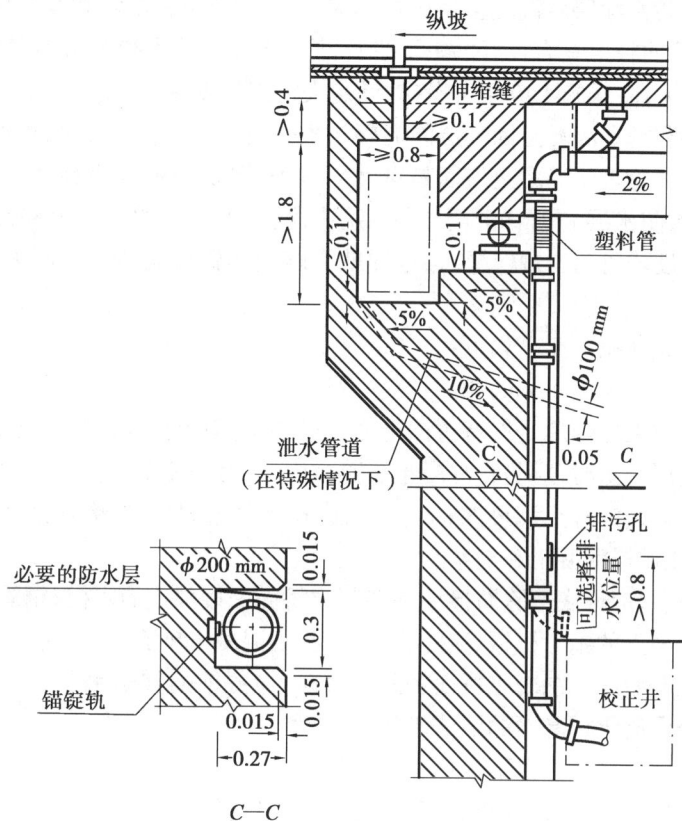

图 12.21　设在桥台处的排水管道(尺寸单位:m)

12.4.2　桥面防水施工

为防止雨水聚集于桥面并渗入梁体而影响桥梁的耐久性,在桥面铺装层内要采取防水措施,如采用防水混凝土、柔性贴式防水层等。桥面的防水层设置在行车道铺装层下边,它将透过铺装层渗下的雨水汇集到排水设备排出。国内常用的为贴式防水层,由两层防水卷材(如油毛毡)和三层黏结材(沥青胶砂)相间组合而成,一般厚 0.01~0.02 m。桥面伸缩缝处应连续铺设,不可断开;桥面纵向铺过桥台背;截面横向两侧,则应伸过缘石底面从人行道与缘石砌缝里向上叠起 0.10 m。

桥面防水层应覆盖整个混凝土桥面。防水层为两道防线,第一道喷涂水泥混凝土表面防水剂 2 遍,第二道喷涂桥面防水涂料 2~4 遍,防水涂膜厚度以平均不超过 2 mm 为宜。防水层应具有良好的耐久性,至少应有不低于桥面沥青铺装层使用年限的寿命(8~10 年),并能适应高架桥动荷载抗压、抗拉的特点。当混凝土桥面板开裂 ≤ 2 mm 时,防水涂膜变形仍应满足不拉裂的需要,以保证防水要求。在环境条件-15～+90 ℃范围内,仍能满足以上要求,同时在经受沥青层摊铺温度 160 ℃后,不影响其长期耐久使用性能。防水涂层与其上沥青混凝土铺装层应有相融性,二者之间的黏结力不低于沥青混凝土铺装层与混凝土桥面之间的黏结力。

喷涂水泥混凝土表面防水剂,应保证防水剂能够渗入桥面混凝土 10 mm 以上,提高混凝土抗渗性>0.2 MPa。防水涂层对混凝土桥面板亦应具有良好的黏结性,以保证沥青铺装层黏结力的需要,并在粗糙桥面板上具有良好的密贴性。防水层黏结后不得夹有空气层,防水层抗渗要求应在 0.3 MPa 以上,防水施工应便于操作,满足大桥工期安排的要求。

为提高防水层和沥青混凝土铺装层同混凝土桥面板之间的抗剪强度,混凝土桥面板进行拉毛处理是必要的。试验表明混凝土表面是自然平整表面,抗剪强度很难达到规定要求,但是经过适当拉毛处理后,防水层和沥青混凝土铺装层同混凝土界面的嵌锁力和摩阻力都有很大提高。因此其抗剪强度均可超出规定要求,这样就为路面车辆行驶后长时间内不出现起皱、裂缝创造良好的条件。

混凝土桥面板具体拉毛要求如下:

①拉毛深度 3 mm,宽度 4 mm,相邻拉毛净距 24 mm。

②混凝土桥面拉毛处理后要保持桥面干净,不得在桥面上拌和混凝土和砂浆。

③防撞墙浇筑混凝土时,应防止混凝土撒落桥面上,万一撒落应及时清除掉。

④一般不允许运送混凝土和砂浆的车子从已拉毛处理过的混凝土桥面上通过,必须通过时,应采取措施防止抛撒混凝土和漏浆。

⑤防撞墙拆模后,应彻底清除防撞墙和混凝土桥面交接部位的木模、钢筋、铁丝等杂物。

⑥在混凝土桥面上的施工机械,应防止漏油,污染混凝土桥面。

⑦各施工段在开始施工混凝土桥面和防撞墙时,应提前通知防水层施工单位,以便派出专人负责检查和监督混凝土桥基面的清洁工作。

铺设桥面防水层时要注意以下事项:

①防水层材料应经过检查,在符合规定标准后方可使用。

②防水层通过伸缩缝或沉降缝时,应按设计规定铺设。

③防水层应横桥向闭合铺设,底层表面应平顺、干燥、干净。防水层不宜在雨天或低温下铺设。

④水泥混凝土桥面铺装层当采用油毛毡或织物与沥青黏合的防水层时,应设置隔断缝。

桥面防水施工时技术要求如下:

①在施工部位用自来水或清洁水冲洗表面浮灰,并喷洒足量的水使基层混凝土完全湿润。

②待基层清洗湿润后,表面无浮水时,喷涂防水剂于基层表面。当防水剂渗入基层内部,表面无明显湿润状态时,再喷涂第二遍防水剂。

③喷涂第二遍防水剂后,应有专人负责观察涂层蒸发情况。2～3 h 后,防水剂涂层将要干燥时(一面干饱和状态),应立即用喷雾器喷洒清水,以湿润表面为准,不宜过多,以免防水剂流失。这样连续喷水养护 24 h,即完成此道工序。

④喷涂桥面防水涂料前,应首先凿除混凝土浮浆,平整凸凹不平处,清除油污、垃圾等;然后彻底清扫基面,再用吸尘器把基面吹干净。

⑤喷涂桥面防水涂料第一层时,要在涂料中适当掺加一定量的表面活性剂溶液进行稀释,以促使涂料掺入基层毛细孔隙以提高防水涂层的黏结强度和抗剪强度。喷涂第二、三、四遍涂

料时,要等上一遍涂料实干后才能喷涂。

⑥为避免涂料污染防撞墙,在喷涂桥面防水涂料时,有两人执挡布护住防撞墙,因此防撞墙底部防水层是采取人工涂刷的。

规范对桥面防水施工质量标准的要求如下:

①基层处理要求平整、干燥,拉毛符合设计要求,表面无垃圾、浮浆、污渍。

②防水层宽度误差在±2 mm以内。

③防水层粘贴牢固,表面平整,无空鼓、脱落、翘边等缺陷。

④防水层实干后7 d蓄水试验,水高5~10 cm,蓄水时间不少于24 h,应无渗漏。

12.4.3　桥面防护设施施工

1)桥面防护设施的一般要求

桥面安全带和路缘石、人行道梁、人行道板、栏杆、扶手、灯柱等,在修建安装完工后,其竖向线形或坡度、断缝或伸缩缝必须符合设计规定。

钢筋混凝土柱式护栏、金属制护栏放样前,应选择桥梁伸缩缝附近的端部立柱等作为控制点,当间距出现零数,可用分配办法使之符合规定的尺寸,立柱宜等距设置。

轮廓标的安装高度宜尽量统一,其连接应牢固。

2)桥面安全带和缘石的施工

悬臂式安全带构件必须与主梁横向连接或拱上建筑完成后才可安装。安全带梁必须安放在未凝固的M20稠水泥砂浆上,以便形成顶面设计的横向排水坡。为减少从缘石与桥面铺装缝中渗水,缘石宜采用现浇混凝土,使其与桥面铺装的底层混凝土结为整体。

3)人行道施工

桥梁上的人行道由人行交通流量决定,可选用0.75 m或1 m,大于1 m时按0.5 m倍数递增,行人稀少时可不设人行道。人行道按安装在桥上的形式分,有悬臂式和搁置式两种。

悬臂式人行道构件必须与主梁横向连接或拱上建筑完成后才可安装。人行道梁必须安放在未凝固的M20稠水泥砂浆上,并以此来形成人行道顶面设计的横向排水坡。人行道板必须在人行道梁锚固后才可铺设,对设计无锚固的人行道梁、人行道板的铺设应按照由里向外的次序。在安装有锚固的人行道梁时,应对焊缝认真检查,必须注意施工安全。人行道铺设应符合表12.5的规定。

表12.5　人行道铺设限差

项　次	检查项目	规定值或允许偏差
1	人行道边缘平面偏位(mm)	5
2	纵向高程(mm)	+10,0
3	接缝两侧高差(mm)	2
4	横坡(%)	±0.3
5	平整度(mm)	5

4)栏杆施工

栏杆是桥面上的安全设置,要求坚固;同时栏杆又是桥梁的表面建筑,要有一个美观大方的艺术造型。栏杆的高度一般为 0.8~1.2 m,标准设计为 1.0 m;栏杆的间距一般为 1.6~2.7 m,标准设计为 2.5 m。栏杆常用混凝土、钢筋混凝土、钢、铸铁或钢与混凝土混合等材料制作。

栏杆块件必须在人行道板铺设完毕后才可安装。安装栏杆柱时,必须全桥对直、校平(弯桥、坡桥要求平顺),竖直后用水泥砂浆填缝固定。桥上灯柱应按设计位置安装,必须牢固、线条顺直、整齐美观。灯柱线路必须安全可靠。栏杆、护栏安装质量应符合表 12.6 的规定。

表 12.6　栏杆、护栏安装限差

项　次	检查项目	规定值或允许偏差(mm)
1	护栏、栏杆平面偏位	4
2	扶手高度	±10
	栏杆柱顶面高差	4
3	护栏、栏杆柱纵、横向竖直度	4
4	相邻栏杆扶手高差及护栏接缝两侧高差	3

5)灯柱安装

灯柱通常只在城镇设有人行道的桥梁上安装。灯柱的设置位置有两种:一种是设在人行道上,另一种是设在栏杆立柱上。照明用灯一般高出车道 5 m 左右。

第一种布设较为简单,在人行道下布埋管线,按设计位置预设灯柱基座,在基座上安装灯柱、灯饰,连接好线路即可。这种布设方法大方、美观,灯光效果好,适合于人行道较宽(大于1 m)的情况。但灯柱会减小人行道的宽度,影响行人通过,且要求灯柱布置稍高一些,不能影响行车净空。

第二种布设稍麻烦一些,电线在人行道下预埋后,还要在立柱内布设线管通至顶部,因立柱既要承受栏杆上传来的荷载,又要承受灯柱的重量,因此带灯柱的立柱要特殊设计和制作。在立柱顶部还要预设灯柱基座,保证其连接牢固。这种情况一般只适用于安置单火灯柱,灯柱顶部可向内侧弯曲延伸一部分,以保证照明效果。该布置法的优点是灯柱不占人行道空间,桥面开阔,但施工、维修较为困难。

规范要求灯柱应按设计位置安装,必须牢固、线条顺直、整齐美观,灯柱电路必须安全可靠。

12.4.4　桥头搭板施工

桥头搭板是用于防止桥端连接部分的沉降而采取的措施。它搁置在桥台或悬臂梁板端部和填土之间,随着填土的沉降而能够转动。车辆行驶时可起到缓冲作用,即使台背填土沉降也不至于产生凹凸不平。

《公路桥涵施工技术规范》(JTG/T F50)中对桥头搭板的规定如下:

①在钢筋混凝土桥头搭板,台后填土的填料应以透水性材料为主,分层压实应按《公路桥涵施工技术规范》(JTG/T F50)规定执行。台背回填前应按设计要求做防水处理。

②台后地基如为软土,应按设计依照《公路桥涵施工技术规范》(JTG/T F50)相应规定进行

处理,预压时应进行沉降观测,预压沉降控制值应在施工搭板前完成。

③桥头搭板下路堤可设置排水构造物。

④钢筋混凝土搭板及枕梁宜采用就地浇筑。

本章小结

　　本章主要内容包括概述、支座施工、伸缩装置分类与施工、桥面铺装层施工和其他附属设施施工共5部分内容。第1部分主要介绍了桥面构造的作用及组成部分;第2部分主要介绍了桥梁支座的类型、特点及其安装方法与质量检查标准等内容;第3部分主要介绍了伸缩装置的作用、分类、适用条件及其安装方法与质量标准等内容;第4部分主要介绍了桥面铺装层的作用、形式及其具体的施工工艺流程等内容;第5部分主要介绍了桥面其他附属设施如泄水管、桥面防水、桥面防护设施以及桥头搭板的安装与施工方法。

思考题与习题

12.1　桥梁常用支座形式有哪些?

12.2　简述不同类型支座安装过程中的要求。

12.3　桥面伸缩装置作用有哪些? 有哪几种类型?

12.4　各种桥面伸缩装置的适用条件是什么? 如何安装?

12.5　桥面铺装的作用是什么? 常用的类型有哪些?

12.6　桥面防排水有哪些方法?

12.7　简述水泥混凝土和沥青混凝土桥面铺装的施工工艺及检查标准。

12.8　简述桥面各附属设施的施工注意事项。

13 道路桥梁工程施工组织与管理

本章导读:

- **内容及要求** 主要介绍施工组织设计的任务与原则、施工组织设计阶段方案与内容、施工组织的基本方法、机械化施工组织等内容。通过本章学习,应了解施工组织设计的原则、施工组织设计阶段方案、施工组织的基本方法等内容;掌握施工组织设计的任务与作用、实施施工组织设计、施工机械的选型与配套原则等内容。
- **重点** 施工组织设计的一般原则、施工组织计划内容、施工机械的选型与配套原则。
- **难点** 施工组织的基本方法、施工组织设计。

13.1 概　述

施工组织与管理是研究如何以最合理的方法和手段来组织均衡生产,提高劳动生产率,确保质量和效益的一门学科,是对施工活动实行科学管理的重要手段,它具有战略部署和战术安排的双重作用。它体现了实现基本建设计划和设计的要求,提供了各阶段的施工准备工作内容,协调施工过程中各施工单位、各施工工种、各项资源之间的相互关系。施工组织是用来指导施工项目全过程各项活动的技术、经济和组织的综合性文件,是施工技术与施工项目管理有机结合的产物,它是工程开工后施工活动能有序、高效、科学合理地进行的保证。施工组织的繁简,一般要根据工程规模大小、结构特点、技术复杂程度和施工条件的不同而定,以满足不同的实际需要。复杂和特殊工程的施工组织应较为详尽,小型建设项目或具有较丰富施工经验的工程则可较为简略。施工组织是为解决整个建设项目施工的全局问题的,要求简明扼要、重点突出,要安排好主体工程、辅助工程和公用工程的相互衔接和配套。

单位工程的施工组织是为具体指导施工服务的,要具体明确,要解决好各工序、各工种之间的衔接配合,合理组织平行流水和交叉作业,以提高施工效率。施工条件发生变化时,施工组织须及时修改和补充,以便继续执行。施工组织的内容要结合工程对象的实际特点、施工条件和技术水平进行综合考虑。

1)公路工程基本建设程序

基本建设程序是指基本建设项目从规划立项到竣工验收的整个建设过程中各项工作的先后次序,这个次序是由基本建设的客观规律决定的。道路工程基本建设程序应当是:根据国民经济长远规划以及道路网建设规划,提出项目建议书;进行可行性研究,编制可行性报告;经批准后进行初步设计;再经批准后列入国家年度基本建设计划,并进行技术设计和施工图设计;设计文件经审批后组织施工;施工完成后,进行竣工验收,然后交付使用。这一程序必须依次进行,一步一步地实施。其具体内容如下:

(1)项目建议书

根据国民经济发展的长远规划和道路网建设规划,提出项目建议书。项目建议书应对拟建项目的目的、要求、主要技术标准、原材料及资金来源等提出文字说明。项目建议书是进行各项前期准备工作和进行可行性研究的依据。项目建议书不是项目的最终决策,项目建议书一经批准,即着手进行可行性研究。

(2)可行性研究

可行性研究是基本建设前期的重要组成部分,是建设项目立项、决策的主要依据。在新制定的《道路建设项目可行性研究报告编制办法》中规定,大中型工程、高等级公路及重点工程项目(含国防、边防公路)均应进行可行性研究,小型项目可适当简化。

道路建设项目可行性研究的任务是:在对拟建工程地区社会、经济发展和道路网状况进行充分的调查研究、评价、预测和必要的勘察工作的基础上,对项目建设的必要性、经济合理性、技术可行性、实施可能性,提出综合性研究论证报告。可行性研究报告的文件,应符合《道路建设项目可行性研究报告编制办法》的规定。

(3)设计文件

道路工程基本建设项目一般采用两阶段设计,即初步设计和施工图设计。对于技术简单、方案明确的小型建设项目,也可采用一阶段设计,即一阶段施工图设计。对于技术复杂、基础资料缺乏和不足的建设项目,或建设项目中的特大桥、互通式立体交叉、隧道、高速公路和一级公路的交通工程及沿线设施中的机电设备工程等,必要时采用三阶段设计,即初步设计、技术设计和施工图设计。

①初步设计。初步设计应根据批复的可行性研究报告、测设合同及勘测资料进行编制。初步设计的目的是确定设计方案,必须进行多设计方案比选才能确定最合理的设计方案。设计方案确定后,拟定修建原则,计算工程数量和主要材料数量,提出初步施工方案,编制设计概算,提供文字说明和有关图表资料。初步设计文件经审查批复后,即作为订购主要材料、机具、设备等及联系征用土地、拆迁等事宜,进行施工准备,编制施工图设计文件和控制建设项目投资等的依据。

②技术设计。按三阶段设计的项目,应进行技术设计。技术设计应根据初步设计的批复意见、勘测设计合同要求,进一步勘测调查,分析比较,解决初步设计中尚未解决的问题,落实技术

方案,计算工程数量,提出修正的施工方案,编制修正设计概算,批准后即作为施工图设计的依据。

③施工图设计。不论几阶段设计,都要进行施工图设计。两阶段(或三阶段)施工图设计应根据初步设计(或技术设计)的批复意见、勘测设计合同,到现场进行详细勘察测量,确定道路中线及各种结构物的具体位置和设计尺寸,确定各项工程数量,提出文字说明和有关图表资料,做出施工组织计划,并编制施工图预算,向建设单位提供完整的施工图设计文件。施工图设计文件一般由以下资料组成:总说明书、总体设计、路线、路基、路面及排水、桥梁涵洞、隧道、路线交叉、交通工程及沿线设施、环境保护、渡口码头及其他工程、筑路材料、施工组织计划、施工图预算、附件。

(4)列入年度基本建设计划

当建设项目的初步设计和概算报上级审查批准后,才能列入国家基本建设年度计划,这是国家对基本建设实行统一管理的手段。年度计划是年度建设工作的指令性文件,一经确定后,如果需要增加投资额或调整项目时,必须上报原审批机关批准。

(5)施工准备

道路工程涉及面广,为了保证施工的顺利进行,建设单位、勘测设计单位、施工单位和银行等都应在施工准备阶段充分做好各自的准备工作。施工单位应首先熟悉图纸并进行现场核对,编制实施性施工组织设计和施工预算,同时组织先遣人员、部分机具、材料进场,进行施工测量、修筑便道及生产、生活临时设施,组织材料及技术物资的采购、加工、运输、供应、储备,提出开工报告。

(6)工程施工

施工准备工作完成后,施工单位必须按上级下达的开工日期或工程承包合同规定的日期开始施工。在建设项目的整个施工过程中,应严格执行有关的施工技术规程,按照设计要求,确保工程质量,安全施工。坚持施工过程组织原则,加强施工管理,大力推广应用新技术、新工艺,尽量缩短工期,降低工程造价,做好施工记录,建立技术档案。

(7)竣工验收、交付使用

建设项目的竣工验收是道路工程基本建设全过程的最后一个程序。竣工验收包括对工程质量、数量、工期、生产能力、建设规模和使用条件的审查。对建设单位和施工企业编报的固定资产移交清单、隐蔽工程说明和竣工决算(竣工验收时,建设单位必须及时编制竣工决算,核定新增固定资产的价值,考核分析投资效果)等进行细致检查。当全部基本建设工程经过验收合格,完全符合设计要求后,应立即移交给生产部门正式使用。对存在的问题要明确责任,确定处理措施和期限。

2)公路建设项目的组成

(1)基本建设项目

基本建设项目又称建设项目,一般指符合国家总体建设计划,能独立发挥生产能力或满足生活需要,其项目书经批准立项和可行性研究报告经批准的建设任务。如工业建设中的一座工厂、一座矿山,民用建设中的一个居民区、一幢住宅、一所学校等都为一个建设项目。道路建设项目,一般指建成后要以发挥其使用价值和投资效益的一条道路或一座独立的大中型桥梁或一座隧道。

　　按国家计划及建设主管部门的规定,一个建设项目应有一个总体设计。在总体设计的范围内可以由若干个单项工程组成(如一个建设项目划分为几个标段),经济上实行统一核算,行政上实行统一管理,也可以分批分期进行修建。

　　(2)单项工程

　　单项工程又称为工程项目,它具有独立的设计文件,在竣工后能独立发挥设计规定的生产能力或效益的一项工程。如工业建筑中的生产车间、办公楼,民用建筑中的教学楼、图书馆、宿舍楼等。道路建设的单项工程一般指独立的桥梁工程、隧道工程,这些工程一般包括与已有道路的接线,建成后可以独立发挥交通功能。但一条路线中的桥梁或隧道,在整个路线未修通前,并不能发挥交通功能,也就不能作为一个单项工程。

　　(3)单位工程

　　单位工程是单项工程的组成部分,是指在单项工程中具有单独设计文件和独立施工条件,并可单独作为成本计算对象的部分。如单项工程中的生产车间的厂房修建、设备安装;道路工程中同一合同段内的路线、桥涵等。由此可见,单位工程一般不能独立发挥生产能力和使用效益,一个单位工程可以包含若干分部工程。

　　(4)分部工程

　　分部工程是单位工程的组成部分,一般是按单位工程中的主要结构、主要部位来划分的。如工业与民用建筑中的房屋基础、墙体等。在公路建设工程中,如按工程部位划分为路基工程、路面工程、桥涵工程等;按工程结构和施工工艺划分为土石方工程、混凝土工程和砌筑工程等。一个分部工程包括若干分项工程。

　　(5)分项工程

　　分项工程是分部工程的组成部分,是根据分部工程划分的原则,再进一步将分部工程分成若干个分项工程。分项工程是按照不同的施工方法、不同的施工部位、不同的材料、不同的质量要求和工作难易程度来划分的,是概预算定额的基本定量单位,故也称为工程定额子目或工程细目。一般来说,分项工程中只是建筑或安装工程的一种基本构成要素,是为了确定建筑或安装工程费用而划分出来的一种假定产品,以便作为分部工程的组成部分。因此,分项工程的独立存在是没有意义的。

　　综上所述,一个建设项目是由一个或几个单项工程组成,一个单项工程是由几个单位工程组成,一个单位工程又由若干个分部工程组成,一个分部工程还可以划分为若干个分项工程。建设项目的组成和它们之间的关系,如图 13.1 所示。

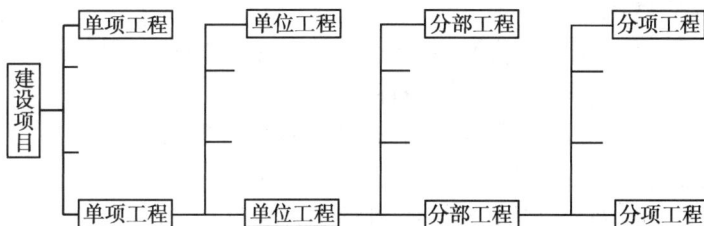

图 13.1　建设项目组成

13.2 施工组织设计的任务与原则

13.2.1 道路与桥梁工程施工特点

道路桥梁是一种人工构筑物,是通过设计与施工,消耗大量的人工、材料和机械而完成的建筑产品。和工业生产比较,道路桥梁施工同样是把一系列的资源投入产品(即工程)的生产过程,在生产上的阶段性和连续性与组织上的专门化和协作化是一致的。但是,道路桥梁施工与一般工业生产和其他土建工程施工(如房屋建筑)都有所不同。比如,由于道路工程的线性分布性质,使施工面狭长,流动性大,临时工程多,施工容易受到其他工程和外界干扰,施工管理工作量大,由于道路施工全系野外作业,受自然条件影响很大,施工受季节影响;由于工程数量分布不均匀(特别是集中土石方和大中桥),给各施工项之间的协调工作带来困难;由于道路是永久性建筑,占用土地又多,一般不可能拆除重建,因此施工质量尤其重要。

由于道路桥梁施工的上述特点,为了保证施工任务的圆满完成,必须做好施工组织设计,并采取相应的管理措施。

13.2.2 施工组织设计的任务与作用

施工现场的组织与管理工作贯穿于施工的全过程,分为施工准备工作、现场施工管理与调度工作及竣工验收与结算。具体包括以下内容:

1)施工准备工作

①现场调查,即调查地物地貌、水文地质、资源供应及施工运输条件;

②图纸会审与技术交底;

③编制施工组织设计;

④编制施工预算,下达施工任务,签订分包协议;

⑤组织劳力、机械、材料进场;

⑥测量放线,二通一平,按平面布置图搭设临时生产、生活设施;

⑦外部协作,办理施工执照,申办封闭交通。

2)现场施工管理与调度

①编制和下达施工作业计划,制订劳动组合与施工作业程序,工程任务划分;

②建立施工组织管理体系,形成生产指挥系统;

③开展现场技术管理、质量管理、材料管理、机械设备管理、安全文明施工管理及施工现场的平面管理与环境管理;

④建立现场调度会议制度,定期分级召开生产调度会议;

⑤推行施工任务书与包工合同,加强基层作业队(班、组)管理。

3)竣工验收与工程结算

①工程收尾、清场、返修补修。工程分级检查验收,工程量核实,签证与工程结算,交工会议

与签订保修协议。

②当承担大中型市政工程施工项目时,应实行"项目法"管理。

施工组织设计的作用是指导拟建工程从施工准备到竣工验收全过程的各综合性的技术经济文件,是沟通工程设计和施工之间的桥梁,是指导现场施工的法规。它的作用是全面规划、布置施工生产活动;制订先进合理的技术和组织措施;确定先进合理、切实可行的施工方案;节约使用人力、物力和加强各方面的协调配合,保证有节奏地连续施工,全面完成施工任务,以便企业以最小的消耗,取得较大的经济效果。

13.2.3　施工组织设计的一般原则

市政工程施工组织设计的编制应符合下列原则:

①符合施工合同有关工程进度、质量、安全、环境保护及文明施工等方面的要求。

②优化施工方案,达到合理的技术经济指标,并具有先进性和可实施性。

③结合工程特点推广应用新技术、新工艺、新材料、新设备。

④推广应用绿色施工技术,实现节能、节地、节水、节材和环境保护。

建筑施工的特点之一是产品的固定性,因此使建筑施工在同一场地上同时或者先后交叉进行。没有前一阶段的工作,后一阶段的工作就不能进行,同时它们之间又是交错搭接地进行;顺序反映客观规律要求,交叉则反映争取时间的努力。因此,在编制施工组织设计的过程中必须合理安排施工程序。在安排施工程序时必须考虑以下几点:

a.要及时完成相关的准备工作,为正式施工创造良好条件;

b.正式施工时应该先进行全场性的工作,然后再进行各个项目的施工;

c.对于单个构筑物的施工顺序,既要考虑空间的顺序,也要考虑各个工种之间的顺序;

d.可供整个施工过程使用的建筑物要尽可能地提前建造,以便减少施工的临时设施,从而节约投资。

⑤在选择施工方案时,要积极采用新材料、新设备、新工艺和新技术,努力为新结构的推行创造条件;要注意结合工程特点和现场条件,使技术的先进适用性和经济合理性相结合,防止单纯追求先进而忽视经济效益的做法;还要符合施工验收规范、操作规程的要求和遵守有关防火、保安及环保等规定,确保工程质量和施工安全。施工方案的选择必须进行多方案比较。比较时应做到实事求是,在多个方案中选择最经济、最合理的;一切从实际出发,以数据来定方案,数据一定要准确,结论要有理、有力。

⑥对于那些必须进入冬、雨季施工的工程,应落实季节性施工措施,以增加全年的施工天数,提高施工的连续性和均衡性。建筑施工周期长,多属露天作业,不可避免地受到天气和季节的影响,主要是冬、雨季的影响。因此,如何克服冬、雨季所造成的不利影响是关键问题。主要措施有两条:一是在安排进度时,将受季节影响较大的施工项目安排在有利的天气进行,将受天气影响较小的项目安排在冬、雨季进行;二是采取一定的措施,保证冬、雨季施工的施工质量与进度。

⑦尽量利用正式工程已有设施,以减少各种临时设施;尽量利用当地资源,合理安排运输、装卸与储存作业,减少物资运输量,避免二次搬运;精心进行场地规划布置,节约施工用地,不占或少占农田。

⑧必须注意根据地区条件和构件条件,通过技术经济比较,恰当地选择预制方案或现场浇筑方案。确定预制方案时,应贯彻工厂预制与现场预制相结合的方针,努力提高建筑工业化程度,但不能盲目追求装配化程度的提高。

⑨要贯彻先进机械、简易机械和改进机械相结合的方针,恰当选择自行装备、租赁机械或机械化分包施工等方式,但不能片面强调提高机械化程度指标。

⑩制订节约能源和材料措施。

⑪要贯彻"百年大计、质量第一"和预防为主的方针,从各方面制订保证质量的措施,预防和控制影响工程质量的各种因素。

⑫要贯彻"安全为了生产,生产必须安全"的方针,建立健全各项安全管理制度,制订安全施工的措施,并在施工过程中经常地进行检查和督促。

13.3 施工组织设计的阶段与内容

13.3.1 施工组织设计阶段的方案

施工组织设计根据设计和编制对象的不同大致可分为三类:施工组织总设计、单位工程施工组织设计和分部分项工程施工组织设计。

1)施工组织总设计

施工组织总设计即施工组织大纲,它是以群体工程若干个单项工程为对象,在初步设计阶段或扩大初步设计阶段编制的战略性和方针性的全面规划和总体部署,是指导整个工程施工全过程的组织、技术、经济的综合性设计文件。它将建设项目视为一个系统,对影响全系统的重大战略问题进行预测和决策,预见工程建设的进程和发展,预见可能发生的矛盾,从而把握全局,取得主动,指导做好施工前的准备工作,内容比较概括、粗略。它是施工单位编制年度施工计划和单位工程施工组织设计的依据。

施工组织总设计的主要内容包括:工程概况,施工部署与施工方案,施工总进度计划,施工准备工作及各项资源需要计划,施工总平面图,主要技术组织措施及主要技术经济指标等。

2)单位工程施工组织设计

单位工程施工组织设计是以单位工程为对象,在接到施工图纸资料后,并在主体工程开工之前,编制的统筹规划和施工部署,由直接组织施工的单位编制。如确定具体的施工组织、施工方法、技术措施等。内容比施工组织总设计详细、具体,是指导该单位工程施工全过程的组织、技术、经济的综合性文件,也是施工企业编制季度、月度计划的依据。

3)分部分项工程施工组织设计

分部分项工程施工组织设计是以一个较小的单位工程或大型复杂的分部分项工程或专业工程为对象,在接到图纸资料后,并在工程开工之前,针对工程特点和主要施工工序,在施工方法、施工机具、施工进度、劳动组织、技术措施、时间配合和空间布置等方面编制的,用以指导该项工程施工全过程的组织、技术、经济的综合性文件。内容比单位工程施工组织设计详细、具体、简明,是专业工程的具体施工设计。一般在单位工程施工组织设计确定了施工方案之后,由施工队技术员负责编制。

分部分项工程设计的主要内容包括:工程概况、施工方案、施工进度表、施工平面图及技术组织措施等。

施工方案是根据设计图纸和说明书,决定采用哪种施工方法和机械设备,以何种施工顺序和作业组织形式来组织项目施工活动的计划。施工方案确定了,就基本上确定了整个工程施工的进度、劳动力和机械的需要量、工程的成本、现场的状况等。所以说,施工方案的优劣在很大程度上决定了施工组织设计质量的好坏和施工任务能否圆满完成。施工方案包括施工方法与施工机械选择、施工顺序的合理安排以及作业组织形式和各种技术组织措施等内容。

(1)施工方案制定的原则

①制订方案首先必须从实际出发,符合现场的实际情况,有实现的可能性。所制订方案在资源、技术上提出的要求应该与当时已有的条件或在一定时间能争取到的条件相吻合,否则是不能实现的。

②施工方案的制订必须满足合同要求的工期。按工期要求投入生产,交付使用,发挥投资效益。

③施工方案的制订必须确保工程质量和施工安全。工程建设是百年大计,要求质量第一,保证施工安全是员工的权利和社会的要求。因此,在制订方案时应充分地考虑工程质量和施工安全,并提出保证工程质量和施工安全的技术组织措施,使方案完全符合技术规范、操作规范和安全规程的要求。如在质量方面制定工序质量控制标准、岗位责任制与经济责任制和质量保障体系等。

④在合同价控制下,尽量降低施工成本,使方案更加经济合理,增加施工生产的盈利。从施工成本的直接费和间接费中找出节约的途径,采取措施控制直接消耗,减少非生产人员,挖掘潜力,使施工费用降低到最低限度,不突破合同价,取得好的经济效益。

(2)施工方法的选择

施工方法是施工方案的核心内容,它对工程的实施具有决定性作用。确定施工方法应突出重点,凡是采用新技术、新工艺和对工程质量起关键作用的项目,以及工人在操作上还不够熟练的项目,应详细而具体,不仅要拟订进行这一项目的操作过程和方法,而且要提出质量要求,以及达到这些要求的技术措施,并要预见可能发生的问题,提出预防和解决这些问题的办法。对于一般性工程和常规施工方法则可适当简化,但要提出工程中的特殊要求。

●施工方法选择的依据

正确地选择施工方法是确定施工方案的关键。各个施工过程均可采用多种施工方法进行施工,而每一种施工方法都有其各自的优势和使用的局限性。我们的任务就是从若干可行的施工方法中选择最可行、最经济的施工方法。选择施工方法的依据主要有:

①工程特点。主要指工程项目的规模、构造、工艺要求、技术要求等方面。

②工期要求。要明确本工程的总工期和各分部、分项工程的工期是紧迫、正常与充裕三种情况的哪一种。

③施工组织条件。主要指气候等自然条件,施工单位的技术水平和管理水平,所需设备、材料、资金等供应的可能性。

④工程扩建,要求采用的施工方法必须保证既有工程的安全和行车的安全。

⑤设计图纸,主要指根据设计图纸的要求,确定施工方法。

⑥施工方案的基本要求。主要是指根据制订施工方案的基本要求确定施工方法。对于任何工程项目都有多种施工方法可供选择,但究竟采用何种方法,将对施工方案的内容产生巨大影响。

•施工方法的确定与机械选择的关系

道路工程施工机械的合理组合也是道路建设中选择施工机械时应遵循的原则之一。施工机械的合理组合分为技术性能组合和类型、数量组合。施工机械技术性能的合理组合包括以下方面:

①主要机械与配套机械的组合。配套机械的工作容量、生产率和数量应稍大一点,以便充分发挥主要机械的作业效率。例如,自卸运输车的车厢容积应是挖掘机铲斗工作容量的 3~5 倍,但不要大于 7~8 倍。

②主要机械与辅助机械的组合。辅助机械的生产率应略大一些,以便充分发挥主要机械的生产率。

③牵引车与其他机具的组合。两者要互相适应,以便获得最佳的联合作业效益。

施工机械类型与其数量的合理组合:施工机械类型及数量宜少不宜多。根据道路建设项目的作业内容,尽可能地选用大工作容量、高作业效率的相同类型的施工机械。一般来说,组合的施工机械台数适当减少,有利于提高协同作业的效率。施工机械品种、规格单一时,便于施工过程中的调度、管理和维护。并列组合,只依靠一套施工机械组合作业,当主要施工机械发生故障时,就会造成建设项目全线停工。若选用两套或多套施工机械并列作业,则可避免或减少全线停工现象的发生。沥青路面施工中多采用两套沥青摊铺机、压路机并列作业即为典型实例。

在多年的道路工程施工实践中,从实际出发,根据道路建设项目和施工机械保有量(机型、规格、数量),可采用如下不同的方法选配施工机械:

①根据道路建设项目作业内容选择施工机械。以路基工程施工为例,路基工程作业内容包括土石方挖掘、铲运、填筑、压实、修整及挖沟等基本内容,以及伐树除根、松土、爆破、表层清理和处置等辅助作业,每种作业可根据工程类别选择机械与设备。

②根据道路建设项目工程量选择施工机械。在道路建设项目的施工期限内,按照施工计划中的月作业强度和日作业量选择施工机械。

③根据运输距离和道路情况选择施工机械。在沥青路面施工中,为保证沥青混合料摊铺工序所需温度($\geqslant110\ ℃$)和压实工序所需温度($\geqslant90\ ℃$),自卸车运输沥青混合料的距离不宜超过 30 km。在路基工程施工中,选择施工机械时应考虑运输机械的经济运距和道路条件,如表 13.1 所示。

表 13.1 根据运距和道路条件选择施工机械

机 械	履带推土机	履带装载机	轮胎装载机	拖式铲运机	自行式铲运机	轮式拖车	自卸汽车
经济运距	$m<80$	<100	<150	100~500	200~1 000	>2 000	>2 000
道路条件	土路不平	土路不平	土路不平	土路不平	土路不平	平坦路面	一般路面

④根据土质选择施工机械。在路基工程施工中,土壤是施工机械作业的主要对象,其性质和状态直接关系到施工机械的作业质量、作业效率和成本,因此土质是选择施工机械的重要根

据之一。根据土壤的性质和状态,可选择推土机、装载机、平地机、挖掘机等,压实机械有光面压路机、轮胎压路机、振动压路机等土方施工机械。

⑤根据气象条件选择施工机械。雨水会迅速改变土壤状态,特别是黏土。因此,选择施工机械时要充分考虑道路建设项目施工期间的气象情况。如久晴不下雨、土质干燥时,可选择轮式施工机械进行作业;反之,旷日持久下雨、土壤过分潮湿和作业场地及道路泥泞时,则选用履带式施工机械进行作业为宜。

(3)施工机械的选择和优化

施工机械对施工工艺、施工方法有直接影响,施工机械化是现代化大生产的显著标志,对加快建设速度、提高工程质量、保证施工安全、节约工程成本起着至关重要的作用。因此,选择施工机械成为确定施工方案的一个重要内容,应主要考虑下列问题:

①在选用施工机械时,应尽量选用施工单位现有机械,以减少资金的投入,充分发挥现有机械效率。若现有机械不能满足工程需要,则可考虑租赁或购买。

②机械类型应符合施工现场的条件。施工条件指施工场地的地质、地形、工程量大小和施工进度等,特别是工程量和施工进度计划,是合理选择机械的重要依据。一般来说,为了保证施工进度和提高经济效益,工程量大应采用大型机械,工程量小则应采用中小型机械,但也不是绝对的。如一项大型土方工程,由于施工地区偏僻,道路、桥梁狭窄或载重量限制大型机械的通过,如果只是专门为了它的运输问题而修路、桥,显然是不经济的,因此应选用中型机械施工。

③在同一建筑工地上施工机械的种类和型号应尽可能少。为了便于现场施工机械的管理及减少转移,对于工程量大的工程应采用专用机械;对于工程量小而分散的工程,则应尽量采用多用途的施工机械。

④要考虑所选机械的运行费用是否经济,避免大机小用。施工机械的选择应以能否满足施工的需要为目的。如本来土方量不大,却用了大型土方机械,结果不到一星期就完工了,但大型机械的台班费、进出场的运输费、便道的修筑费以及折旧费等固定费用相当庞大,使运行费用过高,超过缩短工期所创造的价值。

⑤施工机械的合理组合。选择施工机械时,要考虑各种机械的合理组合,这样才能使选择的施工机械充分发挥效率。合理组合是指主机与辅机在台数和生产能力上的相互适应,作业线上的各种机械互相配套的组合。主机与辅机的组合:一定要在设法保证主机充分发挥作用的前提下,考虑辅机的台数和生产能力。作业线上各种机械的配套组合:一种机械化施工作业线是由几种机械联合作业组合成一条龙施工,才能具备整体生产能力,如果其中某种机械的生产能力不适应作业线上的其他机械,或机械可靠性不好,都会使整条作业线的机械发挥不了作用。如在桥梁工程中的混凝土拌和机、塔吊、吊斗的一条龙施工,就存在合理配套组合的问题。

⑥选择施工机械时应从全局出发统筹考虑。全局出发就是不仅考虑本项工程,而且考虑所承担的同一现场或附近现场其他工程的施工机械的使用。这就是说,从局部考虑去选择机械是不合理的,应从全局的角度进行考虑。

(4)施工顺序的选择

施工顺序是指施工过程或分项工程之间施工的先后次序,它是编制施工方案的重要内容之一。施工顺序安排得好,可以加快施工进度,减少人工和机械的停歇时间,并能充分利用工作面,避免施工干扰,达到均衡、连续施工的目的,并能实现科学地组织施工,做到不增加资源,加快工期,降低施工成本。安排好一个施工项目的施工顺序,要考虑多方面的因素:

①统筹考虑各施工过程之间的关系。在工程施工过程中,任何相邻的施工过程之间总是有先有后,有些是由于施工工艺的要求而固定不变的,也有些不受工艺限制,有一定的灵活性。

②考虑施工方法和施工机械的要求。如桥梁工程的基础是钻孔灌注桩,施工方法采用钻孔机钻孔,在安排每个基础每根桩的施工顺序时相邻桩不能顺序施工,否则会发生塌孔现象,所以必须要间隔施工。采用间隔施工时,钻机移动的次数会增多,而钻机移动需要拆卸和重新安装,很费时间。此时必须采取措施合理安排桩基的施工顺序,既要保证钻机移动地最少,又要保证钻孔安全,还能加快施工进度。

③考虑施工工期与施工组织的要求。合理的施工顺序与施工工期有较密切的关系,施工工期影响施工顺序的选用,如有些建筑物,由于工期要求紧张,采用逆作法施工,这样便导致施工顺序的较大变化。

一般情况下,满足施工工艺条件的施工方案可能有多个,因此,还应考虑施工组织的要求,通过对方案的分析、对比,选择经济、合理的施工顺序。通常,在相同条件下,应优先选择能为后续施工过程创造良好施工条件的施工顺序。

④考虑施工质量的要求。确定施工顺序时,应以充分保证工程质量为前提。当有可能出现影响工程质量的情况时,应重新安排施工顺序或采取必要的技术措施。

⑤考虑当地的气候条件和水文要求。在安排施工顺序时,应考虑冬季、雨季、台风等气候的影响,特别是受气候影响大的分部工程应尤为注意。在南方施工时,应从雨季考虑施工顺序,可能因雨季而不能施工的应安排在雨季前进行。如土方工程不能安排在雨季施工。在严寒地区施工时,则应考虑冬季施工特点安排施工顺序。桥梁工程应特别注意水文资料,枯水季节宜先施工位于河中的基础等。

⑥安排施工顺序时应考虑经济和节约,降低施工成本。合理安排施工顺序,加速周转材料的周转次数,并尽量减少配备的数量。通过合理安排施工顺序可缩短施工期,减少管理费、人工费、机械台班费等,降低工程成本,给项目带来显著的经济效益。

⑦考虑施工安全要求。在安排施工顺序时,应力求各施工过程的搭接不会产生不安全因素,以避免安全事故的发生。

(5)技术组织措施的设计

组织措施是施工企业为完成施工任务,保证工程工期,提高工程质量,降低工程成本,在技术上和组织上所采取的措施。企业应该把编制技术组织措施作为提高技术水平的关键,改善经营管理。通过编制技术组织措施,结合企业内部实际情况,很好地学习和推广同行业的先进技术和行之有效的组织管理经验。

• 技术组织措施

技术组织措施主要包括以下几方面的内容:

①提高劳动生产率和机械化水平,加快施工进度方面的技术组织措施。例如,推广新技术、新工艺、新材料,改进施工机械设备的组织管理,提高机械的完好率、利用率,科学地进行劳动组合等方面的措施。

②提高工程质量,保证生产安全方面的技术组织措施。

③施工中的节约资源,包括节约材料、动力、燃料和降低运输费用的技术组织措施。

为使编制技术组织措施的工作经常化、制度化,企业应分段编制施工技术组织措施计划。

● 工期保证措施

①施工准备抓早、抓紧。尽快做好施工准备工作,认真复核图纸,进一步完善施工组织设计,落实重大施工方案,积极配合业主及有关单位办理征地拆迁手续。主动疏通地方关系,取得地方政府及有关部门的支持,施工中遇到问题而影响进度时,要统筹安排,及时调整,确保总体工期。

②采用先进的管理方法(如网络计划技术等)对施工进度进行动态管理。以投标的施工组织进度和工期要求为依据,及时完善施工组织设计,落实施工方案,报监理工程师审批。

根据施工情况变化,不断进行设计、优化,使工序衔接、劳动力组织、机具设备、工期安排等有利于施工生产。

③建立调度指挥系统,全面、及时掌握并迅速、准确地处理影响施工进度的各种问题。对工程交叉和施工干扰应加强指挥和协调,对重大关键问题超前研究,制定措施,及时调整工序,调动人、财、物、机,保证工程的连续性和均衡性。

④加强物资供应计划的管理。每月、旬提出资源使用计划和进场时间。

⑤对控制工期的重点工程,优先保证资源供应,加强施工管理和控制。如现场昼夜值班制度,及时调配资源和协调工作等。

● 保证质量措施

保证质量的关键是对工程对象经常发生的质量通病制定防治措施,从全面质量管理的角度,把措施落到实处,建立质量保证体系,保证"PDCA 循环"的正常运转,全面贯彻执行国际质量认证标准。对采用的新工艺、新材料、新技术和新结构,必须制订有针对性的技术措施,以保证工程质量。

常见的质量保证措施有:质量控制机构和创优规划;加强教育,提高项目全员综合素质;强化质量意识,健全规章制度;建立分部、分项工程的质量检查和控制措施;技术、质量要求比较高,施工难度大的工作,成立科技质量攻关小组——全面质量管理体系中 QC 攻关小组,确保工程质量;全面执行和贯彻标准、行业指导书,保证工序质量和工作质量。

● 工程安全施工措施

安全施工措施应贯彻安全操作规程,对施工中可能发生安全问题的环节进行预测,提出预防措施。杜绝重大事故和人身伤亡事故的发生,把一般事故减少到最低限度,确保施工的顺利进展。

安全施工措施的内容包括:全面推行和执行职业安全健康管理体系标准,在项目开工前,进行详细的危险源辨识,制订安全管理制度和作业指导书;建立安全保证体系,项目部和各施工队设专职安全员,专职安全员属质检科,在项目经理和副经理的领导下,履行保证安全的一切工作;利用各种宣传工具,采用多种教育形式,使职工树立"安全第一"的思想,不断强化安全意识,使安全管理制度化、教育经常化;各级领导在下达生产任务时,必须同时下达安全技术措施;检查工作时,必须总结安全生产情况,提出安全生产要求,把安全生产贯彻到施工的全过程中去;认真执行定期安全教育、安全讲话、安全检查制度,设立安全监督岗,发挥群众安全人员的作用,对发现的事故隐患和危及工程、人身安全事项,要及时处理,并作记录,及时改正,落实到人;施工临时结构前,必须向员工进行安全技术交底,对临时结构必须进行安全设计和技术鉴定,合格后方可使用。

● 施工环境的保护措施

为了保护环境，防止污染，尤其是防止在城市施工中造成污染，出台防止污染的措施。主要包括以下几方面：积极推行和贯彻环境管理体系标准，制订相应的环境保护管理制度和作业指导书；对施工环境保护意识进行宣传教育，提高对环境保护工作的认识；保护施工场地周围的绿色覆盖层及植物，防止水土流失。

13.3.2　施工组织计划内容

1) 工程概况

①简要说明工程名称，施工单位名称，建设单位及监理机构、设计单位、质检站名称，合同开工日期和施工日期，合同价（中标价）。

②简要介绍拟建工程的地理位置、地形地貌、水文、气候、降雨量、雨季、交通运输、水电情况。

③施工组织机构设置及职责部门之间的关系。

④工程结构、规模、主要工程数量表。

⑤合同特殊要求，如业主提供结构材料、指定分包商等。

2) 施工总平面部署

①简要说明可供使用的土地、设施、周围环境、环保要求，需要保护或注意的情况。

②施工总平面布置必须以平面布置图表示，并应标明拟建工程平面位置、生产区、生活区、预制场、材料场、爆破器材库位置。

③施工总平面布置可用一张图，也可用多张相关的图表示；图上无法表示的，应用文字简单叙述。

3) 技术规范及检验标准

①明确本工程所使用的施工技术规范和质量检验评定标准。

②注明本工程所使用的作业指导书的编号和标题。

4) 施工顺序及主要工序的施工方法

①施工顺序。一般应以流程图表示各分项工程的施工顺序和相关关系，必要时附以文字简要说明。

②施工方法。施工方法是施工组织设计重点叙述的部分，它包含主要分项工程的施工方法，重点叙述技术难度大、工种多、机械设备配合多、经验不足的工序和结构关键部位。对于常规的施工工序则简要说明。

5) 质量保证计划

①明确工程质量目标。

②确定质量保证措施。

根据工程实际情况，按分项工程项目分别制订质量保证技术措施，并配备工程所需的各类技术人员；对于工程的特殊过程，应对其连续监控和持证上岗作业，并制订相应的措施和规定；对于分包工程的质量要制订相应的措施和规定。

6) 安全劳保技术措施

安全劳保技术措施包括水上作业、高空作业、夜间作业、起吊安装、预应力张拉、爆破作业、汽车运输和机械作业等安全措施,安全用电、防水、防火、防风、防洪的措施;机械、车辆多工种交叉作业的安全措施,操作者安全环保的工作环境,所需要采取的措施,拟建工程施工过程中工程本身的防护和防碰撞措施,维持交通安全的标志。所有措施应遵守行业和公司各类安全技术操作规程和各项预防事故的规定,应由项目部的安全部门负责人审核后定稿。

7) 施工总进度计划

①施工总进度计划用网络图和横道图表示。

②计划一般以分项工程划分并标明工程数量。

③将关键线路(工序)用粗线条(或双线)表示。

④根据施工强度配备各类机械设备。

8) 物资需用量计划

①本计划用表格表示,并将施工材料和施工用料分开。

②计划应注明由业主提供或自行采购。

③计划一般按月提出物资需用量,以分项工程为单位计算需用量。

④本计划同时附有物资计划汇总表,将配备品种、规格、型号的物资汇总。

9) 机械设备使用计划

①机械设备使用计划一般用横道图表。

②计划应说明施工所需机械设备的名称、规格、型号、数量等。

③计划应标明最迟的进场时间和总的使用时间。

④必要时,可注明某一种设备是租用外单位或自行购置。

10) 劳动力需用量计划

①劳动力需用量计划以表格表示。

②计划应将各技术工种和普通杂工分开,根据总进度计划需要,统计各月工种最多和最少人数。

③计划应说明本单位各工种自有人数和需要调配或雇用人数。

13.3.3 实施施工组织设计

工程中标后,对于单位工程和分部工程,应在指导性施工组织设计的基础上分别编制实施性的施工组织设计。

实施性施工组织设计的任务:

①它是用来直接指挥施工的计划,这是它的核心内容。因此应具体制订出按工作日程安排的施工进度计划。

②根据施工进度计划,具体计算出劳动力、机具、材料等的日程需要量,并规定工作班组及机械在作业过程中的移动路线及日程。

③在施工方法上,要结合具体情况考虑工程细目的施工细节,具体到能按所定施工方法确

定工序、劳动组织及机具配备。

④工序的划分、劳动力的组织及机具的配备,既要适应施工方法的需要,还要考虑工作班组的组织结构和设备情况,要最有效地发挥班组的工作效率,便于实行分项承包和结算,还要切实保证工程质量和施工安全。

⑤要考虑当发生意外情况时留有调节计划的余地。如因故中途必须停止计划项目的施工时,要准备机动工程,调动原计划安排的班组继续工作,避免窝工。

实施性施工组织设计,必须具体、详细,以达到指导施工的目的,但应避免过于复杂、烦琐。

在某些特定情况下,针对工程的具体情况有时还需要编制特殊的施工组织设计,如以下几种情况:

①某些特别重要和复杂,或者缺乏施工经验的分部、分项工程,如复杂的桥梁基础工程、站场的道岔铺设工程、特大构件的吊装工程、隧道施工中的喷锚工程等。为了保证施工的工期和质量,有必要编制专门的施工组织设计。但是,编制这种特殊的施工组织设计,其开工与竣工的工期要与总体施工组织设计一致。

②对一些特殊条件下的施工,如严寒、雨季、沼泽地带和危险地区(如隧道中通过瓦斯地层的施工)等,需要采取一些特殊的技术措施,有必要为之专门编制施工组织设计,以保证施工的顺利进行,以及质量要求和人员的安全。

③某些施工时间长的项目,即跨越几个年度的项目,在编制指导性施工组织设计或实施性施工组织设计时,不可能准确地预见到以后年度各种施工条件的变化,因而也不可能完全切实或详尽地进行施工安排。因此,需要对原定项目施工总设计在某一年进行进一步具体化或作相应的调整与修正。这时,就有必要编制年度的项目施工组织总设计,用以指导施工。

指导性项目施工组织设计是整个项目施工的龙头,是总体的规划。在这个指导文件规划下,再深入研究各个单位工程,从而制订实施性的施工组织设计和特殊的施工组织设计。在编制项目指导性施工组织设计时,可能对某些因素和条件未预见到,而这些因素或条件却是影响整个部署的。这就需要在编制了局部的施工组织设计后,再对全局性的指导性施工组织设计作必要的修正和调整。

13.4   施工组织的基本方法

13.4.1   顺序作业法

根据工程结构施工程序和工艺流程,按照先后顺序施工操作,按照固定的程序组织施工称为顺序作业法。主要特点如下:

①没有充分利用工作面进行施工,工期较长。

②每天投入施工的劳动力、材料、机具的种类比较少,有利于资源供应的组织工作。

③施工现场的组织、管理比较简单。

④不强调分工协作,若由一个作业队完成全部施工任务,不能实现专业化生产,不利于提高劳动生产率;若按工艺专业化原则成立专业作业队,各专业队不能连续作业,劳动力和材料的使用可能不均衡。

13.4.2　平行作业法

根据工程结构施工程序和工艺流程,大量人员机械施工操作,按照固定的程序组织施工称为平行作业法。主要特点如下:

①充分利用工作面进行施工,(总)工期较短。

②每天同时投入施工的劳动力、材料和机具数量较大,影响资源供应的组织工作。

③如果各工作面之间需共用某种资源时,施工现场的组织管理比较复杂、协调工作量大。

④不强调分工协作,此点与顺序作业法相同。

13.4.3　流水作业法

流水施工是一种科学、有效的工程项目施工组织方法之一,它建立在分工协作的基础上,实行专业化施工,充分利用工作时间和操作空间,减少非生产性劳动消耗,保证工程施工连续、均衡、有节奏地进行,从而对提高工程质量、降低工程造价、缩短工期有着显著作用。流水作业施工就是由固定组织的工人在若干个工作性质相同的施工环境中依次连续地工作的一种施工组织方法。工程施工中,可以采用依次施工(也称顺序施工法)、平行施工和流水施工等组织方式。对于相同的施工对象,当采用不同的作业组织方法时,其效果也各不相同。

流水施工组织的具体步骤是:将拟建工程项目的全部建造过程,在工艺上分解为若干个施工过程,在平面上划分为若干个施工段,在竖向上划分为若干个施工层,然后按照施工过程组建专业工作队(或组),并使其按照规定的顺序依次连续地投入各施工段,完成各个施工过程。当分层施工时,第一施工层各个施工段的相应施工过程全部完成后,专业工作队依次、连续地投入第二、第三、……、第 N 施工层,有节奏、均衡、连续地完成工程项目的施工全过程,这种施工组织方式称为流水施工。例如吊顶的班组在 10 层工作一周完成任务后,第二周立即转移到 11 层干同样的工作,然后第三周再到 12 层工作。别的工作队也是这样工作。此种作业法既能充分利用时间又能充分利用空间,大大缩短了工期,同时又克服了平行作业法资源高度集中的缺点,所以流水作业法是一种先进有效的作业组织法。流水作业法可保证生产的连续性和均衡性,而生产的连续性和均衡性势必使各种材料可以均衡使用,消除了工作组的施工间歇,因而可以大大缩短工期,一般可缩短 1/3～1/2。

流水施工方式是一种先进、科学的施工方式,由于在工艺过程划分、时间安排和空间布置上进行统筹安排,将会给相应的项目部带来显著的经济效益,具体可归纳为以下几点:前后施工过程衔接紧凑,消灭了不必要的时间间歇,使施工得以连续进行,后续施工过程尽可能提前在不同的工作面上开展,从而加快施工进度,缩短工程工期;各个施工过程均采用专业班组操作,可提高工人的熟练程度和操作技能,同时,工程质量也易于保证和提高;采用流水施工,使得劳动力和其他资源的使用比较均衡,从而可避免出现劳动力和资源使用大起大落的现象,减轻施工组织者的压力,为资源的调配、供应和运输带来方便;由于工期的缩短、工作效率提高、资源消耗等因素共同作用,可以减少临时设施及其他一些不必要的费用,从而降低工程造价。

流水施工的优点是:各工作队可以实行专业化施工,从而为工人提高技术熟练程度以及改进操作方法和生产工具创造了有利条件,可充分提高劳动生产率。劳动生产率得到提高,相应地可以减少工人人数和临时设施数量,从而可以节约投资、降低成本,同时专业化施工有助于保证工程质量。

流水施工具有以下特点:

①科学地利用了工作面,争取了时间,总工期趋于合理。

②工作队及其工人实现了专业化生产,有利于改进操作技术,可以保证工程质量和提高劳动生产率。

③工作队及其工人能够连续作业,相邻两个专业工作队之间可实现合理搭接。

④每天投入的资源量较为均衡,有利于资源供应的组织工作。

⑤为现场文明施工和科学管理创造了有利条件。

上述经济效果都是在不需要增加任何费用的前提下取得的。可见,流水施工是实现施工管理科学化的重要组成内容,是与建筑设计标准化、施工机械化等现代施工内容紧密联系、相互促进的,是实现企业进步的重要手段。

13.4.4　网络计划法

网络计划技术既是一种科学的计划方法,又是一种有效的生产管理方法。主要有单代号网络图、双代号网络图。与横道图计划管理方法相比,网络计划技术具有如下特点:

①网络计划把整个施工过程中各有关工作组成一个有机的整体,因而能全面而明确地反映出各工序之间的相互制约和相互依赖的关系,能够清楚地看出全部施工过程在计划中是否合理。

②网络计划可以通过时间参数计算,能够在工作众多、错综复杂的计划中,找出影响工程进度的关键工作,便于管理人员集中精力抓住施工中的主要矛盾,确保按期竣工,避免盲目抢工。因为在通常的情况下,当计划内有 10 项工作时,关键工作只有 3~4 项,占 30%~40%;有 100 项工作时,关键工作只有 12~15 项,占 12%~15%;有 5 000 项时,关键工作也不过 150~160 项,占 3%~4%。据说,世界上曾经有过 10 000 项工作的计划,其中关键工作只占 1%~2%。

③通过利用网络计划中反映出来的各工作的机动时间,可以更好地运用和调配人力与设备,节约人力、物力,达到降低成本的目的。

④通过对计划的优劣比较,可在若干可行性方案中选择最优方案。

⑤在计划的执行过程中,当某一工作因故提前或拖后时,能从计划中预见到它对其他工作及总工期的影响程度,便于及早采取措施以充分利用有利的条件或有效地消除不利的因素。

⑥它还可以利用现代化的计算工具——计算机,对复杂的计划进行绘图、计算、检查、调整与优化。

网络计划的缺点是从图上很难清晰地看出流水作业的情况,也难以根据一般网络图算出人力及资源需要量的变化情况。

可见,网络计划技术的最大特点就在于它能够提供施工管理所需的多种信息,有利于加强工程管理。所以,网络计划技术已不仅仅是一种编制计划的方法,而且还是一种科学的工程管理方法。它有助于管理人员合理地组织生产,做到心中有数,知道管理的重点应放在何处,怎样缩短工期,在哪里挖掘潜力,如何降低成本。在工程管理中提高应用网络计划技术的水平,必能进一步提高工程管理的水平。

网络计划的优化是指在一定的约束条件下,利用最优化原理,按照既定目标对网络计划进行不断改进,以寻求满意方案的过程。根据优化目标的不同,网络计划的优化可分为工期优化、资源优化和费用优化。

13.5　机械化施工组织

13.5.1　机械化施工组织的作用

施工机械在城市建设、交通运输、能源开发、国防建设中起着十分重要的作用,是国家经济建设不可缺少的技术装备,是确保工程质量、降低工程造价、减轻劳动强度、提高经济效益和社会效益的重要手段。

土石方机械包括推土机、装载机、挖掘机、铲运机、平地机、凿岩机以及石料破碎、筛分机械等几个重要机种,它们是工程机械中用途最广泛的一大类机械,也是道路建设特别是高等级公路建设中土石方工程中的主要施工机械。同时,土石方机械还广泛应用于铁路、水利、矿山、港口、机场、农田及国防等工程建设中,在国民经济建设中起着重要作用。在道路路基工程中,土石方机械担负着土石方的铲装、填挖、运输、整平等作业,它具有施工速度快、作业质量高、生产效率高等优点,是现代道路建设中不可缺少的机种。土石方机械的作业对象是各种土、砂、石等物料。在进行施工作业时,机械承受负荷重、外载变化波动大、工作场地条件差、环境比较恶劣,因此,要求土石方机械具有良好的低速作业性、足够的牵引力、整机的高可靠性和较高的作业生产能力。

由于现代工程的大型化,土石方机械继续向大型化方向发展,以适应巨大工程机械化施工的需要;同时为满足道路与桥梁建设、环保和窄小场地以及小型土石方工程的要求,小型、多功能、机动性好的机种也得到进一步的发展。现代计算机、电子和激光等技术的发展以及这些技术在土石方机械上的应用,将大大提高土石方机械的自动控制和智能化程度。同时,省力操纵、安全防护、降低噪声、提高可靠性及驾驶人员的舒适性等,将是土石方机械今后继续发展的方向。

13.5.2　施工机械的选型与配套原则

作为生产工具的施工机械,其购价都很高因此使用费用很大(以土方工程为例,设备费占工程费的30%~40%)。工作环境(地形、土壤、质量)复杂、工地施工条件艰巨时,工程的机械设备费用将更高。为了使施工机械在施工过程中发挥其最大的经济效益,顺利地完成工程任务,必须选择最适合施工条件的机种。这种选型工作在设计阶段应该考虑周详。在选定所需机种、数量、工程量等条件后,还须正确估算其成本,然后用优选法选出最优的机械配组,这才是施工机械选型和配组的目的。

1)施工机械选型的一般选定

合理地选定机种,必须与施工条件、施工方法和技术经济效益联系起来进行比较,才能选出理想的机种。一般机械选定考虑的要点是:

①能适应工地的土质、地形；

②能满足工程质量要求；

③在保证质量的前提下，不影响和损坏附近建成的建筑物；

④能高效率地完成需要的工作；

⑤机械运转费少而施工单价低；

⑥容易进行运转、维修，可靠性又高；

⑦可以自动化和省力；

⑧安全而又不会污染环境；

⑨易于筹办、便于转移。

2）特殊性机械的选定

根据施工需要，必须引进特殊机械时，除了上述要点外，还要考虑以下几点：

①有无可代替的其他施工方法；

②引进特殊机械后是否具备经营管理的能力并能充分发挥特殊机械的效能；

③能否成为今后新施工方法的典型。

3）施工机械的配组

根据机械选型要点，选出与其相适应的机种和数量后，还需要研究施工技术和施工组织，合理地进行配组。配组的方法是：首先在已选定的施工机械中，正确确定机组的主体机械，然后配备所需的辅助机械，使之成龙配套，形成单项工程机械化。这样可以提高机械化施工水平，逐步向全工程实行流水作业法的综合机械化发展。为了使组合的每台机械都能在施工中发挥最大效率，机械选型配套应符合下列要求：

①在规定施工期内，机械应完成的工作量；

②要充分利用主机的生产能力；

③主体机械与辅助机械以及运输工具之间各机械的工作能力要保持平衡，还要使机组得到合理的配合和使用。

13.5.3 施工机械组织措施

施工机械使用管理的基本要求是保持机械的良好技术状态，正确使用和优化组合，发挥机械的效能，以达到安全、优质、高效、低消耗地完成施工生产任务。

机械技术状态是指机械所具有的工作能力，包括性能、精度、效率、运动参数、安全、环保、能源消耗等所处的状态及其变化情况。机械在使用过程中，由于受到各种力的作用和环境条件、使用方法、工作规范、工作持续时间长短等影响，使机械应有的功能和技术状态水平不断发生变化而有所降低或劣化。要控制这种变化过程，除了应创造适合机械工作的环境和条件外，正确使用机械是控制机械技术状态变化和延缓工作能力下降的先决条件。

评定机械技术状态达到完好标准的要求，主要有以下三点：

①机械性能良好。机械的性能和精度能稳定地满足施工生产工艺要求，动力部分应能达到规定的功率。

②机械运转正常。部件齐全，安全防护装置良好，操纵、控制系统灵敏可靠，机械的牵引力

和工作装置的效率应正常。

③燃料、动能、润滑油料以及材料、配件等消耗正常,基本无漏油、漏水电现象,外表清洁整齐。

凡不符合上述三项要求的机械,不应称为完好机械。机械完好的具体标准,应能对机械做出定量分析和评价,各行业主管部门根据总的要求结合行业机械特点制定。

正确使用机械是机械使用管理的基本要求,它包括技术合理和经济合理两个方面的内容。技术合理就是按照机械性能、使用说明书、操作规程以及正确使用机械的各项技术要求使用机械;经济合理就是在机械性能允许范围内,能充分发挥机械的效能,以较低的消耗得到较高的经济效益。

根据技术合理和经济合理的要求,机械的正确使用主要应达到以下三个标志:

①高效率。机械使用必须使其生产能力得以充分发挥。在综合机械化组合中,至少应使其主要机械的生产能力得以充分发挥。机械如果长期处于低效运行状态,那就是不合理使用的主要表现。

②经济性。在机械使用已经达到高效率时,还必须考虑经济性的要求。使用管理的经济性、要求在可能的条件下,使单位实物工程的机械使用费成本最低。

③机械非正常损耗防护。机械正确使用追求的高效率和经济性必须建立在不发生非正常损耗的基础上,否则就不是正确使用,而是拼机械,吃老本。机械的非正常损耗是指由于使用不当而导致机械早期磨损、事故损坏以及各种使机械技术性能受到损害或缩短机械使用寿命等现象。

在机械化施工中,机械的选用和组合是否合理,将直接关系到施工进度、质量和成本,是优质、高产、低耗地完成施工生产任务和充分发挥机械效能的关键。必须做到以下几点:

(1)编好机械使用计划

根据施工组织设计编制机械使用计划。编制时要采用分析、统筹、预测等方法,计算机械施工的工程量和施工进度,作为选择调配机械类型、台数的依据,以尽量避免大机小用,早要迟用,既要保证施工需要,又不使机械停置,或不能充分发挥其效率。

(2)通过经济分析选用机械

任何工程配备的施工机械,不仅有机种上的选用,还有机型、规格上的选择。在满足施工生产要求的前提下,对不同类型的机械施工方案,从经济性进行分析比较。即将几种不同的方案,计算单位实物工程的成本费,取其最小者为经济最佳方案。对于同类型的机械施工方案,如果其规格、型号不相同,也可以进行分析比较,按经济性择优选用。

(3)合理组合机械

机械施工是多台机械的联合作业,合理的组合和配套才能最大限度地发挥每台机械的效能。合理组合机械的原则是:

①尽量减少机械组合的机种类。机械组合的机种数越多,其作业效率会越低,影响作业的概率就会增多,如组合机械中一种机械发生故障,将影响整个组合作业。

②注意机械能力相适应的组合。在流水作业中使用组合机械时,必须对组合的各种机械能力进行平衡。如作业能力不平衡时,会出现一台或几台机械能力过剩,发挥不出机械的正常效率。

③机械组合要配套和平列化。在组织机械化施工时,必须要注意机械配套,而且要注意分

成几个系列的机械组合,同时平列地进行施工,以免组合中一台机械损坏造成全面停工。

④组合机械应尽可能简化机型,以便于维修和管理。

⑤尽量选用具有多种作业装置的机械,以利于一机多用。

(4)重视机械的配套使用

要使选用的机械达到高效率,必须做到合理配套,主要有以下几个方面:

①工序机械配套。如土石工程中,不仅有挖土、运土机械(挖掘机、推土机、运输车等),还要有平整、压实机械(平地机、压路机、振动夯、洒水车等),要做到机种和工序配套。

②机械的规格、能力配套。如自卸汽车应和挖掘、装载机的容量相适应。

③同一台机械的主机、副机和一机多用的配套。

④组合机械中应以关键及重型机械为基准,其他配套机械都应以确保关键及重型机械充分发挥效率为选配标准。

(5)提高机械操作人员素质

施工机械是由操作人员直接掌握的,机械使用的好坏、生产效率的高低与工作人员的高度责任心和熟练的操作技术有关。因此,必须做好下列工作:

①合理配备机械操作和维修人员。根据机械类型和作业班次,按照定额配备技术等级符合机械技术要求的操作和维修人员。

②所有机械操作人员都应经过专业技术培训,按照应知、应会要求进行考核,合格者获得操作证,凭证操作机械。

③坚持定人、定机,建立岗位责任制及交接班制度。

④新工人在独立使用机械时,必须经过对机械的结构性能、安全操作、维护要求等方面的技术知识教育和实际操作及基本功的培训。

⑤严格执行机械使用安全技术规程和使用监督检查制度,定期开展机械使用检查评比活动。

(6)施工机械的现场管理

施工机械现场管理就是机械进入施工现场的管理工作,目的是维持机械良好的技术状况,保证施工的连续、均衡、协调和高效。机械施工现场准备包括场地准备、机械准备、机械安装、机械组织准备等,这些准备工作可以同时进行或穿插进行。

①施工场地准备。根据施工现场条件和施工顺序,考虑机械停放、机械作业、行驶路线、管线路设置、材料堆放等位置关系,合理布置施工场地。

②施工场地要做好"三通一平",要为机械使用提供良好的工作环境。需要构筑基础的机械(塔式起重机、施工升降机等),要预先构筑好符合规定要求的轨道基础或固定基础。一般机械的安装场地必须平整坚实,四周要有排水沟。

③设置为机械施工必需的临时设施,主要有停机场、机修所、油库,以及固定使用的机械工作棚等。其设置要点是:位置要选择得当,布置要合理,便于机械施工作业和使用管理,符合安全要求,建造费用低,以及交通运输方便等条件。

④根据施工机械作业时的最大用电量和用水量,设置相应的电,保证机械施工用电、用水的需要。

(7)机械进场运输

机械进场应选择合理的运输方式,尤其是距离较远的施工现场。选择运输方式的原则应以保证安全和按时投入施工为前提,综合考虑机械的体积、质量、行走装置、运输工具和条件、运输距离和装卸能力、运输费用等情况,经计算和评价确定。

(8)机械施工组织准备

机械施工组织准备应以施工计划为依据,以有利于施工指挥、调度和协作为原则。

①编制作业班组。机械作业班组一般按机械类型或作业地点编制。由于施工机械种类繁多,工作性质和内容各不相同,因此,应根据施工任务和现场具体情况确定。总的要求是规定各班组的机械和人员组成、作业内容和职责要求等。

②确定作业班制。机械作业班应根据施工进度计划确定,并在实施中根据施工进度情况随时调整,以保证按时完成施工任务。机械作业班制可分为单班制、双班制和三班制,在一般情况下,以采用双班制效率较高。

③配备维修力量。根据机械数量及作业班次配备相应的维修力量。机械数量较多的施工现场应设置维修所,维修人员一般为操作人员的 $1/4 \sim 1/3$,工种应根据需要配备,维修机具也应尽量配套。

(9)机械施工计划的协调

在机械施工计划中,有总的施工进度计划、短期(月、旬、日)施工作业计划、各工序(或流水作业)之间的机械协作计划、机械保养修理计划、物资供应计划等,这些计划互相联系、互相制约,只要一个计划执行不好,就会影响整个施工进度计划的完成。现场管理就是要根据机械施工的特点,注意各种计划的执行情况及有关信息,发现某计划失调或不平衡时应及时采取措施进行协调,并注意以下几点:

①机械施工进度计划和维修计划的协调。在编制机械施工进度计划时,应考虑机械的保养和修理时间,在确定保养和修理日期时,应考虑对施工生产的影响,尽量使保养、修理的停机时间不过分集中;对于施工高潮阶段,保养、修理应穿插进行,保养、修理周期也可适当提前或滞后。总之,应根据施工需要进行合理调节,使机械施工与维修作业基本均衡。

②机械施工作业计划和供应计划的协调。机械施工作业计划的执行决定于各项供应计划的实现,为此,应把材料、配件等供应计划统一在施工作业计划中,使机械施工计划有可靠的物质保证。在施工过程中,应随时掌握材料、配件的库存及消耗动态,做出预测及调节措施。如发现计划失调,应立即进行调整。

③机械施工计划应留有余地。机械施工中存在一些不可预见的因素变化(如气候、不明地质以及事故等)需随之调整,因此,机械施工长期计划应留有余地;对于施工短期计划的余地,一般应留在第四季度或年末月份,以利于年度计划的完成并为明年施工做好准备。

(10)机械施工组织调度

机械施工组织调度应以施工计划为依据,对机械施工过程中各阶段、各工序进行组合排列和协调,以达到机械施工的连续和均衡。

全面了解和掌握机械施工进度以及影响进度的有关因素,统筹安排,合理调节,如重点工程的机械、人力和材料应优先安排,保证供给;受气候影响较大的施工项目,应在有利季节组织施工等。

合理组织机械施工必须把空间组织和时间组织结合起来,做出统一的施工组织。如流水作业,可按照工序或机械种类合理布置,要求达到工作面排列系统化、机械运行单向化、作业时间同步化,以缩短机械作业循环时间,提高生产率。

在施工过程中,当某一工序的机械发生故障或某一计划失调时,应从劳动组织或技术综合分析,采取果断措施,进行调度。为此,应广泛收集施工过程中的各种信息措施;还应建立信息反馈系统,提高组织调度效率。为了做好组织调度工作,应有科学的预见性和预防措施,如防洪、防火、防质量事故等。此外,在不影响竣工期的情况下,备留一些工程项目,作为施工淡季时调节备用。

本章小结

本章主要介绍了施工组织设计的原则,主要包括施工组织设计的任务与作用、施工组织设计的一般原则;施工组织设计阶段方案,主要包括施工组织设计阶段的方案、施工组织计划内容、实施施工组织设计;施工组织的基本方法,主要包括内容顺序作业法、平行作业法、流水作业法、网络作业法;施工机械的选型与配套原则等内容。

思考题与习题

13.1　施工组织设计的任务是什么?

13.2　施工组织设计的一般原则有哪些?

13.3　施工方法选择的依据是什么?

13.4　施工组织的基本方法有哪些?

13.5　合理组合机械的原则是什么?

13.6　简述评定机械技术状态达到完好标准的要求。

14 道路桥梁工程施工环保与安全

本章导读：

- **内容及要求** 主要介绍道路桥梁工程施工与环境保护，道路桥梁工程施工安全等内容。通过本章学习，应了解道路桥梁工程施工与环境保护、道路桥梁工程施工安全的内容；要熟悉施工与环境保护的关系，施工对环境的影响等内容。
- **重点** 环境保护依据、施工对生态环境的影响及其防治、施工噪声及振动的影响及其控制、安全生产原则与方针、安全生产管理的实施。
- **难点** 危险源辨识与风险评估、应急救援预案。

环境保护是我国的一项长期的基本国策。在经济建设过程中，为了正确处理环境保护与经济发展的关系，坚持环境与经济协调发展的思想，为此国家制订了"经济建设、城乡建设、环境建设同步规划、同步实施、同步发展，实现经济效益、社会效益、环境效益统一"的指导方针，相继颁布了《环境保护法》等各项有关环境保护方面的专门法律，发布了20多项环保法规和360项环保标准，以指导各行各业在经济建设活动中的环境保护工作。就道路工程环保而言，国家体现的是公路建设与环境保护并举的原则，同时提出"保护优先，防护为主，防治结合"的方针，为公路工程建设过程中的环境问题提出了明确方向。

施工安全技术是在施工项目生产活动中，根据工程特点、规模、结构复杂程度、工期、施工现场环境、劳动组织、施工方法、施工机械设备、变配电设施、架设工具以及各项安全防护措施等，针对施工中存在的不安全因素进行预测和分析，找出危险点，为消除和控制危险隐患，从技术和管理上采取措施加以防范，消除不安全因素，防止事故发生，确保项目安全施工。

14.1 绿色施工在道路桥梁工程中的应用

14.1.1 绿色施工技术的概念

绿色施工技术倡导节约环保理念,市政工程在发展过程中要注重运用绿色施工技术,有效降低施工过程中能源的消耗。将绿色环保的施工理念落实到实处,在不影响施工进程的基础上,以绿色施工为主,实现节能环保的目标,要求设计的施工方案,必须要体现控制施工现场噪声,减少能源消耗,高效利用现有的资源进行路桥施工,取代以往的施工技术,建立完善的管理制度,严格管理施工各项操作流程,确保施工人员熟练运用绿色施工技术,减少原材料的使用,为市政工程降低成本,减少对环境的负面影响起到节约资源的作用,避免施工中出现尘土飞扬的现象,从各个方面控制污染,合理处理施工遗留的废弃物,符合可持续发展观的战略要求,满足保护环境控制噪声的要求,树立良好的市政工程形象。

14.1.2 绿色施工技术的特点

在路桥工程建设中,传统的施工技术主要以完成工程项目为目的,资源的浪费和对环境的污染不会被纳入考虑范围。这在一定程度上对我国的环境治理带来不利因素,同时也对建筑项目的长期发展造成严重影响。而绿色施工技术的应用能有效避免施工过程中对环境的破坏,同时实现工程建设资源的最大化利用。在绿色施工技术的应用过程中,环保会被作为优先考虑的问题,所以在施工过程中,要最大限度地保护环境并节约资源,实现工程利益的最大化。另外,保证工程质量安全是绿色施工技术应用的基础,而在绿色施工技术的实际应用中,并不需要采取工程质量安全的保障措施。因为绿色施工技术本身就能确保工程的质量安全。

14.1.3 绿色施工技术在市政路桥施工中的应用

当前市政工程施工中,施工现场经常出现扬尘、噪声、废弃物等,对周围环境造成严重污染。绿色施工理念主要是在保证施工质量、安全的前提下,通过科学的施工技术最大限度地降低施工能源消耗,以及减少对环境的污染。通过绿色施工理念的实施,可以有效降低扬尘、噪声、废弃物等污染,进一步保护生态环境,对未来市政工程的绿色施工以及保护人们赖以生存的环境具有重大意义。绿色施工理念在市政路桥施工中的应用主要遵循着"四节一环(节能、节地、节水、节材和环境保护)"的原则,如节能主要在电力能源使用上多采用一些节能设备,施工选材上应以无污染绿色环保材料为主等。

(1)建立绿色管理体系

我国的绿色施工技术综合应用还不成熟,而路桥施工建设项目的内容较多且十分繁杂。为了能有效推进绿色施工技术的应用,就必须要建立完善的绿色管理体系。这样才能保证路桥工程建设更加高效,更加规范。具体来说,就是在应用绿色施工技术的过程中,从施工材料的采购到施工,直到最后的废弃材料处理,都需要有专门的人员进行管理。对于参与施工的人员,要建立合适的监督制度,奖惩措施要落到实处,从根本上使施工人员树立绿色施工意识。此外,完善的绿色管理体系可以帮助路桥施工单位树立整体的绿色施工意识,保证单位的经济利益最大化。

（2）有效控制和处理施工现场的灰尘

扬尘是指混入空气中的混合型灰尘颗粒。工程建设过程中忽视对泥土的处理是扬尘增多的主要原因。如果不及时对扬尘进行处理,工地周围的环境将遭到严重的破坏,危害施工人员和周围居民的身体健康。相关资料显示,空气中有30%的扬尘污染物来自路桥建筑等工程。所以,做好扬尘的控制工作是改善路桥工程周边环境的首要任务。在路桥工程的建设过程中,控制扬尘的主要方式有在施工现场洒水、喷洒扬尘抑制剂、架设挡风墙等。在绿色施工中,最常用的是架设挡风墙。这主要是因为挡风墙架设灵活,移动起来很方便。另外,挡风墙还能改变气流的方向并减缓气流的速度,对扬尘的抑制效果很好。使用扬尘抑制剂是绿色施工中成本低廉且使用周期长的扬尘抑制方法,并且扬尘抑制剂不会对环境造成污染。其原理是通过聚集灰尘颗粒,让颗粒的体积逐渐变大,最终由于重力而不能悬浮在空中。在施工点洒水是抑制扬尘的另一种方法,其原理是利用水对粉尘的吸附而使其随水降至地面,但这种方法的效果不太好,路桥工程施工中很少用到。

（3）控制噪声

路桥工程建设过程中对环境的另一种污染是噪声污染。一般情况下,可以通过控制噪声来源、改变噪声传播途径和隔离噪声与接收者来有效控制噪声给人造成的影响。在路桥工程建设中,通常采用吸音和隔音两种方式对噪声进行处理,但也可以采用绿色施工技术对建设过程中出现的噪声进行控制。当路桥工程建设点位于人口较多的地区时,可以通过使用产生噪声少的设备,以达到控制噪声的目的。在必须使用噪声较大的设备时,可以在设备上安装必要的消音器或在施工现场周围安装吸音墙,消除噪声对环境的污染。表14.1为建筑施工场界噪声限值。

表 14.1　建筑施工场界噪声限值

施工阶段	主要噪声源	噪声限值(dB)	
		昼间	夜间
土石方	推土机、挖掘机、装载机等	75	55
打桩	各种打桩机等	85	禁止施工
结构	混凝土、振捣棒、电锯等	70	55
装修	吊车、升降机等	62	55

（4）节约材料

在路桥工程建设中,材料投入量很大,而建设材料的合理使用对工程质量安全有极大的影响。一般情况下,路桥建设中使用的不是普通混凝土,而是能够保证工程质量的混轻骨料型混凝土。在钢材选择上,钢材的强度和性能是首先考虑的因素,所以路桥建设中使用的一般是高强度、高性能的钢材。这样能够使桥梁承载的自身质量减小,提高桥梁的安全性能。

（5）合理处理废弃材料

在路桥工程建设中,不管是混凝土、木料,还是钢材,都会产生废弃物。这些废弃物不仅会增加建设成本,还会破坏环境。对于建设中产生的混凝土废弃物和木材废料,可以选择就地掩埋;对于废弃的钢材,就需要回收利用。

绿色施工技术在市政路桥施工中发挥着重要作用,贯彻落实绿色节能的环保理念,充分体现可持续发展观,运用绿色施工技术有效控制施工现场的灰尘,降低设备产生的噪声,节约使用能源和原材料,符合绿色施工的要求,合理处理施工过程中遗留的废弃物,避免出现环境污染现象,杜绝安全隐患问题的发生,从而推动市政路桥工程的不断发展。

14.2 道路桥梁工程施工与环境保护

14.2.1 道路与桥梁施工环境保护基本概念

交通部历来十分重视环境保护工作,从1973年第一次全国环境保护工作会议开始,交通部就成立了以分管部长任主任、部内有关司局领导参加的环境保护委员会。30多年来,交通环保从以"三废"治理为主,逐步在港口、船舶、道路建设和运营中进行全面的环保管理,到现在已基本形成了较为完善的机构体系、法规标准体系、环境监测和环保科研体系等。

到目前为止,交通行业完成环境影响评价1 200余项。2008年仅国家管理立项的交通建设项目环境影响评价达105项,为全国行业之最。经过30年的努力,交通部逐步完善形成了较为系统的环境管理、污染防治、科研监测、信息教育法规标准体系。在国家有关环保法律标准的基础上,交通部先后制定了《交通行业环境保护管理规定》《交通建设项目环境保护管理办法》《交通部环境监测工作条例》《公路建设项目环境影响评价规范》《公路环境保护设计规范》等。在交通部颁发的现行62项公路工程技术标准规范中,在《公路工程技术标准》《公路路基设计规范》《公路路基施工技术规范》《公路隧道设计规范》《公路路线设计规范》《公路工程国内招标文件范本》等13项标准规范中,都编制专门条款规定环境保护的工作内容。

道路工程环境保护法必须根据经济规律和生态规律的要求,认真贯彻"经济建设、城市建设、环境建设同步规划、同步实施、同步发展"的三同步方针和"经济效益、环境效益、社会效益"的三统一方针。多年来,道路环保事业与时代同步,环境保护队伍从无到有,从弱到强,逐步发展壮大,交通环保工作从点到面,逐步展开。随着国家进入全面建成小康社会时期的到来,交通行业迎来了一个长期高速发展时期。道路行业环境保护工作在30年经验的基础上取得了长足进步,道路环保与国家经济、交通事业共同发展,走出了一条具有行业特色的交通环保之路,取得了可喜的成就。

1)水土保持的基本规定

①水土保持工作的方针。根据我国的水土流失发展状况,确定了"预防为主,全面规划,综合防治,因地制宜,加强管理,注重效益"的水土保持工作方针,把预防保护工作摆到了首位。

②权利义务的规定。防治道路建设造成水土流失的总原则是"谁开发谁保护,谁造成水土流失谁负责治理"。

③水土保持的责任范围。根据水土保持法规规定的"谁开发谁保护,谁造成水土流失谁治理"的原则,按照国家行业标准《开发建设项目水土保持方案技术规范》规定,道路建设水土流失防治责任范围包括项目建设区(一般指道路建设主体工程区、取土场、弃土弃渣场以及临时

工程占地等)和直接影响区(一般指由于道路建设行为而造成水土流失危害的直接产生影响区域,如项目区外的拆迁安置区、排水承纳区等)。

④水土流失防治实行分区防治原则。要求县级以上人民政府根据当地水土流失的具体情况,划定水土流失重点防治区,即重点预防保护区、重点监督区、重点治理区,进行分类指导,分区防治。

⑤水土保持的"三同时"制度。根据《中华人民共和国水土保持法》的规定,我国实行水土保持"三同时"制度。水土保持"三同时"制度是指建设项目中的水土保持设施,必须与主体工程同时设计、同时施工、同时投产使用。建设项目设计中要同时编制水土保持方案,并经行政主管部门批准,施工时要同时按水土保持方案的要求建设水土保持设施,主体工程与相关水土保持设施要同时建成竣工并投入使用。

⑥建立水土保持方案报告制度。凡从事可能引起水土流失的生产建设活动的单位和个人,必须首先编报水土保持方案,经水土行政主管部门批准后方可审批环境影响报告,才能申请计划部门立项。

⑦明确水土保持机构的监督职能。县级以上地方人民政府行政主管部门及其水土保持监督管理机构,地方政府设立的水土保持机构,对水土流失的防治实施监督检查,这是贯彻实施水土保持法的重要保证。

2)水土保持方案的意义和作用

①落实法律规定的水土流失防治义务;
②水土保持列入开发建设项目的总体规划;
③水土流失防治有科学规划和技术保证;
④有利于水土保持执法部门监督实施。

3)水土保持的原则和目标

(1)水土保持的原则

道路建设水土保持必须按照经济规律和生态规律进行,以保护生态环境为基点来建立水土保持目标,促进经济的发展。道路建设水土保持的原则应当遵守水土保持法规、水土保持技术标准和环境保护总体要求的共同原则,同时还要根据主体工程设计及施工的特点,遵守以下基本原则:

①坚持"预防为主、防治结合"的水土保持方针;
②水土保持与道路建设相结合;
③因地制宜、因害设防,重点治理与一般防护相结合;
④道路水土保持管理与地方水土保持管理相结合。

(2)水土保持的预期目标

道路施工及运营过程中,通过布设水土保持工程的生物措施,使新增水土流失得到有效控制,项目区原有的水土流失得到有效措施,减少水土流失造成的危害。恢复和保护公路沿线水土保持设施,加大道路绿化里程,改善生态环境。具体目标如下:

①通过采用有效的水土保持措施使边坡稳定,岩石、表土不裸露,为道路安全运行服务,避免水土流失对工程本身的危害;
②取土场全部作防护处理,覆土加以利用;

③通过对弃土(渣)场进行综合治理,使工程施工过程中产生的弃土、石渣得到有效拦挡或利用;

④工程与植物措施相结合,使泥沙不进入下游河道,不影响河流正常行洪;

⑤做好道路绿化工程的养护,使生态环境明显改善。

4)水土保持方案编制内容

①方案编制总则,含编制依据、技术标准;

②建设项目及其周边地区概况;

③生产建设过程中水土流失预测;

④水土流失防治措施;

⑤水土保持投资概(估)算及效益分析;

⑥方案实施保证措施。

5)水土保持方案审批规定

(1)行业归口管理

各级行政主管部门及地方政府设立的水土保持机构负责审批建设项目的水土保持方案。

(2)分级审批制度

①国家审批立项的项目,其方案由水利部审批(含各部委的项目);

②地方审批立项的项目,其方案由相应级别的行政主管部门审批;

③乡镇、集体、个体项目的方案,由所在地县级行政主管部门审批;

④跨地区项目的方案由上一级行政主管部门审批。

(3)修改申报制度

经审批的水土保持方案,如项目性质、规模、地点等发生变化,应及时修改方案,并报原批准单位审批。

6)水土保持方案实施规定

①投资责任。企事业单位在道路建设和生产过程中造成水土流失,由其负责治理。

②组织治理方式。项目建设单位有能力(主要是技术、人员、管理等能力)进行治理的,自行治理;因技术等原因无力自行治理的,可以缴纳防治费,由行政主管部门代为组织治理。

③监督实施。工程所在地的行政主管部门有权监督建设单位按批准的水土保持方案进行实施,具有法律强制性。

④竣工验收。根据水土保持"三同时"制度的要求,建设项目主体工程验收时,应同时验收水土保持设施。

7)道路工程竣工环境保护验收

道路建设项目竣工环境保护验收是指道路建设项目竣工后,环境保护行政主管部门依据《建设项目竣工环境保护验收管理办法》,根据环境保护验收监测或调查结果,并通过现场检查等手段,考核该道路建设项目是否达到环境保护要求的活动。

(1)道路竣工环境保护验收依据

2001年12月11日经国家环境保护总局第12次局务会议通过,2001年12月20日国家环境保护总局令第13号发布,2002年2月1日起施行的《建设项目竣工环境保护验收管理办法》。2003 年 4 月 11 日经中华人民共和国交通部第 3 次部务会议通过,2003 年 5 月 13 日中华人民共和国交通部令 2003 年第 5 号公布,自 2003 年 6 月 1 日起施行的《交通建设项目环境保护管理办法》。环境保护验收目的是加强道路建设项目环境保护管理,监督落实环境保护措施,防治环境污染和生态破坏。

(2)验收方法

道路建设项目竣工后,建设单位应当向有审批权的(即审批该建设项目环境影响评价文件的)环境保护行政主管部门申请环境保护设施竣工验收,同时报县级以上人民政府交通主管部门,省级以上人民政府交通主管部门按规定组织公路建设项目的竣工验收,应当有交通环境保护机构参加。

道路建设项目的建设单位、设计单位、施工单位、监理单位、环境影响报告书(表)编制单位、环境保护验收调查报告(表)的编制单位应当参与验收。对填报建设项目竣工验收登记卡的建设项目,环境保护行政主管部门经过核查后,可直接在环境保护验收登记卡上签署意见,作出批准决定。国家对建设项目竣工环境保护验收实行公告制度,环境保护行政主管部门应定期向社会公告建设项目竣工环境保护验收结果。

(3)验收申报

建设单位应最迟在建设项目整体正式验收两个月前按要求填写《建设项目竣工环境保护执行报告》及《建设项目竣工环境保护验收申请报告》(申请登记表、登记卡),并附环境保护验收调查报告(调查表),报环境保护行政主管部门。

(4)验收条件

①建设前期审查、审批手续完备,技术资料与环境保护档案资料齐全;

②环境保护设施及其他措施等已按批准的环境影响评价文件和设计文件的要求建成或者落实;

③环境保护设施安装质量符合国家和有关部门颁发的专业工程验收规范、规程和检验评定标准;

④具备环境保护设施正常运转的条件,包括经培训合格的操作人员,健全的岗位操作规程及相应规章制度,原料、动力供应落实,符合交付使用的其他条件;

⑤污染物排放符合环境影响评价文件中提出的标准及核定的污染物排放总量控制指标的要求;

⑥各项生态保护措施按环境影响评价文件规定的要求落实,项目建设过程中受到破坏并可以恢复的环境已按规定采取了恢复措施;

⑦环境监测项目、地点、机械设置及人员配备,符合环境影响评价文件和有关规定的要求;

⑧环境影响评价文件提出需对环境保护敏感点进行环境影响验证、施工期环境保护措施落实情况进行工程环境监理的,已按规定要求完成。

(5)验收范围

与道路建设项目有关的各项环境保护设施,包括为防治污染和保护环境所建成或配备的工程、设备、设施和监测手段,各项生态环境保护设施;环境影响评价文件和有关项目设计文件规定应采取的其他各项环境保护措施。

(6)提交材料

道路建设项目竣工环境保护验收时,要提交下列材料:

• 建设项目竣工环境保护执行报告

建设项目竣工环境保护执行报告由建设单位在环境保护行政主管部门进行现场检查前自行负责编写。主要内容包括：

①建设项目的基本情况，包括项目立项、投资概算、环境影响评价、环保初步设计、主要经济技术指标、主要工程量、施工概况、试运行情况等；

②建设项目主要污染物排放情况；

③环保设施基本情况，包括环评及其批复要求的落实情况，各项环保设施是否正常、稳定、持续动转，各项环保设施的处理工艺、处理能力、处理效率及排放情况，环保设施投资及其占总投资的比例等，并附加环境保护措施及投资一览表；

④各类污染物是否按环评及其批复的要求进行排放，环境敏感点上是否达到经批复的环评要求；

⑤生态恢复、绿化及固体废弃物综合利用情况；

⑥企业环境管理组织机构及环保规章制度；

⑦环境保护工作存在问题及完善计划。

• 建设项目竣工环境保护验收申请报告或建设项目竣工环境保护验收申请表、建设项目竣工环境保护验收登记卡

"建设项目竣工环境保护验收申请报告"（申请登记表、登记卡）的内容和格式由国家环境保护总局制订。建设项目竣工环境保护验收分类管理的办法包括：

①对编制环境影响报告书的道路建设项目，为建设项目竣工环境保护验收申请报告，并附加环境保护验收调查报告；

②对编制环境影响报告表的道路建设项目，为建设项目竣工环境保护验收申请表，并附环境保护验收调查表；

③对填报环境影响登记表的道路建设项目，为建设项目竣工环境保护验收登记卡。

④环境保护验收调查报告（表），由建设单位委托经环境保护行政主管部门批准，有相应资质的环境监测站或者具有相应资质的环境影响评价单位编制。原承担该建设项目环境影响评价工作的单位，不得同时承担该建设项目环境保护验收调查报告（表）的编制工作。

14.2.2　环境保护依据

自 20 世纪 80 年代起，按照国家有关环境保护的规定，在道路建设项目的可行性研究阶段执行环境影响评价制度。通过环境影响评价，对项目存在的环境影响问题进行分析、预测，并针对不利环境的影响提出防治措施，要求项目在规划设计阶段和建成运营阶段严格落实执行。涉及亚行和世行贷款项目对环境保护问题尤为重视，要求在环境影响评价报告的基础上编制环境保护行动计划，以指导项目的整个实施过程。因此，在道路施工过程中实行环境保护，是对项目全过程环境保护管理不可缺少的重要环节，也完全符合国家关于环境保护必须与工程主体"同时设计、同时实施、同时交付使用"的三同时原则。为了保护环境，国家制定了很多规定，具体如下：

①项目的环境影响评价报告书；

②项目的环境行动计划（贷款项目均有此文件）；

③国家有关资源环境保护法规；

④国家有关文物保护法规；

⑤国家有关环境质量法规；

⑥地方有关环境质量法规。

具体到实际法律有：《环境保护法》《环境影响评价法》《水污染防治法》《大气污染防治法》《环境噪声污染防治法》《固体废物污染环境防治法》《放射性污染防治法》《清洁生产促进法》。

14.2.3　施工对生态环境的影响及防治

1)道路施工对生态环境的影响

①道路的廊道与分割效应。对于生物来说，尤其是对地面的动物，道路的建设导致自然生境的人为分割，使生境岛屿化，不利于生物多样性的保护。为避免生境岛屿化造成的生物多样性受损，许多自然保护区需要建立与其他自然保护区域、自然地域的通道，这就是经常所说的"生物走廊"。

②水文影响。道路建设会改变地表径流的固有态势，从而造成冲、淤、涝、渍等局部影响。

③对土地利用的影响。道路建设对土地利用的影响较为显著，将改变沿线被征用土地的利用现状，其中对耕地的占用较为突出。

④生态敏感地区的影响。交通运输线路长，会穿越各种生态系统，其中不可避免地会涉及一些特殊、敏感的生态能区，如湿地、荒地、自然保护区、天然森林、森林公园、水源保护区、风景名胜区、特殊地质地貌区以及生态脆弱区、自然灾害多发区等。

2)防治措施

①充分考虑道路环保措施，严格控制公路占地面积和临时用地规模，减少对耕地和植被的破坏；避开环境敏感性区域，如学校、工厂、医院、名胜古迹、自然保护区、精密食品基地和军事设施等。

②重视水土资源，减少水土流失。工程设计应充分考虑水土流失预防措施，一是注意填挖平衡，减少土石方量，减少借土弃土；二是做好边坡防护设计工作，确保边坡稳定，以减少将来使用过程中的不良病害发生，并应根据地质情况多采用种草植树的绿化护坡方法；三是做好沿线排水设计；四是合理取土、规范弃土、保护耕地、少占良田，应尽量在荒地或低产耕地集中取土，取土后对取土坑进行后期利用，弃方应集中堆弃，不占农田，堆弃后应上覆表土，播种绿化。

③注意保持原有的灌溉系统和自然水网体系。桥梁布置尽量避免影响河流水文、水流特征，做到顺应地形和原水体流向；避免改变或堵塞大型河沟；对小型排灌系统如遭破坏应予以恢复或加以调整，合理设置小桥涵位置，必要时对原有排灌体系进行优化合并或改移；做好项目自身的排水系统，增加必要构造设施以防止路基路面排水对农田水利的冲击。

④做好道路沿线景观设计工作。首先路线要尽量与地形地貌相吻合，减少土石方量，减少对自然风景的破坏，避开受保护的景观空间；还要加强道路沿线绿化，以补充和改善沿线景观，如边坡尽量采用种草植树的护坡方式。

14.2.4　施工噪声及振动的影响及控制

1) 道路施工噪声及振动的影响

在道路施工期间,各种作业机械和运动车辆产生施工噪声,对环境产生一定影响。由于施工机械不单是噪声源,同时也是振动源。大多数施工机械 5 m 处的声级为 80~90 dB,运输车辆 7.5 m 处的声级为 80~86 dB。表 14.2 为主要施工机械不同距离处的噪声级。当多台不同机械同时作业时,声级将叠加。

表 14.2　主要施工机械不同距离处的噪声级　　　　单位:dB

机械名称＼距离(m)	5	10	20	40	60	80	100	150	200	300
装载机	90	84	78	72	69	66	64	61	58	55
振动式压路机	86	81	74	68	65	62	60	57	54	51
推土机	86	80	74	68	65	62	60	57	54	51
平地机	90	84	78	72	69	66	64	61	58	55
挖掘机	84	78	72	66	63	60	58	55	52	49
摊铺机	87	81	75	69	66	63	61	58	55	52
拌和机	87	81	75	69	67	63	61	58	55	52

除了打桩和爆破作业外,其他施工阶段的一般施工噪声的达标距离,在昼间约需 60 m,而在夜间则需 200 m,甚至更远。因此,在施工期间,这些施工机械产生的噪声对公路两侧一定范围内的居民会产生一定影响,有的甚至影响居民的正常生活。

2) 控制措施

①合理选址。施工人员生活区、大型施工场地以及水泥混凝土拌和场、沥青混凝土拌和场、碎石厂的选址时,应尽可能远离学校、医院、幼儿园、敬老院、居民集中区等环境敏感点,最好在 200 m 以上。如果达不到此要求,可对强噪声源采取消声、隔声、减振等措施。

②选用低噪声、低振动的施工工艺。

③加强施工机械和运输车辆的保养、维修。

④环境敏感点附近施工防治措施。

14.2.5　道路与桥梁施工废水的影响及防治

1) 道路施工废水对环境的影响

道路施工过程中对水环境的影响主要来自施工作业中的生产废水和施工人员生活污水两方面。施工作业的生产废水主要指工程中各大、中、小桥梁建设过程中钻孔桩污水和施工机械所产生的含油污水等。

①桥梁施工的影响。桥梁施工中对水体的影响主要是桥桩建设时采用钻孔灌注桩,其对河道水体的影响主要是钻孔扰动河水使底泥浮起,局部悬浮物增加,河水变得较为浑浊。

②施工物料流失的影响。道路建设由于建筑材料堆放、管理不当,特别是易流失的物资,土方等露天堆放,遇暴雨时将可能被冲刷进入水体,建材在运输过程中的散落也会随雨水进入附近的水体;而施工中,如水泥拌和后没有及时使用造成的废弃等,部分建材也会随雨水进入附近的水体。

③机修及洗车废水的影响。道路建设中的汽车维修站及施工设备维修站的污水,常含有泥沙和油类物质,若不经过处理直接排入周围水体,必将造成水域的油类污染。

④施工人员生活污水的影响。道路施工时,施工人员集中生活,在特大桥、大桥、互通等大型施工场地,施工人员可达数百人。如果施工营地生活污水直接排放,对附近河道会产生一定的污染。

2) 防治措施

①实施清洁生产,减少废水量;

②开展科学研究,采用先进技术;

③开展环境宣传,提高环境意识;

④从全局出发,对废水进行妥善处理。

14.2.6　道路与桥梁施工对空气环境的影响及防治

1) 道路施工对空气环境的影响

道路施工阶段,对空气环境的污染主要来自施工扬尘、施工车辆尾气及路面铺浇沥青的烟气。

①施工扬尘对环境的影响。施工扬尘主要有车辆行驶扬尘、堆场扬尘、拌和扬尘。

②沥青烟气对环境的影响。沥青混凝土路面施工阶段的空气污染除扬尘外,沥青烟气是主要污染源,会对附近的居民产生一定的影响。

2) 防治措施

①运输扬尘的防治。运输道路应定时洒水,每天至少两次(上、下班);粉状材料应罐装或袋装,粉煤灰采用湿装湿运。土、水泥、石灰等材料运输时禁止超载,并盖篷布,如有撒落,应派人立即清除。

②沥青混凝土拌和。沥青混凝土集中拌和,合理安排沥青混凝土拌和场;沥青混凝土拌和场不得选在环境敏感点上风向,与其距离应在300 m以上。

③灰土拌和。合理安排拌和场并集中拌和,尽量减少拌和场;灰土拌和场不得选在环境敏感点上风向,与其距离应在200 m以上。

④水泥混凝土拌和。水泥混凝土集中拌和,封闭装罐运输;水泥混凝土拌和场不得选在环境敏感点上风向,与其距离应在300 m以上。

14.2.7　道路与桥梁建设对社会环境的影响及防治

1) 道路建设对社会环境的影响

①对社会经济的影响。道路建设对沿线区域的社会经济发展有积极的促进作用,道路建设

将促进沿线区域的城镇化进程。

②征地拆迁的影响。

③对基础设施的影响。如对水、电等基础设施的影响,对其他道路的影响。

④对人员交往的阻隔。

⑤对文物保护的影响。

2)减缓道路建设对社会环境影响的措施

①节约用地:

a.在施工招标时,应将耕地保护的条款列入招标文件;

b.项目法人要增强耕地保护意识,统筹工程实施临时用地,加强科学指导;

c.施工单位要严格控制临时用地数量,施工便道、各种料场、预制场要根据工程进度统筹考虑,尽可能设置在公路用地范围内或利用荒坡、废弃地解决;

d.进行道路绿化,如道路沿线是耕地则要严格控制绿化带宽度;

e.道路建设中废弃的旧路要尽可能复垦,不能复垦的要尽量绿化,避免闲置浪费;

f.农村道路改建要贯彻因地制宜,充分利用旧路资源的原则,尽量在原有路基基础上加宽改造,尽量减少占地,保护基本农田。

②减小施工对当地交通的影响。

③做好与水、电、通信等部门的协调工作。

④其他措施。根据沿线实际情况,增加或改移通道、天桥等,减少对人民群众生产、生活、上学、交往的阻隔;对临时用地进行清理、平整、恢复等。

14.3 道路桥梁工程施工安全

14.3.1 安全生产原则与方针

2004年国务院颁发了《国务院关于进一步加强安全生产工作的决定》,该决定指出:要努力构建"政府统一领导、部门依法监管、企业全面负责、群众参与监督、全社会广泛支持"的安全生产工作格局。

政府统一领导,是指国务院以及县级以上地方人民政府有关部门对建设工程安全生产进行的综合和专业的管理,主要是监督有关国家建设工程安全生产法律法规和方针政策的执行情况,预防和纠正违反国家建设工程安全生产法律法规和方针政策的现象。部门依法监管,是指各级政府管理部门要组织贯彻国家关于建设工程安全生产的法律法规和方针政策,依法制订建设行业安全生产的规章制度和标准规范,对建设行业的安全生产工作进行计划、组织、监督检查和考核评价,指导企业搞好建设工程安全生产工作。企业全面负责,是指施工单位、建设单位、勘察单位、设计单位、工程监理单位及其他与建设工程安全生产有关的单位,必须遵守和贯彻执行国家关于安全生产、建设工程安全生产等法律法规和方针政策的规定,建立和落实安全生产管理制度,保证建设工程安全生产,依法承担建设工程安全生产责任。群众参与监督,是指群众组织和劳动者个人对于建设工程安全生产应负的责任。工会是代表群众的主要组织,工会有权对危害职工健康与安全的现象提出意见,进行抵制,有权越级控告,也担负着教育劳动者遵章守纪的责任,群众监督有助于建立企业的安全文化,形成"安全生产,人人有责"的局面。全社会广泛支持,是指提高全社会的安全意识,形成全社会广泛"关注安全、关爱生命"的良好氛围。要做好建设工程安全生产管理工作,提高建设行业安全生产管理的水平,必须有政府、社会各界的广泛参与,就是要通过全社会的共同努力,提高安全意识,增强防范能力,大幅度地防止和减少安全事故,为我国社会经济的全面、协调、可持续发展奠定坚实的基础。

安全与生产的关系是辩证统一的关系,是一个整体。生产必须安全,安全促进生产,不能将二者对立起来。在施工过程中,必须尽一切可能为作业人员创造安全的生产环境和条件,积极消除不安全因素,防止伤亡事故的发生,使作业人员在安全的条件下进行生产;安全工作必须紧紧围绕着生产活动进行,不仅要保障作业人员的生命安全,还要促进生产的发展。离开生产,安全工作就毫无实际意义。

安全管理是施工企业管理的一项重要内容,也是施工现场一时一刻都不能忽视的工作。确保安全施工、防止事故发生,是企业全体职工的重要任务,是各级领导的重要职责。安全管理的基本含义是:劳动者必须在安全的环境中进行生产活动。安全管理是对工作环境、施工各环节采取必要的安全措施,提出一定的安全要求,及时消除人的不安全行为和物的不安全状态,以保证劳动者的健康和生命安全,保证生产的顺利进行。

1)安全生产的原则

①"管生产必须管安全"的原则:是指工程项目各级领导和全体员工在生产工程中必须坚持在抓生产的同时抓好安全工作。它体现了安全和生产的统一,二者是一个有机的整体,不能分割更不能对立起来,应将安全寓于生产之中。

②"安全一票否决权"的原则:是指安全生产工作是衡量工程项目管理的一项基本内容,它要求在对工程项目各项指标考核、评优创先时,首先必须考虑安全指标的完成情况。安全指标没有实现,其他指标顺利完成,仍无法实现工程项目的最优化,安全具有一票否决的权利。

③职业安全卫生"三同时"的原则:是指一切生产性的基本建设和技术改造工程项目,必须符合国家的职业安全生产的法规和标准,职业安全卫生技术措施及设施应与主体工程同时设计、同时施工、同时投产使用,以确保工程项目投产后符合职业安全卫生要求。

④事故处理"四不放过"的原则:国家法律法规要求,在处理事故时必须坚持和实施"四不放过"原则,即事故原因未查清不放过,事故责任和职工群众没受到教育不放过,安全隐患没有整改预防不放过,事故责任者不处理不放过。

2)安全生产要处理好的五种关系和要坚持的六项原则

(1)安全生产要处理好的五种关系

①安全与危险的并存。安全与危险在事物的运动中是相互对立、相互依赖而存在的。因为有危险才要进行安全管理,以防止危险。安全与危险并非等量并存、平静相处。随着事物的运动变化,安全与危险每时每刻都在变化着,进行着此消彼长的斗争。可见,在事物的运动中,都不会存在绝对的安全和危险。危险因素客观地存在于事物运动之中的,自然是可知的,也是可控的。保持生产的安全状态必须采取多种措施,以预防为主,危险因素是完全可以控制的。

②安全与生产的统一。生产是人类社会存在和发展的基础。如果生产中人、物、环境都处于危险状态,则生产无法顺利进行。因此,安全是生产的客观要求。自然地,当生产完全停止,安全也就失去意义。生产有了安全保障,才能持续、稳定发展。生产活动中事故层出不穷,生产

势必混乱,直至瘫痪状态。当生产与安全发生矛盾,危及职工生命或国家财产时,生产活动停下来整顿、消除危险因素以后,生产形势会变得更好。

③安全与质量的同步。从广义上看,质量包涵安全生产质量,安全概念也包含质量,交互作用、互为因果。安全第一、质量第一两个第一并不矛盾。安全第一是从保护生产因素的角度提出的,质量第一则是从关心产品成果的角度而强调的。安全为质量服务,质量需要安全保证。生产过程舍掉哪一头,都要陷于失控状态。

④安全与速度的互促。生产的蛮干、乱干,在侥幸中求得的快,缺乏真实性与可靠性,一旦酿成不幸,非但没有速度可言,反而会延误时间。速度应以安全作保障,追求安全加速度,竭力避免安全减速度。安全与速度呈正比例关系,当速度与安全发生矛盾时,暂时减缓速度,保证安全才是正确的做法。

⑤安全与效益的兼顾。安全技术措施的实施,会改善劳动条件,调动职工的积极性,焕发劳动热情,带来经济效益,足以使原投入得以补偿。从这个意义上说,安全促进了效益的增长,安全与效益是一致的。在安全管理中,投入要适度,统筹安排,既要保证安全生产,又要经济合理,还要考虑力所能及。单纯为了省钱而忽视安全生产,或单纯追求安全不惜资金的盲目高标准,都是不可取的。

(2)安全生产的六项原则

①坚持管生产同时管安全原则。安全寓于生产之中,并对生产发挥促进与保证作用。从安全生产管理的目标、目的,安全与生产表现出高度的一致和完全的统一。安全管理是生产管理的重要组成部分,安全与生产的实施过程中两者存在着密切的联系,存在着进行共同管理的基础。

管生产同时管安全,国务院《关于加强企业生产中安全工作的几项规定》中明确指出:各级领导人员在管理生产的同时,必须负责管理安全工作,企业中有关专职机构都应该在行业业务范围内,对实现安全生产的要求负责",不仅是对各级领导人员明确安全管理责任,同时,也向一切与生产有关的机构、人员,明确了业务范围内的安全管理责任。可见,一切与生产有关的机构、人员,都必须参与安全管理并在管理中承担责任。认为安全管理只是安全部门的事,是一种片面、错误的认识。各级人员安全生产责任制度的建立、管理责任的落实,体现了管生产同时管理安全。

②坚持目标管理原则。安全管理的内容是对生产的人、物、环境因素状态的管理,有效地控制人的不安全行为和物的不安全状态,消除或避免事故,达到保护劳动者的安全与健康的目的。没有明确目标的安全管理是一种盲目行为,只能劳民伤财,危险因素依然存在,而且只能纵容威胁人的安全与健康的状态,向更为严重的方向发展或转化。

③坚持预防为主的原则。安全生产的方针是"安全第一,预防为主"。"安全第一"是从保护生产力的角度和高度,表明在生产范围内安全与生产的关系,肯定安全在生产活动中的位置和重要性。进行安全管理是针对生产的特点,对各个因素采取管理措施,有效控制不安全因素的发展与扩大,把可能发生的事故消灭在萌芽状态,以保证生产活动中人的安全与健康。

④坚持全方位动态管理。安全管理涉及生产活动的方方面面,涉及从开工到竣工交付的全部生产过程,涉及全部的生产时间,涉及一切变化着的生产因素。因此,安全生产活动中必须坚持全员、全过程、全方位、全天候的全面动态管理。安全管理不是少数人和安全机构的事,而是一切与生产有关的人共同的事。缺乏全员的参与,安全管理不会有生气,不会出好的管理效果,

生产组织者在安全管理中的作用固然重要,全员参与管理也十分重要。

⑤坚持全过程控制原则。进行安全管理的目的是预防、消灭事故,防止或消除事故伤害,保护劳动者的安全与健康。在安全管理的主要内容中,虽然都是达到安全管理的目的,但是对生产因素状态的控制,即事前控制、事中控制、事后控制,与安全管理的目的关系更直接,显得更为突出。因此,对生产中人的不安全行为和物的不安全状态的控制,必须是动态的安全管理。事故的发生,是由于人的不安全行为运动轨迹与物的不安全状态运动轨迹的交叉。从事故发生的原理,也说明了对生产因素状态的控制,应该作为安全管理的重点。

⑥坚持持续改进原则。建设工程施工安全管理是在变化着的施工生产活动中的管理,是一种动态管理,其管理就意味着是不断变化的,以适应变化的生产活动,消除新的危险因素,更重要的是不间断地摸索新规律,总结管理和控制的办法与经验,持续改进,指导新变化后的管理,从而不断提高建设工程施工安全管理水平。

14.3.2　安全生产管理的实施

为了切实加强公路建设安全生产管理,认真贯彻执行国家有关安全生产的法律、法规和"安全第一、预防为主"的方针,规范安全生产行为,保障在生产过程中的安全和健康,预防事故发生,确保国家和人民生命财产的安全,制定如下规定:

①建设指挥部是本建设工程安全生产的主管机关,总监办、驻地办负责实施对承包人安全生产监督管理。承包人应按职责和合约对安全生产进行落实。

②建设指挥部成立建设安全管理领导小组:建设指挥部指挥长任组长,副指挥长、总工程师、副总工程师、总监理工程师任副组长,成员由建设指挥部相关部门人员组成。领导小组下设办公室,建设指挥部工程部长兼办公室主任。领导小组办公室的主要职责是:检查监督施工安全生产情况,对存在的安全隐患责令承包人限期整改;协调解决施工中的重大安全问题;监督指导和考核创建安全文明标准工地。

③驻地办应当审查施工组织设计中的安全技术措施或者专项施工方案是否符合工程建设强制性标准。在实施监理过程中,发现承包人存在安全事故隐患的,应当要求承包人整改;情况严重的,应当要求承包人暂时停止施工,并及时报告建设指挥部。承包人拒不整改或者不停止施工的,驻地办应当及时向建设指挥部和总监办报告。驻地办和监理工程师应当按照法律、法规和工程建设强制性标准实施监理,并对建设工程安全生产承担监理责任。

④承包人相应成立安全管理机构,配备专职安全生产管理人员,主要负责人对安全生产工作全面负责。其主要职责是:

a.认真贯彻执行国家《安全生产法》《建设工程安全生产管理条例》《环境保护法》等法律法规;

b.必须在施工组织设计中编制安全技术措施和专项安全技术方案;

c.施工前必须进行安全技术交底;

d.建立健全本单位安全生产责任制度和安全生产教育制度;

e.组织制订安全生产规章制度和操作规程,在施工场所设置明显的安全警示标志,保证本单位安全生产条件所需资金的投入;

f.定期和不定期安全检查,及时消除安全事故隐患,并做好记录;

g.组织制订并实施本单位的生产安全事故应急救援预案；

h.及时如实报告生产安全事故和事故按"四不放过"的原则进行调查处理。

⑤安全保证体系组成。为了全面贯彻落实安全方针和实现安全目标，各单位根据具体情况并结合工程实际，从安全生产管理的思想组织保证、工作保证、制度保证等方面建立和完善安全保证体系。

⑥思想组织保证：

a.承包人要建立健全安全管理组织机构和各级机构或部门的安全管理工作人员，明确其安全工作职责范围，将施工经验丰富、安全意识强的人员充实到安全管理的各级机构和部门，项目经理是安全管理的第一责任人，以确保安全管理工作的领导权威。

b.制订严格的安全管理制度和措施，定期分析安全生产形势，研究解决施工中存在的问题，建立健全各级安全生产责任制，责任落实到人。充分发挥各级专职安检人员的检查和监督作用，及时发现和排除安全隐患。

c.安全教育要形成经常化、制度化，对特种作业人员必须经培训合格后持证上岗，对新员工必须进行经理部、项目队和班组三级安全教育和培训。

d.承包人应通过安全生产竞赛、现场安全标语、图片等宣传形式，增强全员安全生产意识和自觉性，把"以人为本、珍惜生命"的安全生产思想落到实处。

⑦工作保证：

a.编制实施性施工组织设计的同时必须编制安全组织设计及安全技术措施，必须坚持"三同时"的原则，并下达月、季度、年度安全生产计划及安全保证措施；

b.根据工程特点编制有针对性的安全防护措施，对一些危险点，必须组织设计专项安全防护方案及措施；

c.承包人要对作业层人员进行安全措施及防护方案等安全技术交底；

d.针对工程具体情况，制定相应的安全操作规程、技术措施和安全规则；

e.根据各工点或工序的具体情况，配置与之相适应的机械设备，杜绝因机械设备不符合工程特点而造成的安全事故。

施工过程阶段检查内容和要求：各个作业层及操作人员必须熟悉、清楚所从事施工项目的安全设计、安全技术措施及工艺流程安全注意事项，并在实施中严格遵守。坚持安全管理制度，充分发挥安全监督岗的积极作用；实行安全否决制，杜绝违章指挥和违章作业；广泛开展安全的预测预控活动和"三不伤害"活动（即不伤害他人、不伤害自己、不被别人伤害）；认真开展安全大检查，查制度、查违章、查隐患、搞整改，消灭事故隐患，杜绝安全事故的发生。

竣工验收阶段：总结施工过程中的安全生产经验，对于好的经验措施和办法在下一项目建设中推广运用。找出施工过程中的安全管理薄弱环节和安全事故的原因，改进或制定具有针对性的措施。

⑧制度保证。承包人必须完善安全生产各项管理制度，针对各工序及各工种的特点，制订相应的安全管理制度，建立安全生产责任制，落实各级管理人员和操作人员的安全职责，做到纵向到底，横向到边，人人有责，各自做好本岗位的安全工作。安全工作必须坚持下列管理制度：安全生产责任制，安全会议制度，安全三级教育管理制度，安全技术方案逐级审查制度，安全技术交底制度，特殊工种持证上岗制度，每周一安全活动制和工地班前安全讲话、班后安全活动制度，安全技术操作规程制度，安全生产检查制度（工班每天自检，专职安检员每周专检，项目每

月系统检查),安全资金保障制度,安全生产操作挂牌制度,环境保护制度,安全生产事故报告处理制度,安全生产奖惩制度。

⑨经济保证。实行安全生产包保责任制,谁主管、谁负责,明确奖惩措施,实行层层包干负责,定期进行考核,并严格兑现奖惩。

⑩安全防范重点:严格控制路基土石方爆破,防止飞石伤害事故;预防高空坠落、物体打击事故;土石方开挖、路堤填筑施工中防止塌方事故;加强挖孔桩基通风,防止瓦斯爆炸,防止缺氧窒息事故;防止机械设备伤害、触电事故;规范施工场地交通安全,防止交通伤害事故;防止火灾、洪灾事故;防止压力容器爆炸伤亡事故。

⑪安全事故处理。伤亡事故:承包人必须用电话2 h内报建设指挥部,并在12 h内以书面形式报建设指挥部;发生死亡、重大死亡事故的单位应迅速采取必要措施抢救人员和财产,防止事故扩大,同时保护事故现场;重大伤亡事故由其上级有关主管部门组成事故调查组,报请地方相关部门参加,进行调查;事故采取"四不放过"的原则进行处理;对伤亡事故,在上报本单位上级主管部门的同时,将事故调查报告一并报建设指挥部。

14.3.3　危险源辨识与风险评估

国内学术界将风险定义为:风险就是与出现损失有关的不确定性,也就是在给定情况下和特定时间内,可能发生的结果之间的差异(或实际结果与预期结果之间的差异)。风险要具备的条件:一是风险因素的存在性;二是风险因素发生的不确定性;三是风险产生损失后果。

风险识别是指通过一定的方式,系统全面地识别出影响建设工程目标实现的风险事件,并加以适当归类的过程。风险评估,国家标准《职业健康安全管理体系》将其定义为:"评估风险大小以及确定风险是否可容许的全过程。"这个过程在系统地识别建设工程风险与合理地作出风险对策之间起着重要的桥梁作用。从定量评价角度,风险评估是将建设工程风险事件的发生可能性和损失后果进行定量化的过程。风险评估的结果包括:确定各种风险事件发生的概率和可能性;确定各种风险事件的发生对建设工程目标影响的严重程度等。

风险对策决策是建设工程风险事件最佳对策组合的过程。一般来说,风险管理中所运用的对策有以下4种:风险回避、损失控制、风险自留和风险转移。这些风险对策的适用对象各不相同,需要根据风险评价的结果,对不同的风险事件选择最适宜的风险对策,从而形成风险对策组合。实施决策是对风险对策所作的决策进一步落实到具体的计划和措施。

建设工程实施过程中,一方面要对各项风险对策的执行情况不断地进行检查,并评价各项风险对策的执行效果;另一方面在工程实施中内外条件发生变化时,如工程变更或施工条件改变等,要确定是否需要提出不同的风险处理方案。此外,还需要检查是否有被遗漏的建设工程风险或者发现新的建设工程风险,当发现新的建设工程风险时,就要进行新的建设工程风险识别,即开始新一轮的风险管理过程。

1)风险的识别结果

风险识别的结果是制定建设工程风险清单。在建设工程风险识别过程中,核心工作是建设工程风险的分解,识别建设工程风险因素、风险事件及后果。

2)建设工程风险的分解

根据建设工程的特点,建设工程风险的分解可以按以下途径进行:

①目标维:即按建设工程目标进行分解。

②时间维:即按建设工程实施的各个阶段进行分解。

③结构维:即按建设工程组成内存进行分解。

④因素维:即按建设工程风险因素的分类进行分解。

⑤环境维:即按建设工程与其所在环境的关系进行分解。

在风险分析过程中,有时并不仅仅是采用一种方法就能达到目的的,而需要几种方法组合。

3)建设工程风险识别的方法

建设工程风险识别的方法有风险调查法、专家调查法、财务报表法、流程图法、初始清单法和经验数据法。其中风险调查法是建设工程风险识别的主要方法。

①风险调查法。通常可以从组织、技术、自然及环境、经济、合同等方面分析拟建建设工程的特点以及相应的潜在风险。

②专家调查法。通常包括两种形式:头脑风暴法和德尔菲法。前者是召集有关专家开会,让其各抒己见,充分发表意见;后者是问卷式调查,并且各专家不知道其他专家的意见。针对专家发表的意见,由风险管理人员进行归纳分类、整理分析。头脑风暴法的特点是:多人讨论、集思广益,可以弥补个人判断的不足,采取专家会议的方式互相启发、交换意见,使风险的识别更加细致、具体。德尔菲法的特点是:避免了集体讨论中的从众倾向,代表专家的真实意见。

③经验数据法。根据已建建设工程与风险有关的统计资料来识别拟建建设工程的风险。

此外,建设工程风险管理是一个系统、完整的循环过程,因此风险识别也应该在建设工程实施全过程中不断地进行,这样才能了解不断变化的条件对建设工程风险状态的影响。

对扩建工程的风险识别来说,仅仅采用一种风险识别方法是远远不够的,综合采用两种或多种风险识别方法才能取得较为满意的结果。

4)风险评估

风险评估在系统地识别建设工程风险与合理地作出风险对策之间起着重要的桥梁作用。风险评价可以采用定性和定量两大类方法。

定性风险评估方法有专家打分法、层次分析法等,其作用在于区分不同风险的相关严重程度以及根据预先确定的可接受的风险水平作出相应的对策。定量风险评估方法有敏感度分析、盈亏平衡分析、作业条件危险性评价法、决策树、定量风险评价法和随机网络等,其作用在于可以定量地确定建设工程各种风险因素和风险事件发生的概率大小或概率分布,及发生后对建设工程目标影响的严重程度或损失严重程度,了解和估计各种风险所造成的损失后果。

5)风险对策

风险回避就是拒绝承担风险,通过回避建设工程风险因素,回避可能产生的潜在损失或不确定性。其特点是:回避也许是不实际或不可能的;回避失去了从中获益的可能性;回避一种风险,有可能产生新的风险。

损失控制是一种主动、积极的风险对策。损失控制可分为预防损失和减少损失两方面工作。预防损失措施的主要作用是降低或消除损失发生的概率,而减少损失措施的作用是降低损失的严重性或遏制损失的进一步发展,使损失最小化。一般地,损失控制方案包括了预防损失和减少损失两个方面措施。就施工阶段而言,该计划系统一般应由预防计划、灾难计划和应急计划三部分组成。

预防计划的目的在于有针对性地预防损失的发生,其主要作用是降低损失发生的概率,同时能在一定程度上降低损失的严重性。

灾难计划是为现场人员提供一组事先编制好的、目的明确的处理特种紧急事件的工作程序和具体措施,其作用是在各种严重的、恶性的紧急事件发生时,现场人员可以做到从容不迫,及时、妥善地处理紧急事件,从而减少人员伤亡以及财产等损失。灾难计划是在严重风险事件发生或即将发生时实施的。

应急计划是在风险损失基本确定后的处理计划,其作用是使因严重风险事件而中断的工程实施过程尽快恢复,并减少进一步的损失,使其影响程度减少到最小。应急计划包括制订所需采取的相应措施和规定不同工作部门相应的职责等。

14.3.4　应急救援预案

为了更好地适应法律和经济活动的要求,给企业员工的工作和施工场区周围居民提供更好、更安全的环境;保证各种应急反应资源处于良好的备战状态;指导应急反应行动计划有序地进行,防止因应急反应行动组织不足或现场救援工作的无序和混乱而延误事故的应急救援;有效地避免或降低人员伤亡和财产损失;帮助实现应急反应行动的快速、有序、高效;充分体现应急救援的"应急精神",根据预测危险源、危险目标可能发生事故的类别、危害程度,而制定的事故应急救援方案,要充分考虑现有物资、人员及危险源的具体条件,能及时、有效地统筹指导事故应急救援行动。

1) 应急预案的作用

①应急预案确定了应急救援的范围和体系,使应急管理不再无据可依、无章可循,尤其是通过培训和演练,可以使应急人员熟悉自己的任务,具备完成指定任务所需的相应能力,并检验预案和行动程序,评估应急人员的整体协调性。

②应急预案有利于做出及时的应急响应,降低事故后果,应急行动对时间要求十分敏感,不允许有任何拖延,应急预案预先明确了应急各方职责和响应程序,在应急资源等方面进行先期准备,可以指导应急救援迅速、高效、有序开展,将事故造成的人员伤亡、财产损失和环境破坏降到最低限度。

③应急预案是各类突发事故的应急基础,通过编制应急预案,可以对那些事先无法预料到的突发事故起到基本的应急指导作用,成为开展应急救援的"底线"。在此基础上,可以针对特订事故类别编制专项应急预案,并有针对性地制订应急预案,进行专项应急预案准备和演习。

④应急预案建立了与上级单位和部门应急救援体系的衔接,通过编制应急预案可以确保当发生超过本级应急能力的重大事故时,与有关应急机构的联系和协调。

⑤应急预案有利于提高风险防范意识,应急预案的编制、评审、发布、宣传、演练、教育和培训,有利于各方了解面临的重大事故及其相应的应急措施,有利于促进各方提高风险防范意识和能力。

2）应急救援预案的基本要求

（1）针对性

应急预案是针对可能发生事故,为迅速、有序地开展应急行动而预先制订的行动方案,因此,应急预案应结合危险分析的结果。

①针对重大危险源。重大危险源是指长期或是临时地生产、搬运、使用或贮存危险性物品,且危险物品的数据等于或超过临界量的单位。重大危险源历来都是生产经营单位监管的重点对象。

②针对可能发生的各类事故。在编制应急预案之初需要对生产经营单位中可能发生的各类事故进行分析和编制,在此基础上编制预案,才能保证应急预案更广范围的覆盖性。

③针对关键的岗位和地点。不同生产岗位所存在的风险大小都往往不同,特别要重点关注炸药使用与存放、桥梁架设等特殊或关键的工作岗位和地点。

④针对薄弱环节。生产经营单位的薄弱环节主要是指生产经营单位为应对重大事故发生而存在的应急能力缺陷或不足方面。企业在编制预案过程中,必须针对生产经营在进行重大事故应急救援过程中,人力、物力、救援装备等资源是否可以满足要求而提出弥补措施。

⑤针对重要工程。重要工程的建设和管理单位应当编制预案,这些重要工程往往关系到国计民生的大局,一旦发生事故,其造成的影响或损失往往不可估量。因此,针对这些重要工程应当编制应急预案。

（2）科学性

应急救援工作是一项科学性很强的工作,编制应急预案必须以科学的态度,在全面调查研究的基础上,实行领导和专家结合的方式,开展科学分析和论证,制订出决策程序和处置方案、应急手段先进的应急反应方案,使应急预案真正地具有科学性。

（3）可操作性

应急预案应具有实用性和可操作性,即发生重大事故灾害时,有关应急组织、人员可以按照应急预案的规定迅速、有序、有效地开展应急救援行动,降低事故损失。

14.3.5 安全生产经费的管理

为加强建设工程安全生产费用管理,建立工程施工单位安全生产投入长效机制,进一步落实安全施工措施,改善施工单位作业条件,减少施工伤亡事故发生,切实保障工程施工人员人身安全,根据国家《建设工程安全生产管理条例》和《建设施工安全生产管理办法》等有关法律法规,制定如下规定:

1）安全生产费用支付程序及方式

①依据工程招标文件规定,业主已经明确的安全生产费用提取费率、数额、支付计划、使用要求等条款。

②结合工程建设工期的实际情况,按招标文件规定,施工单位进场后,业主预付安全生产费用总额的30%,用于购置安全生产用具和落实安全生产要求。

③施工单位在工程量或施工进度完成50%时,项目负责人应当按照《建设工程监理规范》填报"其余安全生产费用支付申请表",并经施工单位负责人签字盖章后报驻地监理单位。驻

地监理单位应当在5日内审核工程进度和现场安全生产管理情况。驻地监理单位审核时发现施工现场存在安全隐患的,应当责令施工单位立即整改。经审核符合要求或整改合格的,上报监理工程师办公室。监理方经核实及时签署"其余安全生产费用支付证书"并提请业主单位及时支付。

④业主单位收到监理单位"其余安全生产费用支付证书"后,5日内支付安全生产费用总额的40%,支付凭证报送业主安全生产管理办公室备案。

⑤按照招标文件规定,其余30%安全生产费用待交工证书签发后,办理竣工结算时一次支付。

⑥工程监理单位发现建设单位未按本规定支付安全生产费用的,应当及时提请建设单位支付。

2)安全生产费用的使用

工程安全生产费用应在以下范围使用:完善、改造和维护安全防护、检测、探测设备等支出;配备必要的应急救援器材、设备和现场作业人员安全防护物品支出;安全生产检查与评价支出;重大危险源、重大事故隐患的评估、整改、监控支出;安全技能培训及进行应急救援演练支出;其他与安全生产直接相关的支出(如标志、标牌、防火器材等)。

安全生产费用实行专户核算,施工单位应当按规定范围使用,不得挪用或挤占。施工单位应当建立健全本标段安全生产费用管理制度和项目安全生产费用核算制度,明确安全生产费用使用、管理程序、职责及权限。施工单位或其委托的安全评价机构应当依据现行的标准规范,定期对工程施工现场安全生产情况进行检查评价。对于评价结果不合格的,应当督促该项目立即整改。监理单位应当对施工单位在施工现场落实安全生产情况进行监理。发现施工单位在施工现场存在安全隐患,未落实安全生产费用的有权要求其改正,施工单位拒不改正的,工程监理单位应当及时向业主报告,必要时依法责令其暂停施工。

3)安全生产费用的监督管理

建设主管部门对建设工程安全生产费用计取、支付、使用实施监督管理,行业主管部门按照职责分工对有关专业建设工程安全生产费用计取、支付、使用实施监督管理。建设主管部门或有关行业主管部门应当对施工单位安全生产费用管理、使用情况进行监督检查。安全生产管理委员会应当按照现行标准规范,对工程项目施工现场安全生产条件改善和安全施工措施落实情况进行监督检查。财务科应当按期对支付给各标段施工单位的安全生产费用管理、使用进行监督检查,应当及时受理对建设工程安全生产费用不按规定管理、使用以及挪用安全生产费用的检举、控告和投诉。

4)责任

施工单位不按规定管理以及挪用安全生产费用的,依照《建设工程安全生产管理条例》第六十三条规定予以处罚。施工单位对安全生产费用提而不用导致安全生产条件不符合国家规定,依照《安全生产许可条例》第十四条规定予以处罚。施工单位的主要负责人、项目负责人未履行安全生产管理职责,有违反本规定行为的,依照《建设工程安全生产管理条例》第六十六条规定予以处罚。总承包单位未按规定支付分包单位安全生产费用的,由建设主管部门或有关行业主管部门责令其限期整改,并处以1万元以上3万元以下罚款;发生生产安全事故的,由总承包单位承担主要责任。监理单位未按本规定及时签署安全生产费用支付证书的,由建设主管部门或有关行业主管部门责令其限期改正,并处以2 000元以上1万元以下罚款。监理单位有违反《建设工程安全生产管理条例》的,由建设主管部门或有关行业主管部门按照《建设工程安全生产管理条例》第五十七条规定予以处罚。

14.3.6　安全生产检查与绩效考核

安全生产工作必须贯彻执行(法定代表人)负责制,各级领导要坚持"管生产必须管安全"的原则,生产要服从安全的需要,实现安全生产和文明生产。对在安全生产方面有突出贡献的团体和个人要给予奖励,对违反安全生产制度和操作规程造成事故的责任者,要给予严肃处理,触及刑律的,交由司法机关论处。

安全生产主要责任人的划分:单位行政第一把手是本单位安全生产的第一责任人,分管生产的领导和专职安全生产管理员是本单位安全生产的主要责任人。

企业安全生产专职管理人员职责:协助领导贯彻执行劳动保护法令、制度,综合管理日常安全生产工作;汇总和审查安全生产措施计划,并督促有关部门切实按期执行;制定、修订安全生产管理制度,并对这些制度的贯彻执行情况进行监督检查;组织开展安全生产大检查,经常深入现场指导生产中的劳动保护工作,遇有特别紧急的不安全情况时,有权指令停止生产,并立即报告领导研究处理;总结和推广安全生产的先进经验,搞好安全生产的宣传教育和专业培训;根据有关规定,发放符合国家标准的劳动防护用品,并监督正确佩戴和使用;组织有关部门研究制订防止职业危害的措施,并监督执行;生产单位专职安全生产管理员要协助本单位领导贯彻执行劳动保护法规和安全生产管理制度,处理本单位安全生产日常事务和安全生产检查监督工作。

安全生产专职管理干部职责:协助领导贯彻执行劳动保护法令、制度,综合管理日常安全生产工作;汇总和审查安全生产措施计划,并督促有关部门切实按期执行;制定、修订安全生产管理制度,并对这些制度的贯彻执行情况进行监督检查;组织开展安全生产大检查,经常深入现场指导生产中的劳动保护工作,遇有特别紧急的不安全情况时,有权指令停止生产,并立即报告领导研究处理;总结和推广安全生产的先进经验,协助有关部门搞好安全生产的宣传教育和专业培训;参加审查新建、改建、扩建、大修工程的设计文件和工程验收及试运转工作;参加伤亡事故的调查和处理,负责伤亡事故的统计、分析和报告,协助有关部门提出防止事故的措施,并督促其按时实现;根据有关规定,制订本单位的劳动防护用品,并监督执行;组织有关部门研究制订防止职业危害的措施,并监督执行;对上级的指示和基层的情况上传下达,做好信息反馈工作。

各生产单位专(兼)职安全生产管理员要协助本单位领导贯彻执行劳动保护法规和安全生产管理制度,处理本单位安全生产日常事务和安全生产检查监督工作。各生产班组安全员要经常检查、督促班组人员遵守安全生产制度和操作规程;做好设备、工具等安全检查、保养工作;及时向上级报告班组的安全生产情况,做好原始资料的登记和保管工作;职工在生产、工作中要认真学习和执行安全技术操作规程,遵守各项规章制度;爱护生产设备和安全防护装置、设施及劳动保护用品;发现不安全情况,及时报告领导,迅速予以排除。

14.3.7　安全教育培训

对新职工、实习人员,必须先进行安全生产的三级教育(即生产单位或班组、生产岗位)才能准其进入操作岗位。对改变工种的工人,必须重新进行安全教育才能上岗。

对从事电气、焊接、车辆驾驶、易燃易爆等特殊工种人员,必须进行专业安全技术培训,经有关部门严格考核并取得合格操作证(执照)后,才能准其独立操作。对特殊工种的在岗人员,必须进行经常性的安全教育。

本章小结

本章主要介绍了道路桥梁工程施工与环境保护,主要包括环境保护依据、施工对生态环境的影响及其防治、施工噪声及振动的影响及其控制、道路与桥梁施工废水的影响及其防治、道路与桥梁施工对空气环境的影响及其防治、道路与桥梁建设对社会环境的影响及其防治;道路桥梁工程施工安全主要包括安全生产原则与方针、安全生产管理的实施、危险源辨识与风险评估、应急救援预案、安全生产经费的管理、安全生产检查与绩效考核、安全教育培训等。

思考题与习题

14.1　水土保持的原则和目标是什么?

14.2　简述施工噪声及振动的影响及防治。

14.3　简述道路与桥梁施工废水的影响及防治。

14.4　安全生产的原则与方针是什么?

14.5　安全生产要处理好的五种关系和要坚持的六项原则分别是什么?

参考文献

[1] 黄晓明,许崇法.道路与桥梁工程概论[M].北京:人民交通出版社,2007.

[2] 杨和礼.土木工程施工[M].3 版.武汉:武汉大学出版社,2013.

[3] 张国志,王海飙,杨海旭.土木工程施工质量控制[M].北京:人民交通出版社,2006.

[4] 张新天.道路工程[M].北京:中国水利水电出版社,2001.

[5] 叶国铮.道路与桥梁工程概论[M].2 版.北京:人民交通出版社,2006.

[6] 刘万桢.城市桥梁施工[M].北京:中国建筑工业出版社,1992.

[7] 周水兴.桥梁工程[M].北京:人民交通出版社,2001.

[8] 姚玲森.桥梁工程[M].3 版.北京:人民交通出版社,2021.

[9] 王晓谋.基础工程[M].北京:人民交通出版社,2003.

[10] 赵明华.基础工程[M].北京:高等教育出版社,2003.

[11] 庄军生.桥梁支座[M].4 版.北京:中国铁道出版社,2015.

[12] 廖正环.道路施工组织与管理[M].北京:人民交通出版社,2003.

[13] 李立增.工程项目施工组织与管理[M].成都:西南交通大学出版社,2006.

[14] 王洁.桥梁施工组织与管理基础[M].北京:人民交通出版社,2003.

[15] 文德云.公路施工安全技术[M].北京:人民交通出版社,2003.

[16] 任宏.建设工程施工安全管理[M].北京:中国建筑工业出版社,2005.

[17] 包其国.建筑施工安全管理与技术[M].成都:四川科学技术出版社,2004.

[18] 陈连进.建筑施工安全技术与管理[M].北京:气象出版社,2008.

[19] 黄绳武.桥梁施工及组织管理[M].北京:人民交通出版社,1999.

[20] 向中富.桥梁施工控制技术[M].北京:人民交通出版社,2001.

[21] 范立础.预应力混凝土连续梁桥[M].北京:人民交通出版社,1988.

[22] 张发祥.道路和桥梁工程[M].南京:河海大学出版社,2000.

[23] 王慧东.桥梁墩台与基础工程[M].北京:中国铁道出版社,2005.